《左传》春秋五霸传叙

蒋 凡 著

文物出版社

图书在版编目（CIP）数据

《左传》春秋五霸传叙 / 蒋凡著 . —北京：文物
出版社，2018.9

ISBN 978 - 7 - 5010 - 5624 - 8

Ⅰ.①左… Ⅱ.①蒋… Ⅲ.①中国历史—春秋时代—
编年体②《左传》—研究 Ⅳ.①K225.04

中国版本图书馆 CIP 数据核字（2018）第 149998 号

《左传》春秋五霸传叙

著　　者：蒋　凡

责任编辑：许海意
封面设计：王文娴
责任印制：张道奇

出版发行：文物出版社
社　　址：北京市东直门内北小街 2 号楼
邮　　编：100007
网　　址：http：//www.wenwu.com
邮　　箱：web@ wenwu.com
经　　销：新华书店
印　　刷：北京京都六环印刷厂
开　　本：710mm × 1000mm　1/16
印　　张：28
版　　次：2018 年 9 月第 1 版
印　　次：2018 年 9 月第 1 次印刷
书　　号：ISBN 978 - 7 - 5010 - 5624 - 8
定　　价：58.00 元

自　序

读者眼前的这本《〈左传〉春秋五霸传叙》（下简称《传叙》），分量虽不大，但从构设提纲到成书，却断断续续花了十来年的时间，其间艰辛，很难一语了之。这说明了几个问题：

一是客观环境的困难。近年来，我读书治学很难静下心来，家里小孩第一，我连一张固定的专用书桌都没有。我的许多著作和文章，大多是在餐桌上把油盐酱醋瓶推到一边，用来读书写作，当然字里行间就免不了酸甜苦辣的俗味了；而且，我是年近八旬之翁，但上有老而下有小，集福气与辛劳于一炉，杂事猬集，难脱物累，却也无可奈何，条件如此，谁让我辈是俗人一个呢？虽可叹息，却也只能怪自己无有脱俗的超人之能了。二是更重要的原因，主观努力不够，常因年纪渐老而原谅自己。先师朱东润教授，是我国传记文学写作与研究权威，他从 20 世纪三四十年代，到 80 年代末逝世，勇猛精进，一直在为中国传记文学做拓荒和开创的事业。在历史传记文学领域，先生不仅富有理论思考，而且注重创作实践，硕果累累。先生著作，既重历史书写的客观性、科学性，在事实的基础上来进行传主及时代的文学书写；又重视人物形象的刻画、内心世界的展现，个性栩栩如生，文学描绘生动感人；同时，先生又能在客观历史书写中饱含激情，常是夹叙夹议，多有"思来者"的现实思考和议论，而有古君子之风。他的《张居正大传》《杜甫叙传》《梅尧臣传》《陆游传》《陈子龙及其时代》，以及其临终绝笔的《元好问传》，无一不是既谨严又生动的经典之作。先生希望诸弟子能把他所开创的精神和事业加以发扬光大，因此在 20 世纪 80 年代后期，不顾年迈体衰，又招收了一届传记文学专业的博士生。我曾亲受老师教诲，希望也能继续走先生之路，因而有《世说新语英雄谱》《音调不定的文武北洋》，以及眼下这本《传叙》之作。高山仰止，心向往之，很想以先生大作为榜样。作为先生弟子，构思时想象颇多，浮想联翩，而一旦动笔，却大有陆机《文赋序》所称的"良难以辞逮"之苦，这是因为"非知之难，能之难也"。传记写作，大是不易。数十年前先生的耳提面命今犹历历在目，弟子无能，欲继先生事业，却大打折扣，思之赧然。因此，这本《传叙》，还只能说是一部力图追摹先师作品的习作，希望读者与方家不吝教言，以待来日改正提高而无负先师期望。

要了解中国传统文化及中华民族精神，就必须读点经史之作。在经史中，我尤喜《周易》与《左传》。我曾谨遵苏东坡的"八面受敌读书法"，把《左传》阅读多遍，每遍只依一个专题来读。这样反复了多遍，方面愈广，一经综合，自然豁然贯通而有所悟。读点《左传》，大有益处。比如通读《左传》所载卜筮卦例，就必须与《周易》六十四卦及《易传》参读互研，才能对其卦象、卦义和具体释例的象数和义理，有所了解，这就把学问从《左传》通于《周易》了。又如读《左传》中所载的"君子曰""仲尼曰"之类经典议论，细加推敲，就会发现周礼文明精神对于早期原始儒家思想的影响，知孔孟儒家思想也是肇源有自，私学并非一无依傍的凭空天降。又如《左传》引经据典，称《诗》（今称《诗经》）用《诗》，这就引导读者必需把《诗》安放在特定的周礼时代大环境中，探讨古《诗》在周礼文化中的地位、影响和作用。古时诗乐舞三位一体，以合礼乐文明之需，从经史角度来全面阅读和理解《诗经》，是必要的。五四之后，人们多从纯文学角度来读《诗》，发现其原始的文学价值，这当然很有意义，但却远非《诗》的全貌。读《诗》解《诗》，离不开周人礼乐文明的制度与精神。又如举贤授能与社会变革，《左传》所载齐国管仲帮助齐桓公所推行的改革，从政治、经济、军事、教育到交通驿递的建设，改革全面展开。管仲有"仓廪实，知礼节"之言，对后世直至今日的改革，都有借鉴和启迪意义。类似的专题，如社会制度、民风民俗、盟誓诚信、战争军事、纵横缔交、妇女问题等等，只要一遍遍读来，一通通梳理，自会兴趣盎然，百读不厌而启悟人生。

我原想撰写《左传英雄谱》，对《左传》人物做较为系统的综合研究。但读了多遍，深知其难而雄心消退，年老精神衰减，时不我待，也是原因。既然精力充沛之期已过，难以阳光普照，那么就面对现实，先行仔细地照其一隅吧。我想，历史的主角是人，那么就先从写人开始。但天子国君，士夫名贤、将帅谋臣、商贾巧匠、贤惠妇女，人物众多，不胜其繁，又该先让谁来出场表演呢？无奈，只能缩小规模，从写春秋五霸入手，与原来的广谱英雄的人物传记相较，这只是照其隅隙的举例性质了。而写春秋五霸，主角虽然有限，但牵涉的人物与领域却很多，上自周天子的天下共主偶像，下到贩夫皂隶，编结成一张全面的历史生活之网，广泛涉及了当时的历史时代、社会制度，风俗习惯，礼乐文明和时代精神，具有一定的代表性，此《传叙》之所为作也。

春秋五霸，史上有不同的说法。一指齐桓公、晋文公、楚庄王、吴王阖闾、越王勾践；一是指齐桓公、宋襄公、晋文公、秦穆公、楚庄王。两个名单，都非完善。但在上述二说中，齐桓、晋文、楚庄三人，毫无疑义；不同的是宋襄、秦穆、阖闾与勾践，在不同名单中，或有或无，情况不定。春秋五霸的出现，是主客观形势造成的，作为霸主，既要有实力，又要有德义，才能让天下诸侯心服口服而令行禁止。依鄙见，除齐桓公、晋文公、楚庄王符合上述公认的条件外，秦穆公和吴王阖闾也皆为一代雄主，应以上述五人为春秋五伯（霸）。这应是正榜名单。至于宋襄公和越王勾践，为什么也要一叙而列入备取的副榜名单呢？因为宋襄公迂执仁义而霸业无成，实在名不副实，只能作为春秋霸主的负面形象出现；越王勾践虽然卧薪尝胆灭亡吴王夫差，后又北伐中原，战绩颇著。但在功成名就之后，却德义大亏，可与之共患难而难与共富贵，"飞鸟尽，良弓藏；狐兔死，走狗烹"的千古名言，为之而发。因此，勾践名落五霸正榜之外，只能列在副榜备取。作为霸主中的另类，其历史教训深刻，同样启人反思而值得一叙。

人们常说，要经几代人的努力，才能培养出一个精神贵族。先秦贵族，依周礼必须接受礼乐射御书数的全面教育。因此诸侯国君，有文武兼备者，而春秋五霸尤为突出，他们身上见出了春秋时期的贵族精神。而统治阶级的思想，就是当时的统治思想。因此，五霸身上所具有的贵族精神，从一个历史侧面，反映了周人礼乐文明中的春秋时代精神。如楚庄王熊旅，在《左传》宣公十二年（公元前 597 年）的晋楚邲之战中，楚军大胜，晋军败亡争渡，"舟中之指可掬"，死伤不计其数。当时，楚将潘党建议庄王"收晋尸以为京观"，也就是说，把晋军尸首堆成高高坟丘，以向敌人示威而"无忘武功"。但庄王不同意，他对臣属说："非尔所知也。夫文，止戈为武。武王克商，作《颂》曰：'载戢干戈，载櫜弓矢。我求懿德，肆于时夏，允王保之。'又作《武》，其卒章曰：'耆定尔功。'其三曰：'铺时绎思，我徂惟求定。'其六曰：'绥万邦，屡丰年。'夫武，禁暴、戢兵、保大、定功、安民、和众、丰财者也。故使子孙无忘其章。今我使二国暴骨，暴矣；观兵以威诸侯，兵不戢矣。暴而不戢，安能保大？犹有晋在，焉得定功？所违民欲犹多，民何安焉？无德而强争诸侯，何以和众？利人之几，而安人之乱，以为己荣，何以丰财？武有七德，我无一焉，何以示子孙？……今罪无所，而民皆尽忠以死君命，又可以为京观乎？"所称"止戈为武"，成了千古名言，在今天世界性的军事思想理论中，也是一种伟大的超前思考。战争不是屠戮，而是为了和平而以战止暴。"武"只是手段，终极的和平，保护人民的安定生活，才是根本目的。楚庄王的军事思想，辉耀闪光，启迪了千秋万代。

又如《左传》僖公二十五年（前 635 年）记载晋文公伐原退兵示信一事。当时因晋文公姬重耳勤王有功，周天子赐以黄河以北的南阳之地，其中有原邑。但原人不愿归晋，故文公起兵讨伐：

> 冬，晋侯围原，命三日之粮。原不降，命去之。谍出，曰："原将降矣。"军吏曰："请待之。"公曰："信，国之宝也，民之所庇也。得原失信，何以庇之？所亡滋多。"退一舍而原降。

　　晋文公所宣示的诚孚之信，是对《周易》"中孚"卦精神的发展。《吕氏春秋·离俗览》篇所言："天地之大，四时之化，而又不能不信成物，又况乎人事？君臣不信，则百姓诽谤，社稷不宁。"无信，则人将不人，国将不国。近现代社会出现了诚信危机，同样很危险。如果政治家无信，则无以治理天下；富商豪贾无信，则经济危机接踵而至，对此能无惧乎？因此，晋文公提倡坚守诚信的贵族精神，认为"信，国之宝也；民之所庇也"，观念先进，至今仍有借鉴的意义。

　　又如秦穆公嬴任好，是个有理想有担当的君主。晋公子夷吾因穆公出兵纳之得以归晋主国，是为晋惠公。他背盟无信，朝济而夕设版，与秦交恶而相攻伐。当时晋饥荒，乞籴于秦，对于晋惠公的忘恩负义，秦廷讨论多主拒籴。但秦穆公胸怀宽广，对众臣曰："其君造恶，其民何罪？"抱着仁爱之心，决定输籴于晋，"自雍（秦都）及绛（晋都）相继，命之曰泛舟之役"（《左传》僖公十四年）。其救灾爱民的人文关怀不因政治立场之对立而有所动摇。又据《左传》僖公三十二年载，秦晋崤之战，晋兴兵伏击逾境秦军，大捷，秦兵"匹马只轮无返者"，统军孟明视等三帅被俘。后孟明视三帅被晋释归，秦廷上下一片讨罪必杀之声。但秦穆公一再主动承担罪责，当众自我检讨，曰："孤违蹇叔，以辱二三子，孤之罪也。"（《左传》僖公三十三年）"孤实贪以祸夫子，夫子何罪？"（《左传》文公元年）具体战役的失败，正由于自己战略决策的错误，穆公所言合乎实际。但作为君主，这等于是下了罪己诏。在君主专制的宗法社会里，君主当众卸下神秘的光环，公开认错而勇于负责，几千年来，能有几人？人不怕犯错，犯错能改，就会重新走向正确。但如拒谏饰非，则国家危殆。这些对今天的政治家，仍具启迪意义。

　　总之，春秋五霸所体现的贵族精神，有好也有坏，我们应取其精华而弃其糟粕，以便"述往事而思来者"。叙述历史是为了发展现在，并开启未来的丰富想象，此所以既传又叙也。

　　本书除"主题"五篇、"变奏"两篇外，另有开篇的郑庄公，他虽小国之君，但敢把天子拉下马，从而一度小霸中原，为后来春秋五霸的粉墨登场，敲响了开场锣鼓。"华彩"三篇,《管仲传叙》是《齐桓公传叙》的姐妹篇,可相互参读,以见春秋时期齐国的改革及其文化传承和发展;《先轸传叙》可配合《晋文公传叙》来读,见晋国尊贤、让贤、用贤的精神,说明了得士者昌、失士者亡的道理;《郑子产传叙》,可与《郑庄公传叙》配合,说明小国之郑夹在晋、楚两大国争霸的夹缝中生存、发展,必须具有改革精神和大智慧。而附录三篇,则是较为深入的专题性研究,力求持之有故,而非徒发空论,以佐证春秋贵族精神的存在、发展及其影响。历史传记文学既是历史的,同时又文学的,重点都在写人和人之事。事实生动则精神显,精神显则人物活。历史的严谨性应与文学的生动审美特性辩证统一,事实俱在而凸显其美,形象如生又不失其真。历史传记文学,岂易事哉?我的写作,心中以此为准,但能否达标,则有待诸贤赐教和时间的检验。

此书告竣,章原、羊列荣、李笑野、白振奎、黄鸣、曹建国及许海意诸君功不可没,章原校改之功尤巨,黄鸣代劳绘制多张地图奉赠,特致诚挚谢忱。

蒋凡

二零一七年七月二十五日

伏天酷暑挥汗于海上半万斋

目　录

1

《左传》春秋五霸传叙

序曲

小霸中原试锋芒

——郑庄公传叙

一、天潢支脉开新篇

《左传》所载春秋五霸，声名赫赫，影响很大。但在春秋初期五霸登台之前，郑庄公以二三等诸侯国君的资格，曾小霸中原，并为五霸重头戏奏响了前奏曲，这在历史上值得一提。

郑庄公（前757～前701年），与周天子同族，姬姓，名寤生，《左传》称他为郑伯寤生。他是郑国受封后的第三任国君。祖父郑桓公姬友，周厉王之子，宣公少弟（按：一说宣王子，待考）。于西周末宣王二十二年（前806年）封于郑（今陕西华县），史称西郑或旧郑，是郑国的开国之君。父郑武公，据《史记·郑世家》，名掘突，为郑国第二任国君。郑桓公在西周末幽王时期，任大司徒，是周朝执政卿士之一。当时幽王无道，昏聩暴虐，听信小人谗言而拒绝忠良之谏，郑桓公担心国家命运，他就和史官史伯商量。史伯劝忧心忡忡的郑桓公早作准备。据《国语·郑语》载，当时郑桓公问于史伯曰："王室多故，余惧及焉，其何所可以逃死？"作为郑的开国君主，将如何率领族人、国人逃过这场大劫难呢？史伯告诉他，一旦犬戎入侵，西周覆亡，只能东逃避难。而东土成周，南有荆蛮诸国，北有卫燕诸国，西有虞晋诸国，东有齐鲁诸国，这些诸侯国，"非王之支子母弟甥舅也，则皆蛮、荆、戎、狄

郑庄公像

之人也。非亲则顽，不可入也"。可以考虑去重新占领之地，只有在"济洛河颍"之间的一大片土地，属周天子疏远的"子男"之国，其中以虢、郐为大，而"虢叔恃势，郐仲恃险，是皆有骄侈怠慢之心，而加之以贪冒"。这就有机可乘了。于是史伯劝郑桓公东进以求生，乘虢、郐二国骄贪怠侈之机，"以周难之故，寄孥与贿"，要求寄养家属族人及财产，虢、郐二君自高自大，又贪重贿，他们不会不同意。郑桓公接受史伯的建议，在西周将亡而未亡之时，已开始把

西郑国人及其财富，整体东迁，寄托在虢、郐之间的众多乡邑之中，开始逐步实行郑国蚕食其寄居国郐、虢的自救计划。据《韩非子·内储说下》载："郑桓公将欲袭郐，先问郐之豪杰、良臣、辨智、果敢之士，尽书姓名，择郐之良田赂之，为官爵之名而书之，因为设坛场郭门之处而埋之，衅之以鸡豭，若盟状。郐君以为内难也，而尽杀其良臣。桓公袭郐，遂取之。"（见陈奇猷《韩非子集释》卷十，上海人民出版社，1974年版，第607页）不过，考虑到周幽王五十一年（前771年）西周灭亡时，郑桓公即死难中，所以，他可能来不及更多地经营东迁后的新郑之国，但其深谋远虑，非常人所及，其政略战略的设计，开创之功不可没。

具体执行东进策略并在新郑立国的，是第二任君主郑武公。武公是桓公子，他随侍桓公身边，所以对乃父规划，非常熟悉。因而日思夜想，努力加以实现。在郑桓公死国难之后，郑武公与晋文侯、秦襄公等，帅师护卫周平王杀出重围，东迁洛邑。建立了东周王朝。郑武公以东周开国元勋，又借助先父桓公"甚得周众与东土之人"拥戴的有利条件，乘虢、郐二国君主骄狂贪鄙、残民虐众而大失民心之时，分阶段予以消灭，而并吞其国境。这样，

郑武公虽失西郑，但东进开疆拓土，却一举成功，在新郑（今属河南）重新开国，并获周平王正式封赠，而为诸侯列国所承认。郑武公也因护周东迁之功，在周朝任卿士，死后由其子郑庄公继任。对于郑国先祖桓、武二公东进开疆建国之艰辛，后来子产对韩宣子（晋国卿士）有形象的描绘："昔我先君桓公，与商人皆出自周；庸次比耦，以艾杀此地（按：整治田野），斩之蓬蒿藜藋而共处之。"（《左传·昭公十六年》）所称先君虽虚指桓公，实际包括了郑武公。按周朝原有畿甸五服制度，如《国语·周语》上祭公谋父曰："先王之制，邦内甸服，邦外侯服，侯卫宾服，蛮夷要服，戎狄荒服。"周王甸服邦畿千里，其外以五百里为径距，依次为侯服、宾服、要服、荒服。西周末郑桓公开国之郑在今陕西华县，处周天子畿甸之中，是直接护卫天子王朝的重要诸侯国。但东迁后的新郑，如子产所说，"郑伯男服"，对周天子重要性下降。这是形势使然。又周朝实行乡遂制度。天子居王城；王城周围百里称乡或称国；乡国之外称野；百里之外至二百里内的环形地区称甸或称遂。各诸侯国仿王城自建都邑乡遂而实行统治。古时地广人稀，除已开发的井田之外，还有大片土地山川未经开发，甚至形成人迹罕至的无人居住地带。以此，西周乱亡之际，郑国寄居于虢、郐之地，大多是穷山恶水之域。如果不是上下一心，开辟草莱，荒凉之地怎能变为可耕良田美池呢？其付出的血汗劳动代价，不言而喻。因此，寄居荒芜之区，艰苦奋斗，吞郐灭虢，化客为主，立国新郑以获新生，主要是郑武公打下的江山。历史说明，郑庄公的父祖先辈，已为东迁的郑国打下了繁荣发展的初步基础。郑庄公一即位，等待他的是适当时机初试牛刀，以便驰骋中原而显其身手，从而为春秋历史留下了一抹绚丽的晖光。

二、争君位兄弟阋墙

初，郑武公娶于申，曰武姜。生庄公及共叔段。庄公寤生，惊姜氏，故名曰寤生，遂恶之。爱共叔段，欲立之。亟请于武公，公弗许。及庄公即位，为之请制。公曰："制，岩邑也。虢叔死焉，他邑唯命。"请京，使居之，谓之京城大叔。祭仲曰："都城过百雉，国之害也。先王之制，大都不过参国之一，中五之一，小九之一。今京不度，非制也，君将不堪。"公曰："姜氏欲之，焉辟害。"对曰："姜氏何厌之有？不如早为之所，无使滋蔓，蔓难图也。蔓草犹不可除，况君之宠弟乎？"公曰："多行不义，必自毙，子姑待之。"

既而大叔命西鄙、北鄙贰于己。公子吕曰："国不堪贰。君将若之何？欲与大叔，臣请事之。若弗与，则请除之，无生民心。"公曰："无庸，将自及。"大叔又收贰以为己邑，至于廪延。子封曰："可矣！厚将得众。"公曰："不义不昵，厚将崩。"大叔完聚，缮甲兵，具卒乘，将袭郑，夫人将启之。公闻其期，曰："可矣。"命子封帅车二百乘以伐京，京叛大叔段。段入于鄢。公伐诸鄢。五月辛丑，大叔出奔共。

书曰："郑伯克段于鄢。"段不弟，故不言弟；如二君，故曰"克"；称郑伯，讥失教也；谓之郑志。不言出奔，难之也。

——《左传》隐公元年

故事发生在春秋初的鲁隐公元年（前722年），时郑庄公三十五岁，他自十四岁父丧继位，至此已当国二十一年，政治历练日趋成熟，因此下决心不愠不躁地除掉亲兄弟这一客观存在的威胁。作为礼崩乐坏春秋乱世的国君，没点本事和狠劲是不行的，但与一般的政治家不同，他更会耐心等待，创造条件，引诱对手犯错误而自坠陷阱，从而赢得舆论与同情。这一故事，后世古文家借《春秋》所示而题为《郑伯克段于鄢》，是公认的千古名篇，历代传诵不已。从史传文学来看，文笔简洁凝练，叙事繁复变化，波澜跌宕起伏，情节生动有味，层次清晰明白，可说处处有戏，已达很高的艺术水平。特别是人物形象刻画，心里矛盾揭示，更是栩栩如生。主人公郑庄公那假仁伪善的矫饰，欲擒故纵的狠辣，阴险狠毒，声口毕肖，入木三分，堪称史上奸雄之先导，令人叹为观止。

但详味此文，有疑生焉。古往今来，人们一方面认为郑庄公是个反面人物而加批评；一方面又同声谴责共叔段"反叛"国家。这似乎有矛盾，但后人多信之不疑。《史记·郑世家》及小说《东周列国志》等，写得明白。直到现代评论家，仍然承袭传统说法。如《历代文选》（中国青年出版社1979年版）称"郑庄公击败他弟弟共叔段的反叛"。所称"反叛"，并非仅是针对个人的行为，而是背叛整个国家和民族。如果共叔段及母姜氏的行为确属"反叛"性质，那么郑庄公施点手段予以镇压，这是兵不厌诈，其行为具有正义性质，为什么又要称之为阴谋家而予以批判谴责呢？如果郑庄公真是史上公认的阴谋家，那么他口称亲弟共叔段的"反叛"，就不一定可信。阴谋家什么事干不出来呢？证据如下：

一、郑庄公镇压乃弟，蓄谋已久，早形成于共叔段"反叛"之前。据周朝宗子礼制，由嫡长子继位。但发展到春秋时代，制度常被有力者破坏，君主权位继承，并不一定传给嫡长子。如春秋时鲁国十二公，大多不是嫡长子。周礼尽在的鲁国尚且如此，遑论他国！因此，兄弟争位，手足相残，史上屡见不鲜。取则不远，后来郑庄公诸子争位就是典型事例。其大子忽与弟突争位，相互厮杀。后忽立为昭公，而突又驱忽立为厉公。昭公忽为太子时，曾率郑师助齐败北戎，齐侯请妻之，忽拒婚。其臣祭仲谏之曰："必取（娶）之。子无大援，将不立。三公子皆君也。"（《左传》桓公十一年）后来果如祭仲所料，庄公死后，郑国因此陷入兄弟争位的长期动荡之中。郑庄公兄弟也是如此。庄公虽作为嫡长子继位，但共叔段是得宠的同母亲弟，如果他有能力得民心，取庄公而代之，可能性是存在的。一个贤明能干兄弟的存在，就是对自己权位的威胁，这是郑庄公的大忌。但是，作为母亲宠儿，庄公又不能对亲兄弟无故诛戮，如果师出无名，必遭国人谴责，同样权位不稳。庄公之奸，正在善于引诱对方犯"错误"。当他封段于京后，有关共叔段事，均为臣下向庄公报告；庄公称"无庸，将自及"，老谋深算，胸有成竹，不断诱使共叔段野心膨胀，扩充势力，然后准备坐实其罪名而一举翦灭，除却心头大患。但是，后来共叔段与母姜氏合谋袭郑的关键大事，为什么众臣毫无觉察报告，而高高在上的郑庄公却了若指掌呢？"公闻其期"，《左传》明言是庄公一人之"闻"，而国人是否有闻，则付之阙如而无明确说法。《左传》艺术之含蓄委婉，启人深思于文字之外。以下"将袭""将启"之"将"字，也用得妙，含糊其辞，启人疑窦，意在说明此事或有或无，难以确定。当时共叔段在京"缮甲兵，具卒乘"，确有其事，但为的是狩猎之事。春秋时封国林立，彼此征战并吞。因此，作为郑国重镇的京邑，狩猎之事兼有军事演习的防敌人入侵的作用。"缮甲兵，具卒乘"也是自然之事，这与偷袭国都新郑而反叛国家民族，是性质不同的两码事。

二、《诗经·郑风》有《叔于田》和《大叔于田》二诗，暴露了郑庄公先发制人的害人阴谋。

> 叔于田，巷无居人。岂无居人？不如叔也，洵美且仁。
> 叔于狩，巷无饮酒。岂无饮酒？不如叔也，洵美且好。
> 叔适野，巷无服马。岂无服马？不如叔也，洵美且武。
>
> ——《叔于田》
>
> 叔于田，乘乘马。执辔如组，两骖如舞。叔在薮，火烈具举。襢裼暴虎，献于公所。将叔勿狃，戒其伤女。
>
> ——《大叔于田》

叔，指共叔段。田，指田猎之事。《毛诗小序》称："《叔于田》，刺庄公也。叔处于京，缮甲治兵，以出于田，国人说而归之。"诗称共叔段"洵美且仁""洵美且好""洵美且武"，率口而出，真情流露。说明他治理京邑，政绩颇著，民众归心。共叔段作为郑国封疆重臣，田猎习武，有备无患，这是正常的武备。共叔段年轻好胜，亲自搏虎，民众发出了"将叔勿狃，戒其伤女"的内心呼喊，关爱之心，溢于言表。另外，诗人明言，共叔段将猎物首先派卒乘"献于公所"，这怎么能构成"将袭郑"的叛国大罪呢？欲加之罪何患无辞。民歌不自觉地暴露了郑庄公先发制人的害人阴谋。

三、郑国后人评价自有公论。《左传》庄公十六年（前678年）载："郑伯治与于雍纠之乱者，九月，杀公子阏，刖强鉏，公父定叔出奔卫。三年而复之，曰：'不可使共叔无后于郑。'使以十月入，曰：'良月也，就盈数焉。'"此"郑伯"指郑厉公。原来，郑厉公突是庄公庶子，而公父定叔是共叔段孙。鲁桓公十五年，郑国卿祭仲杀厉公亲信雍纠，驱逐厉公，迎昭公忽回国。当时，公父定叔参与此事，得罪厉公。故厉公复位时，公父定叔出奔卫国以避难。但作为庄公之子的厉公，却不计较，而曰："不可使共叔段无后于郑。"并且让他在最吉利的十月回国。于此可见他对共叔段的认识。为人立后，常寄寓了对前人美德或功绩的思念。如楚国令尹子文有德政，死后楚人怀之。其侄樾椒继位令尹，率兵反叛楚庄王，罪被灭族。照律子文后人也在族灭之列。但楚庄王却特赦子文之孙尹克黄，并复其官。《左传》宣公四年载："王思子文之治楚国也，曰：'子文无后，何以劝善？'"此例可为旁证，说明厉公不便公开与父亲庄公唱对台戏，但他对乃父谋害共叔段，并不一定以为然，甚至可能认为是冤案，因此借立其后而予"平反"。这说明郑厉公对共叔段评价甚好，与《诗》人所颂相符若契。各种迹象表明，共叔段"反叛"之事，可能属历史冤案。古代君王之家，为争权夺位，何来亲情友情？就是父母兄弟，如果威胁到自己继位承统，那就是该死的理由。共叔段是庄公同母弟，生于君主之家，本身就是不幸，谨慎小心，诚惶诚恐，还怕朝不保夕；更何况共叔段神采飞扬，遑能以收民心，在君王专制社会里，这就是弥天之罪。强中还有强中手，共叔段的对手是一代枭雄郑庄公，岂有不败之理？兄弟手足相残，对古代政治家来说，是寻常事一桩。

三、敢把天子拉下马

　　郑武公、庄公为平王卿士。王贰于虢，郑伯怨王。王曰："无之。"故周郑交质。王子狐为质于郑，郑公子忽为质于周。王崩，周人将畀虢公政。四月，郑祭足帅师取温之麦。秋，又取成周之禾。周郑交恶。

——《左传》隐公三年

这里的"郑伯"，具体指郑庄公。西周幽王灭亡时，在晋郑诸军护卫下，周平王一路从镐京突围出来，东迁洛邑建都，是为东周。照理说，郑国功劳不小。但在稍微太平之后，周平王开始偏听偏信而排斥贤能。他一心想把朝政交由虢公（按：此指西虢公。东虢公早被郑所亡）掌握。郑庄公在朝受排斥而"怨王"。当时，周王朝的势力已大大削弱，基本上依靠中原诸侯国的扶持，才能表面上号令天下。再加以当时王朝早已礼坏乐崩，周天子只是表面的天下共主，实际已降为诸侯国般的君主。因此，才有周郑交质而互为敌国之事发生。实际上各诸侯国君主，奉行的都是实力政策，用拳头来争取话语权。周郑交恶，一方面是因周王朝已被削弱，实力还不如一个诸侯大国；另一方面，周天子带头破坏原有周礼规范，偏信谗言，又打又拉，因此权位丧尽。以此，郑庄公视周为敌国，公然挑战天子权威，在春秋历史上开其先例。这在周礼体制尚未完全瓦解之时，是要有一定胆识和勇气的。郑庄公确是个具有政治才能和勃勃野心的政治家。面对周天子的公然打压，他毫不退缩，而是针锋相对地斗争。所以《左传》作者用的是"周郑交恶"四字，周与郑是并立结构，对等敌国，双方矛盾日趋恶化，最后终于难免一战。从周的立场言，周为天子而郑为臣，君要臣顺从，不许反抗。在周平王死后，周桓王无视现实变化而醉心于梦想世界，仍然不顾实力而要强制压服强臣郑庄公，若不驯逊，则立予惩罚而剥夺他在王朝中的一切地位和权益。而从郑的立场言，东周王朝是依靠晋郑护驾力战而打下的江山，郑是有功的开国元勋，现在周桓王过河拆桥，打压无所不用其极，君视臣如草芥，则臣视君如寇仇，面对周桓王的挑战，郑庄公坚决应战。他先是拒绝到成周朝拜天子，同时又派出武装人员强行收割周王畿的禾麦，也算是对天子缺德的回应。不过，在周郑矛盾爆发的初始阶段，郑庄公以臣犯君，态势不利，所以行动尚能克制，给予些微教训后立即收缩。如鲁隐公六年（前 727 年），京师告饥，郑输粮济周；同年，"郑伯如周，始朝桓王也。王不礼焉"。很明显，郑欲弃怨而重修于好，而周桓王公开拒绝而给予难堪。因此，对周桓王缺乏理性的做法，王朝卿士周桓公也批评说："我周之东迁，晋、郑焉依。善郑以劝来者，犹惧不蔵（按：蔵，至也，及也），况不礼焉？郑不来矣！"（《左传》隐公六年）矛盾恶化，天子有责。但就在这种情况下，郑庄公还不想把事情做绝，而仅仅是拒绝朝拜周天子，因为人到成周，在天子势力范围内，如果天子失却理性而感情用事，担心有性命之忧，这就不能不防。因此，直到鲁隐公八年（前725年）丙戌，"郑伯以齐人朝王，礼也"（《左传》隐公八年）。此齐人，齐僖公也。在强齐的干预调和下，周郑关系重新恢复。郑庄公再任王朝卿士。周郑双方妥协，矛盾有所缓解。作为一个精明的政治家，郑庄公很好地利用了王朝位势，立脚王庭而顾盼自雄，甚至会借王命以令诸侯。如《左传》隐公九年载："宋公不王，郑伯为王左卿士，以王命讨之，伐宋。"隐公十年，"郑伯入宋。冬，齐人、郑人入郕，讨违王命也。"郑庄公自己也曾多次抗王命，但此一时彼一时也，形势改变，地位变化，即使前后自相矛盾，在所不顾。这就是春秋政局中的政治家，一切以利益来衡量，政治上只有利益的交换买卖，而没有永远的敌人和朋友。为利益而化敌为友，或化友为敌，都是常有之事，古今皆然。

随之，郑庄公聪明地打出了维护周礼而"尊王"以讨不庭的旗号，并借以自肥自重，事业腾腾上升。他忙于东伐西讨，南征北战，在春秋初期列国战场上，几乎战无不胜，影响迅速扩大。这让周桓王内心焦躁，一个借势发力的野心家，如不及时制裁，日后不可扼控，可能反脐自噬，宝座动摇。于是，周桓王终于下定了打击郑庄公而与之彻底决裂的决心。这也逼使郑庄公立即做出强烈的反应。这样，周郑之间，由交恶互质，反目成仇，矛盾愈演愈烈，终于演出了全武行——在战场上刀兵相向以分胜负。所谓春秋无义战，君臣之间，也在所不免。《左传》桓公五年载：

> 王夺郑伯政，郑伯不朝。秋，王以诸侯伐郑，郑伯御之。王为中军，

虢公林父将右军，蔡人、卫人属焉；周公黑肩将左军，陈人属焉。郑子元请为左拒，以当蔡人、卫人；为右拒，以当陈人，曰："陈乱，民莫有斗心。若先犯之，必奔。王卒顾之，必乱。蔡、卫不枝，固将先奔。既而萃于王卒，可以集事。"从之。曼伯为右拒，祭仲足为左拒，原繁、高渠弥以中军奉公，为鱼丽之陈。先偏后伍，伍承弥缝。战于繻葛。命二拒曰："旝动而鼓。"蔡、卫、陈皆奔，王卒乱，郑师合以攻之，王卒大败。祝聃射王中肩，王亦能军。祝聃请从之，公曰："君子不欲多上人，况敢陵天子乎？苟自救也，社稷无陨，多矣。"夜，郑伯使祭足劳王，且问左右。

《左传》善写战争，上述文字，言简意赅，是战争文学名篇之一。周郑繻葛之战，发生在公元前707年。繻葛，今河南长葛市。王即周桓王，庄公所称之天子。作者左丘明生花妙笔，把繻葛之战写得栩栩如生，时间地点引发战事的前因后果，双方军队统帅、将领，以及排兵布阵，旌摇鼓擂，冲锋厮杀，无不历历如在目前。其中，如军事谋略的讨论和制订，具体兵阵的执行，双方军事心理的分析，都很深刻细腻。如郑子元所分析，"陈乱，民莫有斗心。若先犯之，必奔"，抓住矛盾，捕捉战机，一击成功。子元所称"陈乱"，是有事实依据的。在繻葛之战前的春天，陈桓公鲍去世，而陈文公子佗杀太子免而自立。当时陈国，史称"公（按：指陈桓公）疾病乱作，国人分散"（《左传》昭公五年春）。陈如此混乱而被周王征兵伐郑，士无斗志，岂非未战而败兆先露？当然，本文最精彩的还是人物描绘，即周郑双方统帅——周桓王与郑庄公。"王夺郑伯政"，一个"夺"字，说明战争爆发的矛盾主导方是周天子，是桓王激化矛盾，主动地挑战，而步步进逼。天子夺郑伯政，对他不信任，"郑伯不朝"也属自然反应。更有甚者，郑伯不朝之后，周桓王立刻号召诸侯兴师伐郑以行天讨。其措施，都是桓王主动行为。"王亦能军"，虽然伤败，但退而不乱，说明他军事上并非凡庸之辈。但在政治上，他缺乏理性的全面思考，虽非弱智，但却被冲动的感情蒙蔽了眼睛，以致大败，丧失天子尊严而自食苦果。时代发展到东周，同是天子，东周天子能具西周武王成王及周公的威权吗？"率土之滨，莫非王臣"（《诗经·小雅·北山》），已成昔日辉煌而一去不返了。但周桓王活在自己想象的理想世界中，他仍然想令行禁止，号令天下。但这一祖宗辉煌的梦幻世界，却被郑庄公一举粉碎了，桓王能不心里滴血而黯然泪下吗？

不过，比较而言，郑庄公的形象更为鲜活。他既是一代奸雄，又是治世能人。在繻葛战役中，周郑双方地位并不对等，桓王是君，庄公是臣。在传统中，君伐臣为顺，臣抗君为逆，顺逆态势不一，声势自然不同。郑庄公处于被动的不利地位。怎样才能化被动为主动呢？首先，对桓王的主动进攻，庄公不被传统观念所囿，而一味被动挨打，君欲置臣于死地，则臣不能不视为寇仇而反击之。观念一旦解放，行动自然不被传统顺逆礼数所拘，而是放开手脚而大胆搏杀。其次，不打没准备之战。庄公在战前作了充分的调查，情报信息通畅，如对陈国政治动乱及民心所向动态了若指掌，所以能知己知彼，而增加了胜算。第三，战场瞬息万变，因此集中诸将参谋智慧，各尽所能，庄公作为统帅统筹，择善而从。因此，从纵览全局的战略，到具体细致的战役动作，兵阵运用和战术安排，都明显优于天子联军。周桓王既然组织联军并主动攻击，必然是有备而来，集中了几倍于郑师的优势兵力，除王师外，卫、陈、蔡诸国，从土壤、人口、兵源，都与新兴郑国相当。面对数倍于己的强敌，郑国只有上下一心，振奋士气，力抗强敌，才可能战而胜之。相比于天子诸侯联军的内部士气不振，军心涣散，郑军统帅部的团结一致，也是制胜的重要原因之一。第四，庄公颇具军事才能，他久经沙场，积累了丰富的实战经验。加以性格刚毅果敢，当机立断，指挥得当，排兵布阵，无不针对具体战况而设，"擔动而鼓"，迅速捕捉战机，一鼓作气，直到胜利，而绝不拖泥带水。第五，庄公不仅是优秀军事家，同时更能从政治高度来把握战局。自己对抗天子，以下犯上，态势不利，因此必须兼顾舆论压力，不被一时胜利冲昏头脑。在射王溃敌之后，见好就收，而拒绝了属下乘胜追击

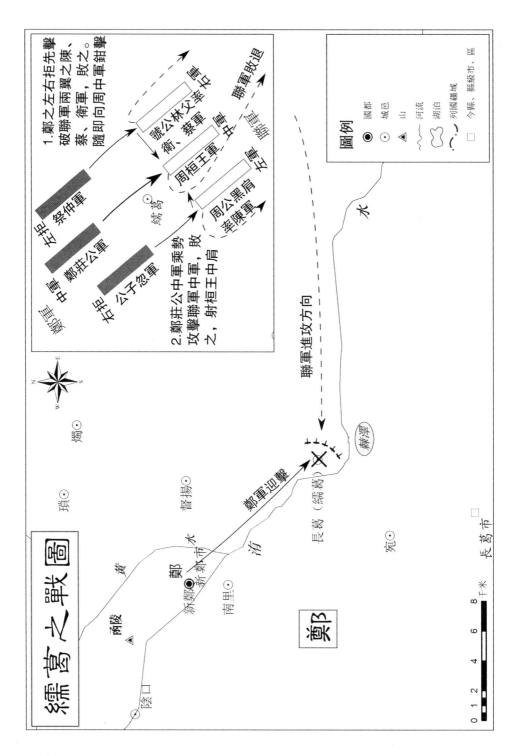

繻葛之戰圖

圖例

國都
城邑
山
河流
湖泊
列國疆域
今縣、縣級市、區

1.鄭之左右拒先擊破聯軍兩翼，陳、蔡、衛軍敗之。隨即向周中軍鉗擊

2.鄭莊公中軍乘勢攻擊聯軍中軍，敗之，射桓王中肩

虢公林父率軍　衛、蔡聯軍　右軍

周桓王率　周桓王軍　中軍

周公黑肩率陳軍　左軍

聯軍敗退

聯軍

蔡中軍
左拒

鄭莊公軍
中軍

公子忽軍
右拒

鄭軍

繻葛

聯軍進攻方向

鄭軍迎擊

長葛（繻葛）

棘澤

水

黃　水

湞　水

鄭
新鄭市

閺陵

陰口

燭

瑣

督揚

南里

宛

鄭

長葛市

0 1 2   4   6   8
千米

以扩大战果的要求，他果断下令停止追击，并对将士说，我们打仗是为了自卫自保，只要国家无损，就是万幸，怎么还敢上陵天子呢？当晚还派人去慰问周桓王，做出了明显的和解姿态。这就做到了有理有利有节，最大限度地争取了当时社会舆论的支持。因此，在处理周郑关系问题上，郑庄公能化被动为主动，胜过周桓王一筹，他所领导的郑国能够从弱到强，小霸中原，并非偶然。

四、小霸中原遗恨终

宋公不王。郑伯为王左卿士，以王命讨之。伐宋。宋以入郜之役怨公，不告命。公怒，绝宋使。

秋，郑人以王命来告伐宋。

冬，公会齐侯于防，谋伐宋也。

北戎侵郑，郑伯御之。患戎师，曰："彼徒我车，惧其侵轶我也。"公子突曰："使勇而无刚者尝寇，而速去之。君为三覆以待之。戎轻而不整，贪而无亲，胜不相让，败不相救。先者见获必务进，进而遇覆必速奔，后者不救，则无继矣。乃可以逞。"从之。

戎人之前遇覆者奔。祝聃逐之。衷戎师，前后击之，尽殪。戎师大奔。十一月甲寅，郑人大败戎师。

——《左传》隐公九年

宋公，指宋殇公（前720～前710年在位），殷商贵族微子后裔，子姓，名与夷。宋宣公子，穆公侄。宋穆公临终前，传位与夷，故穆公子冯奔郑避难。但宋殇公不仅不感谢穆公，还恩将仇报要杀公子冯。只因公子冯有郑庇护，一时难以得逞。为此，宋殇公恨郑而视为敌国。宋殇公立国十年，穷兵黩武，十年十一战，年年征战，宋以此民穷财尽。从宋殇公的好战，可见其虚骄狂妄和勃勃野心的无限膨胀。郑伯，指郑庄公，宋殇公、郑庄公为同时代人。郑在今河南中部，宋在郑国之东，国境相距不远，两人又同具野心，所谓两雄不并立，不是你死，就是我活，非要斗个输赢不可。当时中原，诸侯国林立，纷争不断，战争频仍，稍有不慎，就有可能被人鲸吞而亡国灭族。因此，除内政外，列国之间的政治、经济、军事、外交种种关系，就显得非常重要。宋郑同处中原腹心地带，两国争霸逞强，一个强大邻国的存在，就是对本国的威胁。因此，春秋初期，宋郑两国相互征战厮拼了十来年，最后以宋殇公被弑而郑国胜出结局。这不仅与两国军力强弱有关，更与国君的治国智慧、领导才能和外交攻略直接相关。

春秋初期的列国形势，第一流大国如北面晋国，因为内部争斗动乱不息而内耗严重，无力他顾。西方秦国则为巩固占领西周故土关中之地，而与亡周的犬戎展开了长期殊死战斗，同样无力东出函谷关。南面楚国则僻处蛮荒，正为力扫群蛮小国来扩充势力而奋斗，其力量也暂时无法到达中原腹心地带。而东面齐国，全境有今山东的青州、济南、武定、登州、莱州五府之地，东临海滨，通工商渔盐之利，号称东方大国，但由于领导集团平庸，当时并无大的作为，其境多与鲁、卫等二三流国交界，特别是与鲁国犬牙交错，如兖州强半属鲁，泰安与鲁参半，东昌与晋卫杂处，纠纷甚多，与鲁更是冲突不断，这也牵制了齐国西出以争中原的能力。这就给地处中原腹地二三流国的君主如郑庄公及宋殇公，留下了争霸中原以求一逞的难得时机。于是宋殇公借卫州吁弑卫桓公自立之乱，结成了以宋为核心的宋卫陈蔡燕许诸国联盟，于鲁隐公四年（前719年）兴兵伐郑，"围其东门"。同年秋，宋又率联军伐郑，并向鲁乞师以争取支持，当时鲁国羽夫（即公子翚）未经鲁隐公同意而师师会宋，"败郑徒兵，取其禾而还"。可见在宋郑纷争中，谁能争取到东方齐鲁的支持，谁就占有了政治和战略上的优势。但遗憾的是，宋殇公并未度德量力，而是野心膨胀，对鲁关系，并无实诚之心，只是利用而已，时间稍长，鲁国就会反感。当时列国诸侯，又有谁会甘心受人驱遣而去为宋火中取栗呢？如《左传》隐公五年载郑率邾等诸侯联军会王师以伐宋，"入其郭（按：国都外城），以报东门之役"。当时宋殇公派使向鲁求援，鲁原拟出兵以救，于是鲁隐公问宋使曰："师何及？"对曰："未及国。"鲁也有自己的情报信息系统，知道宋在欺骗。因此，鲁隐公怒，拒绝宋人要求。一个虚伪的宋国怎能成为真正的盟友呢？对于当时的宋国而言，这不就是化友为敌的愚蠢行为吗？自己的失分，就是敌人的加分。相反，郑则以此为转机，使出浑身解数，力争鲁国支持，以壮大己方力量和声势。进一步，郑庄公又在做争取齐国的工作，真诚微笑与虚伪欺骗，二者的外交效应是不言而喻的。果然，不久后齐鲁诸国皆转向与郑结盟。如鲁隐公九年秋，郑以王命来告，齐僖公与鲁隐公会于防以谋伐宋。鲁隐公十年，鲁齐郑联军以王命伐宋，败宋师，"庚午，郑师入郜；辛未，归于我（按：指鲁国）。庚辰，郑师入防；辛巳，归于我"。在胜利面前，郑庄公奉天子以讨不臣，同时又不贪图占领土地，而是在必要时，把获得的利益拱手相让于盟友。以此，《左传》君子评曰："郑庄公于是乎可谓正矣！以王命讨不庭，不贪其土以劳王爵，正之体也。"在周天子仍可作为天下共主象征偶像时，郑庄公以王命讨宋，理由堂堂正正，而宋则不朝天子而坏礼制，在道理与舆论方面，已不战自败。而郑在胜利后，又不骄不吝，把所夺的利益，转手让与尊者鲁国，因为鲁是公爵，郑是伯爵，显得尊卑有序。让出部分利益，却可争取齐鲁等大国的支持，何乐而不为呢？又如郑把其泰山祭礼的邴田，拿来与鲁交换其近许飞地许田，几次提出，终于成功。这对郑鲁是双赢有利之事。对齐地也是如此。如鲁桓公六年（前706年），"北戎伐齐，齐侯使乞师于郑。郑大子忽帅师救齐。六月，大败戎师，获其二帅大良、少良，甲首三百，以献于齐"。同样以让利巩固了郑齐联盟。这样，在宋郑二国的斗争中，东方鲁齐二国开始转向郑国，力量一进一出，天平已逐渐向郑倾斜。当时，郑庄公驰骋中原，东得尊贵大国齐鲁之助，挟天子以讨不庭，而无后顾之忧，自立于不败之地，其小霸中原，不亦正其时乎！

郑庄公在位四十三年（前743～前701年），一生戎马，南征北战而东征西讨，其守固攻坚，几乎是战则能胜，这是否为偶然侥幸呢？非也。如拿宋殇公作陪衬，宋殇公、郑庄公同样亲历战阵，宋国比郑大，力量要强，但宋殇公不计环境条件，穷兵黩武，而郑庄公多是为生存和发展而战。宋殇公在发动战争时，狂妄自大，虚骄负气，几乎是丧失理智任性胡来；而郑庄公则慎之又慎，集思广益，谋略先行，又能根据风云变幻的战场态势随时做出调整，因而应对自如。更大的差异是，宋殇公发动战争，多随一己怨恶而发，只考虑眼前军事，而不计及政治后果；而郑庄公则反之，他是政治先行，用政略统率战略，在驰骋疆场之时，不贪功冒进，而做到有理有利有节，政治上的得分，就会增加社会舆论的认同与支持。这正是他高瞻远瞩而胜人一筹的表现。如鲁隐公十一年联齐鲁伐许之役，郑军奋勇先登，破许国都，"许庄公奔卫"，实际已亡国。齐虽大国，但实际上无法越过鲁宋陈诸国之境而占有许国，因此作个空头人情，把许让与郑国。许在郑之南。一个敌对的许国的存在，对郑也很麻烦。因此，郑以许不尊王命伐之，实际上是找个借口，为维护郑国南疆而战。处于疆场地理的政治需要，郑之伐许是志在必得。以郑之强，攻许必胜，但为了政治需要，还是联合齐鲁组成联军，既壮军威，又减少阻力，确是聪明的一招。

但郑庄公在胜许之后，能以清醒头脑处理问题。他要消除的是一个敌对的近邻，而力图把许化为对郑友好的邻邦，而不去贪图许国的土地、人口与财富。他一方面派公孙获帅兵驻许都西边，一方面又派许国大夫奉许叔（按：许庄公弟，后即位称穆公）住许都东边，并公开表明不与许国人争其国土。郑庄公曰："寡人有弟，不能和协，而使糊其口于四方，其况能久有许乎？吾子其奉许叔以抚柔此民也，吾将使获也佐吾子。……唯我郑国之有请谒焉，如旧昏媾，其能降以相从也。无滋他族，实逼处此，以与我郑国争此土也。吾子孙其覆亡之不暇，而况能禋祀许乎？寡人之使吾子处此，不唯许国之为，亦聊以固吾圉也。"（《左传》隐公十一年）明白指出了重建一个友好许国以"固吾圉"——即安定边境的目的。这就把战争的军事占领，转化为友好邻邦的关系，这是政治外交的一大胜利。于此可见郑庄公政治眼光之深远。

在处理春秋列国关系时，郑庄公是政治优先于军事。其决策是联合一切可能的力量，来对付主要的敌人。这相当于今天的统一战线策略，如鲁国，曾多次与宋联盟派兵伐郑，但郑庄公对鲁参战之事不计较，而是抛弃前嫌，一再示好；如以郑在泰山的邴田交换鲁飞地许田，鲁隐公拒之，但郑庄公仍继续努力，终于在鲁桓公元年办成了双赢的换地事宜。换来许田以祭周公，不正是对鲁之先祖示敬吗？后来鲁拒宋盟而友郑，不正是郑庄公耐心而正确处理两国外交关系的成就吗？

郑庄公在位四十余年，其所主持的战争，几乎是完胜的军事家。他曾上抗周天子统帅的诸侯联军，是个不畏权势不信邪的狡狯的政治家，说得难听点，是个善于借势发力的政治阴谋家。他击周伤王、伐宋入郕、破许驻军，大败息师，又曾御北戎、抗燕师而大获全胜，借其成功的政治、外交才能，特别是军事成就，实现其小霸中原的光辉事业。同时代的列国君主，难与比肩，而只能把挟天子以令诸侯的小霸主之位拱手相让。即使是齐僖公，号称大国，但在入许之役后，仍然无法越鲁宋卫以占领，而只能让与郑国。虽然心有不甘，但却是形势使然，只能耐心等待时机的到来。后来齐桓公继位，尊王攘夷，九合诸侯而号称春秋五霸之首，其格局之波澜壮阔，远非郑庄公可比拟。而齐桓公之父齐僖公，却因时机未到，才能平庸，工作不周，徒有大国之力而让名与小霸王郑庄公，时乎？运乎？人乎？争霸天下，三者缺一不可。

五、多面人生留遗恨

《左传》所刻画的郑庄公，一生戎马，从弱到强，终于借势发力，登上了小霸中原的事业顶点。但其身后，昔日辉煌，犹如昙花一现，瞬即烟消云散，郑国一下子化为大国争霸中原的门户与战场。这一巨大的落差，事非偶然，为后世留下了音调不定的种种议论，是非任人评说。

郑庄公一生，是个具多面人生的复杂体。表面英雄，具雄才大略；但又时常流露其枭雄奸诈一面，并非纯洁可爱。他擅权谋，引君入瓮，令敌丧胆，阴狠奸险，不计手段，是一个为权位和事业可以不顾一切的阴谋家；但他作为具体的人，有时又具恻隐之心和仁者之爱，对被击败的敌人，并不斩尽杀绝，而是尽量做到有理有利又有节，以便争取世人支持，因此又能在《左传》中获得"君子"的称颂。

比如对天子，郑庄公看准形势，认为周王朝已日薄西山，徒具其表，其象征性大于实力。因此，诸侯要打天下，有周王朝支持，当然好；但若天子不认可甚至反对，也无所谓，重要的是依靠自己的封国来拼搏；而一旦王朝侵犯了郑国利益，郑庄公会立即翻脸，坚决抗上而不妥协，直至发动战争来予天子以教训，毫不顾及周礼制度规范，他做了世人所不敢干之事，其胆识魄力何如哉！因为他早看透，"王室而既卑矣，周之子孙日失其序。……天而既厌周德"（《左传》隐公十一年）。周天子的东周王朝，对姬周子孙封国早已失去庇护作用，光环正在消退，亦属自然之势。以此，内心深处，郑庄公对高高在上的周天子，实在藐视之，视为土胎木偶，形同虚设。他敢于上抗王师者以此。但另一方面，在形势需要时，他又会重新高举起那早已被自己丢在一边的"尊王命"的大旗，来对敌大张天讨。为什么？因为他认为天子"王命"尚有利用价值，可达到挟天子以令诸侯的政治目的。十年的伐宋征战，就在这样态势下发动的。《左传》隐公九年载："宋公不王，郑伯为王左卿士，以王命讨之，伐宋。"隐公十年载："齐人、郑人入郕，讨违王命也。"同一周桓王的"王命"，或遵或抗，郑庄公翻手为云覆手为雨，随心挥洒，而以郑国政治利益的变化为转移。只重利益而不讲原则的政治家，岂圣贤之所为！但郑庄公假"王命"而借势发力，曾取得局部成功，历史是胜利者书写的，一代枭雄变脸涂上了英雄的油彩，完成了华丽转身。这才是一个有血有肉的人，而不仅仅是僵死抽象的历史符号的概念。

如上所述，郑庄公为挞伐亲弟共叔段，曾费尽心机，先封弟于险地京邑，令其扩展势力，野心膨胀，诱其走上"反叛"的不归路，然后名正言顺地加以驱逐消灭。这明显是包藏祸心的预谋，手段阴狠毒辣，从而表现出其不仁不义的一面。为了巩固自己的统治，郑庄公不得不然。周王朝原有传位嫡长子的不成文礼制，但实际上春秋时制度已乱，只要是国君之子，都可能有继承权。因此，大家觊觎君位，为此而兄弟阋墙手足相残，屡见不鲜。因此，共叔段的存在，本身就是对郑庄公君位的挑战，岂能容忍？但按传统道德，要除掉兄弟，又必须找到合适的借口或理由。郑庄公处心积虑，他做到了，这正是他的阴险之处。为权位又何惜亲弟及母亲！但在消除夺位隐患后，郑庄公站在人的角度来思考。他在战胜许国后曾对许国人坦言："寡人有弟，不能和协，而使其糊口于四方。"感叹的正是亲弟共叔段，并示忏悔。对于宠爱乃弟的生身母亲姜氏，责其暗助共叔段夺权而加以囚禁，并曾决绝表示，"不及黄泉，无相见也。"（《左传》隐公九年）意谓至死不予原谅。对生母尚且如此绝情，其孝悌仁爱之心何在哉！作为政治家，郑庄公眼中只有国家权位，一旦威胁其统治，无论什么亲情、友情，全抛到九霄云外。不过在已无挑战而威胁消除之后，他又恢复了些微的人性。有一次，他宴请颍谷（按：即其母囚禁地）封人颍考叔时，颍考叔请求允许他把食肉带回奉母时，庄公叹道："尔有母遗，繄我独无！"因他囚母时曾发誓曰："不及黄泉，无相见也。"颍考叔就建议庄公掘地及泉，母子在隧道中相见，则不违誓言。据《左传》载："公从之。公入而赋：'大隧之中，其乐也融融！'姜出而赋：'大隧之外，其乐也泄泄。'遂为母子如初。"像在演戏一般，虽然虚伪，但却在传统礼教的框架下，见出郑庄公不仅是个公众眼中的政治家，同时也是生活中的一个鲜活的人，有时也有其通人性的一面。郑庄公也是人，具有人的复杂性多面性。《左传》所载《郑伯克段》的故事，庄公作为，确是真真假假，很是复杂。但也不可因其阴毒一面，就否认他也有人性存在。从庄公对其母及弟的"反叛"并不斩尽杀绝的处分，就可看到他不仅是绝情的政治家，同时也是一个有血有肉有感情的凡夫俗子。

综上所述，郑庄公历史功过概括如下：

首先，在春秋初，他以诸侯身份，破除传统迷信，敢于以下犯上，对抗天子，甚至不惜战场相见而予以教训。这种敢于把皇帝拉下马的精神，是对旧有周礼传统的一次严重冲击，也可称是一种思想观念的解放。春秋无义战，礼坏乐崩，就是观念转型的前奏曲。

其次，郑开国三君（桓、武、庄三公），实际真正让郑在艰危中成长壮大的是郑庄公。他统治郑国四十三年，为郑在诸侯林立的中原大地不仅建立了稳固的立脚点，同时发展壮大，影响很大，从而与其父祖共同开创了郑国几百年历史的新篇章。

第三，继承并发展了父祖的建国方针路线，强调国内不同部族、民族的团结，并制定了发展工商贸易的辅助性经济政策，一旦形成法规，政府即坚决执行，不过分干预市场，政府也不巧取豪夺，这就有力保护了工商业者的正当权益。事实俱在，可详参《左传》昭公十六年子产对晋韩宣子的有关叙述。如此重视工商业及经济建设，在春秋列国中郑属先进。以此，经济繁荣，民心稳固，对内形成了向心力，对外增强了扩张力。郑庄公在军事上常打胜仗，当与其民心向背有关，更与其经济实力的增长有关。军事是政治、经济的延伸，如果缺乏稳固的经济基础作支撑，战争是难以为继的。以此，郑虽是人口、土地属二三流的小国，却能在强敌环伺的中原腹心开国，实属不易。如果没有一定的经济实力支撑，在这兵家必争之地，生存有忧，发展堪虑，遑论小霸局面的出现！郑庄公能战胜强暴之宋殇公者，当与此有关。

第四，在列国政治外交上，郑庄公聪明地打出了一组巧妙的连环组合拳，用今天话说，就是"统一战线"远交近攻的好牌，从而争取了一切可团结的力量。在这方面，列国之君无出其右者。如宋殇、鲁隐诸公不如他，大国如齐僖公也难有作为。就是周天子，也常因感情冲动而有失理智，缺乏合纵连横的通盘思考，天子虽处号令天下之位，却因威权丧尽而号令不动。相比之下，郑庄公却能把握主要矛盾，妥善处理，则其他矛盾立即迎刃而解。中原列国中，郑国地处新郑，其地理位置，西为周王畿，周王朝对郑并非友善；东北有卫和南燕以及曹国，东是宋陈，南是许蔡，大多是宋的盟国。这样，除了北面大国晋因成师之乱而无暇他顾，减少了郑的北顾之忧外，其余东西南三方，宋已组成了联盟而对郑构成了三面包围圈。宋殇公尤为好战，他视郑为主要敌人。这样，郑在宋的战略包围中，形势十分严重，若不认真对待，则国亡族灭指日可待。郑庄公明白，在东西合围的攻击中，宋是主要矛盾，如能破宋，则郑就安全，并有突围向外扩张力量的可能。而要败宋，就必须正确处理与远近诸多邻邦的关系。在三面之敌的夹击中，郑庄公认为周王朝并非主要矛盾，应力加缓和，化敌为友，有利郑国突破包围而减少压力。郑与周天子，虽也曾暴力对抗，但时过境迁，借大国齐僖公的干预斡旋，郑庄公重新朝周并搞好关系，重任王朝卿士，"遵王命"而号召诸侯，使尽浑身解数，借助周之"王命"而建立以郑为核心的诸侯盟军伐宋，一方面消除了己方西线隐患，一举破宋的三面合围战略；一方面又在东面远交近攻，极力做好齐鲁诸国的友好关系，建立新的盟国关系，这样化敌为友，直接打击了宋。如此一般地增分减分，郑盟与宋盟的敌对力量迅速变化。庄公西尊周而东盟齐鲁，于是宋对郑的三面合围而东西夹击战略，不攻自破。鲁曾出兵助宋伐郑，但庄公不计前嫌，与鲁化敌为友，并在战争中让利于鲁。对齐这一大国，用心尤力。据《左传》隐公八年丙戌，"郑伯以齐入朝王，礼也"。借齐之助，郑庄公重任王朝卿士。隐公九年，"宋公不王"，于是郑庄公"以王命讨之"。隐公十年初，郑与齐鲁盟于邓，六月，组成了以齐鲁郑为主的诸侯盟军伐宋。当郑师占领部及防二地时，郑把土地占领权益拱手让鲁，以示不贪。故当时君子誉之曰："郑庄公于是乎可谓正矣！以王命讨不庭，不贪其土以劳王爵，正之体也。"获得了很好的历史评价。对于陈许等较小的诸侯国，工作也不敢懈怠，虽然战而胜之，但仍主动修好，让小利来争取未来的大利，正可见其胸怀宽广与用心良苦。郑盟日渐壮大，宋盟日趋瓦解，宋殇之弑，岂是偶然？郑庄公那"统一战线"策略，为其小霸中原，成功地保驾护航。

第五，郑庄公事业辉煌，最后功亏一篑，主客观原因很多，但综合衡量，其败不在外而在内，特别是在于自我的原因。郑庄公对外，费尽心思，从不言败，但对内则不然。在国家权力方面缺少统一的安排，没有妥善分配以诸公子为核心的国内各集团的利益。他生了十几个儿子，形成了不同的利益集团，明争暗斗，祸胎暗结，在他生前已见端倪。但他没有注意并很好处理。在接班人的问题上，他犯了根本性的失误。《左传》早有"国之大事，在祀与戎"的说法。"戎"是战争，当然直接关乎国家安全，在这方面，郑庄公显露才能，从而保证了初生郑国的生存与发展。但在"祀"这方面，却做得很糟糕。

"祀"者，并非纯是后世意义的祭祀。周朝所行的是以"宗子"为核心的宗法礼制。如王国维《观堂集林·殷周制度论》所说："立子以贵不以长，立嫡以长不以贤。"按继统法，天子为"大宗"，掌祭祀天地始祖；庶出诸王子为"小宗"，无祭天地始祖之权利。以下诸侯亦然。诸侯为"大宗"，诸公子公孙为"小宗"，"小宗"出任卿大夫而听命于诸侯"大宗"。因此，《左传》之"祀"，非常重要，讲的实际是祭祀天地始祖的继统权，是政权之所在。因此，对于天子或诸侯来说，主"祀"之权，无可与让，此之谓"祭在寡人"也。但发展到春秋时代，礼制混乱而常遭破坏。应该如何实行，郑庄公犹豫不定。他贪恋权位，并不在接班人上早作安排，以免受到儿子的无形挑战。与庄公同时代的卫州吁以庶弟弑兄卫桓公以自立，他是亲身闻见，但仍不警惕。他至少生了十来个儿子，曾继位的有大子忽（即位称昭公）、公子突（即位称厉公）。大夫高渠弥所立子亹，大夫祭仲迎接于陈的子仪。当郑厉公逼大夫原繁自缢前，原繁明言"庄公之子犹有八人"（见《左传》庄公十四年）。此时，大子忽、子亹、子仪三人已死，厉公在位，已是四人，外加见存八公子，则庄公至少生子十二以上。兄弟十几人，都在觊觎君位，相互牵制而内耗。郑庄公在世时，他的强势存在，尚有控制形势的力量；而在其身后，控制力一旦消失，则天下大乱，诸公子夺权争位，篡弑相继，国家岂能不乱？诸子之中，大子忽与公子突竞争尤烈。他们兄弟二人都具有相当能力和智谋，因此彼此争夺对抗相当残酷。《左传》鲁僖公六年，北戎伐齐，齐求郑助，大子忽率郑师救齐而"大败戎师"，齐侯欲妻忽，忽拒绝，当时大夫祭仲劝道："必取（娶）之！君多内宠，子无大援，将不立。三公子皆君也。"（见《左传》桓公十一年载）忽不从。三公子，指忽弟公子突、子亹、子仪。后来三人果然先后继位，郑昭公忽终于性命不保。郑国因接班无序，兄弟拼杀，刀刀见血，如此内耗，岂可保其国家长盛而不衰乎？

郑忽表面是庄公的大子，或称世子，但庄公并未给予超逾诸公子的地位和权力，因而难固宠位。庄公多内宠，诸子都有继位的可能。庄公曾修建大城京、栎诸邑，以居其子，借其通都险邑之势，以便相互牵制。据《左传》昭公十一年载，楚国申无宇对楚灵王说得明白："郑庄公城栎而置子元焉，使昭公（即忽）不立。"子元颇具军事谋略，《左传》中多次出现，或云郑厉公又字子元。《左传》多次记载郑厉公以栎为根据地来争夺政权，如桓公十五年（前697年）"郑伯（按：指郑厉公）因栎人杀檀伯，而遂居栎"；庄公十四年（前680年）又有"郑厉公自栎侵郑"。庄公曾为其城栎，公子突有了巩固的根据地而日趋强大，最终导致战胜诸弟兄而夺国。在相当长的一段时间内，郑庄公后，接班失序，诸公子相互残杀，如此内耗，激烈动荡。郑庄公身后，郑国即处衰乱之中，因此其盛极而功亏一篑，也是事属自然。这又引出了后来郑为刀俎鱼肉的大国争霸中原的大戏来。

《左传》春秋五霸传叙

主题

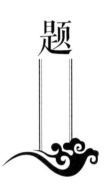

春秋始霸开新篇

——齐桓公传叙

春秋战国时代，有春秋五霸之称，后开战国七雄纷争，进而秦灭六国以统一中国的历史长篇，从而促进了中国历史由诸侯分封的贵族奴隶制向统一的封建郡县制的社会转型。在此期间，序列春秋五霸第一位的齐桓公，曾经留下了不可磨灭的历史足迹。当然，谈到齐桓公，就离不开辅其成功称霸中原的名相管仲，但管仲有另篇介绍，可以参考互补。这里重点介绍齐桓公。

齐桓公（？～前 643 年），春秋初的齐国君主。齐桓公是周初太师姜尚的后裔，姜姓，齐僖公子，襄公庶弟，名小白。据《左传》，鲁桓公十五年（前 697 年），齐僖公卒，诸儿立，是为齐襄公。襄公暴虐国人，在公元前 686 年遇弒，齐上卿高、国二族，先迎立公子小白为君，史称齐桓公。桓公一登历史舞台，即在管仲及鲍叔牙等众贤臣的辅助下作了有声有色的表演，从而对春秋历史产生了深远的影响。在他身后，人们还经常提及并加以纪念。

一、公子争立论条件

初，襄公立无常。鲍叔牙曰："君使民慢，乱将作矣。"奉公子小白出奔莒。乱作，管夷吾、召忽奉公子纠来奔。

——《左传》庄公八年

齐僖公卒于鲁桓公十五年（前 697 年）。夏四月己巳，襄公立。因此，

"襄公立"当指是年四月之后。"无常",指齐襄公暴政无常,困苦国人,凌侵邻邦,欺鲁尤甚,如与鲁桓公夫人私通,并为此公然杀害来访的鲁桓公。可谓内外点火,纷争恶斗,令齐国人失去了安全感。因此,鲍叔牙奉公子小白奔莒。继而管仲、召忽奉公子纠奔鲁,以避免迫害。后来齐襄公遇弑,不仅是个人性格问题,更因其政治上四处树敌,内外交困,主客观原因导致其失败被杀。襄公死后,最有可能入主齐国者,当属公子纠与小白兄弟俩。因此,兄弟二人为争君位,最后必然舍亲情而火拼。这在僖公时代,早藏矛盾而不可调和。据《管子·大匡》篇载:"齐僖公(按《史记》称釐公,名禄甫)生子诸儿、公子纠、公子小白。使鲍叔傅小白,鲍叔辞,称疾不出。"当时的鲍叔牙与管仲、召忽三人形成了相亲相助的小集团,如召忽所说:"吾三人者之于齐国也,譬之犹鼎之有足也,去一焉则必不立矣。"也就是说,三人中无论谁得势,都会推荐其他二人,协调步骤,共同发展。当管仲等知道鲍叔牙想要拒绝僖公任命,就急忙去见鲍叔,问明原因。鲍叔曰:"先人有言曰:'知子莫若父,知臣莫若君。'君知臣不肖也,是以使贱臣傅小白也,贱臣知弃矣。"鲍叔牙认为齐僖公"贱视"自己,故令其辅助无出息的年幼公子小白,因而辞傅。兄弟三人中,小白为卫姬所生,不肖而贱,不可能有接班继位的机会。对于鲍叔所言,召忽同情,也劝他辞傅。但管仲坚决否定了鲍叔的看法,他说:"不可。持社稷宗庙者,不让事,不广(旷)闲。将有国者未可知也。子其出乎!"管仲认为士大夫对国家社稷是有责任的,所以要求"不让事,不广闲",要对国家人民尽心尽力,而不应以个人恩怨弃其职责。为此,他力劝鲍叔出傅公子小白,并且进一步加以分析,说:"夫国人憎恶纠之母,以及纠之身,而怜小白之无母也。诸儿长而贱,事未可知也。夫所以定齐国者,非此二公子者,将无已也。小白之为人无小智,惕而有大虑,非夷吾莫容小白。天不幸降祸加殃于齐,纠虽得立,事将不济,非子定社稷,其将谁也?"这是说,小白在诸公子中,虽然年幼而贱,并有性急的毛病,但他不要小聪明而见大智慧,重视大局的思考决策,这优点管仲看得既清楚又深刻。自己与召忽虽然傅公子纠,但客观地分析,小白的前途更为光明。于是鲍叔回心转意，尽心辅助小白。在这里，管仲不仅是为鲍叔，同时为自己和公子小白开启了通往成功的大门。但从另一方面看，如果小白自身不具优势，管仲会有如此精辟的分析吗？管仲和鲍叔顺水推舟，助小白更快地到达胜利的彼岸。后来形势的发展，一切都在管仲的预料之中。

二、捷足入齐即君位

> 夏，公（按：鲁庄公）伐齐，纳公子纠。齐小白入于齐。
>
> ——《春秋》庄公九年
>
> 夏，公伐齐，纳子纠。桓公自莒先入。秋，师及齐师战于干时，我师（按：指鲁师）败绩，公丧戎路，传乘而归。
>
> ——《左传》庄公九年

故事说的是，齐襄公因暴虐于公元前689年冬十一月癸未遇弑，齐国无主，大乱。襄公二弟公子纠及公子小白，因避祸，纠奔鲁而小白奔莒。襄公死后，两位公子都有入齐即位的机会。为争君位，兄弟二人已失亲情而刀兵相向，彼此残杀。按周朝礼制，立君以嫡。无嫡子则立长，这是周的继位传统。但发展至春秋时代，礼崩乐坏的现象屡见不鲜，继位的传统礼制破坏殆尽。父子相残，兄弟争位，刀光剑影，都是为了一个"权"字，这是古代专制独裁社会的副产品。即使是身居洛阳城的东周天子也早为继位而纷争不断，亲人相残，形势酷烈，难以尽述。如与齐桓公同时期，东周王朝就发生了王子颓之乱，后又发生了王子带之乱。如王子颓是周惠王庶弟，因其母有宠于周庄王，在兄惠王登基后，发动叛乱，后为郑、虢等诸侯所杀。王子带又称大叔带，是惠王子襄王弟，也因其母有宠于惠王，谋位作乱，曾勾结犬戎之师，大举伐周，构成东周王朝大灾难，后来激起众诸侯义愤被杀。天子王朝尚且如此，遑论诸侯国呢？以此，齐襄公死后，公子纠与小白争位，事属寻常，就看谁的能量大、机会好了。得道多助，成功的希望也就愈大。相比之下，公子小白一方，比公子纠具有更多的主客观优势，管仲早有精辟的分析。在齐的国内，上卿高、国二族，早与国人密谋，于鲁庄公九年（前685年）夏，派人赴莒迎公子小白先期入齐，夺得君位。当然，管仲、召忽奉公子纠，也不会坐以待毙，他们联合鲁国，事先派兵在齐、莒之间路上截杀小白，管仲执弓亲射小白中钩，小白立刻装死躺下。管仲误以为小白已死，问题解决，因而鲁国纳纠之师缓缓前行；而小白的人马则急速前进，捷足先入齐都即位。从中，可以看出小白及鲍叔等的智慧。在入国过程中，小白也曾犹豫动摇，多有疑虑，他曾想中途下车不走，当时鲍叔就"履其足"，踩着小白的脚，不让他下车，慷慨地说："事之济也，在此时，事若不济老臣死之，公子犹之免也。"乃行，至于邑郊。鲍叔牙令车二十乘先，十乘后。鲍叔牙乃告小白曰："夫国之疑二三子，莫忍（认）老臣。事之未济也，老臣是以塞道。"于是小白遂先入齐即君位。于此可见，小白内部团结一心和不怕牺牲的精神斗志。以上可参见《管子·大匡》篇。

又《史记·齐世家》载：

> 小白母，卫女也，有宠于釐（僖）公。小白自少好善。（大夫）议立君。高国先阴召小白于莒。鲁闻无知死，亦发兵送子纠，而使管仲别将兵遮莒道，射中小白带钩。小白佯死。管仲使人驰报鲁，鲁送纠者行益迟。六日至齐，则小白已入，高傒立之，是为桓公。桓公之中钩佯死以误管仲，已而载温车中驰行，亦有高、国内应，故得先入立。

管仲射小白，武梁祠汉画像石

刻画生动，心理描绘细腻，可补《左传》叙述之不足。

在兄弟争立时，小白胜出是有原因的：一是小白机敏有智慧，管仲箭中其钩，佯死欺误之，令鲁纳纠之师迟行而失去先机；二是其傅鲍叔牙等核心，具坚忍和牺牲精神，忠心耿耿，行动果决，速行而获先机；三是国内士大夫的支持帮助，国人内应，因其"少善"，得道多助，相形之下，公子纠之败亡，也是事属自然。

三、举贤任能管仲相

> 鲍叔帅师来言曰："子纠，亲也，请君讨之。管（仲）召（忽），仇也，请受而甘心焉。"乃杀子纠于生窦，召忽死之；管仲请囚，鲍叔受之，及堂阜而税之。归而以告曰："管夷吾治于高傒，使相可也。"公从之。
>
> ——《左传》庄公九年

故事发生在鲁师伐齐纳纠大败，鲁庄公丧失战车"乘传而归"之后，事当公元前685年。公子小白入齐即君位后，得势不饶人，乘鲁师败绩，命鲍叔帅师伐鲁，加以报复。当时鲁师精锐已失，难与抗衡，无奈，只能与齐订立城下之盟。当时，齐对鲁的要求，最重要的有二：一是鲁必须杀公子纠以绝回齐争位之后患；一是必须把齐君仇人管仲、召忽交齐军押回齐国受公开惩罚，以儆效尤而快君心。这两个条件看似平常而无损鲁国根本利益，但齐人实具深刻用心。管仲截杀小白，小白恰巧被射中带钩而大难不死，这是仇人，必得报之以为快，这是常人心理。鲁国政要，也大多作如此想，但鲁贤大夫施伯却另有自己的深考。在是否送回管仲的问题上，施伯开始反对，后来赞成，这就引发了管仲请囚、鲍叔受之的一场戏中戏。据《国语·齐语》载：

> 桓公自莒反（返）于齐，使鲍叔为宰。辞曰："臣，君之庸臣也，使不冻馁，则是君之赐也。若必治国家者，则非臣之所能也；若必治国家

者，则其管夷吾乎。臣之所不若夷吾者五……"桓公曰："夫管夷吾射寡人中钩，是以滨于死。"鲍叔对曰："夫为其君勤也；君若宥而反（返）之，夫犹是也。"桓公曰："若何？"鲍子对曰："请诸鲁。"桓公曰："施伯，鲁君之谋臣也，夫知吾将用之，必不予我矣，若之何？"鲍子对曰："使人请诸鲁，曰：'寡君有不令之臣在君之国，欲以戮之于群臣，故请之。'则予我矣。"桓公使请诸鲁，如鲍叔之言。

桓公初立，即欲委任鲍叔为卿相时，鲍叔坚辞富贵，力荐管仲具治国大才，认为自己在有关安邦治国的五大方面都不如管仲，只是个平庸之才，怎能担此治国重任呢？这可看到鲍叔牙的富贵不能淫的高尚品格，同时也是他忠心国家社稷的实事求是的诚恳之言。这让桓公感动，深深认识到管、鲍不仅私人情谊，而且是超越个人利益恩怨，为复兴国家而忠心谋划。于是桓公决定，任贤不避仇，重用管仲。不过他担心鲁之贤大夫施伯会看透齐之用心，不肯放走管仲。这一顾虑也有一定道理。施伯是鲁惠公（前 768 ~ 前 723 年在位）子公子尾（字拖夫）之子，是公孙贵族出身。有关鲁杀公子纠后是否囚送管仲回齐，鲁国有讨论，庄公问施伯，施伯对曰："此非欲戮之也，欲用其政也。夫管子，天下之才也，所在之国则必得志于天下。令彼在齐，则必长

齐大夫鲍叔牙墓

为鲁国患矣。"庄公曰："若何？"施伯对曰："杀而以其尸授之。"庄公将杀管仲，齐使者请曰："寡君欲亲以为戮，若不得生戮于群臣，犹未得请也。请生之。"于是庄公使束缚以予齐使，齐使受之而退。当时，鲁国因国内贵族集团的掣肘，根本不可能起用管仲。而齐鲁近邻，在桓公之前，时常争战，形同敌国。齐是大国，为势力扩张及领土纠纷，齐常以大欺鲁。因此，施伯担心一旦齐国起用圣贤管仲，齐必富强而称霸天下，首当其冲的就是鲁国，因而主张杀管仲以尸授齐。但鲍叔考虑周密，令齐使公开提出鲁必须押回生管仲，让桓公当众"亲戮"以为快。如杀人送尸，犹如背约叛盟，齐国大军无法向国君交代，这是齐国软硬兼施的高招。在政治、外交及军事的重压之下，鲁只能缚送管仲而别无他法。以施伯之贤，也无可奈何而慨叹了之，这是形势使然。

这次齐国争位事件，公子纠被杀，召忽忠主自杀，唯有管仲主动"请囚"而生还齐国。管仲为什么不为主子公子纠尽忠而死呢？是否他贪生怕死而有亏大节呢？非也，他自有高瞻远瞩的生死观。他曾对鲍叔和召忽说："夷吾之为君臣也，将承君命，奉社稷以持宗庙，岂死一纠哉？夷吾之所死者，社稷破，宗庙灭，祭祀绝，则夷吾死之。非此三者，则夷吾生。夷吾生则齐国利，夷吾死则齐国不利。"（《管子·大匡》）这就不是不分是非的忠君愚忠，而是重在为国家谋发展的大利大忠。桓公之所以与管仲化解"射钩"之仇，就是看中了他那不为个人而忠于家国的根本设计和大局思考。鲍叔曾对桓公解释管仲劝其出来辅助小白的"故图"，说："夫夷吾不死纠也，为欲定齐国之社稷也。"（同上）因此，管仲一下囚车，桓公立即给予隆动欢迎，登堂入室，诚恳问对，启蒙开智，循序而行。管仲从阶下囚，一跃为座上客，成了执齐国政的卿相，辅助桓公四十余年。桓公开始对他半信半疑，管仲的建议有的听有的不听。但实践证明，违背管仲，率性而行，常招致失败；相反，桓公与管仲一旦配合默契，则获成功胜利。在君臣长期默契融合中，管仲被桓公尊为仲父，他数十年如一日，忠心辅助桓公，努力提高齐国国人素质，逐渐建立了较为完善的法规制度，积极推行政治、经济、军事、教育诸方面的改革，于是齐国大治，繁荣富强，把齐桓公推上了春秋首位霸主的地位。当然，管仲之才、之智、之贤，是桓公称霸中原的重要推手；但是，在古代专制社会里，君主是最高权威，如果没有桓公宽宏大量，与管仲化敌为友，给予信任支持，委以卿相治国重任，则管仲可能早死于鲁人之手，哪里还会有一展宏图的机会呢？而且，君主专制制度决定，如无君主点头肯定，管仲纵有天大本领，同样会一事无成。因此，齐国称霸，管仲与桓公的默契必不可少。管仲成功推动桓公登上了历史舞台作有声有色的表演；而桓公则举贤授能，能够给予管仲信任，并具大局思考，同样成就了管仲改革的千秋功业。桓公和管仲，二人相得益彰，史上众口皆碑。于此可见，齐桓公成为春秋首霸，并非偶然，他是个不平凡的历史人物。

四、一匡天下霸诸侯

冬十二月，狄人伐卫。及狄人战于荥泽，卫师败绩。遂灭卫。齐侯使公子无亏帅车三百乘，甲士三千人以戍曹；归公（按：指新立的卫戴公）乘马，祭服五称，牛羊豕鸡狗皆三百，与门材。归（馈）夫人鱼轩重锦三十两。

僖之元年，齐桓公迁邢于夷仪。二年，封卫于楚丘。

——《左传》闵公二年

夏，邢迁于夷仪，诸侯城之，救患也。凡侯伯，救患、分灾、讨罪，礼也。

——《左传》僖公元年

侯伯，指春秋时期的诸侯霸主，代周天子号令天下，这里具体指齐桓公。故事发生在公元前660年前后，当时卫国腐败，民不果腹，但卫懿公却喜养仙鹤，封鹤官职俸禄，高轩驷马，对于国之贤人，糟糠养之，因而引起了国人的不满。一旦狄军进攻国都，国人拒战，并讽懿公率领仙鹤去打战，故卫国必败亡。以后，在齐桓公等诸侯国的干预救助下，卫在曹（今河南滑县西南）立足。后桓公又率诸侯迁卫于楚丘，为之筑城，以保全。卫国因此重生。这时齐桓公在派兵保护的同时，又赠卫大批急需的生活物资，有利卫之生存发展。有此基础，于是继卫戴公后，卫文公兢兢业业布衣粗食，"务材训农，通商惠工，敬教劝学，授方任能"，终于为卫国带来了新生。卫初败亡时只剩车三十乘，发展至鲁僖公末年时，卫已有战车三百乘，具有了一定的自卫能力，这与齐桓公的救助是分不开的。

还有救邢之亡也是如此。鲁僖公元年（前659年），邢亡于狄军攻击，邢国人逃到赶来救援的由齐桓公组织的诸侯联军中寻求保护。于是以齐为首的诸侯联军击溃了狄军，同时又救助邢国许多生活物资，并帮助邢人迁移。在齐桓公的监督下，联军没有私取邢国财物。这样无私利人之举，当时并不多见。不仅不贪，而且桓公还率诸侯集中人力物力，帮助邢人迁到夷仪，为之修筑城墙，以增其防卫能力。齐桓公率诸侯救助邢、卫之事可说功德圆满，史称"邢迁如归，卫国忘亡"，重获新生。以此，桓公功德深得人心，因而霸主地位愈加牢固。于此可见，作为春秋霸主，不但要有强大国力支撑下的高强武功，强军建设必不可少；同时，还要有文德方面的高度展现，以便收获人心，形成代天子行事、诸侯服从号令而天下归心的安定局面。首先，在武功方面，只要与稍前的中原小霸郑庄公及后来五霸中最强势的晋文公相比，齐桓公可说是略胜一筹。如郑庄公数十年征战，也只能勉强压制宋国于一时，待他一死，郑国陷于内乱而宋国反弹，在武功方面不够高强，郑仍为二三流国家，而难与齐、晋、楚、秦诸大国相较。即使郑军训练和素质再好，但因受国力限制而难有突破，这与今日中东的以色列国相似。其次，郑庄公不太注意文德方面的自我形象的塑造。春秋时期虽然开始了礼坏乐崩的过程，但周礼仍在，周天子至少在表面上仍是天下共主，是各国诸侯朝拜的对象，但郑庄公却敢于破坏传统，蔑视天子权威，与周桓王刀兵相见，射王中肩。作为第一个公然在战场上对抗天子的诸侯，在时人心目中，自然道德评价不高而多受责消，又何来文德表现呢？只因欠缺文德，故郑庄公虽然英勇善战，但也只能小霸一时，死后功业立即烟消云散。再说晋文公，孔子对他有"谲而不正"的批评，如向周天子请"隧"之事，要求以周天子的葬礼来安排自己的后事，被周襄王拒绝。

而齐桓公则不然，史称齐桓公"九合诸侯，一匡天下"，其实，齐桓公召集各国诸侯会盟，依《春秋》及《左传》所载，至少有十余次之多。如鲁庄公"十三年春，会于北杏以平宋乱，遂人不至，齐人灭遂而戍之"。当时，齐召集宋、陈、蔡、邾会盟。齐桓公自此开始主持诸侯会盟事。"十四年春，诸侯伐宋，齐请师于周。夏，单伯会之，取成宋而还。"（《左传》庄公十四年）。以齐军之强，何待区区周师之助？"请师于周"，只具象征意义，不过是打着尊王攘夷旗号以资号召诸侯而已。"十有五年春，齐侯、宋公、陈侯、卫侯、郑伯会于幽。"（《春秋》庄公十五年）《左传》于是年载："十五年春，复会焉，齐始霸也。"可见齐桓公称霸，有个逐渐努力过程，并非一蹴而就。又据《春秋》载，庄公十六年，"冬十有二月，会齐侯、宋公、陈侯、郑伯、许男、滑伯、滕子同盟于幽"。鲁庄公十九年，"秋，公子结媵陈人之妇于鄄，遂及齐侯、宋公盟"。庄公二十七年，"公会齐侯、宋公、陈侯、郑伯，同盟于幽"。二十八年，"公会齐人、宋人救郑"，"齐侯伐卫，……数以王命取赂而还"。庄公二十九年，"冬，公及齐侯遇于鲁济"，"齐人伐山戎"（按：齐曾与鲁商讨伐戎救燕事）。三十年，"宋公、齐侯遇于梁丘"。鲁闵公元年，狄伐邢，"齐人救邢"。二年，"齐高子来盟"。鲁僖公二年，"齐师、宋公、江人、黄人盟于贯"。鲁僖公三年，"秋，齐侯、宋公、江人、黄人会于阳谷"。"楚人伐郑，郑伯欲成。孔叔不可，曰：'齐方勤我，弃德不祥。'"四年，"公会齐侯、宋公、陈侯、卫侯、郑伯、许男、曹伯侵蔡，蔡溃。遂伐楚，次于陉"，"楚屈完来盟于师，盟于召陵"。五年，"公及齐侯、宋公、陈侯、卫侯、郑伯、许男、曹伯会王世子于首止。秋八月，诸侯盟于首止"。六年，"夏，公会齐侯、宋公、陈侯、卫侯、曹伯伐郑，围新城"，"楚人围许，诸侯遂救许"。七年，"秋七月，公会齐侯、宋公、陈世子款、郑世子华，盟于宁母"。八年，"王正月，公会王人、齐侯、宋公、卫侯、许男、曹伯、陈世子

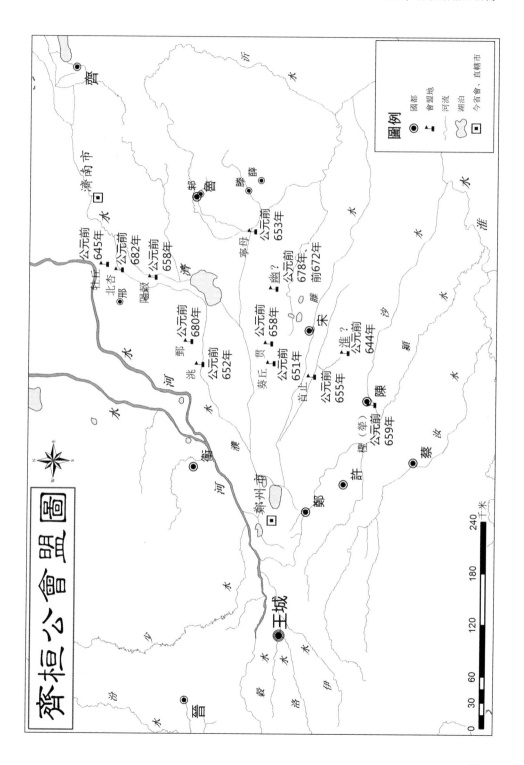

齐桓公会盟图

款，盟于洮。郑伯乞盟"。九年，"夏，公会宰周公、齐侯、宋子、卫侯、郑伯、许男于葵丘"。十二年，"冬，齐侯使管夷吾平戎于王，使隰朋平戎于晋"。十三年，齐、鲁、宋、卫、陈、郑、许、曹会于咸。十四年春，"诸侯成缘陵而迁杞焉"。十五年，"三月，公会齐侯、宋公、陈侯、卫侯、郑伯、许男、曹伯，盟于牡丘，遂次于匡。公孙敖帅师及诸侯之大夫救徐"。十六年冬十二月，齐桓公率诸侯会于淮，"王以戎难告于齐，齐征诸侯而戍周"。齐桓公卒前的鲁僖公十七年，仍然派兵为徐伐英氏，以报娄林之役也。以上《春秋》中类似枯燥而实则简约的会盟记述，如能结合《左传》而深入其中，就会发现许多生动而丰富的内容，从鲁庄公十三年（前681年）齐桓公主盟北杏始，直到他去世的僖公十七年（前643年）前后近四十年，长期以天子名义号召诸侯，主持盟约，多次发动救亡图存扶持小国的战役，如果没有实力作后盾，或是欠缺道德文治的魅力，是不可能长期主盟而称霸中原的。

如鲁僖公四年（前656年），齐桓公亲率诸侯之师侵蔡，因蔡是楚的盟国。齐桓公时代诸大国，晋自献公死后，诸子长期争立，太子申生自杀，公子重耳流亡，大乱不息，无暇他顾。而秦地关外，僻处西方一隅，长期与戎、狄等游牧部族争战，一时无力东顾中原。只有南方楚国，在兼并南方诸蛮后，实力大增而可与齐国争长论短。现齐桓公击溃蔡国后，借势发力，南下伐楚，因为中原诸侯，长期视楚为蛮夷之邦，故在尊王攘夷旗号下，桓公接受管仲建议，南下伐楚为一壮举。这一大的行动，当然惊动了强楚。

楚子使与师言："君处北海，寡人处南海，唯是风马牛不相及也。不虞君之涉吾地也，何故？"管仲对曰："昔召康公命我先君大公曰：'五侯九伯，女实征之，以夹辅周室。'赐我先君履，东至于海，西至于河，南至于穆陵，北至于无棣。尔贡包茅不入，王祭不共，无以缩酒，寡人是征。昭王南征而不复，寡人是问。"对曰："贡之不入，寡君之罪也，敢不共给？昭王之不复，君其问诸水滨。"师进，次于陉。

夏，楚子使屈完如师。师退，次于召陵。齐侯陈诸侯之师，与屈完乘而观之。齐侯曰："岂不穀是为？先君之好是继。与不穀同好，如何？"对曰："君惠徼福敝邑之社稷，辱收寡君，寡君之愿也。"齐侯曰："以此众战，谁能御之？以此攻城，何城不克？"对曰："君若以德绥诸侯，谁敢不服？君若以力，楚国方城以为城，汉水以为池，虽众，无所用之。"屈完及诸侯盟。

——《左传》僖公四年

这一故事，对话栩栩如生，桓公、管仲及楚使屈完双方的主人公形象如画。为了打破齐、楚之间的大国平衡，桓公接受管仲意见，祭起了尊王攘夷的大旗，率中原诸侯之师，浩荡南征强楚。这在政略及战略上，占有先机的主动优势。但当时的"楚子"即楚成王，也是一个英明之君，在他统治下，楚早已发展为独霸南方的强国，若齐、楚大国决战，楚实具地利、人和，加以内线作战，后勤供应方便，兵源也可迅速补充，因此，齐率诸侯盟军，虽然数量占优，师出有名，为堂堂正正之师，但在外线作战，一旦战事胶着持久，后勤供应及兵源补充将产生诸多问题。故楚使屈完回答不亢不卑："楚国方城以为城，汉水以为池，虽众，无所用之。"所说有道理。楚若依凭险要地利，层层抗击，诸侯盟军虽众，却也一时无所用其伎俩。齐、楚若决战，齐利在速战，而楚则利在持久战、消耗战。各有应付的战略，但双方都没有必胜的把握。因此，齐桓公的战略变为以强势压和。只要楚国稍一低头示和，则齐也见好即收。楚国长期称王，不向周天子纳贡，齐桓公征之，按周礼之制，自然是名正言顺；一旦"楚人"认罪，承认"贡之不入，寡人之罪，敢不共给"时，桓公已达目的，于是齐楚双方即表"同好"地缔结盟约。齐桓公作为中原霸主，终于可向天子及中原诸侯有所交代，胜利班师，这是不战而屈人之兵的战略，桓公及管仲早孙武一二百年就曾使用实行。

五、尊王攘夷树大纛

夏，会于葵丘，寻盟。且修好，礼也。王使宰孔赐齐侯胙，曰："天

41

子有事于文武，使孔赐伯舅胙。"齐侯将下拜。孔曰："且有后命。天子使孔曰：'以伯舅耋老，加劳，赐一级，无下拜。'"对曰："天威不违颜咫尺，小白余敢贪天子之命'无下拜'？恐陨越于下，以遗天子羞。敢不下拜？"下，拜，登，受。秋，齐侯盟诸侯于葵丘，曰："凡我同盟之人，既盟之后，言归于好。"

——《左传》僖公九年

故事发生在鲁僖公九年（前651年）葵丘盟会上。葵丘，齐地，在今山东省临淄附近。宰孔，宰是官名，即太宰，名孔，是周天子卿佐，又称周公。赐胙，又称归胙，即把祭祀天地神灵的祭肉分赠臣下，以示恩宠。伯舅，天子对有勋劳的异姓诸侯的敬称，同姓则称伯父。耋老，耄耋老人。"伯舅耋老"，这是周襄王敬重齐桓公的说法。天子传命齐桓公受胙而不必下堂跪拜，这是天子给予贡献重大勋臣的特殊恩荣。这一方面说明了齐桓公的作用和地位，但另一方面也说明了周天子威权的下移。当时的东周王朝，日薄西山，王命不出王城，因其实力已大为削弱，连国都的安全也难以保障，常依靠霸主率诸侯勤王来保卫。因此，命齐桓公受胙而无下拜，对天子来说，也是无可奈何之举。但就抽象的象征意义言，当时礼制尚未全然破坏，传统周礼对人们思想仍有一定影响力，因此，周天子之于诸侯仍具理论上的最高权威地位。不过，在实际上，周、齐之国力，齐强周弱，故周襄王对桓公不能不特别尊重示好。强势的齐桓公当然清楚天子的良苦用心。在内心深处，他很愿意立刻实行天子"无下拜"的特批，以示其霸主威势；但鉴于管仲等智囊谋臣的反对，立刻改变态度，化骄慢为谦恭，下堂跪拜受胙。这是桓公及其智囊深思熟虑后的一场精彩表演。桓公的一番话，不仅是说给代表天子传命的宰孔听的，更是演给众诸侯看的。桓公所说"天威不违颜咫尺"，似乎一心维护天子权威，实际上是他高举尊王攘夷大纛，挟天子以令诸侯，名正言顺地维护了齐国的霸主地位。因此，无论是诸侯会盟，或征不服，桓公是常请王命王师以代行天讨。不问天子内心是否愿意，桓公都会代替天子去发令去行动。因此，天子的意志已异化为桓公的思考。如此行事，政治上更加合理、合法、可靠。一旦高举尊王大旗，于齐霸业，有百利而无一害，何乐而不为？于此可见，桓公拒命而下跪，谦敬传统，换来的是实实在在的政治利益。桓公的聪明和狡诈并存，作为春秋霸主，没点本领是不行的。

齐桓公像

尊王之外同时攘夷，这是桓公的政治双翼，缺一不可。中原地区诸侯，不是天子同姓，就是天子的婚姻异姓。诸侯之间当然也是矛盾重重，纷争不断。如郑之灭虢（东虢）亡邻，晋之假虞灭虢（西虢），齐桓灭谭侵蔡，都是实例。但是，如果一直恃强凌弱，借势以力压人，进行兼并战争，那么为生存与发展计，只能拼死以争以战，谁也不服谁，这霸主地位又将如何确立其号令呢？故《诗经》有"兄弟阋于墙，外御其侮"之句，说的就是兄弟在内相争，但一致对外却是其共同的目标。因此，要想在历史的天空中高翔，"外御其侮"的攘夷一翼，同样必不可少，尊王与攘夷，双翼齐飞，则霸业可定。因为当时的戎狄蛮夷，时常侵扰中原，不仅灭邢亡卫，就是天子王都，也常被奔袭困扰，更何况是一般的诸侯小国呢？据《左传》闵公元年记载：

"狄人伐邢，管敬仲言于齐侯曰：'戎狄豺狼，不可厌也。诸夏亲昵，不可弃也。宴安鸩毒，不可怀也。'《诗》云：'岂不怀归，畏此简书。'简书，同恶相恤之谓也。请救邢以从简书。"简书，盟誓之书。桓公接受管仲建议，亲昵中原诸夏兄弟之国，一致抗御外族入侵。这一思想，后来发展成为优良中华民族传统之一。要让中原诸侯严守盟约，相互亲近而非彼此争斗，最佳之法就是转移其注意，摒弃矛盾来一致对外。在抵御外侮的共同战斗中，通过彼此救助而渐达相互"亲昵"之境，大家减少了内耗国力，中原诸国不也就获得了发展的生机了吗？这一想法很好，但是付诸实践也并非易事。大家相互观望，谁来带头抗击戎狄之师呢？大家眼光集中于齐桓公，于是齐桓公身体力行，不负众望。比如北伐山戎以救燕之事，就是典型事例。《左传》庄公三十年载："冬，遇于鲁济，谋山戎也。以其病燕故也。"《史记·齐太公世家》也有"而山戎伐燕。燕告急于齐。齐桓公救燕，遂伐山戎，至于孤竹而还"的记载。山戎，又称东胡，其地处今北京长城以北关外辽东一带。从齐至山戎，关山万重，气候多变，跋山涉水，异常艰难。但桓公毅然亲率大军出征，历尽千辛万苦，终于凯歌高奏，不仅保存了燕国，而且把占领的戎地奉送燕国（按：戎地距齐辽远，齐难占领治理，以此做顺水人情奉燕），令燕国君臣上下感激不已，自愿听桓公召唤。于是桓公说漂亮话，"命燕君复修召公之政，纳贡于周，如成康之时。诸侯闻之，皆从齐"（《史记·齐太公世家》）。《国语·齐语》也载桓公"北伐山戎，刜（砍）令支，斩孤竹而南归……诸侯莫敢不来服"。这话有其事实依据。北伐山戎，极尽艰难，如齐军困于沙漠而迷路，是管仲想到让识途老马带路，方能脱险出困。但此役战胜戎、狄强敌之后，却也赢得了天下诸侯"莫敢不来服"的全新局面，齐之霸业自然形成，人莫与争，就是秦、晋、强楚，而只能徒唤奈何了。

六、天下归心睦邻邦

冬，齐仲孙湫来省难。书曰"仲孙"，亦嘉之也。仲孙归曰："不去

庆父，鲁难未已。"公曰："若之何而去之？"对曰："难不已，将自毙，
君其待之。"公曰："鲁可取乎？"对曰："不可，犹秉周礼。周礼，所以
本也。臣闻之，国将亡，本必先颠，而后枝叶从之。鲁不弃周礼，未可
动也。君其务宁鲁难而亲之。亲有礼，因重固，间携贰，覆昏乱，霸王
之器也。"

——《左传》闵公元年

故事发生在闵公元年（前661年），其时桓公霸业已成，但距天下归心的
峰巅，尚有距离。诸侯归心，一匡天下，这是霸业理想，也可说是野心勃勃，
二者兼容。在诸国外交方面，齐鲁近邻，关系尤为重要。二国常处对抗状态。
桓公初立，也曾不听贤臣劝告，多次与鲁交锋，互有胜负。但总的态势，大
多是齐军主动攻击，这是因为齐大鲁小强弱不等的缘故，因此，只要一有空
隙和机会，齐桓公也想取鲁以自肥，其内心潜意识中，亡鲁之心与其父兄同
出一辙。但如此与邻为敌，易激公愤，不符合团结中原诸侯以图霸业的全新
形势。因此，在管仲、鲍叔牙、仲孙湫等贤臣的劝说与诱导下，齐桓公改弦
易辙，一变先祖亡鲁国策，化敌为友，与鲁亲善，睦邻共利。这一睦邻互赢
的新国策，获得了中原诸侯的支持与颂赞。因而，齐鲁关系的改善，成了齐
国睦邻外交的试金石。后来，在桓公统治时期，齐鲁的关系大为改善，在鲁
闵公死时，桓公并没乘鲁难而取之，而是帮助鲁国渡过劫难，故史称其"存
鲁"之功。但对那些昏君乱国，桓公也非文质彬彬，而是常以雷霆手段，予
以扫灭而增强齐之国力。如果没有兼并与扩张，一味温文尔雅依周礼办事，
又何来大国的强大与争霸呢？于此可见，齐桓公采取的是亲友邦与覆乱国并
行不悖的外交国策。这一国策的推行，反映在桓公身上，也有个认识、改进
与努力实行的渐进过程的。有尊王攘夷旗帜以资号召，还必须有亲善的睦邻
外交政策相配合，才能真正获得诸侯拥护而称侯伯霸主。齐桓公刚一上台，
就急于攻打那些不听号召的小国，如地处西面的近邻谭国，与西南方向的遂
国，因昔日曾无礼于桓公，很快就被他派兵扫灭兼并。桓公是性急之人，开

始就想依靠武力收拾天下，很快遭到各路诸侯的强烈反抗，攻宋、攻鲁等诸多战役进展并不顺利，霸业难以实现。在现实教训中，在管仲众贤臣的劝导下，终于自承失误而产生新的认识，逐渐从一味的武攻，发展为亲善睦邻的文德功夫，文武兼备，于是霸业有了转机。其中与鲁国关系从紧张敌对转化为友善相睦的新关系，就是典型的事例，成了桓公霸业的一个推力。

在今山东，北面强齐对于南面近邻的鲁国，一直是个严重的威胁。鲁为周公后裔，秉承周礼传统，在西周时一直具有很高的地位和影响。但东周以后，形势大变。鲁在今山东曲阜一带，属中等之国，与其东面莒国，南面邾国、滕国、薛国，东南鄫国、郯国相较，相对强大；但若与其北面近邻强齐相比，则无论土地、人口、经济、军事，皆大不如，只能算是二三流的诸侯国。齐欲称霸，必先在今山东一带扩张。其主要障碍是南面近邻之鲁。因此，齐要扩张势力，必先压服鲁国，以便扫除争霸障碍。以此，齐常欺鲁，故齐鲁关系错综复杂。历史告诉我们，在桓公前和桓公后，齐鲁对立的紧张关系很难改变为对鲁亲善的睦邻国策。但桓公、管仲实行"务宁鲁难而亲之"，而非乘人之危而亡之，于是齐鲁从相互征战的紧张敌对，转变为齐鲁互相信任的睦邻之邦。在桓公中后期，一旦桓公号召，鲁皆自动加盟，出兵出力，紧紧追随。由于鲁国带头加盟，众皆响应，形成了诸侯归心于齐的大好形势，桓公霸业因此而获顺利发展。

现以齐鲁盟柯而曹沫劫桓公事为例。《左传》庄公十三年载："冬，盟于柯，始及齐平也。"语虽平平，实际事件却惊心动魄。据是年《公羊传》补充曰："柯之盟，……（鲁）庄公将会乎桓（按：齐桓公）。曹子进曰：'君之意何如？'庄公曰：'寡人之生不若死矣。'曹子曰：'然则君请当其君，臣请当其臣。'庄公曰：'诺。'于是会于桓。庄公升坛，曹子手剑从之。管子进曰：'君何求乎？'曹子曰：'城坏压竟（境），君不图与？'管子曰：'然则君将何求？'曹子曰：'愿请归汶阳之田。'管子顾曰：'君许诺。'桓公曰：'诺。'曹子请盟。桓公下与之盟。已盟，曹子摽剑而去。要盟可犯而齐桓公不欺，曹子可雠而桓公不怨。桓公之信著于天下，自柯之盟始焉。"《史记·

刺客列传》明确"曹子"为曹沫，《左传》有关记载则作曹刿。刿、沫疑实一人，鲁国将军以勇力智慧事鲁庄公。他在庄公十年，率鲁军抗击来犯齐军，一鼓作气，败齐长勺，《左传》有生动记载。但是，当齐记取教训，慎于用兵后，齐鲁二军强弱不等，曹子三战皆北，丢失汶阳之田等大片国土。这并非曹子无能，而是双方力量悬殊所致。但鲁难吞败果，以不服输的精神仍然用曹子为将，曹也永不言败而力图恢复。鲁庄公让曹子参与柯之盟会，曹子适时利用了这一机会。《史记·刺客列传》描写曹沫，"持匕首劫齐桓公，桓公左右莫敢动，而问曰：'子将何欲？'曹沫曰：'齐强鲁弱，而大国侵鲁也以甚矣。今鲁城坏，即压齐境，君其图之！'桓公乃许尽归鲁之侵地。即已言，曹沫投其匕首，下坛，北面，就群臣之位，颜色不变，辞令如故。桓公怒，欲倍其约。管仲曰：'不可，夫贪小利以自快，弃信于诸侯，失天下之援，不如与之。'于是桓公乃遂割鲁侵地，曹沫三战所亡之地，尽复于鲁。桓公后悔，欲无与鲁地，而杀曹沫。管仲曰：'夫劫许之而倍信杀之，愈一小快耳，而弃信于诸侯，失天下之援，不可。'于是遂与曹沫三败所亡地于鲁。"《公羊传》与《史记》所叙大同小异，曹子所持武器，《公羊》称剑，而《史记》作匕首。剑，长兵器，众目睽睽，公然携剑劫君，似无可能；《史记》称匕首，匕首是短兵利器，可隐藏身上登坛，故以《史记》所叙为是。但这无碍于基本叙述。桓公归还侵鲁之地，历史上实有其事。表面上齐有损失，实际上却因

曹子劫桓图，武梁祠汉画像石

桓公守信履盟，使曾受欺侮而自感生不如死的鲁庄公心悦诚服，一依齐之号令，齐鲁关系终于回暖，逐步改善，并获得了中原诸侯的一片称赞之声。这样，桓公损小利而获大利，这是生活的辩证法。反之，如果齐之四邻尽皆敌国，齐将承受重大的压力而无暇他顾，又何能有力量东征西讨南征北剿呢？有关问题可详参《管子·小匡》篇的记叙。齐桓公接受管仲建议，与四邻实行"反其侵地，……以安四邻"的亲善睦邻新国策。管仲对桓公说："以鲁为主，反其侵地棠、潜，使海于有弊（蔽），渠弭（小海）于河渚，纲（环）山于有牢。"只要四邻友善，则齐国江山多了几道屏障，齐桓公就可以在国门大开的安全环境中大展宏图了。一旦有事，齐国登高一呼，诸侯群从响应，何事不成呢？故《管子·小匡》曰："（齐）教大成，是故天下之于桓公，远国之民望之如父母，近国之民望之如流水。故行地滋远，得人弥众，是何也？怀其文而畏其武。"于是成就桓公霸业，"然后率天下定周室，大朝诸侯于阳谷。故兵车之会六，乘车之会三，九合诸侯，一匡天下……以朝天子"。桓公返还侵地给四邻之国，减少诸侯贡品负担，同时通关市以流通四邻，天下互赢互利，齐成霸业，这对齐而言，不就是吃小亏而占大便宜吗？很快性急而具有大智慧的桓公，不仅想通，而且努力实践而乐观其成。不具备领袖素养的人，是无法有此深刻认识的。

七、人治身后失霸业

　　齐侯之夫人三：王姬、徐嬴、蔡姬，皆无子。齐侯好内，多内宠，内嬖如夫人者六人：长卫姬，生武孟；少卫姬，生惠公；郑姬，生孝公；葛嬴，生昭公；密姬，生懿公；宋华子，生公子雍。公与管仲属孝公于宋襄公，以为太子。雍巫有宠于卫共姬，因寺人貂以荐羞于公，亦有宠，公许之立武孟。

　　管仲卒，五公子皆求立。冬十月乙亥，齐桓公卒。易牙入，与寺人貂因内宠以杀群吏，而立公子无亏。孝公奔宋。十二月乙亥赴。辛巳夜殡。

——《左传》僖公十七年

故事发生在鲁僖公十七年，即公元前 643 年，是年冬十月桓公卒，五公子争立，齐国大乱，动荡不息。以致桓公死后六十多日才匆匆夜殡，连尸首也已腐臭，尸虫爬出户外。桓公千秋霸业，毁于一旦而烟消云散，实在令人遗憾。但论其祸根，乃桓公亲手种下，又怪得了谁呢？

桓公有其存在的性格弱点，好色而多内宠即是一例。管仲曾分析其性格特点曰："小白之为人无小智，惕而有大虑。"惕者，急疾之谓也，也即脾性躁急，容易冲动犯错。桓公初立，鲁国在讨论是否送还管仲时，鲁贤大夫施伯对鲁庄公分析齐桓公性格，曰："君与之。臣闻齐君惕而亟骄，虽得贤，庸必能用之乎？"（以上见《管子·大匡》）性躁急而骄慢，作为政治家是一大缺点。这一点管仲早已看清，并有针对之法，以此他对鲍叔、召忽说："非夷吾莫容小白。"只要公子小白上台，他自有办法应对，如他所说："吾君惕，其智多诲（悔），姑少胥其自及也。"也就是说，桓公虽性躁急而易犯错，但是他又内具智慧，很快会自我悔过，所以应该允许他犯错误，耐心等待其自我悔悟吧（同前）。可爱的是，桓公在群臣面前敢于公开自己的性格弱点和内在缺陷，颇有自知之明。当他迎回管仲而拜为执政卿相时，君臣间曾有一段精彩的对话：

公曰："寡人有大邪三，其尚可以为国乎？"对曰："臣未得闻。"公曰："寡人不幸而好田（田猎），晦夜而至禽侧（侧，通塌，禽兽栖息的树林水泊之地），田莫不见禽而后反（返）。诸侯使者无所致，百官有司无所复。"对曰："恶则恶矣，然非其急者也。"公曰："寡人不幸而好酒，日夜相继，诸侯使者无所致，百官有司无所复。"对曰："恶则恶矣，然非其急者也。"公曰："寡人有污行，不幸而好色，而姑姊有不嫁者。"对曰："恶则恶矣，然非其急者也。"公作色曰："此三者且可，则恶有不可者矣？"对曰："人君唯忧（优）与不敏为不可，优则亡众，不敏不及事。"公曰："善。"

———《管子·小匡》

一国之君，高高在上如神灵，令全民仰敬而莫测高深，诚惶诚恐。但桓公反之，他在臣下面前掀开自我人性疮疤给人看，如"好田""好酒""好色"，误政误国，很不光彩，打破人们对高居庙堂的君主的神秘崇拜。但另一方面，也说明了桓公比其他君主要坦诚得多，敢把隐私毛病和盘托出，以便臣下帮助纠正。在历史上敢于公开"罪己"的君王又有几个？即使是大唐贞观之治的天子李世民，也难得如此坦诚。这正说明了桓公性格可敬可爱的另一面。这也就是管仲所说"吾君惕，其智多诲（悔）"，即面对现实错误，齐桓公具有幡然悔悟的大智慧，知错必改。如《周易·乾卦》上九爻所称"亢龙有悔"，乾龙刚健高翔，一飞冲天，但若得意忘形，激飞不止，超越能力所限，就可能摔得粉身碎骨而后悔莫及。因此，知过而悔，则如高飞亢龙知道悔悟回头而安全返航一样，大可再展宏图了。如此这般，桓公初期，从不断犯错而多有败笔，发展到后来的认错知悔而走向正确发展，这一过程，曾有多次反复。在管仲等贤人集团的劝导、监督和支持帮助下，经过长期磨合，桓公霸业终于在不断纠正错误过程中，一步步走向了辉煌。性格有弱点并非致命，可怕的是文过饰非，知错不改而唯我独尊，这才是一个最高统治者治国的致命伤。

但遗憾的是，桓公"智而悔"——知错必改的正确之路，在其晚年，却无法一以贯之而坚持到底。在管仲、鲍叔牙、隰朋诸贤臣相继谢世后，桓公因缺乏监督而难以自我管控，其内在的人性弱点恶性膨胀，终于身一死而霸业消散，惜哉！比如"好色"多内宠的缺陷，在管仲诸贤臣监督下，受到一定的管控和制约，但在桓公潜意识深处，却无法根本驱除，一旦土壤温度合适，就会随时恶性生长。好色多内宠而多子，如不正确对待，就会影响到接班人的问题。在古代宗法制社会里，承位继统涉及国本，如果处理不当，就会动摇国本而诱发天下大乱。好内多宠，桓公明知失误，却不能正确决断，常因诸宠姬多求而随时擅作更动。在管仲诸贤臣在世时，对形势有一定的管控力，因而一时压制或掩盖了承位继统的重大矛盾；而一旦管仲诸贤谢世，桓公把握不住自己，就把潜藏意识深处的人性弱点的恶魔自动释放，在接班人的问题上，随性应答诸宠姬的要求，朝秦暮楚，反复无常，这就导致了自己死后五公子的争位厮杀混战。"易牙入，与寺人貂因内宠以杀群吏，而立公子无亏"。发动政变，诛杀执政朝臣，把原先桓公和管仲商量的立孝公的决定推翻，孝公流亡宋国。从此，引发了五公子兄弟相残的残酷混战。究其原委，桓公心旌摇荡，宠移生变，毫无原则，正是祸根。

君位如此，相位亦然。管仲临终，桓公问谁继位，征其意见。《史记·齐世家》："（桓公）四十一年……是岁，管仲、隰朋皆卒。管仲病，桓公问曰：'群臣谁可相者？'管仲曰：'知臣莫如君。'公曰：'易牙如何？'对曰：'杀子以适君，非人情，不可。'公曰：'开方如何？'对曰：'倍亲以适君，非人情，难近。'公曰：'竖刁如何？'对曰：'自宫以适君，非人情，难亲。'管仲死，而桓公不用管仲言，卒近用三子，三子专权。"可证桓公晚年，自以为有成之君，听不进贤臣之谏。易牙，据《史记·正义》贾逵注："雍巫，雍人名巫，易牙也。"开方，《史记集解》引管仲言："卫公子开方，去其千乘之太子而臣事君也。"并注曰：

> 竖刁、易牙，皆齐桓公臣。管仲有病，桓公往问之，曰："将何以教寡人？"管仲曰："愿君之远易牙、竖刁。"公曰："易牙烹其子以快寡人，犹尚可疑耶？"管仲对曰："人之情，非不爱其子也，其子之忍，又将何爱于君？"公曰："诺。"管仲遂尽逐之，而公食不甘心不怡者三年。公曰："仲父不亦过乎？"于是皆即召反。明年，公有病，易牙、竖刁作乱，塞宫门，筑高墙，不通人。有一妇人逾垣入至公所。公曰："我欲食。"妇人曰："吾无所得。"公又曰："我欲饮。"妇人曰："吾无所得。"公曰："何故？"对曰："易牙、竖刁相与作乱，塞宫门，筑高墙，不通人，故无所得。"公慨然叹，涕出曰："嗟乎！圣人之所见，岂不远哉！

若死者有知，我将何面目以见仲父乎？"蒙衣袂而死乎寿宫。虫流于户，盖以杨门之扇，二月不葬也。"

呜呼，易牙为谁？一执膳之夫，烹子食公，天伦丧尽而何有他人乎？竖刁何人？自宫太监，生理及心理变态之佞倖，此辈掌权，齐国能不乱乎？但桓公亲之近之而心始甘怡，奈何奈何！人到晚年，智衰力减或至痴呆者有之，这是自然规律，应有自知之明，早作准备。但在上者却多贪权恋栈，不肯收手，甚至以胡言乱语为圣旨，教天下乱哄哄地为之歌功颂德不息，悲哉！故《周易》有《蛊》卦，提倡"干父之蛊"和"干母之蛊"，即作子女者，对父母的过错与失误，不能一味顺从如孔子那样"三年无改于父之道"，而应及时予以纠正改过，这才是真正意义的孝道。继承和发扬中华民族传统，应作如是观。齐桓公晚年，虽非痴呆，却生偏执之狂，即使是尊为仲父的管仲金玉良言，虽然关乎国本，一样弃之如弊履，遑论其他！齐之霸业，因桓公死而一去不返，说是亲佞小人作乱，这是事实，但这只是导火索，若追溯祸源，关键在于桓公的人治，缺乏制度保证，桓公之弃贤用佞，自作自受，难辞其咎。

八、齐桓霸业任评说

齐桓霸业近四十载，其成败几乎与管仲合作相始终，以得管仲始，而以失管仲终，管仲去世二年不到，桓公拒听管仲谏言，身死国乱，霸业云散。以此，人或谓开春秋首霸者乃管仲之事而无关乎桓公。这是贬低桓公历史贡献的主观臆断。当然，倘无管仲的改革，岂有桓公霸业？充其量，齐桓公只能像其父兄一样，成为一个平庸的齐国君主而已。但若从全局观之，则此贬低之论，有失片面。如《左传微》作者吴闓生于《齐桓之霸》篇于《左传》僖公十二年下评曰："桓之霸业皆（管）仲之力也。"又于篇题下评曰："此篇刺桓，以'不务德而勤远略'为主。"认为"左氏极鄙薄桓（按：齐桓

桓公台

公）、文（按：晋文公）。"（见僖公元年救邢事评。）最后，于桓公死又讥曰："此篇以黜霸为主。"吴闿生是清代著名《左传》专家，注《左》颇有心得，其所评议，钩深致远，时有会心。但评桓公霸业，却具一偏之见。吴闿生尚如此，遑论他人！

若失管仲，必无齐桓之霸，这是事实，道理成立；但反过来看，若无桓公专信，又岂有管仲改革不朽之功！须知，春秋时是君主专制社会，若乏君主支持与信任，任何改革都将失去推行的可能，纵然管仲充满聪明才智又浑身是胆，但又将如何施其拳脚而一展改革宏图呢？因此，公正地说，桓公管仲，相辅相成，齐桓霸业，是时代产品，集体智慧的结晶，在适当的温度土壤中，才能开花结果。管仲推行系列改革的成功，齐国"九合诸侯，一匡天下"的实现，桓公作为批准执行的最高统治者，其功劳与贡献是不可抹杀的。有关管仲的系列改革，可参考本书姐妹篇《管仲传叙》，此不赘述。

桓公霸业的兴衰成败，有其主客观原因。其成败可以从客观环境及其政治生态方面找原因：

一、客观环境及时机对齐国争霸最为有利。春秋初，郑庄公曾小霸一回。

53

但因郑是中小型诸侯国，受国力条件限制，郑庄公未曾有过真正实现霸业的机会。而齐桓公则不同。齐在姜太公吕尚受封几百年后，不断经营开拓，早成大邦，国力非鲁、宋、郑、卫诸国可比。《史记·齐太公世家》曰："是时周室微，唯齐、楚、秦、晋为强。晋初与会，献公死，国内乱。秦穆公辟（僻）远，不与中国会盟。楚成王初收荆蛮有之，夷狄自置。唯独齐为中国会盟，而桓公能宣其德，故诸侯宾会。于是桓公称曰：'寡人南伐至召陵，望熊山；北伐山戎、离枝、孤竹；西伐大夏，涉流沙；束马悬车登太行，至卑耳山而还。诸侯莫违寡人。寡人兵车之会三，乘车之会六，九会诸侯，一匡天下。'"所说基本属实。就形势言，周天子衰微，为诸侯大国开创了争霸的首要条件。如果周天子强大，诸侯争相纳贡称臣，又何来争霸呢？另外，就地理环境论，齐的西北有大国晋，但晋国长期内乱恶斗，献公死后，又诸子争立，手足相残，自顾不暇，岂能外向以争天下霸业？秦则远处甘陇渭水关中之地，一方面以半夷狄自处，一方面受晋牵制，难以东逾函谷关以争中原。而楚号大国，但僻处南方，一方面以蛮夷自居而不服周天子号令，故自称王；另一方面当时楚成王忙于收拾南方诸多蛮夷小邦，征战不息，一时也无力北向争雄中原，只能暂时先让齐桓一筹，实也无可如何。客观条件与适当时机，自然凑泊，造成了桓公争霸的最佳时机与环境，可说是唯齐独大了。当时除晋与秦、楚等大国外，中原鲁、宋、郑、卫、陈、蔡诸国，皆非齐敌，只能先后参盟顺服，成了齐的助手或帮手，而非捣蛋的敌手。

二、齐国贤人集团的形成，对桓公及管仲推行诸多系列改革大有助益。在古代，举贤授能是治国安邦的首要条件。主观上，桓公强调贤人政治，力推改革，这是顺应历史潮流的英明之举。但要推行贤人政治，若国乏贤才，则也是空话。恰巧，当时齐多贤才，济济多士，客观存在。这是齐国贤人政治集团形成和推行改革的重要基础。后来晋文公称霸，也是如此，晋国人才济济，助文公战胜强楚而夺得霸权。《国语·齐语》谓齐桓之霸，"唯能用管夷吾、宁戚、隰朋、宾胥无、鲍叔牙之属而伯（霸）功立"。《管子·小匡》篇与《齐语》同。隰朋，齐公族出身，管仲荐任大行（按：相当于处理国与

国关系与礼尚往来的"外交部部长"），
管仲病重，曾向桓公荐隰朋可继位为
相，总理国政，但因隰朋病亡作罢。宾
胥无，齐贤臣，管仲荐为大司理（按：
相当于今之司法部部长兼最高法院院
长）。宁戚，据《说苑·尊贤》篇，原
是卫国人，出身低贱，"故将车人也，
叩辕行歌于康之衢，桓公任以国"，管
仲荐任大司田（按：相当于今掌管国家
经济命脉的"农业部部长"）。鲍叔牙，
早年曾与管仲一道做跑单帮的商贾，后
傅小白，桓公即位，欲任为相，鲍叔牙
荐管仲以自代。他曾对桓公说，若欲争
霸天下，则必卿相管仲。据《国语·齐
语》载鲍叔荐言，曰："若必治国家者，

齐桓公亟用贤人，《养正图解》，
丁云鹏绘图

则非臣之所能也。若必治国家者，则其管夷吾乎！臣之所不若夷吾者五：宽
惠柔民，弗若也；治国家不失其柄，弗若也；忠信可结于百姓，弗若也；制
礼义可法于四方，弗若也；执枹鼓立于军门，使百姓皆加勇焉，弗若也。"鲍
叔为管仲知己，更是桓公忠臣，为齐国繁荣富强，忠心耿耿，其心可知，他
一直是桓公老师兼最高顾问官。管仲对鲍叔知遇之恩，心里感激，无鲍叔则
无管仲，何来桓公霸业？可具体参阅《管仲传叙》，此不赘言。管仲、鲍叔正
是齐国霸业改革之车的正副驾驶，二人情同手足，配合默契，以此治国何事
不成？进一步考察发现，以管仲为核心的贤人政治集团是一个相对团结而协
力同心的较为稳定的团体，据《管子·大匡》载：

（桓公）问管仲曰："何行？"管仲曰："隰朋聪明捷给，可令为东国
（按：指主管与齐东方诸国的往来事务）。宾胥无坚强以良，可以为西士。

卫国之教,危傅(诡薄)以利。公子开方之为人也,慧以给,不能久而乐始,可游于卫(按:指以利诱卫人服顺)。鲁邑之教,好迩(好艺)而训于礼。季友之为人也,恭以精,博于粮("粮"为"礼"之讹),多小信,可游于鲁。楚国之教,巧文以利,不好立大义,而好立小信。蒙孙博于教,而文巧于辞,不好立大义,而好结小信,可游于楚。小侯既服,大侯既附,夫如是,则始可以施政矣。"君曰:"诺。"乃游公子开方于卫,游季友于鲁,游蒙孙于楚。五年,诸侯附。

游者,代表国家出使他国,如今之全权大使,处理与相关国家的关系。于此可见,当时齐国不仅人才济济,而且桓公、管仲能知己知彼,用其长以尽其能,以此国家大治而天下归心。桓公之霸,与齐之举贤授能的贤人政治密切相关。相比之下,当时鲁贤大夫施伯曾对鲁庄公说:"夫管子,天下之才也,所在之国,则必得志气于天下。"(《国语·齐语》)管仲曾奉公子纠在鲁避难多年,鲁明知其贤能,但不能用,当时公族世家已渐成势力,岂容管仲来干鲁政。但当鲁送回管仲后,齐桓不仅重用为相,而且终生信任,政事有成。在用贤授能方面,齐鲁有别。又如楚国,楚也多贤才,但因内乱而相互残杀,以致人才大量外流,楚材晋用,而晋文称霸。在楚庄王之前,与桓公相较,齐之用贤胜于楚,桓公之霸,岂偶然哉!

三、天为齐国生大圣贤如管仲者,实数百年不一遇之人,而桓公信之、任之、听之、用之,长期磨合,桓公尊管仲为仲父,二人关系日渐融合,无缝相接;只有到桓公濒死的晚年,痴呆偏执,拒管仲金玉遗言,直接促使霸业消散。执齐政近四十年,管仲功业,天日可表。故《管子·大匡》记载仲早年之言:"非夷吾莫容小白。"容者,庸也,用也。管仲又称自己虽傅公子纠,但不会为纠一人尽愚忠以亡,而是时刻为齐国的复兴富强做准备。具体言论,参阅《管仲传叙》。天为桓公生管仲,又为管仲生桓公,齐之称霸,二人形影不离。纵观当时天下,甚或周之天庭,孰有管仲大贤之才?管仲在齐推行的系列改革,影响巨大深远,各国学习效仿之不暇,又岂能与齐一竞高下哉?

桓公身边有管仲为首的贤人政治集团，客观存在。是否有正确、英明的领导核心，决定了国力之或增或减。形势天平的力量对比，自然倾向于强者，故齐定霸业，亦在理中。

不过，外因必须通过内因起作用，桓公如果不做主观努力，那么再优秀的人才也经不起一再斩杀而丧失殆尽，因而再好的形势也会顷刻覆灭。因此，桓公本人的内在品格及其主观努力，也是实现霸业不可或缺的重要因素。当然，桓公不仅是君主，同时他也是一个普通的人，具有许多人性弱点，故《左传》曾有叙述加以讽刺，如鲁庄公十年（前684年）载："齐侯之出也，过谭，谭不礼焉。及其入也，诸侯皆贺，谭又不至。冬，齐师灭谭，谭无礼也。"因个人私怨而灭亡谭国，可见桓公性格中狠辣的一面，故鲁大夫施伯称其惕而极骄，性格躁急又骄慢自大，岂是诸侯霸主之所为！因此桓公称霸是个不断犯错又再改正从而走向成功的漫长过程。管仲评桓公："小白为人无小智，惕而有大虑。"其大智慧足以让自己认错知改。人的一生，谁能不犯错？知错能改，化非为是，就会因祸得福，重获胜利。如《左传》闵公元年（前661年）载：

> 冬，齐仲孙湫来省难。……仲孙归曰："不去庆父，鲁难未已。"公（按：指齐桓公）曰："若之何而去之？"对曰："难不已，将自毙，君其待之。"公曰："鲁可取乎？"对曰："不可，犹秉周礼。周礼，所以本也。臣闻之，国将亡，本必先颠，而后枝叶从之。鲁不弃周礼，未可动也。君其务宁鲁难而亲之。亲有礼，因重固，间携贰，覆昏乱，霸王之器也。"

桓公急性，其内心并不想接受管仲及仲孙湫的意见而"亲鲁"，他想趁鲁有庆父之难取鲁自肥大齐，但经贤臣之谏而改弦易辙，继续贯彻管仲"亲鲁"以带动天下诸侯归心的政略。总而言之，桓公成其霸业的主观原因，大约有以下几点：

一是敢于正视自己的缺点与错误，发挥自己的治国"大虑"，用理智压制了自己的内在心魔。如前所述，他曾在臣下面前公开了自己的隐私缺陷，如因"好田""好酒""好色"而耽误国事。这犹如当众下"罪己诏"迫使自己知错改过，从而走向正确。我国五千年的文明史，犯错犯罪的帝王君主不知凡几，但又有几人真能下"罪己诏"来自我批判的呢？后来战国时代的法家，认为君主应是神秘莫测而高高在上，岂可让臣下看清自己的真面目？真面目尚不可仰视，更何况是下"罪己诏"当众认错改过呢？相比之下，桓公高明许多，以此而获天下人信任，树立霸业，并非偶然。

二是坚决推行举贤授能基本国策，从上到下一以贯之强制实现了一系列改革，不仅是政治，而且在经济、文化教育、军事诸方面，全面推广。而同时代的其他国家君主，所谓举贤，录用个人或几人。而桓公的举贤则不同，是从朝廷到乡鄙基层的一大批，形成了从上到下的贤人政治领导集团。其信任之诚也，让诸贤臣自觉为之献计献策，日夜勤劳，为之效命。这在其他国家是罕见的。他不仅一心信任管仲，放手让他实行改革，全面治理国家。就是对于鲍叔牙、隰朋、仲孙湫等的好建议，也是言听计从。即使自己与臣下有不同意见和认识，一旦实践证明自己因拒听谏言而失误，他也立刻幡然悔悟，而自我纠偏。在长期的关系磨合中，他与诸贤臣配合渐达默契，天衣无缝。只是到其晚年，因管仲、隰朋、鲍叔诸贤先后谢世，他又犯老年偏执狂，局面才失控而走向失败。不过在其漫长的执政四十余年中，桓公信用贤人推行改革，是基本成功的，成绩应予肯定。据《国语·齐策》载："桓公唯能用管夷吾、宁戚、隰朋、宾胥无、鲍叔牙之属而伯（霸）功立。"所谓"之属"说明以上五人只是举例性质，实际上还有一大批。据《管子·小匡》载，管仲执政三个月，就向桓公推荐了一批重要官职人选。如任隰朋为大行（按：相当于今之外交部长），宁戚为大司田（按：相当于今农业部部长），王子城父为大司马（按：相当于今之国防部长），宾胥无为大司理（按：相当于今之司法部长兼最高法院院长），东郭牙为大谏官（按：相当于今之监察长官）。桓公照单批准上任。其实，早在管仲入齐三日，就向桓公推荐了一批急需的外交人才，曰："公子举为人，博闻而知礼，好学而辞逊，请使游于鲁，以结交焉。公子开方为人巧转而兑利，请使游于卫，以结交焉。曹孙宿其为人也，小廉而苛忕、足恭而辞结，正荆之则也，请使往游，以结交焉。"（《管子·小匡》）不仅是国之要员，就是具体的外交使节，也无不根据出使国家的特点而有的放矢，量才使用。故桓公接见地方官员时，常问曰："于子之属，有拳勇，股肱之力秀出于众者？有则以告。"如果地方官吏"有以不告，谓之蔽才，其罪五。有贤不举者有罪。"在齐国举贤授能之事，从朝廷到地方都有专人负责。《管子·中匡》载："桓公使鲍叔识君臣之有善者，晏子识不仕与耕者之有善者，高子识工贾之有善者。"从上层朝廷到民间的士、农、工、商，莫不举善。举国向善，则贤才各尽其能而得其所用，经过地方向上层层推荐，"匹夫有善，可得而举；匹夫有不善，可待而诛"。于是当时齐国，从国都到乡鄙，各种层次的千万贤能的臣民，都在为齐之霸业而辛勤奋斗，而绝非个人行为，此乃古人所谓"唯有明君在上，察相在下也"。君明相察，贤良臣民大批涌现，如此改革，岂是他国小改小弄可比拟者！

另外，桓公对以管仲为核心的贤人集团的信任和重用既专亦诚。管仲任卿相近四十年，几乎与桓公当国相始终，君臣配合如此默契，确实少见，后世历史上唐太宗之信魏征，但晚年也曾萌杀之而后快的念头，虽未实行，但却也暴露其内心丑陋的一面，桓公与唐太宗相较，岂非更胜一筹。

三是作为齐国君主，有大担当，而从不推卸责任。桓公信任管仲，并非高高在上而坐享其成，齐国的改革和霸业，总设计师是管仲，但如果桓公没有批准实行并勇于担当，则将一事无成，再好的方案也将胎死腹中。因此，管仲有其贡献，桓公同样功不可没。

比如狄伐邢、卫而亡之，齐救邢、卫而复之，一方面赠以兵车乘卒，财帛牲畜，一方面又赠其土地，筑城安之。封卫楚丘，封邢夷仪，楚丘、夷仪原皆齐地，于是邢、卫复国而重获新生，对于赠财赠地之事，齐国内诸贤多有不同意见，如隰朋、宾胥无持反对意见，他们谏桓公曰："不可，三国（按：指杞、邢、卫）所以亡者，绝以小，今君蕲（祁）封亡国，国尽若何？"齐国虽然大，但同样国土有限，今割缘陵予杞，分夷仪于邢，后又赠楚丘以封卫，这样就会减少齐之国土，削弱齐之实力。这话有一定的道理，于是桓公犹豫，征求管仲、鲍叔意见。管、鲍从远大的政略、战略看问题，劝桓公曰："君有行之名，安得有其实。"（《管子·大匡》）也就是说，桓公已有了存亡国行仁义的好名声，影响很大，天下诸侯归心，为此而付出某些代价，是应该的。与其小损相比，其收获的利益要大得多。这样，在综合了正、反不同意见以后，桓公拍板决断，按管、鲍的方针办。于此可见对于贤臣智囊，桓公并非盲从，而是有自己的独立思考，并能敏于事而当机立断，负起领导决策的责任，一旦下了决心，做事干脆利落，绝不拖泥带水，常能夺得先机而胜人一筹。

四是胸襟宽阔，眼光深远，虽为齐国之君，却能从天下霸业角度来看问题，说是野心，也是理想，其思考早已超越一国而关心天下。当桓公初立，管仲为相，桓公只想齐事，管仲不干而准备辞相。于是桓公被他说服，以霸业为己任，思考争霸天下的大事。尊王攘夷，定周室而谋天下，挟天子以令诸侯，这是超越一国的大思考，昔日郑庄公因国小德薄，难以服众，周王疾之，以此周、郑交恶，兵戎相见。但齐桓公却做到了真正的挟天子以令诸侯之事。天子有难，王子作乱，戎狄侵袭，是桓公几次出面摆平各方以安定周室，令天子多有感激。故鲁僖公九年葵丘之盟，有天子赐桓公胙而令其无下拜之尊荣。不管当时周襄王作如何想，这是大势所趋，不得不然，桓公尊王，实际也是尊自己，不然又如何号令天下诸侯呢？因此，桓公把尊王以安周室当作大事来做，确是长期花了大力。以此，孔子在评价齐桓与晋文二公霸业时曰："晋文公谲而不正，齐桓公正而不谲。"（《论语·宪问》）孟子也说："五霸，桓公为盛。"桓公尊王攘夷"正而不谲"，《左传》多有记述。如鲁僖公十三年的齐鲁"盟于柯"，鲁将曹沫持兵劫盟，桓公归还侵鲁之地一事，已如前述，此不赘。在"恐怖"袭击下，桓公于事后完全可以背盟杀曹沫以图快。但桓公没有这样做，而是听从管仲意见，一诺千金，坚持盟约而还其侵地，以此取信于天下诸侯，此谓"正而不谲"，孔子之评信然。而后来继桓公称霸的晋文公则不然。《左传》僖公二十八年（前632年）载："晋侯召王，以诸侯见，且使王狩。仲尼曰：'以臣召君，不可以训。'故书曰：'天王狩于河阳。'言其非地也，且明德也。"以此孔子评晋文公"谲而不正"也有根据。有关事实，可参阅《晋文公传叙》有关内容，此不赘。于此可见，齐桓与晋文，二人有某种程度上的正、邪之别。当时人们曾以齐桓公作为政治道德的标尺来衡量天下诸侯。如晋欲灭曹，曹人买通晋文公身边巫史，对文公曰："齐桓公为合而封异姓，今君为合而灭同姓。……合诸侯而灭兄弟，非礼也。"（《左传》僖公二十八年）魏、曹、卫皆为姬姓之国，与晋同姓，故称兄弟之国。如《左传》僖公十九年载齐桓公死后二年，"陈穆公请修好于诸侯，以无忘齐桓之德。冬，盟于齐，修桓公之好也"。又《左传》昭公十三年记载了晋韩宣子（按：即韩起，韩献子厥之子，曾任晋中军帅执晋政）向叔向询问有关齐桓、晋文事，叔向曰："齐桓，卫姬之子，有宠于僖。有鲍叔牙、宾须（胥）无、隰朋以为辅助，有莒、卫以为外主，有国、高以为内主。从善如流，下善（按：指平日的行为处事）齐肃，不藏掖，不从欲，施舍不倦，求善不厌，是以有国，不亦宜乎？"叔向概括桓公得国称霸的主客观原因，虽非全面，但基本属实。贤臣辅助及内主（国、高等族）、外主（莒、卫诸国支持）等均为客观条件。而"从善如流"以下一段，则属主观因素：内心向善而纳谏改过，对专制君主而言是极不易得的内在品格；"下善齐肃"是日常行事庄重、严肃认真，不耍奸猾手段；"不藏掖，不从欲"是不贪财腐败，不纵欲任性，能理性地监控自己的内在欲望而不荒唐行事；"施舍不倦，求善不厌"重在为百姓做善事，追求完善自我而不厌倦。齐桓公因此而形成了自己英明果断的决策，获得了天下诸侯及广大臣民的支持和拥护，当然就为夺取胜利的制高点创造了有利的条件。故清高士奇在《左传纪事本末》卷十八《齐桓公之伯》总评曰：

> 齐桓公以奔莒之余，因高、国之奉，庸（用）鲍叔荐贤之公，忘射钩滨（濒）死之耻，卒用仲父（按：指管仲），作内政，寄军令，成节制之师，通渔盐之利，国以殷富，士气腾饱，用三万人以方行天下。南征北伐，东略西讨，朝服济河，而无所怵惜焉。孔子许其一匡之功，《孟子》记载其五命之盛。谅哉，一世之雄！……尝综其收摄人心之大略言

之：一曰攘外，一曰恤患，一曰尊主。……迹五伯中，能鳃鳃念切天家
而不厌至再三者，如桓有几？此尤尊王之大惠，而不容泯没者也。他如
重信义，则思曹沫之剑；从善言，则却子华之奸；退召陵，礼服义之使；
遗隰朋，晋晋君之位；皆皎皎微节之堪传者。……所以招携服贰，为内
安外攘之谋者，念深而礼谨，虑周而义著，事皆当人心。

至于桓公晚年迅速从成功顶峰跌落到失败深渊，当然也有其主客观原因。
首先，桓公晚年，管仲、鲍叔、隰朋先他而逝，身边缺乏监督谏诤，贤臣核
心无形解体消散，在此形势下，桓公内欲恶魔很快释放膨胀，桓公也不再去
发现或者扶植贤臣善人，不去努力培植下一代贤良臣下，因此良臣乏人，政
治乏善可陈。相反，晚年的桓公一味宠信奸佞小人，一旦稍离佞小，即有食
不甘味之感，犹如毒瘾发作而不可控制，如宠信竖刁、易牙、开方无耻之徒，
公开发动政变，致国家大乱，桓公被禁食饿死，而尸虫出户，悲哉！

其次，桓公晚年没有妥善有序的安排自己的接班人，他为"好色"之疾
所困，因其宠移意改，随心许诺诸姬之子继位，以此动摇国本，死后五子争
位，棼如乱丝，国无强主，岂有力量向外争霸天下？故高士奇评曰："桓公之
子五人，后先皆主其国，亦一异也。管仲谋行言听，能得之取威定伯之始；
及其霸业既成，狎昵群小，虽以将死丁宁之言，格而不入，岂非言于忧患者
易为功，言于安乐者难为力焉？吁，亦可慨也。"（高士奇《左传纪事本末》
卷十八《齐桓公之伯》总评）

第三，春秋时为血统宗法统治的专制社会，政治改革缺乏严格的制度保
证，既可事因人成，也可事因人亡而败，管仲、桓公一死，霸业丧失，不足
为怪。此乃古代社会缺乏法治而行人治的结果，是古代统治者的通病，实不
足独病桓公也。

总之，齐桓公在春秋历史舞台上，曾做了有声有色的表演，掀开了壮烈
绚丽的一幕，但其晚年，霸业随其死而瞬间幻灭，这一悲剧的出现，也多是
桓公咎由自取而归之于无可如何了。

群贤毕聚定霸业

——晋文公传叙

一、血雨腥风家族史

在春秋五霸中，《左传》致力于刻画晋文公的形象，让他在历史舞台上作了有声有色而淋漓尽致的表演。春秋五霸中，第一位是齐桓公，但《左传》作者对他似乎颇惜笔墨。而对接踵而至的第二位霸主晋文公则是浓墨重彩，描绘更为详细而生动。

初，晋穆侯之夫人姜氏以条之役生太子，命之曰仇。其弟以千亩之战生，命之曰成师。师服（按：晋贤大夫）曰："异哉，君之名子也！夫名以制义，义以出礼，礼以体政，政以正民。是以政成而民听，易则生乱。嘉耦曰妃，怨耦曰仇，古之命也。今君命大子曰仇，弟曰成师，始兆乱矣，兄其替乎？"

惠（按：指鲁惠公）之二十四年，晋始乱，故封桓叔（按：即晋文侯仇之弟成师）于曲沃，靖侯之孙栾宾傅之。师服曰："吾闻国家之立也，本大而末小，是以能固。故天子建国，诸侯立家，卿置侧室，大夫有贰宗，士有隶子弟，庶人、工、商，各有分亲，皆有等衰。是以民服事其上而下无觊觎。今晋，甸侯也，而建国。本既弱矣，其能久乎？"

——《左传·桓公二年》

63

按：曲沃桓叔名成师，是晋文公的高祖，即晋文公家族的祖先。成师是晋文侯仇的弟弟，并非嫡系宗子，在晋属于旁支，但他早存夺国之心。晋文侯仇因护送周平王东迁，力战有功，一时地位难以动摇。但鲁惠公二十四年（前745年），晋文侯卒，子昭侯立，晋始乱。于是晋昭侯封叔父成师于曲沃，称曲沃桓叔。当时晋国都为翼，但曲沃桓叔日渐发展壮大，实力已经超越晋翼，于是晋国之内，曲沃以咄咄逼人之态，主动压迫晋翼，其夺国弑嫡的野心毕露。从此，晋国宗子嫡传之翼和其旁支曲沃方面经过六十七年的血腥厮杀，曲沃方面从曲沃桓叔、曲沃庄伯、曲沃武公三代人连杀五位晋侯，最后以曲沃武公率师入翼弑君胜出。这时，周天子接受曲沃武公重赂，承认篡弑事实。据《史记·晋世家》，周厘王使虢公命曲沃武公以一军为晋君，列为诸侯，于是曲沃尽并晋地而有之，更号曰晋侯，卒后称武公，始都晋国，时鲁庄公十六年（前678年）。晋国在武公子献公姬诡诸时代，获得了较大的发展。一方面开疆拓土，灭耿、霍、魏、虢、虞等国，领土大大扩张，终于由弱而强，蔚为大国。而在国内维护政权稳定问题上，采取了尽灭桓、庄之族群公子的阴毒手段，虽不近人情，但却稳定了自己的统治。而对于国君继位问题，他在身边只留下宠爱的幼子奚齐和卓子外，其余诸子尽处外邑。原其本意，是为防止因接班继位问题，而陷国家于动乱之中。但事与愿违，实际恰恰相反，从晋献公杀太子申生而放逐公子重耳和夷吾之后，造成了晋国长期动乱不息。献公子九人已死其八，这就给并非嫡出又非长子的重耳留下了以后入晋掌国的机会。重耳，也就是后称晋文公者，其祖先曲沃桓叔成师，并非晋之宗子，以小宗而依靠其大邑坚城之武力，逐渐形成了尾大不掉的态势，创造了后来进军国都夺晋的有利形势，这对旁支家族的发展当然是求之不得的机会。但对晋国却是一大灾难，国家政局长期动荡混乱，亲人之间骨肉相残的血腥残酷，都给未来的晋文公留下了难以磨灭的深刻印象。这些血的经验教训，对晋文公后来改革晋国以称霸中原的宏伟事业，自然产生了影响。

二、流亡炼狱浴火生

晋文公（前697～前628年），名重耳。他是晋武公孙，献公庶子。从他的大名来想象，可能是从小生就一双大耳朵，有点富贵相，如后来三国时期的刘备，世称其两耳垂肩，故曹操贱称之为"大耳贼"。晋之开国始祖是武王子、成王弟唐叔虞，在姬周血缘宗亲上属武王后裔。因此，晋君与周同为姬姓，故周天子有时尊晋文公为叔父，但晋文公家族这一支原非唐叔虞的正宗嫡传，而是小宗旁支。但在曲沃武公弑君夺国之后，其子孙中最有出息，而为晋国长期称霸中原奠定根基的恰恰是这一小宗旁支的晋文公。不过，晋文公登上晋君宝座，却是经过诸多艰险苦难而历尽坎坷的结果，可称是在炼狱中浴火重生。这也说明，没有艰苦付出，也不可能有丰厚的回报。苦难的生活、矛盾重重的高压，锻炼出春秋五霸中最负盛名的晋文公。

> 晋公子重耳之及于难也，晋人伐诸蒲城（献公外放重耳居蒲）。蒲城人欲战，重耳不可，曰："保君父之命而享其生禄，于是乎得人。有人而校，罪莫大焉。吾其奔也。"遂奔狄，从者狐偃、赵衰、颠颉、魏武子、司空季子。狄人伐廧咎如，获其二女叔隗、季隗，纳诸公子。公子取季隗，生伯儵、叔刘，以叔隗妻赵衰，生盾。将适齐，谓季隗曰："待我二十五年，不来而后嫁。"对曰："我二十五年矣，又如是而嫁，则就木焉。请待子。"处狄十二年而行。

> ——《左传·僖公二十三年》

按：公子重耳蒙难，发生在鲁僖公四年（前656年）十二月，当时晋献公听信夫人骊姬谗言，杀太子申生。又准备再杀两个早已成年的儿子——公子重耳和夷吾。于是重耳奔蒲，夷吾奔屈，献公又继续派兵伐蒲、伐屈，于是公子重耳奔狄，开始了他那近二十年苦难的流亡生涯。公子重耳落难，其实是和太子申生被逼自缢身亡的严重事件紧密联系在一起的。《左传》庄公二

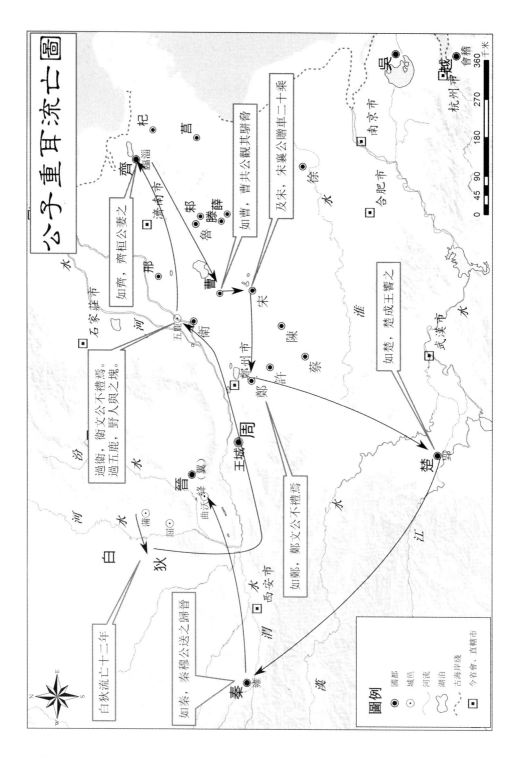

公子重耳流亡圖

如齊，齊桓公妻之

如曹，曹共公觀其骿脅

及宋，宋襄公贈車二十乘

如楚，楚成王饗之

過衞，衞文公不禮焉。
過五鹿，野人與之塊。

如鄭，鄭文公不禮焉

自狄流亡十二年

如秦，秦穆公送之歸晉

圖例

◉ 國都
⊙ 城邑
～ 河流
湖泊
古海岸綫
□ 今省會、直轄市

十八年（前666年）载：

> 晋献公娶于贾，无子。烝于齐姜，生秦穆夫人及大子申生。又娶二
> 女于戎，大戎狐姬生重耳，小戎子生夷吾。晋伐骊戎，骊戎男女以骊姬。
> 归生奚齐。其娣生卓子。骊姬嬖，欲立其子，赂外嬖梁五，与东关嬖五，
> 使言于公曰："曲沃，君之宗也。蒲与二屈，君之疆也。不可以无主。宗
> 邑无主则民不威，疆场无主则启戎心。戎之生心，民慢其政，国之患也。
> 若使大子主曲沃，而重耳、夷吾主蒲与屈，则可以威民而惧戎，且旌君
> 伐。"使俱曰："狄之广莫（漠），于晋为都。晋之启土，不亦宜乎？"晋
> 侯说（悦）之。夏，使大子居曲沃，重耳居蒲城，夷吾居屈。群公子皆
> 鄙，唯二姬之子在绛。

骊姬第一步，把群公子赶出国都绛，献公身边唯留下宠子奚齐及娣子卓
子。进一步，骊姬又使计让太子申生祭于曲沃。"归胙于公"，骊姬在祭肉置
剧毒，待献公田猎毕献上，制造了太子准备毒死生身父亲以抢班夺权的冤案。
献公大怒，决心杀太子申生，又派兵伐蒲与屈，准备把早已成年的儿子重耳
和夷吾一并杀害。这才有了重耳奔狄而开始其流亡生活的苦难，事载《左传》
僖公四年（前656年）。骊姬向献公进谗，杀太子申生，尽逐重耳等群公子，
表面成功，自以为得计，但实际却为自己及其子奚齐埋下了将来的杀身之祸。
政治权力的争夺是残酷无情的，不仅是骊姬这样的谗人，就是晋献公，也没
有读懂生活。后来他所宠爱的幼子奚齐、卓子接连被杀于朝堂之上，骊姬被
鞭杀街市的悲惨结局，完全违背了君主自己的意愿，但却是当时政治棋局之
必然。

重耳奔蒲避祸之时，献公的追杀并未停止，当时蒲人为公子抱屈而不平，
准备不惜与晋兵一战，但被重耳阻止，他从忠孝出发，告诉蒲人，享君父之
禄，就不可以计较，一旦拒战反抗君父，则罪莫大焉。在忠孝方面，他和太
子申生一样具有传统观念。但二人也有不同，申生是愚忠愚孝，至死不为自
己的冤屈辩一辞；但重耳则不然，他所说的"吾其奔矣"语，和申生一死了

之性质有别，他不主动冤死，而是活着等待时间来洗刷罪名，这是伺机而动的聪明之举，即《易》所谓"变则通，通则久"之意。后来重耳果然待变成功。《礼记·檀弓》篇载：

> 晋献公将杀其世子申生，公子重耳谓之曰："子盍言子之志于公乎？"世子曰："不可。君安骊姬，是我伤公之心也。"曰："然则盍行乎？"世子曰："不可。君谓我欲弑君也。天下岂有无父之国哉？吾何行如之？"

不听弟重耳之谏而自缢身亡。但据《谷梁传》，申生曾对晋臣里克曰："吾君已老矣，已昏矣。吾若此而入自明，则骊姬必死。骊姬死，则吾君不安……吾宁自杀以安吾君，以重耳为寄矣。"刎颈而死。故里克后来弑奚齐、卓子者，为重耳也。可见在几个兄弟之间，世子申生和公子重耳比较亲近，二人思想感情有共鸣之处，所以申生才会对里克说是"以重耳为寄"，寄希望于重耳继位以重整晋国。即使在兄弟夷吾入晋即位（即晋惠公）之后，国人仍然寄希望于公子重耳回归晋国，国人编成歌谣诵之曰："若狄公子，吾是之依兮。镇抚国家，为王妃兮。"（按：妃，匹也，指希望公子重耳成为周天子身边辅弼的晋君）狄公子，指的就是奔狄避难的公子重耳。于此可见，公子重耳平素为人得到了上自世子申生和公卿士夫的信赖，下有国人民众的支持拥护。早有美誉于世，故有国人之诵的传播。以此，当时郭偃（按：即卜偃）就议论道："夫人美于中，必播于外，而越于民，民实戴之……故行不可不慎也。……公子重耳其入乎？其魄兆于民矣。若入，必伯诸侯以见天子，其光耿于民矣。"事载《国语·晋语》三。这就与重耳的内在美质密切相关。与晋文之霸相较，其弟夷吾虽先入晋为君，史称晋惠公，但因其内在品格恶劣不能获士心民意的支持拥护，最后身败名裂而子嗣灭绝。以此观之，入国之事能不慎乎？在狐偃等从亡智囊的劝谏下，重耳先拒里克之请，下决心等待时机，这一做法，可谓慎之又慎，而一旦归国，能不振作有所作为吗？

重耳奔狄，事在鲁僖公五年（前655年），即晋献公二十二年初，时年三十余，早过了古人所称"三十而立"的有为之年。若要事业有成，对时间应该是很珍惜的。但重耳是个贵公子，他既有内在的美质，同时又有贵公子养尊处优、贪图安逸、享受特权的另一面，在流亡落难途中，仍然不时有贵族子女的娇骄二气自然流露。他在狄一住就是十二年，一方面固然是在耐心地等待机会，另一方面也有他个人贪图安逸的人性弱点。看来他与狄人关系不错，狄人妻季隗，生有二子，已有家室牵挂，因此主观上不愿有更多的旅途奔波与辛劳。但若真正准备老死于狄，重耳又不甘心，他的随从团队更不会答应，一旦晋之国内有事，如果重耳没有列国诸侯的支持，那么也可能会丧失机会，结果必然是大梦一场而已。

在狄期间也并非一点机会都没有，鲁僖公九年（前651年）传称："九月，晋献公卒，里克丕郑欲纳文公，故以三公子之徒作乱"；"冬，十月，里克杀奚齐于次"；"十一月，里克杀公子卓于朝，荀息死之"。又据《国语·晋语》二：

> 既杀奚齐，荀息将死之。人曰："不如立其弟而辅之。"荀息立卓子。里克又杀卓子，荀息死之。君子曰："不食其言矣。"既杀奚齐、卓子，里克及丕郑使屠岸夷告公子重耳于狄，曰："国乱民扰，得国在乱，治民在扰，子盍入乎？吾请为子鈇（按：前导）。"重耳告舅犯曰："里克欲纳我。"舅犯曰："不可。夫坚树在始，始不固本，终必橝落。夫长国者，唯知哀乐喜怒之节，是以导民。不哀丧而求国，难；因乱以入，殆。以丧得国，则必乐丧，乐丧必哀生。因乱以入，则必喜乱，喜乱必怠德。是哀乐喜怒之节易也，何以导民？民不我导，谁长？"重耳曰："非丧谁代？非乱谁纳我？"舅犯曰："偃也闻之，丧乱有小大。大丧大乱之判也，不可犯也。父母死为大丧，谗在兄弟为大乱。今适当之，是故难。"公子重耳出见使者，曰："子惠顾亡人重耳，父生不得供备洒扫之臣，死又不敢莅丧以重其罪，且辱大夫，敢辞。夫固国者，在亲众而善邻，在因民而顺之。苟众所利，邻国所立，大夫其从之，重耳不敢违。"

依重耳本人的内心意愿，恨不得马上回晋为君，但被他的智囊团队所劝阻，在大丧大乱中入国夺权，有背礼教道德底线，虽成功于一时，但必有无穷的祸患随之而生。失掉民心的支持与拥护，江山岂能坐得稳？重耳一听，自然明白，因此听从劝谏，拒绝乘国家丧乱而捷足先登的机会。后来秦穆公准备在重耳与夷吾二兄弟间，挑选一人纳为晋君："乃使公子絷吊公子重耳于狄，曰：'寡君使絷吊公子之忧，又重之以丧。寡人闻之，得国常于丧，失国常于丧。时不可失，丧不可久，公子其图之！'重耳告舅犯。舅犯曰：'不可。亡人无亲，信仁以为亲，是故置之者不殆。父死在堂而求利，人孰仁我？人实有之，我以徼幸，人孰信我？不仁不信，将何以长利？'公子重耳出见使者，曰：'君惠吊亡臣，又重有命。重耳身亡，父死不得与于哭泣之位，又何敢有他志以辱君义？'再拜不稽首，起而哭，退而不私。"（同上）后来三国时的刘备遇事常哭，大概是向晋文公学来的。表面上重耳又一次失去了实实在在可以入国为君的大好机会，但实际上却从道义上赢得了人心，同时在诸侯间广为传诵而获得诸多国家的支持，特别是秦及齐、楚诸大国的理解与帮助，更是为他以后入国而大获成功奠定了坚实的根基。干大事者，必有大见识、大气度、大格局，而不在乎一时一事之成败，公子重耳似之。

而公子夷吾及其随从团队的思考则与重耳相反，二人形成了鲜明的反差。当然从感情的本意看，重耳也想立即回晋为君；但经智囊团舅犯（即狐偃）等的劝谏，理智上认识到时机尚未成熟。在感情和理智的内在矛盾中，他是理智战胜感情，所以能够戒急用忍，不争一时之得失；而夷吾及其参谋团队则相反，他们是急于争权夺国，担心被兄长重耳捷足先入，因此他们不计后果，只要能够实现回晋为君的目的，什么条件都可答应，什么阴谋手段都可使用，败盟背信，不讲忠义，而唯利是图。当秦穆公派公子絷到狄被重耳拒绝后，他就到梁见夷吾，《国语·晋语》载曰：

公子絷退，吊公子夷吾于梁，如吊公子重耳之命。夷吾告冀芮曰："秦人勤我矣！"冀芮曰："公子勉之。亡人无狷洁，狷洁不行，重赂配德，公子尽之，无爱财！人实有之，我以徼幸，不亦可乎？"公子夷吾出见使者，再拜稽首，起而不哭，退而私于公子絷曰："中大夫里克与我矣，吾命之以汾阳之田百万。丕郑与我矣，吾命之以负蔡之田七十万。君苟辅我，蔑天命矣！亡人苟入扫宗庙，定社稷，亡人何国之与有？君实有郡县，且入河外列城五。岂谓君无有，亦为君之东游津梁之上，无有难急也。亡人之所怀挟缨纕，以望君之尘垢者。黄金四十镒，白玉之珩六双，不敢当公子，请纳之左右。"

其言其行，唯利是图，至于道德信义，完全置诸脑后，甚至为君位而可以出卖国家的主权与领土，可谓无耻之尤！后来秦穆公虽认为重耳仁而夷吾伪，以重耳为贤，心中实愿纳重耳。但出于秦的国家利益，秦穆公终于先纳夷吾，明言置不仁以猾其中，一个混乱不堪的邻国则秦有机可乘，这是当时秦晋列国政治所决定的。夷吾入晋成为晋惠公，其主国期间，背信弃义，得罪强邻，诛杀异己，国内混乱而大失民心，如大夫庆郑所责曰："背施无亲，幸灾不仁，贪爱不祥，怒邻不义，四德皆失，何以守国？"（《左传·僖公十四年》）秦晋韩原一战，丧师亡国，本人被秦军俘囚，身败名裂，遗臭春秋。这正是公子重耳所避免的。二者相较，重耳暂去虚名而甘愿长期流亡，锻炼成一个成熟的政治家，从而标名青史。

三、含垢思辱不卑亢

重耳过卫。卫文公不礼焉。出于五鹿，乞食于野人，野人与之块。公子怒，欲鞭之。子犯曰："天赐也。"稽首，受而载之。及齐，齐桓公喜之，有马二十乘，公子安之。从者以为不可。将行，谋于桑下。蚕妾在其上，以告姜氏。姜氏杀之，而谓公子曰："子有四方之志，其闻之者吾杀之矣。"公子曰："无之。"姜曰："行也。怀与安，实败名。"公子不可。姜与子犯谋，醉而遣之，醒，以戈逐子犯。

——《左传·僖公二十三年》

按：重耳离开白狄之后，避开晋地，从东周王城方向西北而行，一路风餐露宿，忍渴挨饥，可说是在颠沛流离中受尽磨难。而同时的公子夷吾，早已入晋为君，是为晋惠公，但他在鲁僖公十五年（前645年）的秦晋韩原之战中战败被俘。他死后，其子怀公继位，同样倒行逆施，滥杀忠良无辜，以此天怒人怨，国家处于动乱中。这就给流亡落难中的重耳以有利之机。同是落难，晋惠公夷吾是咎由自取，迅速从得意忘形跌入地狱之门；而公子重耳却是在炼狱中浴火，虽然也痛苦，但却充满了重生的新希望。

最初重耳奔狄避祸时，寄人篱下，当然内心隐然作痛。但时间一长，结婚生子，狄人待之不错，使他逐渐适应了特殊"难民"的生活，贵公子那贪图安逸稳定生活的潜意识，使他渐渐忘记了流亡的长远目标是实现富国图霸的宏伟理想。这就引起了重耳随从团队的担忧。狐偃就和大家一起商量解决公子思想问题的方法。狐偃（按：即舅犯）对大家说："日（按：昔日，当初），吾来此也，非以狄为荣，可以成事也。吾曰：'奔而易达，困而有资，休以择利，可以戾（按：戾，止也，止息安定）也。今戾久矣，戾久将底（按：停滞）。底著滞淫，谁能兴之？盍速行乎！吾不适齐、楚，避其远也。蓄力一纪，可以远矣。齐侯（按：指齐桓公）长矣，而欲亲晋。管仲殁矣，多谗在侧。谋而无正，衷而思始。夫必追择前言，求善以终，馨迩逐远，远人入服，不为邮（按：通尤）矣。会其季年可也，兹可以亲。'皆以为然。"（《国语·晋语》四）这就定下了赴齐求助的计划，重新登上流亡的道路。古时旅途，因交通设施及其运输工具问题极为不便，一路上既有遭人白眼的艰辛，同时又有获得大国理解与支持的愉悦。过卫、过曹、过郑的痛苦经历，犹历历在目，痛彻肺腑；同时又获得齐、宋及楚、秦大国的慷慨支持和帮助，自然也充满了欢乐和憧憬。一路跋山涉水，可说是悲喜交集。一步一步地接近了人生的目标。

从白狄绕过晋境，经东周王城西北而行，准备赴齐以争取霸主齐桓公的支持很重要。路上经过卫国。昔日，卫国曾被狄人攻袭亡国，是齐桓公救助卫国而重获新生，卫文公燬在困境中逐渐恢复，但在复苏的过程中，当然自己困难也多，以此无法理睬一个晋国的落难公子。因此，"卫文公不礼焉"，得罪了重耳，增添了流亡的苦难色彩。再加以过卫五鹿（按：在今河南濮阳县）时，食水欠缺，饥肠辘辘，于是向"野人"乞食讨饭。所称"野人"，实际是春秋诸侯国乡遂制度中的鄙野之人，也即乡下人。乡下人自己也是生活艰难，对于贵族心中暗藏怨恨，一看重耳及其大批随从"乞食"，又将如何供应呢？心中有火，就加以发泄，拿起地上的土块递了过去。重耳为此迸发其贵族的娇骄二气，大发雷霆，拿起马鞭准备打人，但被狐偃阻止，他劝重耳说，这是老天赐给你土地啊。于是重耳稽首行礼，车载土块以行。过卫的羞辱，虽然一时化解，但却深埋重耳心中，终有一天会予报复的。过卫入齐，情况大有改善。当时虽然管仲已死，是齐桓公最末的晚年，必须捕抓这一稍纵即逝的时机。这些深刻的理性分析，给重耳以触动，因此他们趱行越卫入齐，而顾不得饥饿与疲劳。赶到齐国，谒见齐桓公，桓公果然是顾念管仲那尊王攘夷的睦邻外交，对晋公子优礼有加，给予财富（按：马二十乘，即八十四驾车之马），帮重耳重建家庭（按：妻以姜氏），使他不仅能够息驾休养，而且颇有温暖安定的生活享受，这就引发了贵公子的贪图安逸潜意识的爆发。他似乎又忘掉自己长期流亡的任务和目标，留恋于妻室的温柔之乡，竟然就想在齐国安家不动了。这才让他的随从智囊们心急如焚，就到野外桑林中密谋商量"抢救"重耳的办法。不巧，却被采桑叶的蚕妾偷听到他们出走的行动计划，回家告诉主母姜氏。看来姜氏不是一般的妇女，如果不是公族出身，也定然是卿大夫贵族之女。姜氏一方面深明大义，劝丈夫不要留恋齐国温暖生活，而应以理想事业为重，立刻出走；一方面又为了保密需要，立刻残忍地把蚕女杀害。这在今天违反了人道而天理难容，但在春秋之时，农奴及奴隶对于贵族有人身依附的关系，其生命价值交由主人处理，以此蚕妾因偶然知密而丧失生命。在这里，姜氏表现得冷静，甚至是冷酷，颇有政治家的心思和手段。生活就是如此复杂。《国语·晋语》四载，当时桓公已死，孝公立，但桓公五公子争立互斗，正在如火如荼地进行，齐国混乱如此，能为重耳回晋派兵干预吗？当然不可能。桓公一死，机会已失，只有离齐而重新流亡一路可走，但重耳一时难悟。《国语·晋语》四载重耳在齐的夫妻对话曰：

> （姜氏）言于公子曰："从者将以子行，其闻之者吾以除之矣。子必从之，不可以贰，贰无成命。《诗》云：'上帝临女，无贰尔心。'先王其知之矣，贰将可乎？子去晋难而极于此。自子之行，晋无宁岁，民无成君。天未丧晋，无异公子，有晋国者，非子而谁？子其勉之！上帝临子，贰必有咎。"公子曰："吾不动矣，必死于此。"姜曰："不然。《周诗》曰：'莘莘征夫，每怀靡及。'凤夜征行，不遑启处，犹惧无及。况其顺身纵欲怀安，将何及矣！人不求及，其能及乎？日月不处，人谁获安？西方之书有之曰：'怀与安，实疚大事。'《郑诗》云：'仲可怀也，人之多言，亦可畏也。'昔管敬仲有言，小妾闻之，曰：'畏威知疾，民之上也。从怀如流，民之下也。见怀思威，民之中也。畏威如疾，乃能威民。威在民上，弗畏有刑。从怀如流，去威远矣，故谓之下。其在辟也，吾从中也。《郑诗》之言，吾其从之。'此大夫管仲之所以纪纲齐国，裨辅先君而成霸者也。子而弃之，不亦难乎？齐国之政败矣，晋之无道久矣，从者之谋忠矣，时日及矣，公子几矣。君国可以济百姓，而释之者，非人也。败不可处，时不可失，忠不可弃，怀不可从，子必速行。……乱不长世，公子唯子，子必有晋。若何怀安？"公子弗听。

姜氏的一番话很有见识学问，是个读书明理的人，但重耳还是听不进去，想要安心于齐。这才引发了姜氏与公子随从联合"绑架"重耳离齐速行的行动。他们让重耳喝酒，"醉而载之以行。醒，以戈逐子犯（按：即妻舅狐偃），曰：'若无所济，吾食舅氏之肉，其知餍乎！'舅犯走，且对曰：'若无所济，余未知死所，谁能与豺狼争食？若克有成，公子无亦晋之柔嘉，是以甘食。偃之肉腥臊，将焉用之？'遂行。"（同前）醉后吐真言，说明重耳虽然是老大不小的中年人，却还显得幼稚任性，政治上尚未完全成熟，所以才会说出"吾食舅氏之肉"这样绝情之语。但不管怎样，重耳离齐，被迫重新走上流亡之路，却是向人生的理想目标踏出了很关键的一步。

　　离齐过曹，据《左传》僖公二十三年载曰："及曹，曹共公闻其骈胁，欲观其裸。浴，薄而观之。"硬行观人裸浴，不仅是对贵族，就是对于一般士人，也是一个极大的侮辱。但当时曹共公如此无礼，仗的是自己的国君身份；而重耳却是晋国的落难公子，一时对曹共公的非礼之行，虽然愤慨，但却无可奈何，只能强压怒火而加以忍耐，等待报复时机的到来。重耳在曹虽然蒙难，但也有例外，当时曹大夫僖负羁之妻颇具远见卓识，她劝丈夫说："吾观晋公子之从者，皆足以相国。若以相，夫子必反其国。反其国，必得志于诸侯。得志于诸侯而诛无礼，曹其首也。子盍蚤自贰焉。"于是，僖负羁"乃馈盘飧，置璧焉。公子受飧反璧"，这才有了后来晋文公返国称霸中原后，执曹共公而礼遇僖负羁的故事发生。离曹过宋，宋襄公慈父原有心称霸中原以代齐桓公，可惜有心无力，在泓之战中被楚军打得大败，本人伤股，精锐丧失殆尽，无力派兵护送重耳返回晋国。但当时宋大司马公孙固与重耳关系甚好，他对宋襄公说："晋公子亡，长幼矣（按：已长大成人），而好善不厌，父事狐偃，师事赵衰，而长事贾佗。狐偃，其舅也，而惠以有谋。赵衰，其先君之戎御，赵夙之弟也，而文以忠贞。贾佗，公族也，而多识以恭敬。此三人者，实左右之。公子居则下之，动则谘焉，成幼而不倦，殆有礼矣。树于有礼，必有艾（通刈，收获）。《商颂》曰：'汤降不迟，圣敬日跻。'降，有礼之谓也。君其图之。"（《国语·晋语》四）。宋襄公接受其建议，礼遇重耳，并赠以厚礼。这对后来晋宋关系产生了良好的影响。在后来晋楚争霸中，晋

宋襄公赠马，［南宋］李唐《晋文公复国图》局部

屡次出兵以救宋难，而且宋也一直是晋的忠心盟友。重耳一行，离宋西行入郑，据《左传》僖公二十三年载曰："及郑，郑文公不礼焉。叔詹（按：郑贤大夫）谏曰：'臣闻天之所启，人弗及也。晋公子有三焉，天其或者将建诸！君其礼焉。男女同姓，其生不蕃。晋公子，姬出也，而至于今，一也。离外之患，而天不靖晋国，殆将启之，二也。有三士（按：指狐偃、赵衰、贾佗）足以上人而从之，三也。晋、郑同济，其过子弟，固将礼焉，况天之所启乎？'"弗听。原来郑与晋同为姬姓诸侯国，晋文侯与郑武公曾并肩作战，保护周平王杀出重围而迁都洛阳王城，都是东周的开国功臣。但郑文公浅见无识，看到重耳一时的"难民"身份，而不思念昔日先祖之谊及考虑将来的发展，固愎拒谏而"不礼焉"，同样也被政治家重耳牢记心中，后来也产生了严重后果。郑地处中原腹心的战略要地，夹在晋、楚二大国之间，常受晋、楚征伐之苦，固然主要由于环境形势使然，但晋文公的报复心理当然也是原因之一。

离郑之后，即南下之楚。在重耳离狄而到郑之前，多年流浪，所受遭遇青眼白眼皆有，可称时好时坏，一路坎坷多有波折。但到楚之秦后，则基本上是一帆风顺，受到楚、秦二国君主的优待礼遇，就在这长年的流亡生涯中，作为一个政治家，公子重耳也终于由幼稚盲动，日趋稳练、成熟而应对裕如了。这才有了后来返国为君以争霸天下这一番轰天伟业的出现。据《左传》载："楚子（即楚成王熊颊）飨之，曰：'公子若返晋国，则何以报不穀（按：不穀，古代君主自称谦词）？'对曰：'子女玉帛，则君有之；羽毛齿革，则君地生焉；其波及晋国者，君之余也。其何以报君？'曰：'虽然，何以报我？'对曰：'若以君之灵，得反晋国，晋、楚治兵，遇于中原，其避君三舍（按：古代行军三十里为一舍，三舍九十里也）；若不获命，其左执鞭弭，右属櫜鞬，以与君周旋。'子玉请杀之。楚子曰：'晋公子广（按：志向广大）而俭（按：态度谦虚），文而有礼。其从者肃而宽，忠而能力。晋侯（指重耳之弟夷吾，史称晋惠公）无亲，外内恶之。吾闻姬姓，唐叔之后，其后衰者也，其将由晋公子乎。天将兴之，谁能废之。违天必有大咎。'乃送诸秦。"而据《国语·晋语》四，当时子玉请求楚成王杀重耳的理由是严重的，他说："弗杀而反晋国，必惧楚师。"也就是断言晋文公统率下的晋军，因其英明领导而必成楚国大敌。事实确如所言，但楚成王所见更深一层，他认为："楚师之惧，我不修也。我之不德，杀之何为？"自己不善是丧师辱国的直接原因。因此楚成王不仅没杀重耳，而且谨行周礼，"九献，庭实旅百"，以上公之礼飨之。据《周礼·秋官·大行人》曰："上公之礼，飨之九献。"这是对除国君之外最为隆重的飨礼了。于此可见楚成王对重耳的尊重与赏识。楚成王因地理环境原因，于是"厚币送公子于秦"。应该说，在飨礼宴上，重耳与楚成王的对话体现了两个政治家的成熟及其高尚品格，楚成王自不必说，重耳的一番话，如果回答不妥而得罪楚国也是可能有性命之忧的，楚令尹子玉不就想杀他吗？但他的回答仍是不卑不亢而恰到好处，既尊重对方，同时又能自尊自爱，双方都显示了高雅的春秋贵族精神文明，不仅保存了各自的人格，同时也保存了晋楚二国的国格。

楚成王礼遇图，[南宋] 李唐《晋文公复国图》局部

自楚之秦，是应秦穆公的召请。在秦晋韩原之战中，晋大败，惠公被俘，被迫订立城下之盟，割地之外又送世子圉赴秦作人质。但晋惠公被释放返国后，很快背叛盟约，子圉（即后来的晋怀公）也乘机逃归，于是秦穆公改弦易辙，"召公子（按：指公子重耳）于楚"（见《国语·晋语》四）。据《左传》僖公二十三年载：

秦伯纳女五人，怀嬴与焉。奉匜（按：盛水盆）沃盥，既而挥之。怒曰："秦、晋匹也，何以卑我！"公子惧，降服而囚。他日，公享之。子犯曰："吾不如衰之文也。请使衰从。"公子赋《河水》，公赋《六月》。赵衰曰："重耳拜赐。"公子降，拜，稽首，公降一级而辞焉。衰曰："君称所以佐天子者命重耳，重耳敢不拜？"

僖公二十三年（前637年），晋惠公夷吾卒，子圉立，史称怀公，滥杀无辜，晋国乱。于是在僖公二十四年春，秦穆公派重兵护送公子重耳归晋，准备夺权而重建晋国：

及河，子犯以璧授公子，曰："臣负羁绁从君巡于天下，臣之罪甚多矣。臣犹知之，而况君乎？请由此亡。"公子曰："所不与舅氏同心者，有如白水。"投其璧于河。济河，围令狐，入桑泉，取臼衰。二月甲午，晋师军于庐柳。秦伯使公子絷如晋师，师退，军于郇。辛丑，狐偃及秦、晋之大夫盟于郇。壬寅，公子入于晋师。丙午，入于曲沃。丁未，朝于武宫（指重耳祖父曲沃武公神庙）。戊申，使杀怀公于高梁。

这里记载了公子重耳自秦归晋的过程。在秦期间，秦穆公对他很好，因为他曾比较了重耳和夷吾兄弟二人，早就知道夷吾是个只知争权夺国的不仁

子犯授璧图，［南宋］李唐《晋文公复国图》局部

不义之徒，而重耳则是尊父爱国的仁人，但出于秦国的战略利益，他先纳夷吾，是为晋惠公。后惠公背盟毁约，秦穆公于是再召重耳入秦而纳之于晋，穆公赠送五个年轻秦女来服侍他，其中就有早先曾嫁给子圉的怀嬴。怀嬴是穆公爱女，原是子圉之妻，重耳的侄媳妇，依照伦理，重耳不应接受，因此重耳欲辞。但其智囊高参纷纷提出不同意见，司空季子（按：即胥臣）认为重耳与子圉"道路之人也，取其所弃，以济大事，不亦可乎？"而子犯（狐偃）说得更直白干脆，他说："将夺其国，何有于妻？唯秦所命从也。"而子余（赵衰）则从秦、晋二国关系的大局着眼，说："《礼志》有之曰：'将有请于人，必先有入焉。欲人之爱己也，必先爱人。欲人之从己也，必先从人。无德于人，而求用于人，罪也。'今将婚媾以从秦，受好以爱之，听从以德之，惧其未可也，又何疑焉？"这就是说，做大事者，必先顾大局，而不计小事。秦穆公在赠女时曾对重耳说："寡人之适，此为才。子圉之辱，备嫔嫱焉，欲以成婚，而惧离其恶名。非此，则无故。不敢以礼致之，欢之故也。公子有辱，寡人之罪也。唯命是听。"话说得既谦逊又客气，但内心之中实是希望通过嫁爱女怀嬴（按：一作辰嬴）于公子，而结秦晋之好，以便与晋修好而相互支持，其中有重大的国家政治利益在焉。在重耳欲依靠秦穆公归晋夺国之际，忽略秦穆公内心的需求，无疑是一种政治自杀。重耳身边的智囊高参于此心知肚明，因此很快说服了公子，于是重耳不仅不拒之门外，而且

秦公嫁女图，［南宋］李唐《晋文公复国图》局部

按周礼而"归女纳币，且逆之"（以上见《国语·晋语》四）。一般媵妾，受之即可。但对怀嬴，重耳先把她送归穆公，然后正式纳币行聘并且亲自迎接，六礼成亲。这一婚姻，为重耳归晋夺国增添了一笔厚重的政治资本。但从其内心看，重耳原非真爱怀嬴，因此才有"奉匜沃盥，既而挥之"之事发生。招之即来，挥之即去，重耳待怀嬴，实如媵妾一般，这就引发了怀嬴的生气和反弹。怀嬴是穆公爱女，穆公称其"有才"，并非一般女子，因此，她慷慨陈辞曰："秦、晋匹也，何以卑我！"话一出口，重耳立即感到其沉重的分量。为复国计，他心惧"降服而囚"，除认错服输外，还有什么办法能挽回其心呢？重获怀嬴之心，就是给秦穆公的一种无形的政治保证。这次，重耳那贵公子的恶习，又一次得到了教训，终于使他逐渐走向了政治的成熟。这对他后来治国安天下的大业，是有一定帮助的。贵公子重耳，终于久经流亡苦难而浴火重生，并将做出一番轰轰烈烈的惊天伟业而传诵千古。

四、化仇弭祸国乂安

在政治上，公子重耳曾以"难民"的身份一步步从苦难中走出来，他那贪图安逸的潜在劣根性，那贵族骄、娇二气在他身上皆有显现，因此一生中犯了不少错误。但他一路上跌跌撞撞能够跨过了许多坎坎坷坷，除了其智囊团队的帮助外，更与他政治逐渐从幼稚走向稳练成熟有关，这都是在生活中跌打滚爬出来的实践结晶。在秦穆公重兵保护下，他经历十九年的流亡生活，终于回归故国，登上晋君之位，政权在握，但同时仍隐患重重，稍不留心就会因自己的犯错而为暗藏的敌人所害，国家就可能得而复失。

> 吕、郤畏逼，将焚公宫而弑晋侯。寺人披请见，公使让之，且辞焉，曰："蒲城之役，君命一宿，女即至。其后余从狄君以田渭滨，女为惠公来求杀余，命女三宿，女中宿至。虽有君命，何其速也。夫袪犹在，女其行乎！"对曰："臣谓君之入也，其知之矣；若犹未也，又将及难。君

命无二，古之制矣。除君之恶，唯力是视。蒲人、狄人，余何有焉？今君即位，其无蒲、狄乎？齐桓公置射钩而使管仲相，君若易之，何辱命焉？行者甚众，岂唯刑臣！"公见之，以难告。三月，晋侯潜会秦伯（按：指秦穆公）于王城。己丑晦，公宫火，瑕甥郄芮不获公，乃如河上，秦伯诱而杀之。晋侯逆夫人嬴氏以归。秦伯送卫于晋三千人，实纪纲之仆（按：即警卫公宫之卫队）。

初，晋侯之竖头须，守藏者也。其出也，窃藏以逃，尽用以求纳之。及入，求见，公辞焉以沐。谓仆人曰："沐则心覆，心覆则图反，宜吾不得见也。居者为社稷之守，行者为羁绁之仆，其亦可也，宜吾不得见也，何必罪居者？国君而仇匹夫，惧者甚众矣。"仆人以告，公遽见之。

——《左传》僖公二十四年

吕、郄，即晋大夫吕甥、郄芮，二人俱为晋惠公死党，堪称其智囊高参。惠公掌国时，曾派寺人披（按：即勃鞮，字伯楚）赴狄刺杀重耳，以绝后患，为了政权，对于手足亲情毫无爱惜之心。同样，晋文公当国，首先就派人到高梁杀亲侄晋怀公子圉，一样迅速而不手软。争权夺国，必然父子相仇、兄弟残杀，而丧尽亲情。政治是无情的。因此，当晋文公回国即君位后"吕、郄畏偪"，他们害怕受到政治迫害，因此精心设计应对之策，广泛搜罗晋文公的反对派，以及潜伏在他身边的敌人，准备放火焚烧公宫，举行大规模的叛乱，一旦阴谋得逞，晋国将重陷祸乱动荡之中。而这一大阴谋恰恰让寺人披知道底细，很可能吕、郄之党认为寺人披几次追杀公子重耳，必然是重耳死敌，因而企图搜罗发展其为乱党成员。但他们没想到寺人披具有一定政治见解，他以忠君爱国为重，并不赞同叛乱。迫于祸乱在即，他到公宫紧急求见。因此，是否会见寺人披，对于新的晋国未来非常关键。但晋文公对寺人披的几次追杀记忆犹新，印象深刻，满怀仇恨，因此始终拒绝并加严厉责问。但寺人披有关齐桓公置射钩不顾以相管仲的一席话，让他猛然醒悟，寺人披对自己的追杀是奉君命而行，合乎忠君之义，难以指斥；而在昔日环境的情势下，反对自己的人何止是一个寺人披？一旦反对派大联合，就可能形成难以跨越的政治障碍，不仅自己的君位可能不保，而且新晋之国会顿成泡影幻灭。这一关系太大了，因此晋文公立刻会见寺人披。这说明了他是理智战胜了感情，政治上已日渐成熟，不仅挽救了自己的生命，而且为晋国新生做了铺垫，也就是说，只有团结一切可以团结的力量，建立广泛的"统一战线"，才有雄厚实力来为晋国称霸中原鸣锣开道。对于竖头须的处置，也是同一道理。竖头须窃其钱财以逃，一方面是为逃避迫害，而另一方面是以其钱财为"求纳"重耳而奔波。重耳返国，能得国人及士大夫的广泛支持拥护，除了本身的道德品格外，竖头须的钱财"公关"舆论宣传多少也起作用。但这一切，晋文公并不知道，故起初埋怨拒见。在竖头须说了与寺人披相似的一番话后，晋文公幡然悔悟而紧急召见，又避免了一次大错，其性质与见仇敌寺人披相似，最大限度地增加了己方力量，并孤立了自己的政治死敌，极大地压缩了反对派的存在空间。晋文公治晋八年，成为春秋五霸中的佼佼者，功名赫赫，当与其在患难中拼搏一生的社会实践密切相关。

五、励精图治试锋芒

但是，晋文公不仅是企望回国登上晋君之位，而且想凭借晋为大国而在齐桓公身后，继其霸主事业驰骋中原，成为新的春秋霸主。以此，他对助他归国继位的楚成王和秦穆公既有感恩之诚的一面；但又因秦、楚二君同具开创霸业的雄心壮志，因此，彼此又明显具有竞争心态，关系非常微妙。在由谁做霸主来领袖天下的问题上，涉及各自的国家战略利益，因此谁也不会轻易拱手相让。

鲁僖公二十四年即晋文公元年（前636年），在政权稍安之后，可说是百废待兴。据《国语·晋语》四载：

> 元年春，公及夫人嬴氏至自王城。秦伯纳卫三千人，实纪纲之仆。

公属百官，赋职任功，弃责薄敛，施舍分寡。救乏振滞，匡困资无。轻关易道，通商宽农。懋穑劝分，省用足财。利器明德，以厚民性。举善援能，官方定物，正名育类。昭旧族，爱亲戚，明贤良，尊贵宠，赏功劳，事耇老，礼宾旅，友故旧。胥、籍、狐、箕、栾、郤、柏、先、羊舌、董、韩，实掌近官。诸姬之良，掌其中官。异姓之能，掌其远官。公食贡，大夫食邑，士食田，庶人食力，工商食官，皂隶食职，官宰食加（按：即加田）。政平民阜，财用不匮。

对晋国社会生活的各方面，实行了广泛的有益于国计民生的改革。其中明贤良而举贤授能，依功绩而赋职任功，对于没有跟随自己流亡的外者，只要有才能有功劳，都一视同仁加以任用；赈济穷苦人民，以利民为本，当然人民拥护；起用失志之士，获得广大人民支持。这是国家机器正常运转的重要组织保证，从而有力地促进了晋国的政治经济的改革。如《韩非子》卷五《南面》篇曰："管仲毋易齐，郭偃毋更晋，则桓文不霸矣……夫不变古者，袭乱之迹。……故郭偃之始治也，文公有官卒；管仲始治也，桓公有武车；戒民之备也。"（见陈奇猷《韩非子集释》，上海人民出版社，1974 年版）郭偃，即卜偃，晋掌卜大夫，曾助晋文公变法。故《商君书·更法》篇载有"郭偃之法"，可参考。又刘向《说苑》卷七有"晋文侯（按：'侯'为'公'之讹）问政于舅犯"事，舅犯（按：狐偃）对曰："分熟不如分腥，分腥不如分地；割以分民而益其爵禄，是以上得地而民知富，上失地而民知贫，古之所谓致师而战者，其此之谓也。"这是土地田亩制度的变革，分地于民，民耕致富。故晋人积极为君为国而战的同时，也就是为自己获取更多土地财富而战。如此公私兼顾，晋国以强，自在料中。经过这样一番整顿，晋国终于旧貌换新颜而日趋强大，从而有力量与秦楚及齐国一角霸主之位。就在这一年冬，东周王朝发生了王子带之乱，天子蒙难，这就给晋文公带来了角逐天下的大好时机。

秦伯师于河上，将纳王。狐偃言于晋侯曰："求诸侯莫如勤王，诸侯信之，且大义也，继文之业，而信宣于诸侯，今为可矣。"使卜偃卜之，曰："吉，遇黄帝战于阪泉之兆。"公曰："吾不堪也。"对曰："周礼未改，今之王，古之帝也。"公曰："筮之。"筮之，遇《大有》之《睽》，曰："吉，遇公用享于天子之卦也。战克而王飨，吉孰大焉！且是卦也，天为泽以当日，天子降心以逆公，不亦可乎？《大有》去《睽》而复，亦其所也。"晋侯辞秦师而下。三月甲辰，次于阳樊，右师围温，左师逆王。

夏，四月丁巳，王入于王城，取大叔于温，杀之于隰城。戊午，晋侯朝王。王飨醴，命之宥。请隧，弗许。曰："王章也，未有代德，而有二王，亦叔父之所恶也。"与之阳樊、温、原、欑茅之田。晋于是始起南阳。阳樊不服，围之。苍葛呼曰："德以柔中国，刑以威四夷，宜吾不敢服也。此谁非王之亲姻，其俘之也！"乃出其民。

——《左传》僖公二十五年

秦伯，指秦穆公，因秦封爵为伯，故称；王指周襄王；晋侯，则指新登君位的晋文公重耳。故事发生在鲁僖公二十五年（前635年）春夏之交。原来，在僖二十四年，周襄王弟王子带，又称大叔带、甘昭公，他在周大夫颓叔、桃子的拥戴下，"以狄师伐周，大败周师，……王出适郑，处于汜"。是年冬，"王使来告难曰：'不穀不德，得罪于母弟（按：弟疑为氏之讹）之宠子带，鄙在郑地汜，敢告叔父。'……王使简师父告于晋，使左鄢父告于秦"。周襄王在王子带及狄师的攻击下大败，蒙难郑地，因此发使告晋、秦诸大国求助平乱。秦师甫动，尚未过黄河，晋文公先动，辞秦师率晋大军南下勤王。这就很自然地接过了齐桓公尊王攘夷的大旗，开始跨出了图霸宏业的第一步。当时襄王在郑，受郑国保护，但郑为二三流国，对付王子带易，但要对付狄师难。强大的狄师，四处侵伐，除了齐桓公称霸时稍有收敛外，早已横行多时，因此，郑难有实力助周襄王复国，当时有力量讨伐狄人者只能是齐、楚、秦、晋四大国。齐远在东方，又陷五子争位动乱之中，无暇他顾；楚远在南方，又被中原华夏之人称为荆蛮之人；秦远在西方，要渡黄河越境，大规模作战，后勤运输多有困难。因此，四大国中，只有晋国占有天时、地利、人和的优势，并且行赂于草中之戎和丽土之狄以启东道，顺利兵出太行险陉。勤王之师兵分两路，右师围温，左师赴郑迎接周襄王并为之护驾，兵锋甚锐，总攻王城，很快击败勾结狄师的叛军，俘王子带，襄王不便下令杀弟，就由晋文公杀之，以绝周之后患。这样，从鲁僖公五年至二十五年的王子带叛乱，历二十年而宣告结束，晋文公勤王而先立大功。

反观周襄王在平定王子带的事件中，曾铸下大错，几乎亡国。由于历史原因，周郑多次交恶（参阅《郑庄公传叙》）。周襄王拒富辰谏，"使颓叔、桃子出狄师。夏，狄伐郑，取栎。王德狄人，将以其女为后"。富辰又谏阻之，曰："狄国贪婪，王又启之，女德无极，狄必为患。"王又不听，聘狄女为后，是为隗后。因王子带私通隗后，襄王废之。以此，王子带借敌师"大败周师，……大叔以隗氏居温"（以上见《左传》僖公二十四年）。以此，晋军右师直扑温邑，实是击其要害，俘王子带，叛军群龙无首，战事迅速结束。由此可见，首启外侮铸成大错者，实是周襄王自己。

晋文公即位之后，首战告捷，为维护周王朝立了大功，获得了周襄王的封赏，大大提高了晋国在诸侯列国中的地位，为其称霸中原开启了大门。霸主之位，继齐桓公之后非晋文公莫属。晋文公实际上富有野心，在称霸路上，他和齐桓公一样，都有急躁冒进之失。《左传》僖公二十五年载："晋侯朝王，王飨醴，命之宥。请隧，弗许。曰：'王章也。未有代德而有二王，亦叔父之所恶也。'与之阳樊、温、原、欑茅之田。晋于是始启南阳。"晋文公因功"请隧"之事，《左传》只称周襄王以"王章"缘故而"弗许"，说得有点轻描淡写，实际上彼此思想交锋颇为激烈。《国语·周语》中载曰：

> 晋文公既定襄王于郑。王劳之以地。辞，请隧焉。王弗许，曰："昔我先王之有天下也，地方千里，以为甸服，以供上帝山川百神之祀，以备百姓兆民之用，以待不庭、不虞之患。其余，以均分公、侯、伯、子、男，使各有宁宇，以顺及天地，无逢其灾害。先王岂有赖焉？内官不过

九御，外官不过九品，足以供给神祇而已，岂敢餍纵其耳目心腹，以乱百度？亦唯是死生之服物采章，以临长百姓而轻重布之，王何异之有？今天降祸灾于周室，余一人仅亦守府，又不佞以勤叔父，而班先王之大物以赏私德，其叔父实应且憎，以非余一人，余一人岂敢有爱也？先民有言曰：改玉改行。叔父若能光裕大德，更姓改物，以创制天下，自显庸也，而缩取备物，以镇抚百姓；余一人其流辟于裔土，何辞之有与？若犹是姬姓也，尚将列为公侯，以复先王之职，大物其未可改也。叔父其茂昭明德，物将自至，余何敢以私劳变前之大章，以忝天下，其若先王与百姓何？何政令之为也？若不然，叔父有地而隧焉，余安能知之？”文公遂不敢请，受地而还。

周襄王因新败之后，依靠晋师复位，故其对文公请隧之言，尽量放低身份而加以解释。但在委婉蕴藉的外交辞令中，却难掩盖其内心之震惧与愤懑，实际认为晋文公请隧是一种僭越言行，是其政治野心膨胀的一种硬性体现。为了固守周朝礼制，天子宁愿失掉大片的土地，也不愿把礼仪名器假人。因为按照周礼，天子之丧穿隧而葬，即挖掘墓道置棺而葬，而诸侯只允许悬棺而葬。名不同则丧仪不同，不能僭越。周之渐衰，与其固守周礼传统观念有关，而不考虑实际的效果。春秋初年，东周王朝实际仍然控有陕东、晋南、豫中大片膏壤之地，其富庶超越一般诸侯国多矣，但却不思改革进步，而只是一味强调固守周礼传统。各地诸侯只要有功于周，即赏赐土地，这样一来，王畿之田日蹙，国家财富锐减，以此周郑交恶之时，周天子率诸侯联军居然被郑庄公打得大败亏输。要知道，郑只是一个二三流的诸侯国。失却土地与人民，还有什么实力去与列国诸侯争长论短呢？对于晋文公请隧的无礼言行，周襄王侃侃而言，心里痛快，他认为维护了天子的尊严；但却丢失了黄河以北的大片国土，国境局缩于黄河以南的洛阳地区，其得与失，似可讨论。孔子对名器也持与周襄王同一态度。比如《左传》成公二年，新筑人仲叔于奚救卫卿孙良夫，卫穆公赏以田邑，辞。“请曲县（按：诸侯依礼三面悬挂乐器）、繁缨以朝，许之。仲尼闻之曰：惜也，不如多与之邑。唯器与名，不可以假人，君之所司也。名以出信，信以守器，器以藏礼，礼以行义，义以生利，利以平民，政之大节也。若以假人，与人政也。政亡，则国家从之，弗可止也已。"周之礼崩乐坏，于此也可见一斑。而从晋文公的角度看，的确是过早地暴露了他的政治野心，其急躁冒进说明他作为一个政治家，尚未完全成熟。文公"请隧"，当然不是为了取周天子而代之，他刚回晋国即位，万事开头难，国内国外有许许多多扰人的问题急待处理解决，怎么可能立即想到登天子位呢？就是有此野心，但当时晋之实力能相匹配吗？不仅周王朝的卿士国人不答应，秦、楚及齐诸大国不答应，就是鲁、宋及郑、卫诸二三流诸侯国也不会答应。晋文公不会如此无知糊涂。他的"请隧"，一来可能是个政治试探，看天子在待人救驾的灾难中能容忍到什么程度；二来争取死后殊荣而有别于其他诸侯国，也是为后来晋之争夺霸主地位作法理的铺垫。但他的政治气球在周襄王维护周礼传统的坚定立场下破灭了，因而退而求其次，接受天子所赠黄河北岸的温、原、櫕茅诸邑土地。从此，晋之土境直逼周境，土地、人口有所增加，实力得到加强。同时，因南阳之田占有中原腹心的重要战略地位，从而为晋国的发展和争霸创造了有利条件。这就叫失之东隅而收之西隅。

晋文公刚上台时所犯政治急躁性错误不止一件，但大多数被其智囊高参所谏阻。如《左传》僖公二十七载曰："晋侯始入而教其民。二年，欲用之。子犯曰：民未知义，未安其居。于是乎出定襄王，入务利民，民怀生矣，将用之。子犯曰：民未知信，未宣其用。于是乎伐原以示之信。民易资者不求丰焉，明征其辞。公曰：可矣乎？子犯曰：民未知礼，未生其共（恭）。于是乎大蒐以示之礼，作执秩以正其官，民听不惑而后用之。出谷成，释宋围，一战而霸，文之教也。"在春秋贵族时代，能如此安民之生、示民以信、教其知礼守信，实属不易。而从经济改革来说，如前《国语·晋语》所说，当时晋国实行了"轻关易道，通商宽农；懋穑劝公，省用足财"的经济改革措施，一方面开放关禁，促进工商贸易的发展以增加收入；一方面是"省用"节俭以堵塞漏洞，可称是开源与节流并重，因此国家很快富强起来。有强大的经济作后盾，则可在春秋历史舞台上作有声有色的表演。同样犯政治急性病，晋文公汲取了稍前宋襄公的教训，知错能改，迅速纠偏，因此能按部就班，有条不紊地实现其争霸计划。而宋襄公反之，拒谏饰非，而不顾国力实际，故在会盟时因争霸主之位被楚拘囚受辱，泓之战中又固执己见而无视实际变化，因此大败亏输，终于伤股过重而一命呜呼。前车之鉴让晋文公警醒。这让他能听臣下谏言，通力合作，从错误转向了正确，以此在后来的城濮之战中大胜强楚，一战而霸。

六、雄才大略定霸业

晋楚决战的城濮战役，始于鲁僖二十七年（前633年）冬，楚围宋，宋向盟友晋国告急，晋决定出兵救宋；鲁僖二十八年（前632年）夏，晋、楚二军于城濮大战，以晋胜楚败结局，历时大约半年。期间二国于政治、外交及军事诸方面，纵横捭阖，跌宕起伏，绘就了一幅色彩壮丽的战争历史长卷，令人叹为观止。

> 冬，楚子及诸侯围宋，宋公孙固如晋告急。先轸曰："报施救患，取威定霸，在乎是矣。"狐偃曰："楚始得曹而新昏于卫，若伐曹、卫，楚必救之，则齐、宋免矣。"于是乎蒐于被庐，作三军。谋元帅，赵衰曰："郤縠可。臣亟闻其言矣，说礼、乐而敦诗书。诗书，义之府也。礼、乐，德之则也。德、义，利之本也。《夏书》曰：'赋纳以言，明试以功，车服以庸。'君其试之。"及使郤縠将中军，郤溱佐之；使狐偃将上军，让于狐毛，而佐之；命赵衰为卿，让于栾枝、先轸。使栾枝将下军，先轸佐之。荀林父御戎，魏犨为右。……出谷戍，释宋围，一战而霸，文之教也。
>
> ——《左传》僖公二十七年

子玉使宛春告于晋师曰："请复卫侯而封曹，臣亦释宋之围。"子犯曰："子玉无礼哉！君取一，臣取二，不可失矣。"先轸曰："子与之。定人之谓礼，楚一言而定三国，我一言而亡之。我则无礼，何以战乎？不许楚言，是弃宋也。救而弃之，谓诸侯何？楚有三施，我有三怨，怨仇已多，将何以战？不如私许复曹、卫以携之，执宛春以怒楚，既战而后图之。"公说，乃拘宛春于卫，且私许复曹、卫。曹、卫告绝于楚。子玉怒，从晋师。晋师退。军吏曰："以君辟臣，辱也。且楚师老矣，何故退？"子犯曰："师直为壮，曲为老。岂在久乎？微楚之惠不及此，退三舍辟之，所以报也。背惠食言，以亢其仇，我曲楚直。其众素饱，不可谓老。我退而楚还，我将何求？若其不还，君退臣犯，曲在彼矣。"退三舍。楚众欲止，子玉不可。夏四月戊辰，晋侯、宋公、齐国归父、崔夭、秦小子憖次于城濮。楚师背酅而舍，晋侯患之，听舆人之诵，曰："原田每每，舍其旧而新是谋。"公疑焉。子犯曰："战也。战而捷，必得诸侯。若其不捷，表里山河，必无害也。"公曰："若楚惠何？"栾贞子曰："汉阳诸姬，楚实尽之，思小惠而忘大耻，不如战也。"晋侯梦与楚子搏，楚子伏己而盬其脑，是以惧。子犯曰："吉。我得天，楚伏其罪，吾且柔之矣。"

子玉使斗勃请战，曰："请与君之士戏，君冯轼而观之，得臣与寓目焉。"晋侯使栾枝对曰："寡君闻命矣。楚君之惠未之敢忘，是以在此。为大夫退，其敢当君乎？既不获命矣，敢烦大夫谓二三子，戒尔车乘，敬尔君事，诘朝将见。"晋车七百乘，韅、靷、鞅、靽。晋侯登有莘之虚以观师，曰："少长有礼，其可用也。"遂伐其木以益其兵。己巳，晋师陈于莘北，胥臣以下军之佐当陈、蔡。子玉以若敖六卒将中军，曰："今日必无晋矣。"子西将左，子上将右。胥臣蒙马以虎皮，先犯陈、蔡。陈、蔡奔，楚右师溃。狐毛设二旆而退之。栾枝使舆曳柴而伪遁，楚师驰之。原轸、郤溱以中军公族横击之。狐毛、狐偃以上军夹攻子西，楚左师溃。楚师败绩。子玉收其卒而止，故不败。晋师三日馆谷，及癸酉

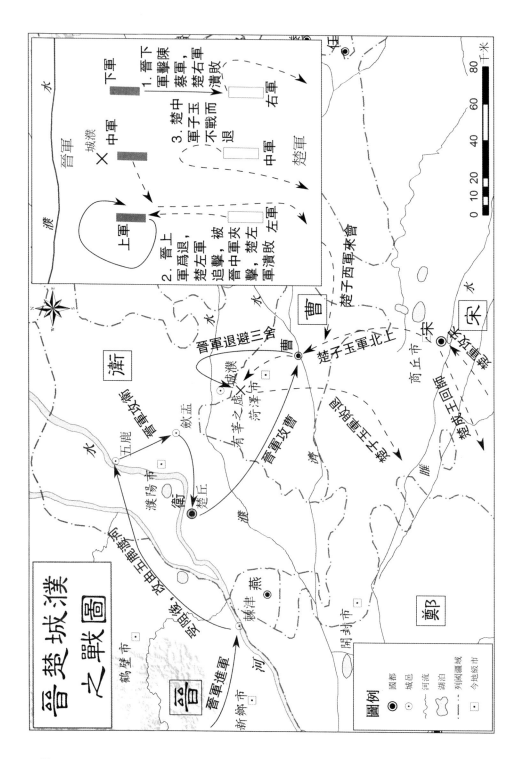

而还。甲午，至于衡雍，作王宫于践土。……丁未，献楚俘于王：驷介百乘，徒兵千。……王享醴，命晋侯宥。王命尹氏及王子虎、内史叔兴父策命晋侯为侯伯，赐之大辂之服、戎辂之服，彤弓一，彤矢百，旅弓矢千，秬鬯一卣，虎贲三百人。曰："王谓叔父：'敬服王命，以绥四国，纠逖王慝。'"晋侯三辞，从命，曰："重耳敢再拜稽首，奉扬天子之丕显休命。"受策以出。出入三觐。

——《左传》僖公二十八年

故事发生在鲁僖公二十七年（前633年）冬至二十八年（前632年）夏，晋楚城濮战役，历时约半年，以晋军完胜结局。楚子指楚成王，楚曾为周之封国、赐子爵。故楚虽僭称为王而与周王并立，但中原诸侯仍以楚子贱之。在楚国历代君王中，成王也是一个有为的英明之君。当时宋国因亲晋而叛楚，故楚军加以征伐。楚宋两国大小不一，楚强宋弱，危机当头，宋向晋求救。这时，晋是否出兵救宋成了一个涉及国家战略利益的重大问题。如不救宋，则晋虽安但必失天下诸侯之心；如救宋，则必与楚军迎头相撞，二强决战，势必难免，鹿死谁手，胜败难以预料。这对新兴晋国而言，具有相当的政治、军事上的风险。为此晋文公集思广益，广泛听取智囊高参及军队将帅的意见，而非个人独断了事，因为他是国君，必须对国家和祖宗家族的生存发展负责。这种较为民主的集体讨论方式，在晋文公身后仍然延续着，成为晋国的一个优良传统。晋国之所以能够在悼公时复霸而不衰，与其上层决策时的民主讨论传统多少有关联。这次讨论的结果，是接受先轸和狐偃的意见，采取了"取威定霸"而与楚战的战略决策，决心已定，立即全国总动员而上下一心同仇敌忾。"蒐乎被庐，作三军"。所谓"蒐"就是检阅三军做具体的动员和安排。国之大事，"惟祀与戎"，战争特别是强国相碰的决战，往往涉及国家生存成败的大局，因此决策不能不慎重，文公之"疑"也是一种慎重的表现。春秋时的诸侯国，大多继承周礼而实行寓兵于农、或称兵民一体的军事组织制度。据《周礼·地官》，司徒"会万民之卒伍而用之。五人为伍，五伍为两，四两为卒，五卒为旅，五旅为师，五师为军，以起军旅"。军事组织寄寓于畿甸乡遂的行政制度之中，和平时为平民，战时一经动员即为将士。军官一般由贵族身份者担任，如战车上"戎仆""戎右""车左"等三人，必然是贵族军官，每乘车上三人，配置步兵七十二人共七十五名将士。畿乡之士或国人有参战权，可以当兵作战，而鄙野之民则无权当兵，而只能做后勤供应或运输劳役之类的杂事，为前线服务并有维护地方治安之责。据《周礼》载，平时既有单兵、列队、行进、旗鼓金铎之类信号识别等军事训练，不同季节的狩猎也是一种很近实战的军事演习，从宿营、列队、阵势、守备、合围、攻击无不涉及。至于大蒐之时的大阅兵，更是战前的总动员和更接近实战的大演习，从战略政策的议决，排兵布阵的思考到具体的战术动作和战役演练，无不逼真如在战场一般。晋楚之战已是箭在弦上，枕戈待旦，势在必行。

但是战争不仅是军事，同时也关系到文治。比如晋文公在选择三军元帅时就不仅考虑到骁勇善战，更要考虑到三军元帅的仁义道德威望及行政管理能力和全局思考的水准。和一般将领或军官不同的是，统帅一般是文武兼备之才，于是赵衰向文公推荐郤縠，曰："郤縠可，臣亟闻其言矣。说礼乐而敦诗书。诗书，义之府也；礼乐，德之则也。德义，利之本也。《夏书》曰：'赋纳以言，明试以功，车服以庸。'君其试之。"文公经过慎重考虑，于是接受建议，任命郤縠为中军帅，指挥三军。根据《周礼》，古时教国子以六艺："一曰五礼，二曰六乐，三曰五射，四曰五驭，五曰六书，六曰九数"（《周礼·地官·保民》），这与孔子后来所教的六艺（礼、乐、射、御、书、数）课程相同。国子和平时为民为士，战时为兵为将，平素教育，即文武兼备。春秋时的晋国，一直保持这一优良传统。三军统帅不仅能行军打仗，还必须具治国安邦之才，有仁义道德威望，考虑问题才能超越具体战术战役，而做出夺取最后胜利的全局战略安排。这才符合国家的根本利益。可惜鲁僖公二十八年（前632年）二月，郤縠卒，来不及施展其才。于是晋文公临阵换帅，破格超拔原下军佐先轸做中军帅，《左传》称这是文公"上（尚）德也"，首先考虑的是其德行标准。在晋文公的干部团队中，先轸并非随从流亡的亲近之臣，也非公族近亲子弟，他是以德才并重、文武兼备被文公挑选为继郤縠的中军帅。在成为中军帅前，先轸在讨论救宋御楚问题上，其"报施救患，取威定霸，于是乎在矣"之言，掷地有声。其战略全局思考主导了晋楚城濮之战的全过程。当楚君统帅子玉告晋师，要求晋释曹、卫而楚释宋围，狐偃不同意，以为"君取一臣取二"，不可答应。先轸批评狐偃曰："定人之谓礼，楚一言而定三国，我一言而亡之，我则无礼，何以战乎?"这不是纯军事的考虑，而是从政治大局的列国复杂关系着眼。因此，他建议私复曹、卫以离间其与楚之关系，又拘楚使宛春以怒子玉，逼楚决战。晋文公接受了先轸以诈邀战的设计，因此在城濮战役中，处处主动，直至把楚军逼入死路一条。于此可见晋文公慧眼识先轸。据银雀山出土的战国简，考古材料说明先轸是当时著名军事家，有其兵学著作。他的战略设计把晋国引向胜利，他任三军统帅不是依靠与文公关系亲近或有什么三姑六姨的裙带关系，而依靠自己那文武兼备的才华及其对于晋国的拳拳忠心。但是如果没有晋文公的赏识，那么先轸很可能屈居人下而郁郁失志，从而失去了展现自我的机会而退出历史舞台。但是，当子玉帅楚大军逼近之时，当时晋文公决心兑现当年对楚成王的诺言，主动退避三舍——即退却九十里地，以此报答当年楚成王的帮助与关怀。当时晋军军吏提出不同意见，认为"以君辟（避）臣，辱也"。但狐偃代文公给三军将士解释说，如果晋军不退而拒践诺言，就是背信弃义，那么正义的天秤将倾向楚军，"我曲楚直"，在道理上已先亏了，非义无礼，则士气不扬，又将如何战胜强敌呢？相反，如晋退楚进，继续追击，则是"君退臣犯"，曲在于楚，无礼而不义，楚军必败。如此分析，完全合乎实际，因此晋军士气大涨，三军同仇敌忾。但即使如此，晋文公在战前还是有所犹豫，他借舆人原田之诵来消除自己的顾虑，但又考虑战楚的严重后果。狐偃深知其心理，明白指出了元帅先轸寻求战机之正确可靠，如果战胜了楚军，当然是"必得诸侯"，从此称霸中原而一战成功。万一此战败了，晋军退回晋国，依靠表里山河，关闭太行险陉，楚军虽强，又奈我何？因此寻求与楚决战是万无一失的。这就消除了文公那既想赢又怕输的心理障碍，使他下定决心实

93

行中军帅先轸那"取威定霸"的战略决策。狐偃所称的晋国"表里山河"的险要地理环境，是有根据的。原来三晋之地，山河险要，呈相对封闭的势态，如春秋地理专家黄鸣《左传与春秋时代的文学》所称："晋国境内为多山的高原地带，呈岭谷交错地势。大致东西两侧为山地，中间沿河流水系为一列串珠状盆地，盆地底部海拔较低，土壤肥沃，灌溉便利，利于耕作。东部和南部为太行山脉，西部为吕梁山脉，中间多陷落盆地和险要关隘，太行山间分布着太行八陉，自古以来是连接山西高原和华北平原的交通孔道。"（中央民族大学出版社，2009年，第221页）近代山西到民国年间的阎锡山时期，一进娘子关后，火车变为窄轨，不与华北火车接轨，还是因地形险要而呈相对封闭割据状态，当年南京国民政府对阎也多无奈。山西地形之"表里山河"，冷兵器时代，作用还是很大的。在两军决战前，双方战书文辞颇具外交修辞之美，楚帅子玉形容二军生死决战是"与君之士戏"，颇呈骄狂之态；而晋文公则称"楚君之惠未之敢忘"，但既不获命，望你"戒尔车乘，敬尔君事"，我将与你周旋，态度谦虚而又得体。二军未战，在道理上，晋又露先胜之兆。大战在即，文公登有莘之墟以观师，见晋军七百辆战车，披甲装备严整，训练有素，准备充分，士气高昂，于是充满必胜信念地说："少长有礼，其可用也。"一旦两军会战，果然不出文公所料。子玉虽有"今日必无晋矣"狂言，但除楚中军外，他对其左、右二师却难以控制，而晋则按部就班，执行元戎先轸避实击虚的战役安排，胥臣以下军"蒙马以虎皮"，先犯楚之右师陈、蔡联军，陈蔡奔逃，楚右师溃。晋初胜之师，又曳柴伪遁，诱骗楚军攻击，然后先轸集中精锐及优势兵力，"以中军公族横击之"，狐毛、狐偃以上军夹攻子西，楚左师又溃。这样，一经接触，楚三军中左右二军皆败，剩下子玉所率中军失去两翼保护，孤立无援，如果再不撤退，将被晋之三军围歼。无奈，子玉只能"收其卒"而全面撤退，以求减少损失。晋楚城濮战役，以晋胜楚败而定局。晋文公在向周天子告捷献俘后，被封为侯伯，也即成为领袖中原列国诸侯的霸主，遂其心愿。据僖公二十八年《左传》载："癸亥，王子虎盟诸侯于王庭，要言曰：'皆奖王室，无相害也。有渝此盟，明神殛之，俾队其师，无克祚国，及而玄孙，无有老幼。'君子谓是盟也信，谓晋于是役也，能以德攻。"城濮战役，晋国政治道义上的优势获得了国内外广泛的支持与帮助，从而夺得了战争的胜利；而战争的胜利，又给晋国带来了巨大的政治利益，晋文公因此顺利地登上霸主之位。于此可见，战争不仅是双方战士的性命相搏，而且同时要重视"以德攻"的政治道德作用。在争霸战争中，晋文公既重战略，又重政略，可称文武双行而不悖。

七、褒贬春秋说晋文

对于晋文公的事业及其历史功过，史上歧见甚多，就是孔子也是褒贬参半，这说明文公为人复杂，因此应从多方面来做全面分析。在城濮之战后的冬天，晋文公为讨不服，会诸侯于温。

> 是会也，晋侯召王，以诸侯见，且使王狩。仲尼曰："以臣召君，不可以训。"故书曰："天王狩于河阳。言非其地也，且明德也。"
>
> ——《左传》僖公二十八年

在这里，孔子对晋文公违礼"召王"之行，颇有道德先行的讥评。实际上当时的周天子只具周礼的象征意义，从实力而言早已降到列国诸侯的地位，被郑庄公在繻葛之战中击败的周桓王，就是一个有力的证据。如果东周王朝仍然像西周王朝一样维持"普天之下，莫非王土"的盛况，历史岂能有进步？晋文公"召王"狩河阳既是对周礼的嘲弄，同时也说明了晋文公那勃勃欲发的潜在野心。但他会装样，并不做得太过分，又适时地"以诸侯见"，率诸侯向天子行礼致敬，至少在表面上仍然尊重天子，让周襄王保持了偶像接受膜拜的尊严。但孔子对晋文公之霸并非尽是讽贬，而是有时会根据实际而加以称扬。据《吕氏春秋》卷一四《孝行览·义赏》篇载：

昔晋文公将与楚人战于城濮，召咎犯而问曰："敌众我寡，奈何而可？"咎犯对曰："臣闻繁礼之君，不足于文；繁战之君，不足于诈。君亦诈之而已。"文公以咎犯言告雍季，雍季曰："竭泽而渔，岂不获得？而明年无鱼；焚薮而田，岂不获得？而明年无兽。诈伪之道，虽今偷可，后将无复，非长术也。"文公用咎犯之言，而败楚人于城濮。反而为赏，雍季在上。左右谏曰："城濮之功，咎犯之谋也。君用其言而赏后其身，或者不可乎？"文公曰："雍季之言，百世之利也；咎犯之言，一时之务也。焉有以一时之务先百世之利者乎？"孔子闻之，曰："临难用诈，足以却敌；反而尊贤，足以报德。文公虽不终始，足以霸矣。"

对于晋文公从国家长远利益角度来考虑文德之治加以表扬。由此可见，孔子的批评也有从实际出发而不保守的一面。总之，要正确评价历史人物，就必须全面论及事业功过，并总结其兴衰成败的历史经验教训，而不能只看其一时一事的得失。

《左传纪事本末》作者高士奇对晋文公也是有褒有贬。他首先肯定其功业，曰：

晋文公为避骊姬之乱，经历狄、郑、卫、齐、宋、曹、楚、秦诸国，备尝险阻，以老其才，凡十有九年，卒反（返）晋国。弃责薄敛、分寡救乏、振滞匡困、举善授能、官方定物诸大政，犁然一变晋国之常度。伐原示信，大蒐示礼，定王示义。用能出谷戍、解宋围，一战而收馆、谷之功。齐桓之后，功烈未有如是之赫者也。

历叙晋文公从流亡的"难民"，长期备尝艰险，一跃而为春秋霸主的功业成就，基本上合乎事实。继齐桓公后，以晋文公的霸业最为显赫。对晋文公以一系列的改革来实现晋国的新生与强大，予以肯定。但是，高士奇对晋文公的批评也相当严厉，他接着说：

当时天子蒙尘，……狐偃言于晋侯曰："求诸侯，莫如勤王，取威定霸之谋于是乎在。"而文能听之，盖亦贤矣。独其受南阳之赏，阳樊不服，至用师以围之。王之姻亲，几为俘馘。妄行请隧，渎乱王章，而不知翼戴天子，止诸侯之常职，此非纯臣之所为也。若城濮功高，而信先轸之诡谋；许复曹、卫，拘留宛春，一意败楚，而无按兵修礼之风。比之召陵，诚所谓谲而不正者耶！怀与块之恨，则出卫君于襄牛；衔观裸之愤，则责曹君以献状。卒使累于晋阳，辱于深室，而卫之受祸尤烈。君臣交狱，兄弟相残，结衅残民，兵端不息。迹文之所为，直睚眦必报之人耳。子犯授璧，子推自焚，盖有以窥见文之褊心，而以为不能录功略过也。……践土作宫，传三觐之美；而河阳召王，功不塞咎。非圣人原情，文其罪魁乎！

  ——高士奇《左传纪事本末》卷二五《晋文公之伯》（中华书局，1979 年，第 320 页）

高士奇是站在封建大一统立场，认为皇权具绝对权威的认识来发议论，因此，对他的批评不能一概而论。如果从春秋的历史环境来看，晋文公之"谲"，未必全非。如城濮之战，文公接受先轸的战略，引诱楚军统帅子玉犯错误，终于入其彀中，楚军大败，子玉在反楚途中自杀身亡，为晋除一大患。俗话说，兵不厌诈，在战场生死相搏之时，怎能要求晋文一味"按兵修礼"，而自取败亡呢？此迂腐之言，不足论也。又如晋文在请隧遭拒之后，接受周王所赏温、原、阳樊、横茅等黄河以北之地，也即南阳之田，出兵围之，也是师出有因的。东周在河北的温、原等十二邑，原是大夫苏忿生后裔的采邑，其南阳之田（按：山之南、河之北称阳）实际控制权不在天子，而在苏氏，苏氏原为周大夫，但世居于温，故又称温苏。因周桓王偏信虢公之谗，郑庄公及温苏等大夫与周王多有矛盾。据《左传》隐公十一年载："王取邬、刘、蒍、邘之田于郑，而与郑人苏忿生之田温、原、絺、樊、隰郕、横茅、向、盟、州、陉、隤、怀。君子是以知桓王之失郑也。恕而行之，德之则也，礼之经也。己弗能有而以与人，人之不至，不亦宜乎？"按：王指周桓王，桓王毫无道理地夺郑四邑之田，而予以交换的南阳之田，却是周朝难以控制的温苏之邑，当时不仅是周，就是郑也拿不到南阳之田。此君子之所称"己弗能有而与人"也，周桓王之诈，可见一斑。发展到周襄王，仍是故伎重演，当时南阳之田是狄师灭温而夺与王子带及狄人隗后居住。王子带虽被晋文公所杀，但只要晋兵撤退，狄师又来，周襄王武力不足，又将如何占有温、原等南阳之田呢？自己不能有，干脆做个人情赏赐给勤王有功的晋文公。在不太平的形势下接受南阳之田，晋文公必先派兵围而取之。原先给郑而郑不能有，因郑国实力不足以取之；赏晋而晋能有之，因晋是大国，是霸主，扩大地盘，树威立信，正是晋文之作为。阳樊之民，与姬周有姻亲关系，但在温苏实有之时，为什么阳樊之人又不念与天子姻亲关系而不服周之治理呢？于此可见政治关系之复杂。晋出兵围原，围阳樊，是势在必行，并不会因与周有姻亲关系就放弃，只要文公不屠城，而令原、樊之民有生路，即为正常而无可指责。因此周襄王赐晋文公南阳之田只是名义的虚与，但文公能够实际占有，却必须凭借实力做后盾。这就是郑、晋先后受南阳之田而结果却大不相同的原因。

不过，高士奇发挥孔子的见解，指出晋文公与齐桓公相比是个"谲而不正"者，其言虽有褊狭一面，但晋文确有公报私仇、睚眦必报的另一面，这一批评基本上合乎文公之为人。在城濮战前，他伐曹伐卫并取五鹿，即与当年流亡中所受曹、卫君主羞辱有关。虽说曹、卫为楚之盟国，在晋的战略中必然予以征伐，但他后来对曹、卫的一系列处置，却明显含有报复之心。晋文公也是人，他忍不下一口气，因此要严惩不贷以快心意。在恕道方面的政治成熟程度，其心胸显然不如齐桓公心胸开阔，拿得起又放得下。而文公"请隧"及召天子狩河阳，则又见其野心，明显有违周礼，孔子责其"谲而不正"（见《论语·宪问》），以为"不可为训"，从维护周礼传统言，是确实存在的。不过，这并非文公直接有取天子而代之的野心，只不过是在其"取威定霸"过程中释放出来一颗测试自己威望的政治气球而已。以此说他"谲而不正"合乎实际，但说他勤王毫无诚意，则又不然。他只有接过齐桓公那

"尊王攘夷"的大旗，才能坐稳霸主之位。当周襄王被王子带驱逐到郑地时，天子同时向秦、晋二国发出勤王的请求信，于是文公利用晋的有利条件，辞秦师南下而捷足先登，驱狄人而杀王子带，护驾襄王，勤王有专美之称，名正言顺，行格势禁，秦、齐诸大国，又将如何与争呢？勤王有利于称霸，获益大矣，岂有虚假之意？

清人吴闿生《左传微》卷三《晋文公之入国》于题下按曰："此篇讽晋文公之无大志，以'天实置之'及'下义其罪，上赏其奸'二语为主。"对晋文公总体评价不高。吴氏读《左传》颇细，多有启发人处，但其总体评价则可商榷。晋文为公子时，长期流浪在外，时有贪图安逸，并生骄、娇二气之处，这缺陷出于贵公子的本性，很难一下克服，因而不时有所流露，这不奇怪。但他最终在随从流亡的智囊高参劝谏下，无不一一化解，逐步走上正轨，这就不是一个全然胸无大志之人所能做到的。一个毫无大志的人能在十九年漫长流亡苦难中，备尝艰险而顽强奋斗吗？事实上，他干出了一番惊天动地的伟业，在春秋五霸中，与齐桓公可称双星并映。他在春秋舞台上的出色表演，除了他的身边智囊高参的功劳外，更重要的就是文公自己的坚强意志及其人生选择了。他作为贵公子或无大志于一时；但作为晋文公，则是胸怀大志而力争天下，成为日趋成熟的政治家。

在君主专制的时代，文公做出了自己应有的选择。晋文公身后，直至晋悼公，晋仍能保持其争霸势头，正是晋文公大志的延续和发展。入国之艰难及成功之迅速，正是文公创建霸业的一大特点。长期积聚的大能量，一旦爆发，能不猛且烈乎？文公入国即位仅八年，其安邦治国，建立霸业大致可分为以下三个阶段。

第一阶段是入国之初，当务之急是粉碎叛乱势力的政变阴谋，并且团结一切可以团结的力量，其中包括惠、怀在位时的旧党，只要他们能够放弃旧恶而转效新朝，就可以释其旧怨而既往不咎。如昔日曾经一路积极追杀他的寺人披，考虑到寺人披的追杀是忠君奉命而行，并非私人恩怨，因此加以接纳，彼此坦诚相待，以此而获悉了以郤芮、吕甥为首的惠公死党的叛乱阴谋，并一举加以粉碎，从而稳定了新晋的政局。其间，当然也有秦穆公所奉送的三千纪纲之士的功劳。

第二阶段，是在国内形势稳定之后，同时又获邻国友邦支持的情况下，积极教民，推行一系列政治、经济、制度的改革，也就是《左传》所称"入务利民"之事。这一阶段大约有二三年工夫。当然，一开始晋文公也犯急躁病，对于国人想要立即"用之"。但经辅政诸贤劝谏，文公立即明白，于是就按部就班地教民知义，让人民能够安居生活。生活安定，自会热爱故乡故国。进一步又教民以信，著名的故事是在勤王定周襄王以后，伐原示信，文公并说出了"信，国之宝也，民之所庇也"的大道理，因此晋国民众多能以诚孚相待，上下交流而没阻隔，这就使举国安定和谐而国力大增。即使是商贾之人，通商之时，易其资而不求暴利，"明征其辞"，明码标价而言不我欺。这样，晋国上层的意见，老百姓很快就能明白并自愿地加以贯彻。再进一步，文公又教民知礼，并举行大蒐——即大检阅，"做执秩以正其官"，这样，国人的视听就不会惑乱，他们明白自己所处地位的权利和职责，依礼而行，这就有了发动民众以"用民"的思想和制度的保证。在古代，不教而驱民以战，就是戕民、害民。这样，经过数年的努力，又经过出师勤王，杀王子带以定襄王的初试锋芒，晋之国力日渐强大，终于创造条件而能有所作为了。

第三阶段是文公在位的最后四五年期间，宣扬国威，终定霸业，全在晋楚城濮一战之后，文公功业赫赫也达到了顶峰，即使是齐桓公之霸，也从来未曾实际战胜强楚，但晋文公做到了。晋文公称霸之速，看似容易，成却艰辛。他所开创的事业之中，寄寓了许多宝贵的历史经验和教训。司马迁在《史记·晋世家》中的太史公曰，称晋文是"古所谓明君也"，是有道理的。

晋文公的成功是由其主客观条件造成的。楚濮战役刚一发动，"楚子（按：指成王）入居于申，使申叔去谷，使子玉去宋"，他劝楚军统帅主动撤除围宋大军，无与晋战。楚成王曰："无从晋师。晋侯在外十九年矣，而果得晋国。险阻艰难，备尝之矣；民之情伪，尽知之矣。天假之年，而除其害。天之所置，其可废乎？《军志》曰：允当则归。又曰：知难而退。又曰：有德不可敌。此三志者，晋之谓也。"（《左传》僖公二十八年）楚成王从主客观两方面分析了文公胜利的原因，认识较为公正而全面。现加以具体分析。

文公制胜，有其客观条件。

首先，天下的有利形势。在鲁僖公十七年（前 643 年）冬齐桓公死后，中原诸侯失却一贤明霸主，一时无人有能力接班继位。当时宋襄公很想当霸主，但一来宋为二三流诸侯国，不仅无法对抗强楚压力，就是中原列国诸侯对他也并不佩服，加以宋襄公本人志大才疏，野心很大，但观念迂腐，刚愎拒谏而不知变通。当时宋公子目夷哀叹道："小国争盟，祸也。宋其亡乎？"（《左传》僖公二十一年）果然不出所料，宋襄公于僖公二十一年与楚争盟，"楚执宋公以伐宋"；二十二年，楚、宋战于泓，宋襄公下令，不击不成列，不击半渡，不禽二毛，迂执仁义，从而造成战局全面被动而大败，宋襄公因伤股不久身亡。反之，在此中原诸侯群龙无首之时，晋文公适时应变，终成新一代霸主。当时中原诸侯如鲁、宋、郑、卫，只能拱手相让；而有条件扛起尊王攘夷大旗者，只有齐、秦与楚、晋诸大国。环观当时天下，秦曾被视为半夷狄之国，而且僻处中国西北关陇地区，与中原地域相隔辽远，又被大国晋所阻隔，难出函谷关以争天下。而曾是霸主国的齐，虽为大国，但在桓公死后，五子争立，陷于内乱纷争之中，岂能有能力西顾？而说到楚国，虽为大国，但地处南方，又被中原诸侯歧视为南蛮荆楚，在"尊王攘夷"的旗号下，似乎又难以名正言顺。这样，在秦、齐、晋、楚四大国中，唯一能名正言顺争霸主之位者，非晋莫属。晋在诸姬诸侯中，属武之穆；又在平王东迁时，晋文侯力战护驾有功，有遗爱在焉；还有，晋文公归国开创新晋，力行改革，面貌一新，国力渐强。客观形势对晋文公争霸极其有利。从地理环境看，晋南下越太行渡河，即可争中原；从时机上，秦楚与齐，均有不利而独利于晋，天助文公，千载难逢，时可失乎？

其次，晋国内的有利形势。晋自骊姬之乱，太子申生蒙难之后，公子重耳流亡在外十九年期间，晋国政局混乱动荡，外败于秦，晋惠公被俘；内杀不服，公卿大夫接连遭族灭之灾，君主昏暴于上，臣子谋叛于下；重新整顿并振兴晋国，国人期望英明新君的出现。就在此情境中，重耳结束流亡而返回故国，正当其时。如《左传》作者所称，这是"天之所置，其可废乎"，又如随从他流亡的贤者介之推所说："献公之子九人，唯君在矣。惠（公）、怀（公）无亲，外内弃之。天未绝晋，必将有主。主晋祀者，非君而谁？天实置之。"（《左传》僖公二十四年）所称"君"者，指晋文公重耳。晋献公生九子（按：疑包括女儿），在太子申生死后，直接有继位权的兄弟，到鲁僖公二十三年九月晋惠公死，丧亡殆尽，硕果仅存者唯有公子重耳。又因他在国的年轻时期，即有仁义之声，故国人殷殷盼其入国起废兴治，重创新晋之国。晋文入国，并未遭到惠、怀所派晋军的阻击，而是经过谈判而重耳成功进入晋军，这就说明国人支持拥护的热情和力量之所在。国人及士大夫的支持，也成了助推文公事业成功的基础和力量。这也是不依人意识转移的客观存在的事实。

第三，其辅政团队人才济济，不仅随从流亡智囊高参如此，留国内者也多翘楚之才。诸多领域都具有杰出人才，助文公完成一系列的改革，发展壮大了新晋的国力，成为夺取霸业的组织保障。当重耳流亡过郑遭无礼时，郑大夫叔詹劝郑文公，说是重耳身边"有三士，足以上人，而从之"（《左传》僖公二十三年）。"三士"，指狐偃、赵衰及贾佗。后来历史证明，三人确是上上之才，为文公开创新晋霸业建立了功勋。又如魏犨，也是勇猛过人的将才。即如随从流亡而功成拒赏的介之推，也是品行芳香高洁之士，岂可多得？又如卜偃（郭偃），也是史上有名的改革家，帮助晋文推行一系列的改革，大有贡献。

这样，天时、地利及人和的客观形势，有助于晋文公的迅速成就其霸业。

而就主观条件而言，与晋文公的个人品质及其努力奋斗密切相关。首先，对于政治人物来说，知错能改，回头是岸，从而拨正航向非常重要。在晋文公漫长的一生中，应该说犯过许多错误，但可贵的是，他是知错必改。从现存文献史料中，我们会发现他接连犯了许多错误，但他同时却也在不断地纠正自己的错误。特别是对于与己不合的反面意见，大多予以思考及反省。他纠正错误，有时是主动的，有时是被动的，但不论情况如何，能够纠正错误，就是一个政治领导人必须具备的优良品质。明知有错而拒谏饰非，或故意坚持错误，这种现象在晋文公现存史料中，很难发现。比如在流亡齐国期间，重耳那贪恋安逸家庭生活的贵公子脾性复发，结果被他的随从及其妻子齐姜定计饮酒遣之，酒醒之后，他大怒不息，执戈逐狐偃，并且放出如果以后事业无成，将食狐偃之肉的狠话。这一错误可谓大矣。但这是一时气话，说过就就算，君臣继续前行而有商有量，和睦相处如初。这不就说明重耳在感情一时冲动的情况下说了错话，办了错事，但事后理性思考一番，就发现自己违背流亡列国之政治初衷是错误的，知错就改。又据《韩非子》载："文公反国，至河，令笾豆捐之，席蓐捐之，手足胼胝，面目黧黑者后之。"狐偃夜哭以谏，认为是忘昔日之艰难而贪图享乐的表现。文公听后，立即认错改正，"解左骖，而盟于河"，从而消除了治国的隐患。

其次，尊重贤能，举贤授能，在身边团结了一大批有心于治国安邦的志士仁人，并进一步贯彻了赏罚分明的精神。由于公子重耳年轻时，在国内早有仁义善名，因此自愿跟随他出逃流亡的团队有一定规模，其知名可考者有狐偃、赵衰、颠颉、魏武子（犫）、司空季子（按：或称胥臣、臼季）、贾佗、介之推等。他们中有公族（如贾佗），或贵族出身，而且每人身边有仆从相随，当然人数不少。这群"难民"，接待的国家如果以礼相待，则生活颇丰；反之，则食不果腹而狼狈不堪，此所谓凤凰落毛不如鸡也。为此能跟随重耳作"难民"流亡十九年之久，可见其团队之团结和谐。如果重耳本人缺乏凝聚力，随行团队不可能长期存在；另一方面，如果随行人中没有人能指出其前途光明，那么团队也会分崩离析。在十九年流亡生涯中，如《国语·晋语》四宋公孙固所称："晋公子亡，长幼矣，而好善不厌，父事狐偃，师事赵衰，而长事贾佗。……此三人者，实左右之。公子居则下之，动则谘焉，成幼而不倦，殆有礼矣。"其尊敬贤能，于"父事""师事""长事"三语，可见一斑。

但是如果尊贤不用，则形同虚设，没有实际意义。而晋文公可贵的是，在尊贤之后，继之以用贤，因其特点而各尽所能，这就是善于用贤。如出谋定策，用智多星狐偃；如奉礼应对，则用赵衰，如狐偃所称："吾不如衰之文也，请使衰从。"因此由赵衰陪同公子重耳参加秦穆公的享礼之宴；而行军作战，排兵布阵，决定战略战役，则用先轸。先轸并非随从团队的亲近之臣，仅因贤能，一跃而为晋中军帅——这在晋国位居军政合一的执政卿相之首。果然，晋国因此一战取威定霸。用贤各因其能，恰到好处，晋文公把诸贤之能之才发挥得淋漓尽致。

文公不仅善于用贤，而且进一步形成了晋国诸贤互让的优良传统。晋文一朝，让贤成风并影响后代。比如鲁僖公二十七年《左传》载，赵衰因郤縠敦诗书而说礼乐，向文公荐其为三军统帅。郤縠非随从流亡之亲近者，史上也不见与文公有何瓜葛，但为国家利益，文公接受建议，任为位高权重而实权在握的三军统帅，这就是任人以贤能而不以亲。在城濮战前，又"使狐偃将上军，让于狐毛而佐之；命赵衰为卿，让于栾枝、先轸，使栾枝将下军，先轸佐之。"狐偃、赵衰为其从亡团队中的核心人物，与重耳最为亲近，公子对他们几乎是言听计从。但私人关系是一回事，国家利益是另一回事。为了国家，狐偃放弃上军而做副手佐之，赵衰自愿放弃六卿之位而让与栾枝、先轸，因为他认为让与贤者，于国家发展有利。这一让贤之事，令晋文公感动，欣然接受而行之不疑。从狐偃、赵衰开让贤之风以后，争名夺利者可以愧矣，以此形成了晋国让贤成风的优良传统，为维护晋之霸业，发挥了一定的作用。

因举贤授能，最后又形成了赏罚分明的做法和初步依法而行的章程。如破曹之时，文公为报僖负羁馈餐之惠，下令保护其家，但将军魏犨、颠颉违命，火烧僖负羁家，魏为此烧伤。"公欲杀之而爱其材，使问，且视之。病，将杀之。魏犨束胸见使者曰：'以君之灵，不有宁也？'距跃三百，曲踊三百。乃舍之。杀颠颉以徇于师。"（《左传》僖公二十八年）魏犨、颠颉，都是跟随重耳流亡十九年的重要人物，文公虽爱才而免魏一死，但使者之问责，也是罚在其中。至于颠颉，虽然亲近，但仍因过而杀以循师，以儆三军。并命以舟之侨代替魏犨为戎右。是年《左传》又载："城濮之战，晋中军风于泽，亡大旆之左旃。祁瞒奸命，司马杀之，以徇于诸侯，使茅伐代之。师还。壬午，济河。舟之侨先归，士会摄右。秋七月丙申，振旅，恺以入于晋。献俘授馘，饮至大赏，征会讨贰。杀舟之侨以徇于国。民于是大服。君子谓：'文公其能刑矣，三罪而民服。《诗》云：'惠此中国，以绥四方。'不失赏刑之谓也。'"所称"三罪而民服"，指杀违法之颠颉、祁瞒、舟之侨三个高级将官。

罚过的正面是行赏。但文公之赏，非滥施也，不因亲故而赏，而是因其贤能而论功行赏。在文公入国而赏功的过程中最受人诟病而责其虚伪的事件，即是介之推隐死绵山之事。据《史记·晋世家》载：

> 文公修政，施惠百姓。赏从亡者及功臣，大者封邑，小者尊爵。未尽行赏，周襄王以弟带难出居郑地，来告晋急。晋初定，恐他乱起，是以赏从亡未至隐者介子推。推亦不言禄，禄亦不及。介子推从者怜之，乃悬书宫门曰：龙欲上天，五蛇为辅。龙已升云，四蛇各入其宇，一蛇独怨，终不见处所。文公出，见其书，曰：此介子推也。吾方忧王室，未图其功。使人召之，则亡。遂求所在，闻其入绵上山中，于是文公环绵上山中而封之，以为介推田，号曰介山，以记吾过，且旌善人。

《左传》僖公二十四年，也有"晋侯赏从亡者，介之推不言禄，禄亦弗及"的记载，并录推辞禄之言，尤详，曰："献公之子九人，唯君在矣。惠、怀无亲，外内弃之。天未绝晋，必将有主。主晋祀者，非君而谁？天实置之，而二三子以为己力，不亦诬乎？窃人之财，犹谓之盗，况贪天之功以为己力乎？下义其罪，上赏其奸，上下相蒙，难与处矣。"遂与其母偕隐，至死不出。从"上赏其奸，上下相蒙"而难以处之言看来，他所说的"二三子"，主要指狐偃、赵衰、贾佗、胥臣这帮重要谋士。古时候，君主可以共患难，难与共富贵，大多如此。如后来的越王勾践、吴王夫差皆此类。但事实说明，文公并非如此。介之推功不言利而辞禄归隐，其品行高洁固然可贵，但在文公初入国时，为消除叛乱势力，颇费心血，须待政局稳定，才有论功行赏之事。但当时百废待兴，又加以紧急出兵勤王，暂时搁下已经开始的赏功之事。在从亡队伍中，与狐偃、赵衰、贾佗、季臼等重要谋士相比，介之推之论功行赏应在其次，因勤王事暂时置之，而并非文公绝情不赏。但介之推性情刚烈，加以他取义忘利的高洁之行，致使他因为误会而归隐，其决绝之志，无可挽回。后来文公随访而求，而介之推拒出山受赏，因而文公只能以绵上山之田封为其祭祀之邑，并有"以记吾过，以旌善人"之言，可见晋文公实是知错能改之君，并非因臣下的不满和批评而加以惩处，甚或牵连其家族姻亲。后来传说文公为逼介子推出山领赏，放火烧山，但介之推坚守隐所，而被烧死，是否有其事或是后人的夸大之辞，待考。清吴闿生对此特加按语曰："高洁之士鄙夷当时，此古今之通例也。左氏采而录之，述志士之高洁，即含鄙薄晋君臣之意。"又曰："晋文入国赫赫震人耳目，独著此段，极力冷刺，使其君臣皆自顾生媿。"（《左传微》卷三《晋文公之入国》，黄山书社，1995年，第197页）所论没有顾及当时实际情景，似有后儒道德先行之嫌。文公赏功非滥，而自有次第安排，如《史记·晋世家》曰："从亡贱臣壶叔曰：'君三行赏，赏不及臣。敢请罪。'文公报曰：'夫导我以仁义，防我以德惠，此受上赏；辅我以行，卒以成立，此受次赏；矢石之难，汗马之劳，此复受次赏。三赏之后，故且及子矣。'晋人闻之，皆说（悦）。"刘向《说苑》记载小异而大同。与后代某些封建帝王的滥施滥刑相比，晋文公之赏功罚过还算分明，因此而"晋人大说"，激励民心而共同开创新晋霸业。晋文公之开明于此可见一斑。

其三，文公能及时捕捉时机，在刻不容缓的情况下，接受郭偃（卜偃）变法的建议，以坚毅之志，顽强推行政治、经济、军事、组织等一系列的改革，力图化腐朽为神奇，把昔日混乱腐败而内外无亲，彼此离心离德的旧晋国，改变为精神振奋、上下一心而具向心力的强大新晋之国，并迅速投入了勤王争霸的宏伟事业中，终于一战而霸，为晋国开创了此后一二百年的争霸之局。具体事实前有所述，此略。

其四，奇正相生，诈信并行，虽有适时随机应变之诈，但终以坚持诚信为长远目标，以作治国争霸之本。比如在城濮战役中，接受先轸、狐偃之计，故意激怒楚帅子玉，令其犯了大错而入晋毂中，此使诈用奇兵胜也，后儒批评为不依礼行事。但兵不厌诈，出奇制胜，文公暂时使用乃出于实际形势需要，实难指责。

又据《国语·晋语》四载：

> 晋饥，公问于箕郑曰："救饥何以？"对曰："信。"公曰："安信？"对曰："信于君心，信于名，信于令，信于事。"公曰："然则若何？"对曰："信于君心，则美恶不逾。信于名，则上下不干。信于令，则时无废功。信于事，则民从事有业。于是乎民知君心，贫而不惧，藏出如入，何匮之有？"公使为箕。及清原之蒐，使佐新上军。

要治理国家，即使在饥荒之年的艰难困境中，只要在上君主与在下臣民一样坚守诚信，上下之心相互交流沟通，毫无隔阂，在上想方设法突显济民之诚，在下臣民能够理解执行，上情下传而民意上达，君民一体，共救饥荒，富裕者，"藏出为入"，拿出粮食财物来赈灾，就像往家里送东西一样。这样全国团结共渡难关，当然就收"贫而不惧"，救荒疗饥的效果。于此可见，在上者的诚信与治国关系尤大。又据《左传》僖公二十五年载曰："冬，晋侯围原，命三日之粮。原不降，命去之。谍出，曰：原将降矣。军吏曰：请待之。公曰：信，国之宝也，民之所庇也，得原失信，何以庇之？所亡滋多。退一舍而原降。"文公释"信"，称之为庇护人民利益的治国之宝，话很精彩。可见文公一生虽不乏使诈耍坏之处，但他最后却能以正驭奇，而归于诚信为本之正道，其政治眼光之深远，于此可见一斑。由于文公治国有信，诚著天下，获得臣民及列国诸侯的支持拥护，因而其霸业水到渠成，不亦顺理成章乎？

其五，晋文公身边聚集了一大批贤能之士，各显才智，近朱者赤，受其浸染，文公好学多思，当然能助其立身行事多方面地考虑选择。如《国语·晋语》四载："文公学读书于臼季。三日，曰：吾不能行也咫，闻则多矣。对曰：然而多闻以待能者，不犹愈乎？"文公问于郭偃（按：即卜偃）曰："始也，吾以治国为易，今也难。对曰：君以为易，其难也将至矣。君以为难，其易也将至矣。"所以文公不仅自己认同臼季所说"人生而学，非学不入"的观念，而且积极为太子謹寻师读书以教之诲之。正因为文公在百忙之中，善于坚持读书学习，所以能从前人的经验教训中获取知识琼浆。这学与不学大不一样，学而能思多方采撷，能集思广益，深入思考，从而做出决断以便尽量减少决策时的失误。这也是有助于事业成功的条件之一。

当然，晋文公是人而非神，他也天生具有自己的人性弱点，前已述，此略述一二。如他多疑使诈，致讥后世，故孔子有"晋文谲而不正，齐桓正而不谲"（《论语·宪问》）之评。返国之后，勤王"请隧"，已泄露其潜藏野心；召王狩猎河阳，又见其违礼不敬之态；伐卫破曹，执卫君而分曹田，又逞其公报私仇之快。故高士奇讥曰："迹文之所为，直睚眦必报之人耳。"（《左传纪事本末》卷二五《晋文公之伯》）其所作所为，或有大丈夫所不为者。这说明人是复杂的，文公集优缺点于一身。但总体而论，瑕不掩瑜，晋文公伯业之功，早已掩盖其狡诈之性。其成功并非偶然，如春秋晚期晋贤人叔向所称："我先君文公……好学而不贰（即读书学习很用功），生十七年，有士五人。有先大夫子余（按：赵衰）、子犯（狐偃）以为腹心，有魏犨、贾佗以为股肱，有齐、宋、秦、楚以为外主，有栾、郤、狐、先以为内主。亡十九年，守志弥笃。惠、怀弃民，民从而与之。献无异亲，民无异望，天方相晋，将何以代文？"（《左传》昭公十三年）对于晋文公建立霸业的主客观原因，做了简明的论述，基本上公允可信。

任贤拒晋霸西戎

——秦穆公传叙

一、春秋以前秦文化

秦穆公是春秋时期秦民族最杰出的领袖，掀开了秦与中原诸侯争霸战的序幕。他东拒强晋，南联荆楚，独霸西戎，开创了秦国的一番新基业。据《史记·秦本纪》，谓"秦之先，帝颛顼之苗裔"，舜时，大费"佐舜调驯鸟兽，鸟兽多驯服"，因此，"舜赐姓嬴氏"。从此，秦以嬴为姓。穆公先祖"非子居犬丘，好马及畜，善养息之"。到周孝王时，令秦"为朕息马，朕其分土为附庸，邑之秦"，号曰秦嬴。看来，秦曾在西方，为周王朝养马放牧，基本上过游牧生活，这与戎狄诸少数民族无异。不同的是，秦臣服于周，为其附庸。后犬戎杀周幽王于骊山，"秦襄公将兵救周，战甚力，有功。周避犬戎难，东徙洛邑，襄公以兵送周平王。平王封襄公为诸侯，赐之岐以西之地。曰：'戎无道，侵夺我岐、丰之地。秦能攻逐戎，即有其地。'与誓。封爵之。襄公于是始国，与诸侯通使聘享之礼"。其子文公，又进一步向周文化学习，"初有史以纪事，民多化者"。文公十六年，败戎，"于是文公遂收周余民有之，地至岐"。从此，秦国除原习为游牧的嬴姓外，又增加了具农业文明的周族余民。于是，秦国经历了民族混合的过程，文化也大有进步，产生了半游牧半农业的新文明，这就比一般戎狄民族要进步了。秦民族曾努力学习周文化，这从《诗经·秦风》诸诗可以清楚看到痕迹。"岂曰无衣？与子同袍。王于兴师，修我戈矛"（《无衣》），见其游牧尚武之风尚。"蒹葭苍苍，白露为霜。所谓伊人，在水一方。溯洄从之，道阻且长；溯游从之，宛在水中央。"（《蒹葭》）即景抒情，宛如一幅水墨风俗画，其委婉蕴藉，余音袅袅，具高度的礼乐文明水平。可见，秦由西东进，"收周余民有之"，不仅是土地的扩大，人口也在增加，臣民的文明素质也起了变化，从而促进了秦人的文化转型。在历史流变中，关陇地区的地理环境，在一两百年中，并无多大变化。但在秦人伐西戎东扩的短短数十年间，人文生态却发生了较大的变化。周属农业文明的礼仪之邦，犬戎纯是逐水草而居的游牧民族文化，而秦与犬戎杂处西北，又东扩收周余民，其民族文化素质，则处于周与犬戎之间，属由游牧生活向农业文明过渡的文化转型阶段，也可说是半游牧半农业的文明杂处之区。这就孕育了历经矛盾冲突文化碰撞之后的新型秦文化。秦人既有原来西北民族尚武好勇的一面，同时又增添了因向周人学习具有礼乐诗书文明修养的另一面。此即《诗经·秦风》之所以艺术风格多样也。《诗经·秦风》一方面表现秦人多游牧尚武精神，同时又见其内心倾向"诸夏"礼乐文明的民族意识。这只要仔细阅读秦刻《石鼓文》就可清楚明白。《石鼓文》原在陕西凤翔出土，其刻石时期大约在秦景公年代前后，但其诗歌内容为歌颂早年秦襄公创国之功业。其诗类似《诗经》的四言体，与《诗》之雅颂相近，受《诗》影响的痕迹宛然可见。这就有力证明了秦诗与中原文学的密切关系。于此可见，在穆公之前，岐周原住民的礼乐文明，对秦地秦民族文化所产生的巨大影响。发展到穆公时期，慷慨尚武与重视诗书礼乐仁义道德，两种文明自然融合为一。这就可以合理解释，秦晋二邻外交关系时好时坏，当晋之惠、怀二公败盟背约之时，秦人兴师讨伐，绝不手软。而当晋文公依礼行义之时，穆公又能与之合作伐楚。但晋文之后，强晋压秦，逞其霸主威风之时，穆公又绝不屈服，以此秦晋两国战事绵延数十年而两败俱伤。慷慨尚勇与讲礼乐文明，对秦民族来说，兼而有之而并行不悖，重要的是其选择。春秋之后的战国期间，秦国把这一文化发展为重耕战的文明，并发挥到极致而最终以武力横扫六国，统一天下。于此可见，穆公的精神后继有人。晋国可以称霸中原，但若要称霸西秦，却做不到。秦民族顽强及穆公之坚韧不拔，于此可见一斑。

二、纳晋亲仁释善意

> 冬，晋荐饥。使乞籴于秦。秦伯谓子桑："与诸乎？"对曰："重施而报，君将何求？重施而不报，其民必携，携而讨焉，无众必败。"谓百里："与诸乎？"对曰："天灾流行，国家代有，救灾恤邻，道也。行道有福。"
>
> ——《左传》僖公十三年

故事发生在鲁僖公十三年，即公元前 647 年。秦伯，指秦穆公。穆公（？～前 621 年），名任好，嬴姓。他是秦宣公之子，成公之弟。于鲁僖公元年即秦君之位，鲁文公六年去世，在位三十九年（前 659～前 621 年），在古代，已属长寿君主。他在僖公九年（前 651 年），派兵纳晋公子夷吾，即位后史称晋惠公。是年九月，晋献公卒，由骊姬之子年幼的奚齐即位，引起国内士大夫的不满。于是大夫里克、丕郑"以三公子（按：指太子申生、重耳及夷吾）之徒作乱。冬十月，里克杀奚齐于次"。荀息又立骊姬之妹子卓，里克又杀之于朝。于是晋君无人，国内大乱。里克等大夫本欲立以仁义称世的公子重耳，重耳流亡在狄，敬谢不敏，拒绝归国即位。不得已，只能另找流亡在梁的公子夷吾。夷吾为人，大异重耳，为争君位，不顾廉耻，要尽伎俩，无所不用其极。本来穆公考察重耳与夷吾兄弟，明知重耳仁义为贤，夷吾忌妒多怨，不讲诚信与仁义。但从秦的国家利益出发，他答应派兵纳夷吾。当时随从夷吾流亡的智囊高参郤芮："使夷吾重贿秦以求入，曰：'人实有国，我何爱焉。入而能民，土于何有？'"（见《左传》僖公十三年）于是夷吾决定采取割让国土、重赂秦求入的策略。据《国语·晋语》二载：当时夷吾答应秦国纳己的条件如下："亡人苟入扫宗庙，定社稷，亡人何国之与有？君实有郡县，且入河外列城五。岂谓君无有，亦为君之东游津梁之上，无有难急也。亡人之所怀挟缨纕，以望君之尘垢者。黄金四十镒，白玉之珩六双，不敢当公子，请纳之左右。"当时秦穆公在公子重耳与夷吾兄弟间选择时，明知夷吾不仁，但一来贪晋河西列城五郡，二来晋君不仁，国内生乱，对秦有利。因此，穆公出兵护送夷吾由梁入晋登君位。但是，穆公对于夷吾的不仁不义，严重估算失误。夷吾甫登君位，大权在握，立即"朝既济而夕设版"，实如郑烛之武对穆公所言，背信弃义，无以复加。晋河西五城，一寸土地也不给。但对穆公来说，只能自认上当受骗而加以忍让。这就让晋惠公更加嚣张，秦晋大国等也，秦又其奈我何？到鲁僖公十三年（前647年）时，晋国发生饥荒，晋君请粟，当时，对于这个背盟无信者，该如何应付呢？粮食是给还是不给？秦国朝廷加以讨论。当时人或主张不仅不给粮食，而且应乘晋饥荒而加以讨伐，必获大功。但穆公在听取子桑（公孙枝）及百里奚诸辅政贤臣的意见后，决定予晋以救济。穆公对大家说："其君是恶，其民何罪？"其言洋溢着仁爱百姓之心，其高瞻远瞩之眼光，实属深远过人。"秦于是乎输粟于晋，自雍及绛相继，命之曰泛舟之役。"（《左传》僖公十四年）场面壮阔，很是感人。一旦决定，立即雷厉风行，毫不拖延，此秦人之风格也。

但晋惠公之寡廉鲜耻实在大大出乎穆公的意外。明年，即鲁僖公十四年，当秦国发生灾荒时，向晋求助，却被一口拒绝："冬，秦饥，使乞籴于晋，晋人弗与。"当时，连晋大夫庆郑也看不过去，在朝廷上，公开批评而要求改正。他对惠公再三说："背施无亲，幸灾不仁，贪爱不祥，背仁不义。四德皆失，何以守固？""弃信背邻，患孰恤之？无信患作，失援必毙，是则然矣。""背施幸灾，民所弃也。近犹仇之，况怨敌乎？""君其悔是哉！"其言严厉而透彻，拳拳忠晋之心，溢于言表。但惠公不仅拒谏，而且油然生杀之后快之心。又过一年，在秦晋韩之战败，他成秦俘，后被释放归国，就先"杀庆郑而后入"。与穆公之心胸开阔，容贤纳谏而从善如流相较，惠公心胸狭隘，嫉贤妒能，拒谏饰非，虐杀忠良，能无败乎？"晋侯（按：指惠公）之入也，秦穆姬属贾君焉（按：指太子申生夫人），且曰：'尽纳群公子。'晋侯烝于贾君，又拒纳群公子，是以穆姬怨之。晋侯许赂中大夫，既而皆背之。赂秦伯以河外列城五，东尽虢略，南及华山，内及解梁城，既而不与。晋饥，秦输之粟；秦饥，晋闭之籴，故秦伯伐晋。"（《左传》僖公十四年）晋惠公之无耻，也令姐姐穆公夫人痛心疾首，烝贾君，派人赴狄追杀二哥重耳，一桩桩一件件，了无亲情，令穆姬痛彻心扉，于是她也不顾姐弟之情，希望穆公能予惩罚。种种复杂因素纠缠在一起，决定了秦晋之间必有一战，因此，穆公于是年十一月，兴兵伐晋，秦晋二君，皆亲率大军战于韩。

战前的九月，晋惠公派韩简侦察秦师战备，秦晋君主各与其臣下有一段对话。《左传》僖公十五年载：

> 九月，晋侯逆秦师，使韩简视师，复曰："师少于我，斗士倍我。"公曰："何故？"对曰："出因其资，入用其宠，饥食其粟，三施而无报，是以来也。今又击之，我怠秦奋，倍犹未也。"公曰："一夫不可狃，况国乎？"遂使请战，曰："寡人不佞，能合其众而不能离也，君若不还，无所逃命。"秦伯使公孙枝对曰："君之未入，寡人惧之，入而未定列，犹吾忧也。苟列定矣，敢不承命。"韩简退曰："吾幸而得囚。"

这次秦晋韩原之战，未战之前，晋军败兆尽露。首先，是战争的正义一方，在于秦。秦直晋曲，特别是晋饥食秦之粟，而秦饥晋即闭籴，忘恩负义，激起秦国上下公愤，秦国百姓深受其害，个个义愤填膺，以此秦军士气高涨。晋韩简所称"倍之"，实际上远不止"倍"，而是无不以一当十。因此，秦军虽少于晋，但晋却大败亏输，正在于人心向背及战争性质所决定。其次，晋惠公背叛诚信之道，只考虑是否对己有利，而不问什么礼义道德，其叛盟败誓，也早已激起了列国诸侯之公愤。得道多助，失道寡助，又有谁在晋军不支之时，能助其一臂之力以扭转战局呢？以此，秦晋一旦接战，晋军连战皆北，"三败及韩"，并未见兄弟姻亲之国，有人出一兵一卒加以声援。晋军大败于韩原，连晋惠公也成为俘虏，老天有眼，罪有应得。败亡之前，惠公曾呼号求救，庆郑明白指出："愎谏违卜，固败是求，又何逃焉。"侮人者自侮，惠公之败，咎由自取。失道寡助，又有谁能救他呢？秦晋韩原之战，究其起因，还是由晋惠公挑起发动的。据《史记·秦本纪》载："（鲁僖公）十四年，秦饥，请粟于晋。晋君谋之群臣。虢射曰：'因其饥伐之，可有大功。'晋君从之。十五年，兴兵将攻秦。"因此，秦穆公决定自卫反击，发兵伐晋。这才发生了韩原大战。利用秦国灾荒乏粮，不仅不予人道救灾，反而乘机兴兵征伐，这就错上加错，罪上加罪，违背公理，道义全失，天下之人，只要有点良心，谁也不会加以原谅的。因此，晋惠公未战之前，已先自败，输在道义方面。

反观秦方，则穆公是正义在握而得道多助。韩原战役，从鲁僖公十五年（前645年）九月至十一月，大战三场。其间，因一时贪功冒进，穆公驰击晋君，结果"反为晋军所围。晋击缪公，缪公伤。于是岐下食善马者三百人驰冒晋军，晋军解围，遂脱缪公而反生得晋君"。缪公，即穆公。这三百名勇士组成的敢死队，化解危机，扭转战局，他们又从哪儿钻出来的呢？据《史记·秦本纪》载："初，缪公亡善马，岐下野人共得而食之者三百余人，吏逐得，欲法之。缪公曰：'君子不以畜产害人。吾闻食善马肉不饮酒，伤人。'乃皆赐酒而赦之。三百人者闻秦击晋，皆求从，从而见缪公窘，亦皆推锋争死，以报食马之德。"秦穆公因其平素仁爱于民，故而得道多助，获得了人民的广泛支持拥护。就在他战场受伤而危急时刻，食马三百野人拼死相救，个个奋勇争先。如此振奋的人心士气，秦岂有不胜之理？

纵观惠公主晋时期的秦晋两国关系，惠公对秦主要做了以下三事：一是食言背盟，依靠秦助归晋夺国之后，立即翻脸不认账，拒绝遵盟割让河西五城，实际是废除了秦晋刚签字不久的和平盟约；二是晋饥乞籴秦粟，秦国救灾输粮队伍"自雍及绛相继"，人称"泛舟之役"；穆公虽因惠公败盟食言而生气，但他把当时晋国的统治者和老百姓分开，认为晋君有罪，而百姓无辜，晋国百姓不应为此负其罪责而饿肚子。因此，穆公下令对晋国实施人道主义的援助，大力助晋救灾。但灾后，惠公并不认账而毫无感谢之意。三是秦饥荒时，惠公不仅拒秦乞籴请求，粒米不给，不予救灾，完全丧失了人道主义之心。更严重的是，乘秦饥荒国家受灾而实力受损之时，认为有机可乘，图谋偷袭，决定兴兵伐秦以建大功。这就大大违背了恤灾救患的春秋贵族精神，而为人所不齿。如此无耻开衅，连小人盗贼也不敢为也，但惠公却下令实施之。

从秦角度言，秦穆公对晋做了以下的事：一是夷吾流亡梁地之时，因梁近秦，得到秦的保护和帮助，生命安全有保证，生活相对安定，可以积聚生息，为将来归晋夺国作事先的计划准备。二是夷吾入国，得到秦的大力帮助，据《史记·秦本纪》，穆公"使百里奚将兵送夷吾"入国得立。入国没有秦穆公的大军相助，夷吾岂有君位？这是秦有大恩于夷吾。三是晋饥荒时，秦虽气愤晋惠公败盟无信，但仍是助粮救灾，秦晋雍绛两都，救灾车船相继，运粮队伍蔚为壮观。这是真正的体恤灾民的人道主义援助。四是在自卫反击的韩原战役中俘获晋惠公，原本可以杀他报仇，但因种种原因，最后穆公决定释放，令其归晋复位。秦并未因晋之败而乘机亡其国，这说明秦穆公对秦晋两国近邻关系，思考较为周全而深刻。当时穆公对晋，还是释放一定的善意，力争改善与强大邻国的关系。而晋惠公则反之，以此而自取其辱，在被秦俘虏后，虽最终回国为君，但已是身败名裂而难以弥缝了。待其子晋怀公被杀后，子孙无遗类矣。在古代宗法社会里，一荣俱荣，一损俱损，惠公怀公，处处倒行逆施，能不受惩罚乎？

三、睦邻破坏战强晋

秦晋两国的睦邻友好，在秦穆公和晋文公时期，关系尚可。但两强不并立，随着晋文公的去世，两国出于各自的国家核心利益，关系由睦邻友好化为最高暴力的军事对抗，形势急剧恶化。秦晋之间拉锯式的对抗战，据专家统计，自鲁僖公三十年始至襄公二十六年（前630～前547年），共达八十四年之久，这是两败俱伤的长期消耗战，晋虽遏阻了秦国东进称霸中原的野心，但秦国的长期挑战，也大大消耗了晋的国力，令晋霸业日趋衰微，在与南方吴楚争霸中逐渐失去主动而趋下风。总之，秦晋两国睦邻关系的破坏，给两国人民带来了巨大的灾难。这还得从晋文公在世时的两国关系出现裂痕说起。

> 九月甲午，晋侯、秦伯围郑，以其无礼于晋，且贰于楚也。晋军函陵，秦军汜南。佚之狐言于郑伯曰："国危矣，若使烛之武见秦君，师必退。"公从之。……（烛之武）夜缒而出，见秦伯曰："秦、晋围郑，郑既知亡矣。若亡郑而有益于君，敢以烦执事。越国以鄙远，君知其难也，焉用亡郑以陪邻？邻之厚，君之薄也。若舍郑以为东道主，行李之往来，共其乏困，君亦无所害。且君尝为晋君赐矣，许君焦、瑕，朝济而夕设版焉，君之所知也。夫晋，何厌之有？既东封郑、又欲肆其西封，不阙秦，将焉取之？阙秦以利晋，惟君图之。"秦伯说，与郑人盟。使杞子、逢孙、杨孙戍之，乃还。
>
> 子犯请击之。公曰："不可。微夫人之力不及此。因人之力而敝之，不仁；失其所与，不知；以乱易整，不武。吾其还也。"亦去之。
>
> ——《左传》鲁僖公三十年

故事发生在鲁僖公三十年（前 630 年），是在晋楚城濮之战后两年的事。当时晋军处全盛之时，以晋秦得胜之师而围小国郑，郑能无惧乎？以此而诞生了《烛之武退秦师》的文学名篇，传颂千古。晋侯，晋文公；秦伯，秦穆公。秦晋本是同盟国，但秦穆公之所以敢于败盟背信，一来，他判断自己的行为不会招来晋的报复，因为自己曾帮晋文公归国即位，有大恩于晋而晋未有以报；二来是因秦的国家利益所决定的。郑烛之武的一篇绝妙外交说辞，点明了秦晋两国利益的要害之所在，令穆公深为所动。因为秦晋是山水相依的近邻，晋居河东，秦位河西。秦如欲争霸中原，或占领郑国这一战略要地，必须东出函谷关而逾越晋境。但秦晋同为大国，如果不得晋国允许，秦国又将如何占领郑国呢？故烛之武对穆公称"越国以鄙远，君知其难也"，一旦郑国亡，则能实际占领而加以利用的只能是晋国。晋国在黄河北岸有南阳之地，与郑山水相依，可谓一抬腿就到。"亡郑以陪邻"，晋强则秦弱。烛之武的一席话，句句击中穆公心中要害。"许君焦、瑕，朝济而夕设版焉"，这让他想起了几年前他纳晋惠公时的情况，一旦回国即位，惠公立即背叛与秦盟誓，化玉帛为干戈，甚至是大战一场，在自己身上还留下了伤疤，难以磨灭。晋文公会不会重施惠公故伎呢？秦穆公心中一直在狐疑嘀咕。看来晋文公的本事，要比乃弟惠公高明许多，惠公可以被打败而不足惧，但文公则不然。一回到晋国，文公立刻大刀阔斧地推行一系列的改革措施，举贤授能，在政治、经济、军事、文化各方面，勤王争霸，在晋楚城濮之战中，建立了新的霸业，其发展之迅猛，令秦穆公始料不及。面对晋文公所建立的霸权，是与晋盟而受其制约，在规定的框架中求生存发展，还是不惜背盟而与晋一角高低呢？心理矛盾斗争激烈。而且，晋文公是自己所立，恩尚未报，却反过来要受其制约，心里也有所不甘。为了秦国东出争霸大业，为了秦国的国家利益，于是穆公下决心背晋盟，单独撤围而与郑盟。这是一个试探，派秦军帮郑防守，是跨出了关键的一步。这样，秦晋从同盟关系，一下子突变为敌对关系，驻郑秦军，所防御的对象不就是昔日的盟友晋军吗？秦穆公临阵反戈，出于晋国预料之外，晋国上下都很生气，子犯请求追击秦军，予以教训，但被晋文公拒绝。文公究竟是继齐桓公后被周天子正式封为侯伯的霸主，高瞻远瞩，雄才大略，而非一般见识。其拒报复秦军的理由有三：一是因穆公的帮助而成其大功，尚未报恩，即加以报复，这是"不仁"，也就是缺德之事；二是一旦追击开战，就会永远失去一个友好的邻邦，化助力为阻力，这是"不知"，即不明智；三是以相互攻击来代替和平共处，烽火连天，这是"不武"，即不是"止戈为武"，而是挑起战端，会给后代带来无穷的后患。晋文公到底是个历经祸乱而崛起的政治家，其雄才大略、远见卓识，非常人能及。因此，当秦背盟撤军之时，由于文公的克制，晋军并未行动，虽然秦晋裂痕已露，但在文公时代仍勉强维持表面和平。而一旦晋文公山陵崩，形势大变，迅速把秦晋两国，推入战争深渊中去。刚继位的年轻晋襄公即是一位主战派。

据《左传》僖公三十二年（前628年）载，其年冬天，晋文公卒，"将殡于曲沃，出绛，柩有声如牛。卜偃使大夫拜，曰：'君命大事将有西师过轶我，击之，必大捷焉。'"以此，秦晋在第二年即发生崤之战，过崤秦军，偷袭郑国不成，反而在崤山陷进了晋军的伏击圈，全军被歼，匹马只轮无返者，统军三帅，如孟明等被俘。详参本书《先轸传叙》有关部分。如此奇耻大辱，穆公牢记在心中，岂能忘怀。因此，秦国也无时无刻不在努力寻找机会报复晋国。其实，何止是国君，秦国大夫将军也无不有报仇雪耻之心。当秦帅孟明等三人被晋释放而舟渡黄河时，曾对率兵追赶他们的晋将阳处父说："若从君惠而免之，三年将拜君赐。"秦廷上下，同仇敌忾，岂有不报大仇之理？因此，秦晋两强，怨仇一结，战衅一开，再无了时，一直持续了大半个世纪，的确非常可怕。两国人民血流成河，都付出了惨痛的代价。

对于崤战惨败，秦人一直在检讨其历史教训。当孟明等三帅被释放回到秦国，朝廷上下，必杀孟明之声溢耳。但穆公一再地主动承担罪责，自责曰："孤违蹇叔，以辱二三子，孤之罪也。"（《左传》僖公三十三年）他不以一眚掩大德，坚决为败军之将辩护，曰："是孤之罪也。周芮良夫之诗曰：'大风有隧，贪人败类，听言则对，诵言如醉。匪用其良，覆俾我悖。'是贪故也，孤之谓矣。孤实贪以祸夫子，夫子何罪？'复使为政。"（《左传》文公元年）在孟明主持秦国军政大事之时，推行改革，整军修武，清明政治，惠施于民，然后讨伐西戎，壮大秦国。三年之后，开始了讨伐强晋复仇的漫长征程。在穆公时期，秦晋战争互有胜败。文公二年（前625年），《左传》载曰："秦伯犹用孟明。孟明增修国政，重施于民。赵成子言于诸大夫曰：'秦师又至，将必辟之，惧而增德，不可当也。诗曰：'毋念尔祖，聿修厥德。'孟明念之矣，念德不怠，其可敌乎？'"清顾栋高《春秋大事表》（中华书局，1993年）卷三一有《春秋秦晋交兵表》，就记载了其中的数十次交战概况。如文公二年春二月，秦孟明率师伐晋，战于彭衙，秦败绩。冬，晋伐秦。《左传》文公三年载："秦伯伐晋，济河焚舟，取王官，及郊，晋人不出。遂自茅津济，封殽尸而还。遂霸西戎，用孟明也。"文公四年，晋伐秦，围邧、新城，以报王官之役。甚至在文公六年穆公卒后许久，于成公十三年（前578年），晋厉公派吕相使秦绝交，于是诞生了《吕相绝秦》名篇，历数秦罪，怨仇难解。当然，

《吕相绝秦》文辞艺术虽好，但明显是一篇外交辞令，其中杂有不实之词，这里不去仔细推敲。总之，两国仇恨甚深，则是不争的事实。秦穆公是继晋文公后的又一春秋霸主，但其挑战强晋以争霸中原的决策，却走进了两败俱伤的死胡同，可称进退维谷，被晋封锁于崤山函谷关以西的关陇之境，只能另寻出路而称霸西戎了。后来，秦之日渐强盛与秦穆公当日的改革有关。不先降服西戎以壮大自己，秦能有力量东出崤函以称霸中原吗？后来战国七雄的历史事实，有力地说明了穆公称霸西戎，是为后来秦国的发展壮大，跨出了关键的一步。另外，为了减轻强晋的压力，穆公决定与南方楚国，化敌为友，结成联盟。此后，秦楚两国，经常随形势合兵会盟。这就弥补了秦晋长期争战的损失。

四、见贤知过霸西戎

在秦晋一系列的战争中，以孟明视为帅的秦军，曾多次败绩，但秦穆公不仅未加问责罚罪，而是继续予以信任和重用。穆公知道，秦晋均为大国，而晋在文公之后，称霸中原，借天子公开承认的霸主声威，能量很大，岂是可以轻易地战胜？因此，孟明视之败，并非一人之责，只要持之以恒，内修法政而外强兵车，总有一天会乘晋国有隙之时，报仇雪耻，战而胜之。因此，当孟明败绩之时，穆公并未责人，而是首先自责自问地加以检讨，甚至是下"罪己诏"，当众认错，主动负起了失败的责任。他对孟明只有更加信任，其用人之专，世上罕见。以此，连敌方晋国赵成子也曾感叹道："秦师又至，将必辟之，惧而增德，不可当也。……念德不怠，其可敌乎？"（《左传》文公二年）赵成子是何许人也？他就是赵衰，是跟随晋文公流亡的智囊核心人物。穆公用孟明，而孟明忠心效命，胜不骄，败不馁，屡败屡战，愈战愈勇，终于使秦军在王官之战中大胜，"晋人不出"，秦师"封崤尸而还"，总算报了一箭之仇了。这就是在哪儿跌倒，还是在哪儿爬起来再战，岂易抵挡？

（穆公）遂霸西戎，用孟明也。君子是以知秦穆公之为君也，举人之
周也，与人之壹也；孟明之臣也，其不解（懈）也，能惧思也；子桑之
忠也，其知人也，能举善也。《诗》曰："于以采蘩，于沼于沚，于以用
之，公侯之事。"秦穆有焉。"夙夜匪解，以事一人"，孟明有焉。"诒阙
孙谋，以燕翼子"，子桑有焉。

——《左传》文公三年

鲁文公三年（前 624 年），这是穆公在秦当朝已历三十六年，处于晚年。
但他老而弥壮，并无露出老人衰懈疲惫之气，只要认定目标，持之以恒，顽
强坚持，毫不松懈。本来，秦在中原诸侯看来，仍与夷狄无别。如僖公三十
三年《公羊传》曰："其谓之秦何？夷狄之也。"《谷梁传》曰："狄秦也。其
狄之何也？……乱人子女之教，无男女之别。秦之为狄，自殽之战始也。"为
了摆脱被中原诸国蔑称夷狄的尴尬，使秦日趋强盛而东出中原以争霸天下，
穆公日夜呕心沥血，不达目的，决不罢休。这就必须在秦力推改革，从政治、
军事、经济、文化到外交，方方面面，都急需大量人才。因此，广罗人才，
任用贤能，是穆公的第一要务。如释百里奚于囚奴之列而授之国政，就是一
个典型之例。据《史记·秦本纪》载曰：

五年，晋献公灭虞、虢，虏虞君与其大夫百里奚，以璧马赂于虞故
也。既虏百里奚，以为秦穆公夫人媵于秦。百里奚亡秦走宛，楚鄙人执
之。穆公闻百里奚贤，欲重赎之，恐楚人不与，乃使人谓楚曰："吾媵臣
百里奚在焉，请以五羖羊皮赎之。"楚人遂许与之。当是时，百里奚年已
七十余。穆公释其囚，与语国事。谢曰："臣亡国之臣，何足问！"穆公
曰："虞君不用子，故亡，非子罪也。'固问，语三日，穆公大说，授之
国政，号曰五羖大夫。百里奚让曰："臣不及臣友蹇叔，蹇叔贤而世莫
知。臣常游困于齐而乞食铚人，蹇叔收臣。臣因而欲事齐君无知，蹇叔
止臣，臣得脱齐难，遂之周。周王子颓好牛，臣以养牛干之。及颓欲用
臣，蹇叔止臣，臣去，得不诛。事虞君，蹇叔止臣。臣知虞君不用臣，

臣诚私利禄爵，且留。再用其言，得脱；一不用，及虞君难。是以知其贤。"于是穆公使人厚币迎蹇叔，以为上大夫。

鲁僖公五年（前655年），晋献公灭虞、虢，是在冬天。因此，百里奚入秦任国政，应是六年（前654年）之事。在这故事中，穆公任人不以亲疏，而以贤能。即使是现刑俘囚，只要有才干，同样超拔启用，寄以重任。从穆公重用百里奚和蹇叔，可知穆公任贤之心是何等急切，何等真淳。如公孙枝，是秦公族，与穆公至亲，但他与穆公同心，同样让贤于百里奚。据刘向《说苑》卷二《臣术》篇载曰：

秦穆公使贾人载盐，徵诸贾人，贾人买百里奚以五羖羊之皮，使将车之秦，秦穆公观盐，见百里奚牛肥，曰："任重道远以险，而牛何以肥也？"对曰："臣饮食以时，使之不以暴；有险，先后之以身，是以肥也。"穆公知其君子也，令有司具沐浴为衣冠与坐，公大悦。异日与公孙支论政，公孙支大不宁，曰："君耳目聪明，思虑审察，君其得圣人乎！"公曰："然，吾悦夫奚之言，彼类圣人也。"公孙支遂归取雁以贺曰："君得社稷之圣臣，敢贺社稷之福。"公不辞，再拜而受。明日，公孙支乃致上卿以让百里奚，曰："秦国处僻，民陋以愚无知，危亡之本也，臣自知不足以处其上，请以让之。"公不许。……公孙支曰："君不用宾相而得社稷之圣臣，君之禄也；臣见贤而让之，臣之禄也。今君既得其禄矣，而使臣失禄可乎？请终致之。"公不许。公孙支曰："臣不肖而处上位，是君失伦也，不肖失伦，臣之过。进贤而退不肖，君之明也。今臣处位，废君之德，而逆臣之行也，臣将逃。"公乃受之。故百里奚为上卿以制之，公孙支为次卿以佐之也。

秦国让贤之风，与晋文公属下之赵衰、狐偃等相似。有众多贤臣相助，因此晋文公与秦穆公的事业都获得一定的发展和成功。秦国贤能，何止是百里奚、孟明视、公孙枝诸人，而是批量产生，如百里奚提到，自己贤能不及友人蹇叔。蹇叔也非泛泛之辈。据《左传》僖公三十二年载，当秦穆公决定派孟明视等率秦师偷袭郑国时，穆公访诸蹇叔，蹇叔谏曰："劳师以袭远，非所闻也。师劳以力竭，远主备之，无乃不可乎！师之所为，郑必知之。勤而无所，必有悖心。且行千里，其谁不知？"可惜穆公拒谏，仍然"使出师于东门之外"。蹇叔哭之，曰："孟子！吾见师之出而不见其入也。"蹇叔之子西乞术也是三帅之一，蹇叔哭而送之，曰："晋人御师必于殽，有二陵焉。其南陵，夏后皋之墓地；其北陵，文王之所辟风雨也，必死是间，余收尔骨焉。"不幸的是，蹇叔之言一一实现。于此可见蹇叔之贤与智。如果穆公听蹇叔之言而早作决策，又岂能有殽山战役大败亏输？以此，当晋俘秦军三将而予释归之时，穆公素服郊迎，向三人哭曰："孤以不用百里奚、蹇叔言以辱三子，三子何罪乎？子其悉心雪耻，毋怠。"遂复三人官秩如故，愈益厚之（《史记·秦本纪》）。这无异于下"罪己诏"，专制君主，能主动承担罪责如穆公者，又有几人？在这故事中，蹇叔之贤不可及，而穆公之仁之德也同样不可及。伐晋的王官之役胜利以后，秦穆公作《秦誓》："誓于军曰：'嗟士卒！听无哗，余誓告汝。古之人谋黄发番番，则无所过。'以申思不用蹇叔、百里傒之谋，故作此誓，令后世以记余过。君子闻之，皆为垂涕，曰：'嗟乎！秦缪公之与人周也，卒得孟明之庆。'"（《史记·秦本纪》）

其实，何止是百里奚、蹇叔，由余之贤之功也不可及。《史记·秦本纪》载曰：

> 戎王使由余于秦。……缪公示以宫室、积聚。由余曰："使鬼为之，则劳神矣。使人为之，亦苦民矣。"缪公怪之，问曰："中国以诗书礼乐法度为政，然尚时乱，今戎夷无此，何以为治，不亦难乎？"由余笑曰："此乃中国所以乱也。夫自上圣黄帝作为礼乐法度，身以先之，仅以小治。及其后世，日以骄淫。阻法度之威，以责督于下，下罢极则以仁义怨望于上，上下交争怨而相篡弑，至于灭宗，皆以此类也。夫戎夷不然。上含淳德以遇其下，下怀忠信以事其上，一国之政犹一身之治，不知所

以治，此真圣人之治也。"于是缪公退而问内史廖曰："孤闻邻国有圣人，敌国之忧也。今由余贤，寡人之害，将奈之何？"内史廖曰："戎王处辟匿，未闻中国之声。君试遗其女乐，以夺其志；为由余请，以疏其间；留而莫遣，以失其期。戎王怪之，必疑由余。君臣有间，乃可虏也。且戎王好乐，必怠于政。"缪公曰："善。"因与由余曲席而坐，传器而食，问其地形与其兵势尽察，而后令内史廖以女乐二八遗戎王。戎王受而说之，终年不还。于是秦乃归由余。由余数谏不听，缪公又数使人间要由余，由余遂去降秦。缪公以客礼礼之，问伐戎之形。

终于在穆公三十七年，"秦由余谋，伐戎王，益国十二，开地千里，遂霸西戎。天子使召公过贺以金鼓"（同前）。秦之称霸关陇西部广大地区，大大增强了秦之国家实力，由余诸贤，多有贡献。但穆公对西戎之事，用心良苦，其决策实践之功，自不可没。清高士奇于此评曰："当是时，秦国之强，侪于齐晋荆楚，则亦改过不吝，用人惟己之所致矣。"（《见《左传纪事本末》卷五二《秦穆公伯西戎》）后来，战国时期的秦国，则很好地利用了穆公称霸西戎时打下的坚实基础，巩固西北关陇，开拓西南梁益，改革国家，实行法家耕战政策，国力大增，而东出函谷关以争天下，终于荡平六国，而一统天下。论其开创，穆公之功不可没。

五、人非完人说穆公

秦伯任好卒，以子车氏之三子奄息、仲行、鍼虎为殉。皆秦之良也。国人哀之，为之赋《黄鸟》。君子曰："秦穆之不为盟主也，宜哉。死而弃民。先王违世，犹诒之法，而况夺之善人乎！《诗》曰：'人之云亡，邦国殄瘁。'无善人之谓。若之何夺之？"古之王者知命之不长，是以并建圣哲，树之风声，分之采物，著之话言，为之律度，陈之艺极，引之表仪，予之法制，告之训典，教之防利，委之常秩，道之以礼，则使毋失其土宜，众隶赖之，而后即命。圣王同之。今纵无法以遗后嗣，而又收其良以死，难以在上矣。君子是以知秦之不复东征也。

——《左传》文公六年

这是穆公死后，当时"君子"对他最为严厉的批评。但作为盖棺定论，虽然所言属实，却也有可议之处。如俗语所说，金无足赤，人无完人，穆公也是如此，评价历史人物的功过是非，不能以一眚掩大德。

秦国以人殉葬之俗，并非穆公首创。据《史记·秦本纪》，秦武公卒，葬雍平阳，"初以人从死，从死者六十六人"。但穆公卒时，殉葬规模有所扩大，当时"从死者百七十七人，秦之良臣子舆氏三人，三人名曰奄息、仲行、铖虎，亦在从死之中。秦人哀之，为作歌《黄鸟》之诗"。子舆氏，即子车氏。良臣，即善臣。据《左传》杜预注："子车，秦大夫也。"那么穆公卒时，已把活人殉葬风俗，从奴隶扩大到士大夫阶层，这就引发了统治阶层的内部矛盾，遭到了出身于士大夫贵族之"君子"的严厉谴责。以活人殉，特别是以"良臣"殉，的确违背人道，非常残酷。如《诗经·秦风·黄鸟》之诗所描绘：

交交黄鸟，止于棘。谁从穆公？子车奄息。维此奄息，百夫之特。临其穴，惴惴其栗。彼苍者天，歼我良人！如可赎兮，人百其身！

交交黄鸟，止于桑。谁从穆公？子车仲行。维此仲行，百夫之防。临其穴，惴惴其栗。彼苍者天，歼我良人！如可赎兮，人百其身！

交交黄鸟，止于楚。谁从穆公？子车铖虎。维此铖虎，百夫之御。临其穴，惴惴其栗。彼苍者天，歼我良人！如可赎兮，人百其身！

在春秋时期，以姓氏称者，有其家族谱系，必然是贵族分衍，至少也是士人以上身份。子车氏三兄弟，史称"良臣"，《诗》称"百夫之特""百夫之防""百夫之御"，说明他们不仅是道德高尚，而且本事非凡，都是以一当百的猛将。秦处西方，与戎狄杂居，争战频繁，因此尚武精神浓厚。古时巫风盛行，穆公受祖宗鬼神崇拜思想影响，相信人死后升天成为鬼神，同样享受人世生活，因此，他要带走他所喜欢的良臣猛将来侍奉左右，就以"百人之特"的子车氏三兄弟殉葬。《黄鸟》之诗特别描绘了子车氏三兄弟临穴活埋前的心理活动："临其穴，惴惴其栗"，一旦走近墓穴要活埋，立刻浑身打战心发慌。这时高呼苍天，又岂能挽回鲜活的生命！在悲惨无告的控诉中，充满了对统治者暴行的痛恨，同时表达了对牺牲者的关心与同情。穆公罪行，于此遭到国人的强烈批判。但这并非穆公个人之残暴，更是春秋时代的悲剧。如司马迁所指出，"死而弃民，收其良臣而从死"（见《史记·秦本纪》），在穆公前后，都曾出现。如前之秦武公，从殉六十六人。仅据《左传》记载，穆公之后，中原荆楚，时有出现。如宣公十五年（前594年），晋魏武子有嬖妾，平生宠爱，临终前嘱咐子颗曰："必以为殉。"如果当时晋无以人为殉之俗，魏武子就不会如此交代。后来，因其子魏颗心存恻隐之心，拒父死前昏命，救了年轻女人一命。又如成公二年（前589年）八月，宋文公卒，不仅厚葬而益车马，赠棺椁，而且"始用殉"，就是说宋国也开始用活人来殉葬。又如成公十年（前581年），晋景公卒，以平日侍奉他的"小臣"为殉。又如定公三年（前507年），邾庄公卒，"先葬以车五乘，殉五人"。中原如此，荆楚南蛮亦然。如昭公十三年（前529年）五月，楚灵王在大夫芋尹申亥家上吊自杀，"申亥以其二女殉而葬之"。杀己女以殉王，其"忠义"之心，充满了血腥味，但申亥不以为非。为什么？因为他相信年轻的女儿，死后会永远陪侍楚灵王身边，享其荣华富贵。人殉之酷，连大夫之家也不免此陋。综上所述，秦穆公死时，以子车氏三兄弟为殉，在春秋巫风盛行的祖宗鬼神崇拜的氛围中，虽然残酷，但并非个例，而是时代及环境制造出来的惨剧。正因为穆公内心是真正喜欢子车氏三良，所以自己升遐之时，才想带他们一起升天，共享天堂之福。魏武子以嬖妾殉，正因爱她，才有此想法。申亥以二女殉楚灵王，同样道理。后人以此严责穆公，当然可以理解。但因此而对穆公全面否定，这就是苛责古人了。穆公也是鲜活的人，他也会发昏犯错，但不能因此以一眚掩大德，而忽视他在历史上的杰出贡献。

在春秋五霸中，秦穆公很有个性，既赋刚强乾断之性，同时又富悲天悯人仁义之爱。性既固执，但又能知错罪己，而绝不推卸罪责。因其勇于改过自新，孜孜不倦，因而秦国日渐兴盛，东抗强晋之霸，使其无法西向逾秦陇一步；又能独霸西戎，益地千里而国力大增。为后来的秦国东向争天下，打下了坚实的基础。秦之日盛，穆公鼎革，功不可没。概括言之，其贡献如下：

一、在春秋时代，第一位由周天子公开封赠的霸主是齐桓公。但物极必反，盛而后衰。在管仲、鲍叔牙、隰朋诸贤先桓公去世后，贤人凋零，桓公昏乱，齐国大乱。当晋公子重耳流亡在外的最后年代，正当桓公晚年，而晋国在献公死后，陷入内乱，但作为霸主，桓公却自顾不暇。就在这一关键时刻，历史的重任落到了秦穆公身上，正是穆公站了出来，帮助晋国稳定形势，恢复秩序。当时晋国的两位君主晋惠公及晋文公，都是由穆公派兵纳之，护送登位。在齐桓公死后霸主无人的权力真空期，正是秦穆公发挥了无形霸主的威势和作用。如果没有穆公连纳晋国两君，能有后来由文公建立的晋国百余年的霸业，从而促进了春秋历史的发展吗？霸主之名归晋文，但论其基业之称，则肇启于穆公之力助。春秋历史之重建，穆公与有功焉。

二、举贤授能，拒绝任人唯亲，而大力推行有效的改革措施。如举百里奚于俘囚奴隶之中，任以国政。用败军之将孟明视，其心之专，坚如磐石。孟明"增修国政，重施于民"，遂霸西戎而益地千里，终于报晋一箭之仇，举国士气大振。孟明视、西乞术等主要将帅，并非秦产，更非出身于秦国公族之家，但穆公信之，任之，用人不疑，终竟其功。又，戎王派由余使秦，穆公知由余贤，千方百计罗而致之，不以降人而对待，"穆公以客礼礼之，问伐戎之形"，终于形成了西伐戎狄的战略决策，并加以具体实行。穆公晚年，"秦用由余谋，益国十二，开地千里，遂霸西戎"，司马之论，岂虚言哉！对于荐贤让贤的智者公孙枝，同样信任重用。能够举贤纳谏，悔过自新，事之成败，先从君主自己方面找原因，而非文过饰非，苛责臣下。这样，秦廷上下，能够团结一心，为实现秦国的强大而贡献各自的力量。

三、穆公与晋惠公相比，心胸开阔，具仁者爱民之心，得到国人的拥护和支持。如岐下野人三百余捕食穆公之善马，官吏捕获，欲以法律严惩不贷。穆公闻之，曰："君子不以畜产害人。吾闻食善马肉不饮酒，伤人。"乃赐酒而赦之。事见《史记·秦本纪》载。在人、畜之间，穆公首先关心的是人，爱护人民的生命。这当然就获得人民的拥戴。后来秦晋韩原之战中，穆公曾陷晋军重围，生命危急时，忽有岐下野人三百冒险死战，驰救穆公出险，真正反映了士气、民心之所在。又如与秦同盟的江国被楚所灭，穆公"为之降服、出次、不能举、过数"，也就是说，穆公为江之亡，身穿素服，避居正殿，撤去盛宴和歌舞音乐，为之伤心难过了好几天。大臣进谏，认为不必为小小的江国之亡而如此亏待自己。穆公回答说："同盟灭，虽不救，敢不矜乎？吾自惧也。"事见《左传》文公四年。此乃穆公悲天悯人、以天下为心的具体表现。又如《左传》僖公十三年载，晋饥荒，惠公向秦乞求，针对晋惠公背信弃义的行为，大臣有拒粜而伐晋之议，穆公否之，曰："其君是恶，其民何罪？"秦于是大规模输粟救晋国百姓。《左传》僖公十五年，晋又饥，穆公决定帮敌国救灾，又粜之粟，曰："吾怨其君而矜其民。"再次表现了他那救灾恤民的人道关怀。须知，他所一再赈救的是那忘恩负义晋惠公的敌国之民，其心胸之宽厚仁爱何如哉？

四、依法治国，赏罚分明，而不问关系亲疏及官爵高低。据《吕氏春秋·不苟》曰：

> 秦穆公相百里奚。晋使叔虎、齐使东郭蹇如秦，公孙枝请见之。公曰："请见客，子之事软？"对曰："非也。""相国使子乎？"对曰："不也。"公曰："然则子事非子之事也。秦国僻陋戎夷，事服其任，人事其事，犹惧为诸侯笑。今子为非子之事，退，将论而罪。"公孙枝出，自敷于百里氏。百里奚请之。公曰："此所闻于相国软。枝无罪奚请？有罪奚请焉？"百里奚归，辞公孙枝。公孙枝徙，自敷于街。百里奚令吏行其罪。定分官，此古人之所以为法也。今缪公乡之矣，其霸西戎，岂不宜哉？

127

公孙枝即子桑，不仅是出自秦之公族的贵胄之家，而且是秦国著名的德才兼备的贤人，很得穆公宠信。若论与穆公的关系，秦庭诸大臣无逾枝者，但公孙枝也是人，也有发昏犯错之时。当时齐晋两国派了使者到秦，晋叔虎、齐东郭蹇，都是知名的外交人才，学识渊博，因此公孙枝想一见叙旧。公孙枝曾任秦政，后让贤于百里奚，退位次卿，相当于副相之职，仍是官高任重而获穆公重用。但就为代替外交行人见使者一事，论法被当街数其罪责，就是首相百里奚出面替他求情，穆公也铁面无私，依法施行。因为公孙枝管了自己不该管的事，这就是侵官侵权。朝廷百官，各有分工职责，岂可随意侵权？国家机器的正常运行，正有待于百官各司其职。在百里奚对公孙枝行罚之后，穆公是否贬黜了公孙枝呢？非也。因为公孙枝知过自新，从此工作更加努力，兢兢业业，恪守其职，毫不吝惜地为秦之繁荣昌盛贡献了自己的智慧与力量。于此可见，穆公一方面具有后儒所称的仁爱之心，同时又兼具后来法家依法施政的观念，可谓王、霸之道，并行不悖。这又是他高于当时一般中原诸侯的地方。

五、穆公的倔强个性及其顽强不屈的斗争精神，也有助于其事业的成功。在后晋文公时代，穆公力抗霸主强晋，虽多次吃败仗，但他却绝不屈服，能够屡败屡战。如崤之战后，穆公拒杀孟明以谢国人，而是下"罪己诏"，自负罪责，重新起用败军之将，又经彭衙及汪之败，穆公任孟明之志愈坚，以至于晋赵成子（衰）惊呼曰："秦师又至，将必辟之，惧而增德，不可当也。……（孟明）念德不怠，其可敌乎。"（《左传》文公二年）终于在文公三年，"秦伯伐晋，济河焚舟，取王官，及郊，晋人不出。遂自茅津济，封殽尸而还。遂霸西戎，用孟明也"，一战而力压强晋，终使霸主强晋，无西逾关陇一步，穆公之劳也。今本《尚书》，尚存穆公《秦誓》：

公曰："嗟，我士，听，无哗！予誓告汝群言之首。古人有言曰：'民讫自若是多盘'，责人斯无难，惟受责俾如流，是惟艰哉。我心之忧，日月逾迈，若弗云来。……昧昧我思之。如有一介臣，断断猗，无他技，其心休休焉，其如有容。人之有技，若已有之；人之彦圣，其心好之。……是能容之。以保我子孙黎民，亦职有利哉！"

表现了秦穆公总结失败的历史教训之后，罪己自责、举贤授能的决心，强调直言敢谏，而批判了谄媚附和的奸佞小人。"邦之杌陧，曰由一人。邦之荣怀，亦尚一人之庆"，国家安危，系于国君用人是否得当。其铮铮誓言，传颂至今，在《秦誓》中，成为经典之作。秦穆公的形象，确是鲜活如生，引人注目。《周易》有剥、复相继之理，在剥极失败之时，只要有顽强毅力坚持、坚持再坚持，终于剥极而复，最后恢复一线生机，就有可能重新走向成功的辉煌。此乃穆公败而再战之谓也。历史的经验不可轻忽之。

关于穆公死时以子车氏三子从殉，高士奇认为是秦国"独其僻在西陲，礼未同于中国"。此说不尽然。如前所述，当时中原诸国及荆楚之地也多有人殉之俗，见载《左传》。这是时代的社会悲剧，穆公个人虽难辞其咎，不过却难负全责。但高士奇总评还是相当概括而精当，可以参考：

秦穆公，春秋之贤诸侯也。骊姬之乱，晋君数弑，国几亡。穆公立夷吾（按：晋惠公），及夷吾背德，有韩原之战，执晋侯以归，而卒反之。晋饥，又输之粟，曰："吾怨其君而矜其民。"惠、怀无亲，外内弃之，则又置文公以定其难。襄王之未入也，秦伯师于河上，将纳王，以晋文公纳之而止。此其天资仁厚，举动光伟，加于人一等矣。生平之失，惟贪烛之武东道主之言而背晋，惑杞子、逢孙、杨孙之说而袭郑，则皆利令智昏之所致耳。然自败殽之后，素服郊次，深自怨艾，作悔过之誓。圣人序《书》，特列于百篇之末。日月之更，殆难以一眚掩矣。至其报恨王官，封尸殽坻，成济河焚舟之功焉。其举人之周，与人之壹，天下称之。孟明之始败也，曰："孤实贪以祸夫子，夫子何罪？"及再败彭衙，三败取汪，犹不替孟明。因而增修国政，使赵成子闻声而知惧。子桑知人，而终信以视。楚杀得臣，晋人窃喜；鲁用曹沫，齐桓反地。其得失不深切著明哉？百里奚，虞之俘囚也，举之牛口之下；蹇叔贤而世莫知，五羖大夫荐达之，迎以为上大夫；由余，戎之贤臣也，及其来归，以客礼之。爰是益国十二，开地千里，遂霸西戎，天子使召公贺以金鼓。当是时，秦国之强，侪于齐、晋、荆楚，则亦改过不吝，用人惟己之所致矣。

——高士奇《左传纪事本末》卷五十二《秦穆公伯西戎》

高氏所称，当时秦国之强，侪于齐、晋、荆楚霸主之国，周天子贺以金鼓，正式承认穆公的强国地位。其跻身于春秋五霸之一，不亦宜乎！

一鸣惊人真霸王

——楚庄王传叙（附孙叔敖）

一、筚路蓝缕楚春秋

在春秋时代的楚国君王中，楚成王和楚庄王祖孙二人最为杰出。但二人相较，因成王与晋文公争霸失利而有城濮之败，庄王则在邲之战中战胜强晋而终成霸主，因此，楚诸君应以庄王为最优。楚原是僻处南方荆蛮的周封子爵小国，后来虽自称楚王，但中原诸侯仍鄙称为楚子。楚历经数百年艰辛斩伐，终于蔚为大国，直至楚庄王成功登顶，成为霸主而让中原诸侯顺服，终于获得发展而繁荣昌盛。

> 右尹子革夕，王（按：楚灵王）见之，去冠、被，舍鞭，与之语曰："昔我先王熊绎与吕伋、王孙牟、燮父、禽父，并事康王，四国皆有分，我独无有。……（子革）对曰："我先王熊绎，辟在荆山，筚路蓝缕，以处草莽，跋涉山林，以事天子，唯是桃弧、棘矢，以共御王事。……"
>
> ——《左传》昭公十二年

楚灵王与子革君臣的一番对话，形象地描绘了楚国自周初以来的发展历史。西周初，楚国僻处南方荆蛮，只是周朝附庸的一个子爵小国，生产落后，物质匮乏，能进贡天朝的物产，也只有桃弓和棘矢。"跋涉山林"，"筚路蓝缕"，充分演绎了楚民族在生存和发展中充满了艰辛的血和泪。

但据《国语·郑语》载，史伯对郑桓公说，周初楚之始封却是熊严而非熊绎。后来汉时《潜夫论·志氏姓》及《汉书·艺文志》在道家《鬻子》下注："熊为周师，自文王以下问焉，周封为楚祖。"也以为楚之始封为熊严，"是谓粥熊"，也即鬻子，时代推至周文王时。这是传说异同所致。司马迁《史记·楚世家》则折衷之曰："周文王之时，季连之苗裔曰鬻熊。鬻熊子事文王，蚤卒。其子曰熊丽。熊丽生熊狂，熊狂生熊绎。熊绎当周成王之时，举文、武勤劳之后嗣，而封熊绎于楚蛮，封以子男田，姓芈氏，居丹阳。楚子熊绎与鲁公伯禽、卫康叔子牟、晋侯燮、齐太公子吕伋俱事成王。"但发展到周之夷、厉二王时代，楚君熊渠曰："我蛮夷也，不与中国之号谥。"因而自称王号，但不为中原诸侯所承认，故《诗经·小雅·采芑》早有"蠢尔蛮楚"之蔑称。南方荆楚与中原周朝诸侯的对立形势，也已出现。但因楚国僻处南方，扫灭群蛮小国，日渐发展壮大，周朝则鞭长莫及，只能听任自行发展而无可奈何。后来因周厉王暴虐而好征伐，熊渠惧，与其三子去王号。直到东周初，蚡冒弟熊通弑蚡冒子自立。熊通三十五年，楚伐随，曰："我蛮夷也。今诸侯皆为叛相侵，或相杀。我有敝甲，欲以观中国之政，请王室尊吾号。"随人为请于周，王室不听，还报楚，熊通大怒，曰："吾先鬻熊，文王之师也，蚤终。成王举我先公，乃以子男田令居楚，蛮夷皆率服，而王不加位，我自尊耳。"乃自立为王，史称武王。楚武王卒，子熊赀立，始都郢，史称楚文王。自此，楚世代正式称王号以抗周室。楚文王卒，子熊囏立，是为庄敖，立五年，被弟熊恽袭杀代立，是为楚成王。成王之时，正当齐桓称霸而晋公子重耳流亡返国之时。于是成王："布德施惠，结旧好于诸侯。使人献天子，天子赐胙，曰：'镇尔南方夷越之乱，无侵中国。'"（见《史记·楚世家》）于是楚成王利用周室号令，东征西讨，伐许征黄，吞英灭夔，拓地千里，江汉间小国，无不畏之，楚之强大，足抗中国。与齐桓公有陉山之盟。齐桓公死，成王又以诸侯礼待流亡中的晋公子重耳，厚送其入秦返国，终于与秦、晋大国建立了良好的关系。这就为后来楚庄王之霸奠定了外交的基础。

从楚国发展史可看到，楚国及其民族的发展，有其历史的和现实的原因：一是楚的先祖鬻熊（即鬻子，其著作入《汉书·艺文志》的道家类）曾为周文王之师，其学问及文明素养根基深厚。后来楚国君主政要，虽僻处南方，但大多熟悉周礼一整套的礼乐刑政及仁义诚信之类的道德观念，颇具文化素养，即与其民族传统及祖先崇拜有关。这已被现代考古成果所证实。因此，楚民族与中原诸国，具有同样的文化基因，交往时并无困难。如楚成王、楚庄王等，都具有很高的文化素养，在引经据典及仁义道德方面，也常能高瞻远瞩，令人信服。后来，战国时代诞生了楚辞及屈原这一文化高峰，绝非偶然。二是东周初年，周王正式颁赐楚国"镇尔南方夷越之乱"的国命，虽加"无侵中国"的条件，但实际上并不限制楚民族在南方的扩张与发展。这就为楚国扫灭广大南方诸蛮甚或是诸姬小国，创造有利条件。这是王室天命之所在，名正言顺。于是楚国及时把握时机，在广袤的南方，拓地千里，国家迅速强大了起来。国力之强盛条件有三：土地，人口，文明素养及生产水平。楚国的国土及人口，早已超越许多中原诸侯国，甚至可抗衡秦晋齐诸大国。这就为楚国争霸创造条件。三是在与中原诸侯的交流甚或是交战中，总结经验教训，积累历史智慧，成功固然可喜，失败也不必悲观，走出困境，即是新生。楚国的历史发展，为楚庄王的霸业早作必要的铺垫。比如楚成王之于晋公子重耳，当重耳过楚时，成王享之以诸侯之礼，当时令尹子玉认定重耳之贤，返晋主国必成楚之劲敌，因而要求杀之。但成王不同意，曰："晋公子广而俭，文而有礼。其从者肃而宽，忠而能力。晋侯（按：指惠公）无亲，外内恶之。吾闻姬姓，唐叔之后，其后衰者也，其将由晋公子乎。天将兴之，谁能废之。违天必有大咎。"主张依照天道人事发展规律办事，而不因个人好恶而逆天以行（见《左传》僖公二十四年）。又晋楚城濮之战前，楚成王派使者命令尹子玉"无从晋师"，即不要主动攻击晋文公所率领的晋军，其理由如下："晋侯在外十九年矣，而果得晋国。险阻艰难，备尝之矣；民之情伪，尽知之矣。天假之年，而除其害。天之所置，其可废乎？《军志》曰：'允当则归'，又曰：'知难而退'，又曰：'有德不可敌。'此三志者，晋之谓矣。"

（见《左传》僖公二十八年）惜哉！子玉违命而行，自取城濮之辱。这一类成功与失败的经验教训，都给予后来的庄王以有益的启迪。四是楚国僻处南方，在与中原诸侯竞争中，一旦失利，可迅速回撤，其领土广大，具可供回旋之战略纵深之地，中原诸国无奈其何。相反，楚国一旦得利，日渐蚕食如陈、许诸国，征伐郑、宋要冲，处于进可攻、退可守的极其有利的地势，其所占地理环境有利于回旋进退而反复争霸也。综上所述，楚庄王争霸，有能力而一鸣惊人，岂偶然哉！

二、内外交困脱坎陷

> 楚庄王立，子孔、潘崇将袭群舒，使公子燮与子仪守而伐舒蓼。二子作乱，城郢而使贼杀子孔，不克而还。八月，二子以楚子出，将如商密。庐戢梨及叔麇诱之，遂杀斗克及公子燮。初，斗克囚于秦，秦有殽之败，而使归求成，成而不得志。公子燮求令尹而不得。故二子作乱。
>
> ——《左传》文公十四年

故事发生在鲁文公十四年（前 613 年）。事前，太子商臣弑父成王，是为穆王。穆王在位十二年，灭江，灭六，灭蓼，转战江汉间，扩张领土。穆王卒，子庄王立。看来，庄王立在二十几岁的青年时代，缺乏历练，因而被其师父公子燮及子仪所把持操纵。当时令尹子孔及太傅潘崇掌国政，因而引起了公子燮及子仪的不满，他俩利用了庄王师傅的亲密关系，乘子孔、潘崇率兵在外，就在郢都挟持了庄王，发动叛乱。因为庄王在叛乱者手里，镇压叛乱投鼠忌器，故而难以攻杀而只能智取。于是，庐邑大夫戢梨及叔麇乃诱鱼上钩予以消灭。年轻的楚庄王刚一即位，立刻被叛乱所袭扰，类似的忧患，给了他以强烈的印象和刺激，国家要发展要强大，内政、外交，哪儿都不能有所疏忽。努力学习，居安思危，兢兢业业，才能摆脱困境而走向成功。看来，叛乱之忧，给他的教训是深刻的。

　　楚庄王（？～前591年），名旅（按：《史记》作"侣"，或作"吕"）成王孙，穆王子。鲁文公十四年（前613年）即位，卒于宣公十八年（前591年）。楚国君主，芈姓，以先祖鬻熊之名字为氏，故其子孙以"熊"冠名，如鬻熊子曰熊丽，熊丽生熊狂，熊狂生熊绎。熊绎被周成王以子男之爵始封于楚蛮。后来的成王名熊恽。庄王名熊旅。或称熊为楚之始封地，故取以为氏，亦可聊备一说。楚国君王传位，并非完全是周礼所称的立嫡立长的传子之制。这一嫡长继统之制，在东周时，即在中原诸侯之国，也是时有破坏，此所谓礼崩乐坏影响所致也。在春秋四大国中，秦楚虽多与中原交往，受其文明影响，但却自称戎狄蛮夷，其礼制习俗，被中原姬姓诸国称为半开化之制。因此楚国继位之制，并非严格的嫡长子制，兄弟争立之事屡见不鲜。如熊霜卒，三弟争立，二弟仲雪死，三弟叔堪亡，避难于濮，而少弟季徇立，是为熊徇。因此，楚庄王刚登基继统，即为内乱所扰，并非一即位，就可号令天下。内乱甫平，立刻又被外患所困，差点让江山不保。据《左传》文公十六年载曰："楚大饥。戎伐其西南，至于阜山，师于大林。又伐其东南，至于阳丘，以侵訾枝。庸人帅群蛮以叛楚。麇人率百濮聚于选，将伐楚。于是申、息之北门不启。楚人谋徙于阪高。"楚国因自然灾害"大饥"，群蛮之国借机叛楚，纷纷出兵围攻，致使楚国"申、息北门不启"，人或劝庄王迁离郢都以避寇锋。可见当时形势之严重。在此内外交困的情况下，是坐以待毙，还是振作自救呢？庄王挑选的是后一条积极之路。他接受贤能之臣的劝谏，拒绝迁都避寇以示弱的危险建议，如大夫蒍贾所说："我能往，寇亦能往。夫麇与百濮，谓我饥不能师，故伐我也。若我出师，必惧而归。百濮离居，将各走其邑，谁暇谋人？"乃出师。旬有五日而百濮乃罢归。严重的军事威胁，暂时解除。但要彻底消除威胁，除攘外之策外，还需整顿民生，"自庐以往，振廪同食"，解决人民衣食问题，才能全国团结一致，共赴国难。群蛮之中，庸国为大，群蛮之国，视为群首。于是庄王决定了灭庸以服百蛮的战略计划。使庐戢黎侵庸，及庸方城。庸人逐之，囚子扬窗。三宿而逸，曰："庸师众，群蛮聚焉，不如复大师，且起王卒，合而后进。"师叔曰："不可。姑又与之遇以骄之。彼骄我怒，而后可克，先君蚡冒所以服陉隰也。"又与之遇，七遇皆北，唯裨、儵、鱼人实逐之。庸人曰："楚不足与战矣。"遂不设备。就在这时，庄王乘快驿率师奔赴前线，并且联合了秦与巴等同盟国的兵力，集中兵力围攻骄兵无备的庸国，灭之。灭庸之后，一战而群蛮尽服。楚之外患稍定（事见《左传》文公十六年）。楚与庸及百濮群蛮，同处南方的江汉之间，说是外患，实为腹心之疾，外患不除，则楚国难安。庸与百濮群蛮病楚，则楚经营近境之不暇，岂有力量北上与晋争中原乎？但灭庸非易，故借秦崤役之败，西联巴秦，既解除西北面之患，又能借秦力从西方牵制强晋；而且灭庸（按：地在今湖北郧阳一带），境连秦陇汉中，楚占其国，则可西逼周晋而力及中原，形成了楚兵争锋中原的掎角之势。壮哉！庄王之战略设计，一石三鸟，灭庸服蛮，西合秦巴，前后夹击周晋中原之势已成，其深谋远虑非常人之可及。在内外交困的极端困境中，坚持再坚持，与民共患难，终于脱困而反败为胜，为后来楚国的发展，形成了进可攻、退可守的大好形势。楚庄王之霸，等待的只是时间与机会。

但是，一波未平一波又起。外患稍解，内忧重生。《左传》宣公四年（前605年）载：

> （楚）令尹子文卒，斗般（按：文之子）为令尹，子越为司马。蒍贾为工正，谮子扬（斗般之字）而杀之，子越为令尹，己为司马。子越又恶之，乃以若敖氏之族圈伯嬴（按：即蒍贾）于辕阳而杀之，遂处烝野，将攻王。王以三王之子为质焉，弗受，师于漳澨。秋七月戊戌，楚子与若敖氏战于皋浒。伯棼射王，汏辀，及鼓跗，著于丁宁。又射汏辀，以贯笠毂。师惧，退。王使巡师曰："吾先君文王克息，获三矢焉。伯棼窃其二，尽于是矣。"鼓而进之，遂灭若敖氏。

蒍贾为智谋之臣，但被政治野心驱使，谮杀贤相子文之子斗般而升任司马。但是，螳螂捕蝉，黄雀在后，更大的野心家令尹子越椒岂能容忍蒍贾？能谮杀斗般者，今后又可能谮杀自己。为此，他根本不去请示庄王，而是兴若敖氏之卒而囚蔿贾杀之。其野心未有止境，不仅在专杀朝臣，更想以武力反叛庄王而夺君位。遂出郢都，住在附近的烝野，以令尹权势，召集叛军，人多势壮，兵车甚多。当时对庄王来说，有大军压境之态，形势的确非常严重。由于事发突然，无奈，庄王提议与子越妥协，并以三王（文王、成王、穆王）之子为质，也即以最亲的王族子孙为质，子越椒傲慢地拒绝了。于是，庄王下决心战斗到底。他率王师从漳澨出征，子越率叛军迎头冲击。两军厮杀异常激烈。子越的确勇猛过人，他张弓直射君王，第一箭飞越王乘车辕，穿越鼓架，射在号令三军的鉦锣之上，偏低一点；第二箭飞越车辕，力贯王车的笠毂（王车伞盖），稍高了一点。如任其第三箭射出，稍作调整，必然直接命中。王师恐慌，撤退避敌。由于军心不稳，这时楚庄王派使者巡视高声宣示，曰："我先君楚文王攻占息国时，获得三支良箭，被子越偷出二枝，他的好箭已经射光了。"以此稳定了军心。于是重新敲击战鼓进攻，一战而胜，终于粉碎了子越椒率领若敖氏家族武装所发动的叛乱，又一次挽救了楚国。

斗椒字子越，有时又称子越椒或越椒。他出身于高贵的楚君若敖之后，蚡冒是其高祖，故以若敖为氏。斗椒是前令尹子文之弟子良的儿子，是子文亲侄。据说斗椒生时，现"熊虎之状，而豺狼之声"，子文谓其长大必有"豺狼野心"，因此希望其弟子良杀之，以免灭族之灾。子良不允，致有后来叛乱灭族之事发生。但事实可能是子越长大后野心勃发，为子文发现，因此他在临终前对族人遗言曰："椒也知政，乃速行矣，无及于难。"他边哭泣便叹息曰："鬼犹求食，若敖氏之鬼，不其馁而？"（事载《左传》宣公四年）也就是说，子越椒必然叛变而灭族，若敖氏之鬼岂不因此而断绝了祭祀吗？一代贤相子文的担心，不幸言中，悲哉！

在危及楚国生死存亡的若敖氏之乱中，令尹斗椒（子越）是罪魁祸首，而他正是子文早就视为具"豺狼之心"的亲侄子，血缘关系亲近。因此，按古时灭族刑法，子文家族这一支派，当然也在灭族大刑之列而难以幸免。但在处理若敖氏之乱时，楚庄王却对子文后人心存一点恻隐之心、仁义之善。因为庞大的若敖氏家族中，并非铁板一块，如子文后人之中，就多有对楚国忠心耿耿者，岂可不分青红皂白地一起加以戮杀。据《左传》宣公四年（前605 年）载，前令尹子文死后，其孙箴尹克黄使于齐，还，及宋，闻乱。其人曰：'不可以入矣。'箴尹曰：'弃君之命，独谁受之？君，天也，天可逃乎？'遂归，复命而自拘于司败。王思子文之治楚国也，曰：'子文无后，何以劝善？'使复其所，改命曰生。"子文一生，忠于楚而举贤授能，如鲁庄公三十年，楚有令尹子元祸乱，子文为令尹，自毁其家以纾楚国之难。又如成得臣（子玉）取陈，取焦、夷，城顿，形成对晋国领导下中原诸侯的有利进攻态势。子文以为有大功，就主动让贤，建议其任令尹以取代自己，事见《左传》僖公二十三年。又如僖公二十七年，子文治兵于睽，子玉军纪严明，子文贺之，又再次让贤。可见子文不以功名爵禄为事，不思恋权位，能主动让贤，一切都从楚国的国家利益出发，其拳拳之心，忠贯日月，终成楚国一代贤相。但斗越是其亲侄，反叛攻王，兵败被杀，致灭族之罪，子文后人必然祸及而无可奈何。以此，子文孙箴尹克黄使于齐在外，原本可以逃生避难他国，但他继承子文之忠，坚持返楚受审。"君，天也，天可逃乎？"铮铮忠言，感天动地。幸亏此时庄王心存一仁之善，并且想念子文治楚之功，于是说出了"子文无后，何以劝善"之言，终于赦免了克黄，为子文保存了后代血脉。于此可见，庄王并非滥于刑杀，而是惩恶劝善有所分别，他从实际出发，思子文之功而恩沾后人。这就更能获得楚国士民的拥戴。

跨越了内外交困的逆境，大大地锻炼了楚庄王，使他迅速成长成熟，为后来楚国争霸中原，扫清了主客观的障碍，从而创造了有利的条件。

三、观兵问鼎思霸业

楚庄王是个很有个性而又有理想有担当的人，其为人胜不骄败不馁，生命不息，奋斗不止。其乾阳刚断之性，在《左传》中被描绘得虎虎生风，形象鲜明感人。

楚子伐陆浑之戎，遂至于雒，观兵于周疆。定王使王孙满劳楚子。楚子问鼎之大小轻重焉。对曰："在德不在鼎。昔夏之方有德也，远方图物，贡金九牧，铸鼎象物，百物而为之备，使民知神奸。故民入川泽、山林，不逢不若。螭魅罔两，莫能逢之。用能协于上下，以承天休。桀有昏德，鼎迁于商，载祀六百。商纣暴虐，鼎迁于周。德之休明，虽小，重也。其奸回昏乱，虽大，轻也。天祚明德，有所底止。成王定鼎于郏鄏，卜世三十，卜年七百，天所命也。周德虽衰，天命未改。鼎之轻重，未可问也。"

——《左传》宣公三年

故事发生在公元前606年，是周定王的时代。当时楚庄王讨伐散处于京洛中原一带的陆浑之戎，以解除戎狄对王室及中原诸侯的心腹之患。战争进展顺利，楚庄王就在周王朝的京洛地区举行了盛大的阅兵典礼，以便庆祝并宣示楚国的威武强大。据《左传》僖公二十二年（前638年）载，平王东迁之时，周大夫辛有适伊川，"见被发而祭于野者"（按：此夷狄之俗），发出了"不及百年，此其戎乎！其礼先亡也"之叹。"秋，秦晋迁陆浑之戎于伊川"，此陆浑之戎，允姓，王国维《鬼方昆夷猃狁考》以为即猃狁之后，从甘陇瓜州迁来伊川京洛间。陆浑之戎散处京畿地区，不奉周礼而自有习俗号令，这对中原诸国多有威胁。《左传》昭公九年（前533年）载周大夫詹恒伯辞晋之言曰："伯父惠公归自秦而诱以来，使逼我诸姬，入我郊甸，则戎焉取之。戎有中国，谁之咎也？后稷封殖天下，今戎制之，不亦难乎！"因其地近于楚，庄王为了扩张势力，北伐陆浑之戎以令其臣服。但表面上为解除周天子腹心之疾，以取天下令誉，可谓一箭双雕之计。庄王深谋远虑，确有过人之处。晋国曾臣服近晋之阴戎以为掎角之势，阴戎助晋在崤山战役大败秦师，使秦"匹马只轮无返者"；楚也可臣服陆浑之戎壮大自己，来暗中服周抗晋，你来我往，互相争霸，有何不可？霸业并非晋国专利，有德有力者居之，这是庄王的认识。因此，他问周人九鼎之轻重，一方面是出于好奇，一方面是作为争取霸业的一次思想试探。从庄王问鼎，可见其理想志趣之所在，他不仅要安邦治国，而且进一步想要安天下。其理想之壮，令人刮目相看。周王孙满观楚阅兵并答楚庄王问鼎，一席话颇具外交辞令，似乎义正词严，令庄王惭愧而退。实际则不然。《左传》旧注大多以为楚庄王野心勃发，问周鼎轻重的目的在于取周自代以为天下共主。这一认识是错误的。周平王东迁时，周朝王室的领地，包括了今天河南西部大河南北的广袤疆土和密集人口，加以王朝财富，非诸侯国可比，这时，如果稍加振作以作改革，周朝仍然大有可为，振兴有望。但事正相反，自周平王后，桓、庄、釐、惠、襄、顷、匡、定诸王，无一有为之君，王朝迅速腐化，内争外斗，无朝或息。如王子争立，卿大夫结党营私，厮杀连连，因此，国力耗尽，周初时连新成立的郑这样小国，周桓王亲率诸侯联军加以讨伐，结果被郑庄公杀得大败，桓王受伤。幸亏郑庄公心存一丝之仁，不让郑军追击，桓王才捡回一命，但已受尽了侮辱。以后更是一代不如一代。如惠王时发生宠弟王子颓之乱，五大夫奉颓伐王，惠王出奔郑地栎以避难，依靠郑、虢之力，杀王子颓而纳惠王。后来周襄王时，再次发生王子带之乱。王子带为争立召戎狄伐周，后来在鲁僖公二十五年时，晋文公率师杀王子带于王城，纳襄王。如果不是诸侯霸主打出尊王攘夷旗号，那还有周天子吗？因此，东周以后，虽然春秋之世，周朝文、武、成王、周公典礼尚未完全熄灭，但也只是一息尚存而已，礼崩乐坏现象日趋严重。作为天下共主的周天子，实力早失，剩下的只是抽象礼仪道德的象征符号而已。当时天下之政，实力在霸主，实权也在霸主。因此，面对这一现实，你想，楚庄王会作何选择呢？他怎会选择作为傀儡而任人摆弄的天下共主的天子之位？而不去选择那实力在握、挟天子以令诸侯的春秋霸主呢？楚庄王很聪明，他不会选择那抽象而毫无意义的天子之位，让天下人共同唾骂声讨，这不是把自己安放到火炉上烤又是什么？很显然，楚庄王不会去觊觎天下共主之位，因为条件不成熟，他的智力足以让他做出明智的选择。他一心在为建立楚国霸业作深入思考和缜密安排。伐陆浑之戎而观兵京洛和试问周鼎，不过是争霸前的小试牛刀而已。

庄王出征雕塑

对于楚庄王问周鼎事，日人竹添光鸿《左氏会笺》（巴蜀书社，2008年）于宣公三年下笺曰："周之君臣执典礼，以折服天下之强侯者，则代有其人。呜呼！此周之仅存而不亡者也。然卒以此弱而不振。今夫衣冠揖让，所以卫身。人之有羸毁之疾者，则必思剂药物通饮食，以调治之。释此不为，而独恃衣冠揖让，岂有济哉！""郑小国，逼于强大，故仅恃此自全。然罕虎、公孙侨（按：即子产）之徒，尤孜孜焉日求所以内治其国。周为天下共主，其自强甚易，而君臣之号贤能者，则皆以空言守其虚礼，为之既效，上下相沿，遂以为制天下之术在是也。呜呼，周言典礼，而卒于不振……而欲其不亡也得乎？"对于周人王孙满之类言辞的批判，确是一针见血之论。

四、进贤退奸楚自强

要成为春秋霸主国，在行政改革上必然要推行举贤授能、退奸除佞的用人国策。齐桓公任用管仲、鲍叔牙、隰朋、宁戚等一大批贤人，在齐国推行政治、经济改革；晋文公的身边也有狐偃、赵衰、卜偃、先轸诸贤，有效地促进了晋国霸业的出现；秦穆公独霸西戎，并与东方齐晋霸主国并驾齐驱，是由于他身边有百里奚、蹇叔、公孙枝、由余诸贤。得士者昌，失士者亡，这是一个规律。楚庄王要图霸业，同样要实行举贤退奸的国策，这样楚国才能北向与齐晋秦争锋而成霸主。

> 楚左尹子重侵宋，王待诸郔。令尹蒍艾猎城沂，使封人虑事，以授司徒。量功命日，分财用，平板干，称畚筑，程土物，议远迩，略基趾，具餱粮，度有司，事三旬而成，不愆于素。
>
> ——《左传》宣公十一年

故事发生在公元前598年，即晋楚邲之战前一年。当时，楚因宋不服顺，故予征伐，楚庄王驻跸郔地，一方面等待前线消息，一方面又作战略后援支持之态。令尹蒍艾猎，即蒍敖，旧注指孙叔敖。作为楚相，他当时负责在沂地修城，以作为支援前方的军事后勤基地，屯兵聚粮打柴收草，无所不为。《左传》对孙叔敖筑城工程，记叙甚详，从中看出了孙叔敖管理国家的才能。先派封人（修城主事官）造出修城计划，估量工程所需，报告给朝廷主管的司徒。估算所需的人工和时日，分配建筑所用材料，取平夹板和木桩木柱，均衡调配运料和筑城人工，计算土方和器材所需，规定取土取水的远近地点，巡视城基范围而加以调整，及时准备粮食，并选定监工负责之人。三十天准时完成工程，按原计划一一实现。

从一个具体的筑城工程，可进一步看到孙叔敖的治国才能。看来，他对国家政府各部门的关系和运作，都做了明确的分工合作，管理有条有理，秩序井然，在国家行政管理科学上，他的确是行家能人。作为国家行政主管——令尹，他指挥得当，不侵下级部门之权，但又要各部有司向他负责。他负总责，而非越级指挥下级蛮干。这样加以改革，楚国的行政自然提高了效率，国家获得了新发展。这也是楚国后来能够战胜霸主晋国的一大原因。后来邲之战中，战场上发生了许多突然事件，虽然事出意外，但在孙叔敖的治理下，楚军因平时训练有素，都能有条不紊地自如应对，终于战胜强敌。

楚国三军配合默契，当楚庄王亲乘左广以逐晋将赵旃时，敌垒尘起，孙叔敖作为全面指挥的令尹，惧楚王入晋军，立刻下令三军疾进以薄敌军，终于大获全胜。晋军仓皇渡河北归，"舟中之指可掬"，伤亡惨重，早已溃不成军。其实，在决战前夕，晋上军主将随武子士会在军事会议中，曾对中军主帅桓子（荀林父）及诸将分析楚庄王"德刑政事不易，不可敌也"。令尹孙叔敖协助楚庄王治理国家：

> 昔岁入陈，今兹入郑，民不罢劳，君无怨讟，政有经矣。荆尸而举，商农工贾不败其业，而卒乘辑睦，事不奸矣。蒍敖为宰，择楚国之令典，军行，右辕，左追蓐，前茅虑无，中权，后劲，百官象物而动，军政不戒而备，能用典矣。其君之举也，内姓选于亲，外姓选于旧；举不失德，赏不失劳；老有加惠，旅有施舍；君子小人，物有服章，贵有常尊，贱有等威；礼不逆矣。德立，刑行，政成，事时，典从，礼顺，若之何敌之？

——《左传》宣公十二年

认为庄王领导、孙叔敖具体推行的政治、经济、军事、刑法的改革，相当全面，效果显著，因此难以对敌。这就从敌方将军的客观分析和认识，说明了楚庄王用贤力推改革之实效。

孙叔敖不仅是贤能之臣，而且道德高尚。据说他小时看到了一条两头蛇，传说人见两头蛇者必死，他把蛇"杀而埋之"，回家大哭，以为自己就要死了。但母亲告诉他，因他担心别人再见而杀蛇，积德行善，"有阴德者天报以福"，自然不会死了。"及长为楚令尹，未治而国人信其仁"（见刘向《新序·杂事》第一，收录于《百子全书》，浙江人民出版社，1985年）。孙叔敖原是海滨期思之鄙人，即乡下人。人或以其"蒍"姓，认为出于楚之世家大族。实际不然。公子王孙、世家大族之后，几代而斩，年代久远而辗转沦落为普通士人、鄙人者，比比皆是。而且蒍敖（即孙叔敖）之"蒍"，与前大司马蒍贾之"蒍"也不一定就有亲近的血缘关系。总之，他从小到大，只是一个乡下鄙人，出身并不高贵。《史记·循吏列传》谓"孙叔敖者，楚处士也"。处士，是无官无职普通士人，《史记》应有所根据。高诱注《吕氏春秋》卷二《情欲》篇，以为孙叔敖是楚令尹蒍贾之子，并未提出证据。但据《吕氏春秋》卷二四《赞能》篇其推荐者沈尹茎明白对庄王曰："期思之鄙人有孙叔敖。"不知高诱又将如何注解。高注自相矛盾如此，他抬高孙叔敖的出身，不可信。《赞能》篇曰："孙叔敖、沈尹茎相与友。叔敖游于郢三年，声问不知，修行不闻。沈尹茎谓孙叔敖曰：'说义以听，方术信行，能令人主上至于王，下至于霸，我不若子也。耦世接俗，说义调均，以适主心，子不如我也。子何以不归耕乎？吾将为子游。'沈尹茎游于郢五年，荆王欲以为令尹，沈尹茎辞曰：'期思之鄙人有孙叔敖者，圣人也。王必用之，臣不若也。'荆王于是使人以王舆迎叔敖，以为令尹，十二年而庄王霸。此沈尹茎之力也。功无大乎进贤。"（见陈奇猷《吕氏春秋校释》，学林出版社，1984年）而据刘向《新序·杂事》第一曰："樊姬，楚国之夫人也。楚庄王罢朝而晏，问其故。庄王曰：'今旦与贤相语，不知日之晏也。'樊姬曰：'贤相为谁？'王曰：'为虞丘子。'樊姬掩口而笑。王问其故。曰：'妾幸得执巾栉以侍王，非不欲专贵擅爱也，以为伤王之义，故所进与妾同位者数人矣。今虞丘子为相十数年，未尝进一贤。知而不进，是不忠也；不知，是不智也。不忠不智，安得为贤？'明日朝，王以樊姬之言告虞丘子，虞丘子稽首曰：'如樊姬之言。'于是辞位而进孙叔敖。孙叔敖相楚，国富兵强，庄王卒以霸，樊姬与有力焉。"樊姬所称"今虞丘子为相十数年"，当然是夸大其词的修饰之语，庄王在位才二十三年，早期又有斗般、子越椒等为相，何来"十数年为相"？但虞丘子为相，先秦诸子多有记载，是个贤人，是他主动让贤而推荐孙叔敖代替自己为令尹以治楚的。沈尹茎、虞丘子是否同一人呢？学界意见不一，待考。《新序》所载樊姬之言，并非否认虞丘子之贤，而是批评他未曾多荐贤人于朝。也就是说，一个国家朝廷要兴盛，除了令尹之外，还应有许多贤人与之默契合作，才能有成效。不然以楚庄王之英明贤智，岂能不知虞丘为贤，又何待樊姬的批评呢？楚庄王要求于虞丘者，正是要他进荐一批贤人以报效

144

国家。由此可见，楚庄王举贤授能的急切之心，一切都是为了楚国的利益
——争霸中原以安天下。刘向在《说苑·尊贤》卷八（《百子全书》，浙江人
民出版社，1985 年）中有论曰："人君之欲平治天下而垂荣名者，必尊贤而
下士。《易》'自上下下，其道大光'，又曰'以贵下贱，大得民也'。夫明王
之施德而下下也，将怀远而致近也。夫朝无贤人，犹鸿鹄之无羽翼也，虽有
千里之望，犹不能致其意之所欲至矣；是故游江海者托于船，致远道者托于
乘，欲霸王者托于贤；伊尹、吕尚、管夷吾、百里奚，此霸王之船乘也。释
父兄与子孙，非疏之也；任庖人钓屠与仇雠仆虏，非阿之也；持社稷立功名
之道，不得不然也。犹大匠之为宫室也，量小大而知材木矣。"进贤则国兴，
用奸则国亡，此古今一律也。故刘向借古人之言，批评贱辱人臣之君主曰：
"为人君而忍其臣者，智士不为谋，辩士不为言，仁士不为行，勇士不为死。"
贤不为用，国岂有不亡之理！因此，楚庄王善沈尹茎、虞丘之言，而进贤任
鄙人孙叔敖为令尹，因为他是贤者，智谋、道德，无不远出乎众人之上，以
此而国治邦安以争天下。但楚庄王也经常受到公子王孙、世家大族诸亲近保
守势力的围攻和影响。借维护旧传统旧礼教之名，多进谗言，以致司马迁谓
孙叔敖"故三得相而不喜，知其材自得之也；三去相而不悔，知非己之罪也"
（见《史记·循吏列传》）。这与前贤子文"三仕为令尹，无喜色，三已之，
无愠色"（见《论语·公冶长》）的情况相似。子文与孙叔敖二贤皆三相三罢
而无喜愠之色。但子文出身世家望族，罢有复出之机；孙叔敖则身为期思鄙
人，其罢而能更进者，则以其贤明才智及道德过人之处。他的行为，更具悲
壮色彩而令人叹赏。而从楚庄王角度看，令尹是极其重要的官职，国之成败，
与其举贤用能国策相关。因此，他用孙叔敖三相三罢，正见其是用亲近劣者，
还是用鄙远贤者，二者交战胸中，心理矛盾交织斗争，这才是更真实的君王
心态。如果胸无大志和理想，就不必用鄙远之贤，孙叔敖可能就一罢不起。
但三罢三复，终于称霸天下，楚庄王之于孙叔敖，其用贤心态，更加真实，
当与其理想之远大密切相关。《吕氏春秋·情欲》卷二曰："世人之事君者，
皆以孙叔敖之遇楚庄王为幸，自有道者论之则不然，此楚国之幸。楚庄王好

周游田猎，驰骋弋射，欢乐无遗，尽傅（付）其境内之劳与诸侯之忧于孙叔敖。孙叔敖日夜不息，不得已便生为故，故使庄王功迹著乎竹帛，传乎后世。"这是自臣下角度言之。但自君王角度言之，则庄王用孙叔敖，任贤之心，专矣信矣。如鲁宣十二年晋楚邲之战中，此役关系重大，当时楚以"沈尹将中军，子重将左，子反将右"，令尹孙叔敖居中辅王负责总指挥。庄王接受伍参意见，改变战役方向，必须先告孙叔敖改变原来的"南辕反旆"为"乘辕而北之"，也就是说，楚庄王并不直接干预军队而越级指挥，而是尊重前线总指挥，让他下令改变战役方向。故日人竹添光鸿《左氏会笺》曰："楚军政专制于孙敖，人莫敢参。令尹不欲则竟南辕，王病之必告令尹而改北，庄王之任贤如此。"战时如此，平素亦然。如庄王好大钱，"更以小为大，百姓不便，皆去其业"，市场难以稳定。于是孙叔敖言之于王，罢庄王大钱金融之政，于是"市复如旧"，经济形势很快趋于稳定。还有，庄王因其个人智慧及能力超越一般的原因，习惯于乾纲独断，经常下令改变某些习俗，其变更或有朝令夕改之弊。如南方多矮种马，故楚俗好"庳车"，即低矮之车，庄王下令改为高车驷马，超越了民众的一般消费需求，民不便之。因而孙叔敖谏止，曰："令数下，民不知所从，不可。"但考虑到高车驷马的变革，从长远看，利于楚国，不仅是经济上可以多装快跑，而且可以寓兵于民，战时化为战乘，加强国防，有何不可呢？但这首先必须楚人购买来自北方的高头大马，如秦晋关陇河东之马，马一高大，车自然随之高大，庄王的命令和愿望不就实现了吗？为了让楚民肯掏腰包自愿购买北方大马，孙叔敖建议楚国"教闾里高其相（门槛）"，"庳车"经过闾里市场多有不便，因为"君子不能数下车"，于是不到半年，"民悉自高其车"。法令之改，必须照顾民众利益，引导他们自愿实行。孙叔敖变革，从小事做起，史家给予高度评价，曰"此不教而民从其化，近者视而效之，远者四面望而法之"，事载《史记·循吏列传》中。小事尚有此谏，况其于"国是"大事哉！据刘向《新序·杂事》第二曰："楚庄王问于孙叔敖曰：'寡人未得所以为国是也。'孙叔敖曰：'国之有是，众非之所恶也。臣恐王之不能定也。'王曰：'不定独在君乎？亦在臣乎？'孙叔敖曰：'国君骄士曰：士非我无逌（由）富贵。士骄君曰：国非士无逌安强。人君或失国而不悟，士或至饥寒而不进，君臣不合，国是无逌定矣。夏桀殷纣，不定国是，而以合其取舍者为是，以不合其取舍者为非，故致亡而不知。'庄王曰：'善哉！愿相国与诸侯士大夫共定国是，寡人岂敢以褊国骄士民哉！'"所谓"国是"，是国家根本之所在的政略战略、大政方针，不能因国君或士夫个人主观好恶取舍而定，而是要根据国家利益来制定。一旦确立，即如今之具宪令效力，谁也不能违背，贵为国君也得遵行，这样才能在共同"国是"的指引下，上下一心，三军合力，团结向上，共创国家的辉煌。因此，"楚庄王师孙叔敖、沈尹巫"（见《吕氏春秋·尊师》卷四。按：巫或作茎，或作蒸，或作筮，传写之异，当为一人）。同上卷二二《察传》篇也有"楚庄闻孙叔敖于沈尹筮，审之也，故国霸诸侯也"之言。但孙叔敖作令尹，并不因权重位尊而骄人。据《史记·循吏列传》正义注引《说苑》云："孙叔敖为令尹，一国吏民皆来贺。有一老父衣粗衣，冠白冠，后来，吊曰：'有身贵而骄人者，民亡之；位已高而擅权者，君恶之；禄已厚而不知足者，患处之。'叔敖再拜，敬受命，愿闻余教。父曰：'位已高而意益下，官益大而心益小，禄已厚而慎不敢取。君谨守此三者，足以治楚。'"按：《说苑·敬慎》卷十所载文字小异而意同，如"慎不取"作"慎不敢取"，意思更为完足。《韩非子》卷十二《外储说左下》曰："孙叔敖相楚，栈车牝马，粝饼菜羹枯鱼之膳，冬羔裘，夏葛衣，面有饥色。则良大夫也。其俭偪下。"后来孙叔敖果然谨守谦退之道，推贤退奸，起用了大批贤人任事，各司其职而楚国以治。楚庄王成为春秋霸主，孙叔敖终成楚国一代中兴名相，是因楚国有一大批贤人勤奋工作，成为绿叶，从而衬托得君明臣贤的红花更加鲜艳。以邲之战为例，文如沈尹、潘尪（师叔）、伍参，武如潘党、养由基，又如单车挑战冲敌营垒的摄叔、许伯和乐伯，无不人腾马欢，以一当十，奋勇争先。在军事会议中，有关战与和的问题，争论激烈，包括楚庄王及令尹孙叔敖，是慎重派，以和为主，但不弃战；伍参为积极主战派，抓住晋军诸将内在派系矛盾，认为在晋军统帅无力指挥诸将情况下，可以一战而胜。最后，楚庄王接受伍参意见，命令尹"乘辕而北"，及时调整改变了战略方向，并不因有不同意见的争论而有各行其是，更没有相互拆台的不团结现象出现。当楚庄王亲自率左右广队战车逐敌，潘党见晋垒尘起，报告前线总指挥，孙叔敖果断下令曰："进之。宁我薄人，无人薄我！《诗》云：'元戎十乘，以先启行。'先人也。《军志》曰：'先人有夺人之心。'薄之也。"于是楚之三军疾进，"车驰卒奔，乘晋军"，其气势一往无前，不可阻挡，终于大获全胜（《左传》僖公十二年）。吴闿生《左传微》（黄山书社，1995年）卷四《楚庄之霸》评邲之战中的孙叔敖曰："孙叔敖本不欲战，及临事乃更英发，楚所以成霸，又正以反形（晋）桓子……写楚军声势，精悍之至，词气俱尽。"描绘确实精彩！的确，孙叔敖是一个思想深邃的智者、仁者，他和楚庄王合作默契，该上就上，该下就下，没有什么龃龉疙瘩，这让庄王很感动，他俩合作，直到孙叔敖去世。孙临终前告诫儿子曰："王数封我矣，吾不受也。为我死，王则封汝，必无受利地。楚、越之间有寝之丘者；此其地不利，而名甚恶。荆人畏鬼，而越人信禨。可长有者，其唯此也。"孙叔敖死，王果以美地封其子，而子辞，请寝之丘，故至今不失。孙叔敖之知（智），知不以利为利（《吕氏春秋》卷十《异宝》）。以此，《史记·滑稽列传》有优孟衣冠的故事。优孟作歌感动楚庄王，歌曰："山居耕田苦，难以得食。起而为吏，身贪鄙者馀财，不顾耻辱，身死家室富，又恐受赇枉法，为奸触大罪，身死而家灭；贪吏安可为也！念为廉吏，奉法守职，竟死不敢为非；廉吏安可为也！楚相孙叔敖持廉至死，方今妻子穷困负薪而食，不足为也！"王封敖子寝丘以奉其祀。以此，高士奇认为，楚诸令尹中，以子文、孙叔敖为最贤，其《左传纪事本末》卷四六《楚诸令尹代政》（中华书局，1997年）评曰："楚虽见绌于《春秋》，然其卿大夫往往多才杰，深谋远虑，忘家忘私，与齐晋贤臣相颉颃者。……蒍艾猎（按：指蒍敖，即孙叔敖）起于海滨，相楚三年，至不辨乘马之牝牡，忠勤累著，故能以其君伯。城沂亡虑事以素，其一节耳。此二人（按：子文、孙叔敖），皆楚国令尹之最贤者……历观楚之兴亡，其机皆系于令尹之贤否，用舍可不慎乎哉！"楚庄王举贤退奸，信任孙叔敖，确是楚国争霸的一个重要因素。

五、一鸣惊人真霸王

楚庄王成春秋霸业，除了举贤退奸、重用孙叔敖诸贤等原因外，更与其个人的品性、学习与思考有关。也就是说，作为楚国君主，他具有国家象征的抽象性；但作为个人，他又是活生生的，个性非常鲜明，通过学习与实践，积累经验教训，用以治国安邦，因而他能成为一个集思广益、高瞻远瞩的睿智明君。个人因素与社会因素一旦相熔相化，就能在广大的历史舞台上作有声有色的表演，为国家作出重大贡献。

> 楚子使申舟聘于齐，曰："无假道于宋。"亦使公子冯聘于晋，不假道于郑。申舟以孟诸之役恶宋，曰："郑昭宋聋，晋使不害，我则必死。"王曰："杀女，我伐之。"见犀而行。及宋，宋人止之，华元曰："过我而不假道，鄙我也。鄙我，亡也。杀其使者必伐我，伐我亦亡也。亡一也。"乃杀之。投袂而起，屦及于窒皇，剑及于寝门之外，车及于蒲胥之市。秋九月，楚子围宋。
>
> ——《左传》宣公十四年

这一故事，把楚庄王的刚毅果断之性描绘得淋漓尽致，鲜活的形象呼之欲出。故事发生在公元前595年。楚子，指楚庄王。申舟，或称子舟，或称无畏，即文之无畏，以文为氏，食邑于申，字为舟，故称申舟。在鲁文公十年（前617年），楚穆王强势邀郑穆公与宋昭公陪他在孟诸田猎，宋昭公率领右孟之阵，郑穆公率领左孟之阵，以二圆阵合围，楚大夫文之无畏（申舟）任左司马，即军中执法官。当时穆王"命夙驾载燧"，即清晨带上取火工具。"宋公违令"，"无畏鞭其仆以徇"。宋昭公违反军令，人谓执法司马曰："国君不可戮（辱）也"，应顾及宋君面子。但申舟作为执法官，却铁面无私，曰："当官而行，何强之有？《诗》曰：'刚亦不吐，柔亦不茹。毋从诡随，

以谨罔极。'是亦非辟强也,敢爱死以乱官乎!"于是申舟鞭打宋昭公之仆
(按:即驾车者)以徇。实际上是公开刑罚宋昭公违法而号令三军。这就与宋
国结下了冤仇。楚庄王派申舟使齐而无假道于宋,时间虽然已过了二十多年,
但如申舟所说:"郑昭,宋聋。"郑国人聪明,办事明白,会变通;宋国人如
聋子,什么话都听不进,办事教条不拐弯。郑宋二国的外交策略大不一样。
郑国依违于晋楚南北二大国之间,谁强谁胜就服谁,如鲁宣公十一年(前598
年),陈郑服楚,与楚盟于辰陵。但郑同时"又徵事于晋",两面讨好。直到
《左传》鲁襄公九年(前564年),晋与郑盟于戏,晋强迫郑"唯晋命是听"。
郑公子騑抗辩曰:"天祸郑国,使介居二大国之间,大国不加德音,而以乱要
之,使其鬼神不获歆其禋祀,其民人不获享其土利,夫妇辛苦垫隘,无所底
告。自今日既盟之后,郑国而不唯有礼与强可以庇民者是从,而敢有异志者,
亦如之!"郑国外交既灵活又倔强,为了国家及人民的生存发展,郑只能楚强
服楚,晋来服晋,"唯有礼与强"是依。郑并没有违背自己的盟约誓词。宋则
不然。宋国虽大于郑,但其国力战力,与郑相当,曾几次被郑军打得大败亏
输,连主将华元等都成郑俘。但在外交上,宋国成为晋国长期的忠实盟友,
少有背叛。晋也常甜言蜜语,把宋当作抗楚的桥头堡。即在晋有邲之败后,
宋仍然忠于晋而抗楚。但楚宋二国,大小不均,宋要充当晋之急先锋以抗楚,
实是自不量力。但宋却坚持既定方针,而不从实际情况出发加以变通处理。
这样说得好听是坚持原则,说得难听是教条不化,此申舟所谓"宋聋"也。
申舟是楚国名臣,与宋有宿怨。使齐必过宋,过宋而不打招呼,那就是无理
越境,必然被宋禁行逮捕直至被杀,一切都在申舟的预料之中。但楚庄王仍
然坚持原先之命,这实是明显致申舟于死地。庄王为什么要这么做呢?他为
了楚的国家利益,要北争中原霸业,就必先服郑服宋。在邲之战后,郑已服
而宋不服,成了楚进中原的大障碍,必须强迫宋服,这是国家战略利益,不
可动摇。因此,明知申舟此行,凶多吉少,仍然要他执行——实际上要他以
死的代价来换取楚国有理由出兵服宋的国家利益。作为政治家,楚庄王既有
其仁义爱民的一面,同时也有其刚狠不仁的一面。古称人无完人,信然。申

舟虽然明知有去无回，但作为楚庄王的贤能之臣，他也抱有为国牺牲的精神。他临行前所作最后一件事，就是让庄王见他的儿子申犀，一方面在自己死前为儿子的前途作安排，一方面督促庄王兑现"杀女，我伐之"的誓言。家族利益与国家利益交织在一起。果然，申舟在宋被杀的消息很快传回到楚国，庄王听后，脸即变色，拂袖而起，连鞋都顾不得穿，立即往寝宫外奔去，侍从追着给他送鞋，赶到了前庭，才追上；送剑的追到寝宫门外才赶上；备车的直追到楚都蒲胥市场，庄王才有车乘。很快，浩浩荡荡的楚国大军，在庄王的亲自率领下，把宋都团团围困了。这一真实的故事，说明了楚庄王是个坚守誓言的政治家，言必信行必果，负非常之责，是有个性、有作为、有大担当的政治家。这次，终于让"宋聋"因其昏聩糊涂付出了"易子而食，析骸以焚"的惨痛代价。翌年春，宋国为了生存，不得不在晋楚之间重新做出了艰难的战略选择，开始服顺于楚，为楚争霸中原，洞开门户，昔日霸主晋国，不得不长期避楚锋芒。

但是，这是庄王中晚期的形象。其即位早期，曾有一段时间的沉沦，这大概与当年处内外交困之境而尚未有治国良方的痛苦生涯有关。据《史记·楚世家》载：

> 庄王即位三年，不出号令。日夜为乐，令国中曰："有敢谏者死无赦！"伍举入谏。庄王左抱郑姬，右抱越女，坐钟鼓之间。伍举曰："愿有其隐。"曰："有鸟在于阜，三年不蜚（飞）不鸣，是何鸟也？"庄王曰："三年不蜚，蜚将冲天；三年不鸣，鸣将惊人。举退矣，吾知之矣。"居数月，淫益甚。大夫苏从乃入谏。王曰："若不闻令乎？"对曰："杀身以明君，臣之愿也。"于是乃罢淫乐，听政，所诛者数百人，所进者数百人，任伍举、苏从以政。国人大说。是岁灭庸。六年，伐宋，获五百乘。

《吕氏春秋·重言篇》、《新序·杂事第二》所记文字略有出入，但意思小异而大同。《史记·楚世家》进隐言（谜语）者为伍举，《吕氏春秋》为成公贾，《新序》为士庆。事同而人名不同，传闻之异也。但却说明了故事传闻之广，具某种程度的真实性。楚庄王初立，因其年轻而毫无历练，国政并非掌握在自己手中，而是由父王（穆王）师傅及己之师傅执国政，他的理想与抱负难以施展，因此而自甘沉沦，表面享乐，实在内心痛苦不堪，直等后来消灭了令尹斗樾反叛集团后，心腹之疾消失，政权在握，然后才有真正的一鸣惊人的壮举。这也合乎事实的发展逻辑。但这已是庄王九年的事了，其间，他举贤退奸，"所诛者数百人，所进者数百人"，所谓"诛"，并不一定就是诛杀，而是口诛谴责之意，有所退则有所进，如孙叔敖诸贤，当在"进者数百人"之中脱颖而出。贤者任事，恢复了国家正常秩序，大大提高了国家效能。因此而"国人大说"，获得人民的广泛支持和拥护，如晋将士会（随武子）所指出的，楚庄王"若岁入陈，今兹入郑，民不罢劳，君无怨讟，政有经矣"，楚国的兴盛，自然指日可待。于此可见，楚庄王"三年不出号令"的沉沦，表面上"日夜为乐"，实际上内心充满了痛苦，并在暗中苦苦思索如何突围与寻找新的出路；表面的"沉沦"，掩护了深远的政治思考。他曾在国中广泛征求意见，如《吕氏春秋》卷二四《贵当》所载：

托相献规举贤才，《养正图解》，
丁云鹏绘图

> 荆有善相人者，所言无遗策，闻于国，庄王见而问焉。对曰："臣非能相人也，能观人之友也。观布衣也，其友皆孝悌纯谨畏令，如此者，其家必日益，身必日荣矣，所谓吉人也。观事君者也，其友皆诚信有行好善，如此者，事君日益，官职日进，此所谓吉臣也。观人主也，其朝臣多贤，左右多忠，主有失，皆交争证谏，如此者，国日安，主日尊，天下日服，此所谓吉主也。臣非能相人也，能观人之友也。"庄王善之，于是疾

收士，日夜不懈，遂霸天下。

故事说明了楚庄王举贤善政，也是从"群众"中来的，具有一定的理论思考的根据。善相之人，并非主管算命妄测，而是在客观存在的社会环境中，观察人与人的关系，从其友之臧否善恶，来判断其人之贤否，其断言大致不差而合乎实际。这给庄王很大的启发。如重用孙叔敖之前，必先考察推荐他的朋友，如沈尹、虞丘子诸人，有让贤之心，而无妒能之行，则孙叔敖虽未谋面，但其贤可知，因此用之不疑。而要考察楚庄王贤否，则必考察其所用朝臣之贤否。如《吕氏春秋》卷二《当染》所称："荆庄王染于孙叔敖、沈尹蒸……所染者，故霸诸侯，功名传于后世。"又《吕氏春秋》卷二《情欲》篇载："世人之事君者，皆以孙叔敖之遇楚庄王为幸，自有道者论之则不然，此楚国之幸。楚庄王好周游田猎，驰骋弋射，欢乐无遗，尽傅（付）其境内之劳与诸侯之忧于孙叔敖。孙叔敖日夜不息，不得已便生为故，故使庄王功迹著乎竹帛，传乎后世。"认为庄王之霸，全是孙叔敖"日夜不息"勤奋工作的结果。这一看法只能说有其正确一面，但也有片面偏颇的一面。古时君主专政，乾纲独断，如果君昏不明，则贤臣无所用其能，孙叔敖又奈楚国何？因此，君明臣贤建功立业，应是一种双向交流的正确选择，二者缺一不可。庄王之霸业，当然与孙叔敖诸贤辛勤努力有关，但同时庄王的贤明决断之功也不可抹杀。庄王个人的品质及其奋斗不懈也不可或缺。比如为了招纳更多国士，以获得更多的良臣猛将，庄王会主动宥谅某些士人因一时冲动所犯下的错误。如刘向《说苑》卷六《复恩》所载：

> 楚庄王赐群臣酒，日暮酒酣，灯烛灭，乃有人引美人之衣者，美人援绝其冠缨，告王曰："今者烛灭，有引妾衣者，妾援得其冠缨持之，趣火来上，视绝缨者。"王曰："赐人酒，使醉失礼，奈何欲显妇人之节而辱士乎？"乃命左右曰："今日与寡人饮，不绝冠缨者不欢。"群臣百有余人皆绝去其冠缨而上火，卒尽欢而罢。居三年，晋与楚战，有一臣常在前，五合五奋，首却敌，卒得胜之。庄王怪而问曰："寡人德薄，又未尝异子，

子何故出死不疑如是?"对曰:"臣当死,往者醉失礼,王隐忍不加诛也;臣终不敢以荫蔽之德而不显报王也,常愿肝脑涂地,用颈血湔敌久矣。臣乃夜绝缨者。"遂败晋军,楚得以强,此有阴德者必有阳报也。

　　醉酒调戏庄王姬人,按古律言,欺君罔上,罪在不赦,岂有命哉!但庄王不作此想,他是爱士心切,不因小眚而诛之,而是主动承担事故责任,是自己赐酒致醉而士人一时失性,可以原谅。因此下令大家脱冠,尽欢而罢。其护人爱士之心,溢于言表。庄王以此能得士大夫的死力效命。他在邲之战中,敢于亲乘广队战车冲击晋军,正因其获得士心、军心和民心拥戴的结果。这与以前秦晋韩原之战中的晋惠公,背德逆天,不仁不义,因而众叛亲离而被俘,恰恰形成了鲜明的反差映照。过去说楚庄王好田猎弋射,人或以为它仅是耽于佚乐,有误国政。但庄王事后自有新解:"'吾猎,将以求士也:其榛藂刺虎豹者,吾是以知其勇也,其攫犀搏兕者,吾是以知其劲有力也。罢田而分所得,吾是以知其仁也;因是道也,而得三士焉,楚国以安。'故曰:苟有志,则非无事者,此之谓也!"(事见《说苑》卷一《君道》)于此可见,楚庄王初期在"沉沦"中,实如《易经》的《乾》卦初九爻辞曰"潜龙勿用",虽然因时机未到,无可大用,但其本质是龙,潜具内在美质。即在其"沉沦"期中,也暗自发现士人,积聚能量。一旦时机一到,"飞龙在天",大批贤臣勇士,自然涌现,其力量喷薄而出,排山倒海,谁人能敌?又如《左传》宣公十二年(前597年),在邲之役大胜晋军之后,"冬,楚子伐萧,宋华椒以蔡人救萧,萧

仁言动众收军心,《养正图解》,
丁云鹏绘图

人囚熊相宜僚及公子丙。王曰：'勿杀，吾退。'萧人杀之，王怒，遂围萧，萧溃。申公巫臣曰：'师人多寒。'王巡三军，拊而勉之，三军之士皆如挟纩。遂傅于萧。……明日，萧溃。"楚处南方，气候暖和，楚军冬装较为单薄，难以适应北方严寒。士兵"多寒"，冻手冻脚，自然影响战斗力。但经庄王巡视三军而加以慰勉，"三军之士皆如挟纩"，就好像穿上了丝绵战袍一般，心里升起了温暖的感觉。因而努力战斗，果然，很快就"萧溃"，楚军克服苦寒，大获全胜。这与庄王的个人魅力和号召力量有关。如果他平时不爱护广大将士，三军岂有"挟纩"的心理温暖？积极的心理因素化为实在的战斗力，正来自于平素爱士惜贤的思想观念和行为实践，深入了民心士心和军心，因而登高一呼，万众响应。其能量岂容小觑？楚庄之霸，不亦宜乎！

楚庄王在位的二十三年，许多时间都有战争。有的战争是他发动的，但更多的是在迎战中夺取胜利的。如鲁文公十六年（前611年）灭庸之战，当时庸为群蛮之首，率百濮"群蛮"攻楚，在天灾流行而楚国饥荒的严重情况下，不灭庸则楚亡。以此，庄王果断乘快驿亲赴前线，"会师于临品……遂灭庸"。又如宣公四年（前605年）消灭斗椒若敖氏之乱，求和互质被拒，而只能一战决胜负。即使是宣公十二年（前597年）晋楚邲之战，战前，如《左传》所称，"闻晋师既济（按：即渡过黄河），王（楚庄王）欲还"，庄王和令尹孙叔敖还不想开战。后来战役开始，庄王又派其少宰到晋师宣示和平意愿，"岂敢求罪于晋？二三子无淹久"。只是在晋人强硬回复"无辟（避）敌"时，使楚方"求成于晋"的愿望无法实现，庄王才坚决应战，亲率大军冲锋陷阵，大获全胜。但当其属下建议收晋尸以为京观（收尸堆如坟山），向敌示威，却被庄王严词拒绝，他认为"京观"是为了"惩淫慝"，但晋军死难将士，"皆尽忠义以死君命"，他们是为晋国利益而牺牲，各忠其国，又何罪之有？又据刘向《新序》卷四《杂事》载，晋在邲之战大败后，楚将建议穷追猛打，斩尽杀绝。但庄王却下令适可而止，他感叹道："嘻！吾两君之不相能也，百姓何罪？"乃退师以轶晋寇。其战争观念，已具有若干人道因素。邲之战前，楚军围郑，破之，"郑伯（按：郑襄公）肉袒牵羊以逆"，也即表示臣服之意，庄王左右建议拒降灭郑，"得国无赦"。但庄王却令大军退三十里而许郑平。他说："其君能下人，必能信用其民，庸可几乎？"他对郑国人民，同样充满了同情而颇有人性味道。

事实说明，楚庄王德才兼备，是个品格高尚又具有独立思考的睿智明君，他成为春秋霸王，并非偶然。

六、居安思危说成功

对于楚庄王的功业贡献，方朝晖《春秋左传人物谱》（齐鲁书社，2001年）加以精当概括为以下几大方面：一是"克灭内乱而侥幸免难（文公十四年公子燮与子仪之乱及宣公四年若敖氏之乱）；二是"克灭群小国，安定楚国边疆"；三是"伐郑服郑"；四是"伐陈服陈"；五、"伐宋服宋"；六是"邲之战楚国大胜晋军，威震列国……至此，楚国在中原争霸过程中的霸业达到了顶峰"。

楚庄王之所以成功，主客观方面的原因或经验教训很多，这可从敌方将领及他自己的言辞来加以总结。在宣公十二年的邲之战中，晋上军主将士会（随武子）直白论楚之不可胜，其中主要涉及庄王及令尹孙叔敖，说楚国君臣，言之有德，行之有方，士民团结，国家管理效能很高，不主动求与晋战，但也不畏战，平时如战时，训练有素，随时准备应对突发事件，战时则上下一心，三军同气，势不可挡。所言见本文第四节"进贤退奸楚自强"称引，此不赘言。又如晋下军佐栾书（栾武子）曰：

> 楚自克庸以来，其君无日不讨国人而训之于民生之不易，祸至之无日，戒惧之不可以怠。在军，无日不讨军实而申儆之于胜之不可保，纣之百克，而卒无后。训以若敖、蚡冒，筚路蓝缕，以启山林。箴之曰："民生在勤，勤则不匮。"不可谓骄。先大夫子犯有言曰："师直为壮，曲为老。"我则不德，而徼怨于楚，我曲楚直，不可谓老。其君之戎，分为

二广，广有一卒，卒偏之两。右广初驾，数及日中；左则受之，以至于昏。内官序当其夜，以待不虞，不可谓无备。子良，郑之良也。师叔，楚之崇也。师叔入盟，子良在楚，楚、郑亲矣。来劝我战，我克则来，不克遂往，以我卜也，郑不可从。

——《左传》宣公十二年

栾书之言，说明了楚国虽已强大，但庄王却具忧患意识，居安思危，日夜教导本国士民，要以楚之先祖若敖、蚡冒披荆斩棘以启山林的艰苦奋斗精神为榜样，努力于民生军实，时刻想到"祸至之无日""胜之不可保"，而必须日夜兢兢业业，"戒惧之不可以怠"。他们不主动开衅，但又不怕战，因为楚国日夜准备应敌，不打无准备之战。庄王同时强调"师直为壮"，"直"者，理直气壮，即道理所在，坚持战争的正义性。就以邲之战言，楚几次避战求和，但却屡遭晋军挑衅而不得不战，这当然激励了士气军心，而胜利在握。

又如楚大胜晋军后，追奔逐北而直逼黄河。晋师狼狈，争相渡河，"舟中之指可掬"。当时大夫潘党提议筑武军收晋尸以为京观，既有向敌示威之意，又告国人"无忘大功"。但是，庄王非但不同意，而且说出了一番堂堂正正、"止戈为武"的大道理，曰：

非尔所知也。夫文，止戈为武。武王克商，作颂曰："载戢干戈，载櫜弓矢。我求懿德，肆于时夏，允王保之。"又作《武》，其卒章曰："耆定尔功。"其三曰："铺时绎思，我徂维求定。"其六曰："绥万邦，屡丰年。"夫武，禁暴、戢兵、保大、定功、安民、和众、丰财者也，故使子孙无忘其章。今我使二国暴骨，暴矣；观兵以威诸侯，兵不戢矣。暴而不戢，安能保大？犹有晋在，焉得定功？所违民欲犹多，民何安焉？无德而强争诸侯，何以和众？利人之几，而安人之乱，以为己荣，何以丰财？武有七德，我无一焉，何以示子孙？其为先君宫，告成事而已。武非吾功也。古者明王，伐不敬，取其鲸鲵而封之，以为大戮，于是乎有京观，以惩淫慝。今罪无所，而民皆尽忠以死君命，又可以为京观乎？

楚庄王所称"止戈为武",不仅在中国历史上成为千古经典名言,而且在世界性的战争论中,也是一种超前的伟大思考。战争不是为了屠杀,而是以战止战,以求和平。"武"只是手段,和平才是根本目的。讲武要有七德,即禁止暴乱,消弭战争,保持强大,克成功业,安定人民,和合民众,丰富生财。也就是说,战争是不得已的,最终是为了维护人民的和平生活,发展经济,过好日子。为保卫人民的生命财产及和平生活而战。庄王自认尚未做到,感到惭愧,但其思想境界超越时空,直至今日,仍然辉耀闪光。庄王打仗,不仅考虑本国利益,有时还会想到别国人民,从他国角度来思考。比如对于敌国晋军牺牲的千万将士,他们在战场上为国尽忠,以死君命,怎么可以侮辱而堆其尸"以为京观"呢?他的思考和作为,不仅为楚国,同时想到治理天下大计。因此,他能登上霸业之巅,当然名至实归。其称霸成功,主客观因素交织在一起,概括如下:

一是客观环境。在齐晋秦楚有条件争霸的四大国中,自齐桓公、晋文公、秦穆公死后,齐因桓公五公子争立,内部动荡,消耗国力,无暇他顾;秦因长期与强晋争斗,难以东出以争中原;而晋则因东受齐的牵制,西有秦的挑战,难以集中力量南下压楚,加以晋国内世卿世禄诸大氏族,为争权夺利而矛盾甚多,内部不和,力量损耗。因此,在争霸问题上,当时齐晋秦各有难处,出现了霸主暂时空缺的权力真空。而恰在这时,楚国诞生了贤明之君楚庄王,他有抱负,有理想,有担当,客观环境又有利于他争霸理想的实现。

二是楚国合理调整了"统一战线"的外交方略,增加朋友,打击主要的敌人。在晋文公时代,本来是秦晋联合对楚,予楚以强大压力。但自秦晋崤之战后,秦军"匹马只轮无返者",怀此深仇大恨,秦与晋化友为敌。楚及时把握这一时机,与西北的秦穆公修好定盟,化敌为友。联合抗晋,应是秦楚的共同目标。因此,在楚庄王灭庸而平群蛮时,楚适时借助了秦军之力,以巩固秦楚联盟,让秦大量消耗了晋国力量。而在东方,则利用齐晋矛盾,联齐抗晋。而齐因常欺鲁莒诸国，也不满霸主晋国的干预，因此暗中联楚抗晋，也是齐的意愿。楚庄王之所以派申舟使齐，目的在此。这样，在四大国中，齐秦已与楚化敌为友，成为楚之盟国。而原霸主晋国，一是力量今非昔比，一是东西两面受到齐秦的牵制侧击，无法一心压楚。这就形成了对楚庄王极其有利的北上抗晋争霸的形势。

三是举贤退奸，在政治经济军事文化各方面实行改革，形成种种制度，提高行政管理效能，增加综合国力，是助其成功的关键措施，前论孙叔敖、沈尹诸贤，已有叙述，可参阅。

四是与楚庄王个人本质密切相关。他常能居安思危，具有强烈的忧患意识。他一即位，内外交困，生于忧患，给他以深刻的教训。因此，除了刚接班时的"三年不鸣"的"沉沦"外，他一生兢兢业业，从不懈怠，真是做到战时如平时，平时如战时，胜不骄败不馁，终于否极泰来，脱出困境而走向胜利，岂偶然哉！如战国时魏国李悝劝谏得意忘形的魏武侯曰："昔楚庄王谋事而当，有大功，退朝而有忧色。左右曰：'王有大功，退朝而有忧色，敢问其说？'王曰：'仲虺有言，不穀说之。曰："诸侯之德，能自为取师者王，能自取友者存，其所择而莫如己者亡。"今以不穀之不肖也，群臣之谋又莫吾及也，我其亡乎！'曰：此霸王之所忧也。"（见《吕氏春秋》卷二十《骄恣》）故作者评曰："人主之患也，不在于自少，而在于自多。"君主如自贤自圣，拒谏饰非，则如川原枯竭，其亡可待也。此庄王之所以忧形于色也。有忧患意识者，则善于纳谏改过。人之一生不能无过，但重要的是知错能改，则自强不息而具日新之貌。又如刘向《新序·杂事四》载曰："晋人伐楚，三舍不止。大夫曰：'请击之。'庄王曰：'先君之时，晋不伐楚，及孤之身，而晋伐楚，是寡人之过也。如何其辱诸大夫也？'大夫曰：'先君之时，晋不伐楚，及臣之身，而晋伐楚，是臣之罪也。请击之。'庄王俛泣而起，拜诸大夫。晋人闻之曰：'君臣争以过为在己，且君下其臣犹如此，所谓上下一心，三军同力，未可攻也。'乃夜还师。孔子闻之曰：'楚庄王霸其有方矣。下士以一言而敌还，以安社稷，其霸不亦宜乎？'《诗》曰：'柔远能迩，以定我王。'此之谓也。"当因自己过错而出现问题或情况时，作为君主，庄王能主动负起责任，而不推诿给臣下去受责，如此知过能改，结果是形成了"上下一心，三军同力"的空前团结盛况，当然什么困难都能克服，事业辉煌而气势旺盛，敌人能奈我何？自动退兵，应是晋军的明智之举。孔子之评，的确精当。

五是楚庄王出于忧患，因而思虑较为全面深刻，而超越常人，所以常能及时把握时机而做出较为正确的重大抉择。如楚"为陈夏氏敌故（按：夏征舒弒陈灵公)，伐陈"（《左传》宣十一年），伐陈之前，庄王使人侦察陈国情况，回来报告陈不可伐。《吕氏春秋》卷二五《似顺》所载："荆庄王欲伐陈，使人视之。使者曰：'陈不可伐也。'庄王曰：'何故？'对曰：'城郭高，沟洫深，蓄积多也。'宁国曰：'陈可伐也。夫陈，小国也，而蓄积多，赋敛重也，则民怨上矣。城郭高，沟洫深，则民力疲矣。兴兵伐之，陈可取也。'庄王听之，遂取陈焉。"《说苑》所载相似，可见传闻之广。从表面看，陈国蓄积多，城高沟深，利于防守而难以攻克。但庄王不这么看，他接受的是宁国的意见，从陈国对人民赋敛重而民怨力疲的角度看，缺乏人民支持，陈国的仗怎么打，岂能不败？因而这时取陈，正是舒民怨而缓陈急难，因此一战而顺利取陈。当时庄王准备灭陈而改为楚县，群臣皆贺。但申叔时使齐返后，独不贺。庄王让之。申叔时曰："犹可辞乎？"庄王曰："可哉！"曰："夏徵舒弒其君，其罪大矣。讨而戮之，君之义也。抑人亦有言曰：'牵牛以蹊人之田，而夺之牛，牵牛以蹊者，信有罪矣。而夺之牛，罚已重矣。诸侯之从也，曰讨有罪也，今县陈，贪其富也。以讨召诸侯，而以贪归之，无乃不可乎？'王曰：'善哉！吾未之闻也。反之，可乎？'对曰：'吾侪小人，所谓取诸其怀而与之也。'乃复封陈，乡取一人焉以归，谓之夏州。"（见《左传》宣公十一年）左丘明以此誉庄王为"有礼"。获得中原礼仪之邦贤者对荆蛮君主的良好评价，并非易事。其实，你尊重他国人民，他国人民反过来也会尊重你。后来，陈国几乎成了楚国的铁杆盟友，精神道义化为了物质力量。

六是庄王的人性中，既有恶，亦有善，据史书及诸子所载，更多展现其人性之善的道德高尚的一面。如宣公十二年攻郑，郑襄公"肉袒牵羊"以迎，表示了力尽服顺而为臣隶之意。但庄王并没把郑灭国，他因"其君能下人，必能信用其民"，从郑国臣民角度思考，"退三十里而许之平"。当时，将军子重以为必亡郑而告慰楚国死伤将士，但庄王认为，"君子重礼而贱利也，要其人，不要其土。人告从而不赦，不祥也。吾以不祥立乎天下，灾之及吾身，何日之有矣！"（见《新序·杂事篇》）在图霸的关键时刻，只要人心服顺，而不贪图土地之利，从人出发，重礼贱利，其思想境界高于时人。又如宣公十五年"楚子（庄王）围宋"，因宋杀楚使而把宋国团团围困五个月，致

廷理执法杀御者，《养正图解》，丁云鹏绘图

宋都"城中食尽，易子而食，析骨而炊"（《史记·楚世家》）。当宋军主帅华元告以实情，为国为民请命之时，庄王说一句"君子哉"，原谅了宋国。这也是从宋国人民生命角度出发，具有一定的人文关怀，因此而获得了宋国的服顺，从而洞开了楚国北上中原的大门。中原争霸，不仅在力，更在以德服人。

七是庄王颇具法制意识之萌芽，带头遵法守法，即使太子违法，照样严惩不贷。如《韩非子》卷十三《外储说》右上曰："荆庄王有茅门之法曰：'群臣大夫诸公子入朝，马蹄践溜者，廷理斩其辀，戮其御。'于是太子入朝，马蹄践溜，廷理斩其辀，戮其御。太子怒，入，为王泣曰：'为我诛戮廷理。'王曰：'法者，所以敬宗庙、尊社稷。故能立法从令尊敬社稷者，社稷之臣也，焉可诛也？夫犯法废令不尊敬社稷者，是臣乘君而下尚校也。臣乘君，则主失威；下尚校，则上位危。威失位危，社稷不守，吾将何以遗子孙？'于是太子乃还走，避舍露宿三日，北面再拜请死罪。"（见陈奇猷《韩非子集释》，上海人民出版社，1974年）

八是楚国情报信息及谍报工作，深入细致。战前战后莫不如此。如《说

苑》卷十二《奉使》篇曰："楚庄王欲伐晋，使豚尹观焉。反曰：'不可伐也。其忧在上，其乐在下。且贤臣在焉，曰沈驹。'明年，又使豚尹观，反曰：'可矣。初之贤人死矣。谄谀多在君之庐者，其君好乐而无礼；其下危处以怨上。上下离心，兴师伐之，其民必反。'庄王从之，果如其言矣。"（《百子全书》，浙江人民出版社，1985 年）这就说明了在邲之战前，楚早在晋国潜伏了诸多战略间谍，广泛搜集有关晋国内政外交的信息情报，对晋军将领内部军事会议动态及时掌握，因而伍参才有"晋之从政者新，未能行令。其佐先縠，刚愎不仁，未肯用命。其三帅者专行不获，听而无上，众谁适从"之言，因此做出了此战"晋师必败"的结论，令庄王信服而改辕北向，大获全胜。但晋军则因内部不和，正确意见无法贯彻，诸将有刚愎不仁、无视上司者，狂妄自大，怎能不败？但这一切都让楚谍侦得，为楚的战略决策服务。未战之前，晋已立于必败之地。

九是平时如战时，战时如平时，一切准备充分，训练有素，能自立于不败之地。打仗之时，不仅要侦知敌之可胜处，更要自己有立于不败之地的准备与资本，令我可胜敌而敌不能胜我。如晋栾书所说："楚自克庸以来，其君无日不以讨国人而训之，于民生之不易，祸至之无日，戒惧之不可以怠。在军，无日不讨军实而申儆于胜之不可保。"以庄王的亲兵为例，"分为二广，广有一卒，卒偏之两。右广初驾，数及日中；左则受之，以至于昏。内官序当其夜，以待不虞"。王卒分为二广队，一广队战车三十乘，每乘七十五名士卒，三十乘合二千二百五十人，二广队共四千五百人，六十乘战车，左右广队日益警戒巡逻，晚间内官击柝警戒，一切都井然有序而有备无患。庄王管理楚国楚军，的确胜人一筹，以此而自处于不可胜之地，谁人能与争锋？

十是庄王个人，学而能思，思而能行，行合道义，其思想境界及其综合素质，远超一般中原君主。对于中原传统文化中的诗书礼乐，及夏商周古代经典遗著，无不努力学习，汲取一切有益营养，以壮大自己的新生机体。如在邲之战后，对于"京观""七德"的一段言论，已成为《左传》中最为闪光的一篇经典名言。"止戈为武"，言简意赅，道出了战争的本质，其对战争的思考，远超时贤，直到今日，仍是闪闪发光，为世界军事学家所借鉴。以战止战，战争是为了保护人民的生命财产及发展国家经济，如果反之，则是屠戮："所违民欲犹多，民何安焉？无德而强争诸侯，何以和众？"一切从"民"与"众"的利益出发，其言掷地有声而感人至深。站在如此的道德制高点上，楚庄王的霸业，自然水到渠成。庄王卒于鲁宣公十八年（前591年），成公二年（前589年），晋乘庄王病逝"楚兵不出"之机，兴兵伐齐，于是"楚令尹子重为阳桥之役以救齐。将起师，子重曰：'君弱，群臣不如先大夫，师众而后可。《诗》曰：'济济多士，文王以宁。'夫文王犹用众，况吾侪乎？且先君庄王属之曰：'无德以及远方，莫如惠恤其民，而善用之。'乃大户（按：清理民产），已责（按：免除人民债务），逮鳏（按：救济孤寡），救乏（按：救济贫困），赦罪，悉师，王卒尽行。"（《左传》成公二年）子重之所为，正是按照庄王"惠恤其民"的遗愿来做的。是年十一月，"公（按：鲁成公）及楚公子婴齐、蔡侯、许男、秦右大夫说、宋华元、陈公孙宁、卫孙良夫、郑公子去疾及齐国之大夫盟于蜀"，楚为盟主，与秦齐鲁宋郑卫蔡许诸国盟蜀，还是在楚庄王功业的余荫下进行的。但是，好景不长，随着庄王个人及子文、孙叔敖、沈尹诸贤的逝去，其魅力被时间流逝所冲淡，主客观的情况变化很大，楚国霸业也日渐转移消失。从楚敌晋国而言，经邲之败后，总结经验教训，加强了内部的团结，如荀林父作为晋中军统帅，负有罪责，他回国后主动请死，晋景公原准备加以刑责，但大夫士贞子（士渥浊）进谏，他以晋文公忧楚有贤臣子玉（成得臣）为例，在城濮之战后，子玉作为楚军统帅，自杀身亡，这才让晋文公松一口气，曰："莫余毒也已。"楚因此不竞。如果现在晋杀荀林父，是令楚消除后患而获重胜之机。景公纳谏而恢复林父官职，终于重新为晋之争霸做贡献。相反，楚在庄王死后，内部倾轧加剧，争斗不息，特别因申公巫臣携夏姬奔晋，子重、子反斩杀申公家族数百口而分其家产，申公巫臣发誓报复，他派人帮助吴国训练士卒及战法，强邻吴国因此在南方后院让楚疲于奔命。这样晋楚二国力量一涨一消，霸业天平又重新向晋国倾斜。这就是历史的教训，仅依靠君主个人，改革最后必然失败。

脱颖突起争霸王

——吴王阖闾传叙（附伍子胥及孙武）

在楚与中原诸大国如齐、晋及秦的争霸斗争中，由于环境诸原因，楚僻处南方，广袤的国土，使其处于进可攻、退可守的有利态势，具有战略纵深的回旋腹地，因此，春秋之际，似乎谁也无奈其何。即使是春秋首霸齐桓公及其相国管仲，曾于鲁僖公四年（前656年）率诸侯联军侵蔡伐楚，兴召陵之师，但仅到达楚之边鄙即退，并未对楚形成实际的威胁，责楚包茅不贡，不过是齐桓公以此借势下台之言。而晋秦联军，在晋文公率领下，于鲁僖公二十八年（前632年），虽然曾于城濮之战中胜楚而奠定晋之霸业，但距楚郢都甚远，楚虽败而仍具自强之资，故有后来鲁宣公十二年（前597年）晋楚邲之战，楚庄王大胜晋军而成霸主。这一你来我往的晋楚争霸僵局，直到吴王阖闾出现，平衡终于被打破。阖闾曾率吴国雄师，在大夫伍子胥及将军孙武（按：即《孙子兵法》作者）的战略设计及具体指挥下，势不可挡，五战五胜而攻入楚国郢都，强大的楚国濒于灭亡边缘。昔日秦晋及齐诸强国所做不到的事，僻处东海之滨的吴王阖闾一举完成了。阖闾之兴也速，但其败亡亦随之。作为春秋争霸者，他虽是昙花一现的政治新星，但却是个具有悲壮色彩的传奇人物，颇有借鉴价值。

一、断发文身姬姓国

春秋吴国，与楚同处我国南方的长江流域，楚奄有长江上中游一带广袤之区，而吴国则僻处长江下游的东海之滨，与楚相较，距离当时中原诸国更为偏远，文化也落后于楚国许多。据《左传》记载，楚国君主大多熟悉中原周礼文化，动称《诗》《书》，引经据典者甚多，如楚成王、楚庄王等，都具有较高的文化素养。而吴国君主则不然，熟读《诗》《书》而崇尚礼仪道德者并不多见，古称楚为"南蛮鴃舌之人"，若改称吴越更为合适。这就是说，近代江南吴越文化区，在文明素质及其文化贡献方面，远超其他北方中原地区；但在春秋时代则反之。当时中原人称楚为荆蛮，实际是蔑称，但楚文化之高某种程度上不让于中原地区，这已为考古所发现的楚简编钟等文物所证实。比较而言，当时居长江下游的吴越之区，文明程度远逊于楚，其"蛮"可知。《尚书·禹贡》称"蛮"之区，汉马融注曰："蛮，慢也，礼简怠慢。"也就是说，其礼仪制度与文化习俗弃用周礼，与北方中原诸姬之国少有交往。这一情况，直至吴王寿梦时代才有较大的改变，如寿梦之少子季札，长期出使中原诸国，在鲁观周乐，其《诗》《书》修养及礼乐文明，早已令中原士夫信服。他对晋叔向、齐晏婴等时贤名流，也多有劝诫告慰之言，其政治远见具超前预见性。这是交流与学习的结晶。对吴来说，是一个时代进步的文明标志。

吴国君主的远祖是吴泰伯和仲庸，姬周古公亶父之子。时代远推至殷商晚期，当时周部族主要从事于农业，其文明程度要高于一般的戎狄游牧民族。其国君古公亶父，为避戎狄侵逼，去邠迁岐之周原（今陕西岐山县东北）。古公有三子：长曰泰伯，次曰仲庸，复次曰季历。据《史记·吴太伯世家》，"太王欲立季历以及昌（按：季历子姬昌，史称周文王），于是太伯、仲雍二人乃奔荆蛮，文身断发，示不可用，以避季历。季历果立，是为王季，而昌为文王。太伯之奔荆蛮，自号句吴。荆蛮义之，从而归之千馀家，立为吴太伯。"史称吴太伯及仲庸之奔亡荆蛮，是为了孝顺父亲，顺遂父愿而让位于弟季历。此说值得怀疑。周于武王时代灭商建国，周为天下共主，故其史官编造出吴泰伯让位故事，以明周朝祖先之仁义，合乎天命之正统。实际可能是，殷商晚期，周尚未依礼建立嫡立长之制，继统之法混乱，兄弟争立的厮拼故事时常发生。在父亲的宠爱羽翼下，季历实力大大超过二位兄长，形势已趋明朗，为避杀身之祸，泰伯与仲庸不得不亡命他乡，而奔于"荆蛮"。这不是什么温情脉脉的仁义礼让，而是带有浓重血腥味道的胜利逃亡。为什么太伯兄弟俩要奔向文化较为落后的"荆蛮"地区呢？这当然有他们的思考。古时交通不便，太伯兄弟无法立即到达江南苏吴地区，因此而先到今陕西南部的"荆蛮"之地。古时"荆蛮"，并非后来汉水长江流域的广大荆楚之地，而是在今陕西南部广大"蛮"族所居之处。而太伯所到，即今陕西陇县吴山一带的吴蛮之区，大致说来，是甘陇一带，具体落实到今陕西宝鸡渭水两岸吴山地区的弓鱼族（参尹胜平《关于太伯、仲庸奔"荆蛮"问题》，载《吴文化研究论文集》，中山大学出版社，1988 年）。其地离周之岐还不算太远，为了表示对于小弟王季没有威胁，特地从蛮之俗，"断发文身，示不可用"。因为争位兄弟相残之事，史上屡见不鲜。如后来晋公子重耳避骊姬难，奔白狄中山，其弟晋惠公派人刺杀未成，逼使重耳继续千里流亡。太伯虽然被荆蛮"立为吴太伯"，但由于形势变化，不能不继续沿江汉南迁东移千万里遥的东海之滨的江南吴地，生活方才渐次稳定了下来。过去史书说是因父亲古公身体有病，太伯兄弟入山采药奉父，可能只是逃离岐邑的一个合理遁词。古人所称太伯"三让"的故事，一让季历，二让文王，三让武王之说，实在不可靠，只是后代周朝官方所编的说辞而已。特别是武王灭纣而建立周朝，太伯、仲庸兄弟早死，何让之有？其实太伯卒于吴，无子，其弟仲庸立。以此，后来吴国之君，实皆仲庸之后裔，而与周朝天子同一姬姓，是同一宗族血统。只是周天子及其姬姓子弟封国，多居中原文明之区；而吴则僻处东海之滨的蛮夷未化之地，有先进与落后之别。太伯入吴，也必须入乡随俗而与吴蛮同化。太伯、仲庸，远在千万里遥的东海吴地，对王季、文王政权再无任何实际威胁，因此，到周武王灭殷纣王统一天下时，乐得求太伯、仲庸之后，得周章。时"周章已君吴，因而封之"，但史称吴子，只是子爵，爵位很低，可见周对吴并不重视。从太伯、仲庸传十九代而寿梦立，于是"吴始益大，称王"，以平天子而抗楚王，时寿梦元年，即鲁成公六年（前 585 年）。而在寿

泰伯墓

梦二年，晋派申公巫臣（原楚大夫，因家族被灭奔晋）使吴，"吴子寿梦说之。乃通吴于晋。以两之一卒适吴，舍偏两之一焉。与其射御，教吴乘车，教之战陈，教之叛楚。置其子狐庸焉，使为行人于吴。吴始伐楚，伐巢、伐徐。子重奔命。马陵之会，吴入州来。子重（按：楚令尹）自郑奔命……蛮夷属于楚者，吴尽取之，是以始大，通吴于上国"（《左传》成公七年）。吴楚同处南方，楚大吴小，强弱不等，吴原顺服于楚。直到寿梦称王，与晋交通，情况有所变化。原来在晋楚长期争霸中，二者各有其外交的"统一战线"方向：楚西联秦，东合齐，东西夹击，牵制晋国；而晋国则南下联络吴国，实行助吴抗楚的"统一战线"策略，从楚国"后院"而直接捣其虚。吴王寿梦得益于此，获得某些中原先进文明技术、战略、战策及战车阵法，因而实力明显提高。以此，吴开始了侵扰楚国的破袭战，令同处南方的楚国，后院"失火"，再也没有安全可靠的后方，战略上非常被动。吴王寿梦就是阖闾的祖父。寿梦生有四子：长曰诸樊，次曰余祭，次曰余眜，次曰季札。据《史记·吴太伯世家》，"季札贤，而寿梦欲立之，季札让不可"，于是在寿梦卒后，"乃立长子诸樊，摄行事当国"。诸樊卒，"有命授弟余祭，欲传以为次，必致国于季札而止，以称先王寿梦之意，且嘉季札之义，兄弟皆欲致国，令

167

以渐至焉。季札封于延陵,故号曰延陵季子"。因先王有"兄卒弟代立"之命,必致季札。但季札坚辞逃命,长期出访中原诸国。余昧卒后,侄僚立,是为吴王僚。这就引起堂兄弟公子光的不满,自认吴国如果不传季札,那么应是"光当立",为此"阴纳贤士,欲以袭王僚"。一场血雨腥风的王位争夺战,正在悄然展开。

季扎挂剑图,武梁祠汉画像石

二、机不可失一击中

吴王阖闾(一作阖庐)(? ～前496年),姬姓,名光,即位前称公子光。在位十九年(前514～前496年),其霸业虽然短暂,但成绩却赫然可观。

王僚与公子光都是吴王寿梦的孙子,是堂兄弟。但二人父亲是谁?寿梦与王妃育有四子,依次是诸樊、余祭、余昧、季札。在寿梦死后,诸樊让位于幼弟季札,但季札对名位权势,全然不感兴趣,坚决推辞,并经常外出访问中原诸国,交流学习,成为春秋一代名贤。余祭为王只四年,被越俘刺杀。弟余昧继位。因此,季札与余祭二人,不可能是王僚及公子光之父。剩下的只有老大诸樊及老三余昧之子的可能。但二人谁是诸樊之子,谁是余昧之子呢?《史记·吴太伯世家》载:"王余昧卒,欲授弟季札。季札让,逃去。于是吴人曰：'先王有命，兄卒弟代立，必致季子。季子今逃位，则王余昧后立。今卒，其子当代。'乃立王余昧之子僚为王……公子光者，王诸樊之子也。常以为吾父兄弟四人，当传至季子。季子即不受国，光父先立。即不传季子，光当立。阴纳贤士，欲以袭王僚。"司马迁以为公子光是诸樊之子，而王僚是老三余昧之子。《吴越春秋》与《史记》同。

但《史记》所据以著述的古史官所作《世本》则另有一说，曰："夷昧（按：即余昧）及僚，夷昧生光。"《史记集解》及《索隐》均从《世本》而以僚为诸樊子，光为余昧子。二说各有根据，学界争议至今。据《公羊传》，余昧卒，季子以使而亡以逃君位，"僚者，长庶也，即位"，则以为王僚为诸樊长庶之子。又《左传》襄公三十一年载："吴子（按：指余昧）使屈狐庸（按：即巫臣之子，时任吴之行人）聘于晋，通路也。赵文子问焉，曰：'延州来季子其果立乎？巢陨诸樊，阍戕戴吴，天似启之，何如？'对曰：'不立。是二王之命也，匪启季子也。若天所启，其在今嗣君乎！甚德而度。德不失民，度不失事。民亲而事有序，其天所启也。有吴国者，必此君之子孙实终之。季子，守节者也。虽有国，不立。'"《左传》叙事，为后来史家之言，其所预言，大都实现。传称余昧子孙实有其国以终，时吴王为阖闾，后及其子夫差。据此，则王僚应是长兄诸樊庶子，阖闾则当为老三吴王余昧之子。据兄弟相传的先王之命，应立季札；但季札避让而长使中原不归，兄弟相传之命自然终止失效，应恢复父死子继的传统，则应是余昧之子公子光即位。但王僚势大，以庶长夺立，在位十三年而被公子光所弑。因为继统法制不完善，因而产生近亲血统中兄弟相残的血雨腥风的故事，能无惧乎？

吴子欲因楚丧而伐之，使公子掩余、公子烛庸帅师围潜，使延州来季子聘于上国，遂聘于晋，以观诸侯。（楚师救潜）……吴师不能退。吴公子光曰："此时也，弗可失也。"告鱄设诸曰："上国有言曰；'不索，何获？'我，王嗣也，吾欲求之。事若克，季子虽至，不吾废也。"鱄设诸曰："王可弑也。母老、子弱，是无若我何？"光曰："我，尔身也。"

夏四月，光伏甲于堀室而享王。王使甲坐于道，及其门。门、阶、户、席，皆王亲也，夹之以铍。羞者献体改服于门外，执羞者坐行而入。执铍者夹承之，及体，以相授也。光伪足疾，入于堀室。鱄设诸置剑于鱼中以进，抽剑刺王，铍交于胸，遂弑王。阖庐以其子为卿。

——《左传》昭公二十七年

这一惊心动魄的故事，千古流传人口，如京戏中的《专诸刺王僚》，就把阖闾弑王夺位的故事搬上了文艺舞台，影响至今不绝。戏中突出了王僚的暴虐无道与天怒人怨，而把公子光写成了仁义之人而为民除害；他借助了伍子胥之谋，荐进了慷慨义士专诸（按：即鱄设诸），一击而中，弑王成功而登位，即为吴王阖闾。京戏所描绘的当然有艺术夸饰成分，过分美化公子光夺位的深刻用心，这是为了区分善恶以形成黑白分明、对比鲜明的表演艺术需要。实际上，为了弑王夺位，公子光也是用尽心机，其隐忍险狠伺机而发的勃勃野心，也是无可讳言的。并不因为他侥幸一击成功，就可以从胜利者的角度来书写历史，在人性方面，公子光也有他无毒不丈夫的险恶一面。但比较而言，他确比王僚棋高一着。王僚对自己的这位兄弟，知根知底，也明白他有夺位野心，因此对他防范十分严密，可说是采取了万无一失、咄咄逼人甚至是令人难堪的措施，根本没有顾及什么兄弟手足情面。公子光设家宴专门招待王僚，王僚排出全副武装的甲士坐在道路两边，一直到公子光家门口。大门、台阶、里门及座席上，布满王僚亲兵家将，一律持铍——两边开刃的利剑，紧密护卫在吴王僚身旁。端菜的人必须在门外先脱光衣服，再换上王僚亲信为之准备的衣服，然后端着菜肴膝行而入，两旁卫士用剑挟持着他，剑尖几乎都要刺着身体，然后才能把菜端上席案。一旦有了任何危险的风吹草动，相信王僚会立即把公子光全家斩尽杀绝，以免后患。气氛如此紧张，令人窒息。公子光怕混乱中吃亏，于是借口有严重足病，经王僚允许告退，迅即躲到了事先埋有伏兵的堀室，即地下室。一心等待鱄设诸得手，立即指挥反击。这哪是什么温情脉脉的家宴，而是充满了杀气的鸿门宴。双方的生死较量，悄然进行。比较而言，公子光更胜一筹。大致有以下几方面的原因：

一是龙虎斗的双方，王僚在明，公子光在暗，明枪易躲暗箭难防。王僚防备再严密，总有破绽之处，这也就是武林中人所称的软肋死穴。比如王僚好美味，嗜食炙鱼，这是其软肋，后来公子光果然专心为其准备了喜好的美味，于是王僚死于炙鱼。

二是公子光为弑王夺位而处心积虑，身边有伍子胥、专诸等智勇之士，为之出谋划策，积极进行。伍子胥、专诸知道了公子光的意图后，做了精心的准备。"专诸曰：'凡欲杀人，君必前求其所好。吴王何好？'光曰：'好味。'专诸曰：'何味所甘？'光曰：'好嗜鱼之炙也。'专诸乃去，从太湖学炙鱼，三月得其味，安坐待公子命之。"（事载《吴越春秋》）一击之功，正来自于长期精心的准备。

三是公子光从继位问题上向吴王僚提出挑战，在法统上有一定的根据。包括伍子胥、专诸等，都已为他说服了。因此，在弑王僚成功后，他可堂而皇之继位，有一定理由向士夫百姓交代。就是季札回国，也只能承认现实。以此，公子光有恃无恐。

四从为人看，谁继位对国家社稷更有利呢？王僚为人，如光所言："僚素贪而恃力，知进之利，不睹退让。"（见《吴越春秋》）事实确实如此。他在没有充分筹备的情况下，乘楚平王之丧，兴师伐楚。这一乘丧伐国的行为，有违春秋时国丧中不乘人之危的贵族精神，因而被人视为不文明的野蛮行为。相反，吴王僚遇弑身亡，阖闾立，包围了潜地吴师的楚师，"闻吴乱而还"（《左传》昭公二十七年），可见楚之文明合于中原周礼的贵族精神。又吴军攻潜冒进，被楚军前后夹击，"吴师不能退"（《左传》昭公二十七年），确是只知贪利而不知进退，这对国家是危险的。而公子光即位后的所作所为，如敌国楚人所称，"阖庐（闾）惟能用其民，以败我于柏举"，"勤恤其民而与之劳逸，是以民不罢劳，死知不旷"（《左传》哀公元年）。阖闾具一定人本意识萌芽。王僚与阖闾比较，其继位的合理性向后者倾斜。以此，公子光对专诸言，弑僚是"社稷之言也"（见《吴越春秋》），是为国为民的长远利益着想，非仅为个人权势也。这话也有一定的道理。专诸之所以能以死相许，正来自他对公子光继位合理性的肯定。但专诸对光提出："王可弑也，母老子弱，是无若我何？"公子光的回答很干脆，曰："我，尔身也。"个性慷慨激昂，铮铮誓言，掷地有声。后来他果然任专诸子为卿，以示对故人的永久纪念。这说明他有情有义，而非后来的越王勾践"狐兔死，走狗烹"一类忘恩负义之人。对功臣伍子胥更是信之任之，直至自己的生命结束，君臣情义，生死不渝。

五，公子光的成功，最好是得到了叔父季札的承认。季札从中原出使返国，王僚遇弑而公子光立，是为阖闾。"季札至，曰：'苟先君无废祀，民人无废主，社稷有幸，乃吾君也。吾敢谁怨乎？哀死事生，以待天命，非我生乱，立者从之，先人之道也。'乃哭僚墓，复位而待。"（《左传》昭公二十七年）季札在祭王僚墓后，为了国家社稷和人民的安定，回到自己的职位上，等待君主阖闾的命令。季札是春秋时公认的名贤，高风亮节令世人敬重，因此，由他带头信服而国家渐趋稳定，并且迅速发展腾飞。

专诸刺王僚，炙鱼腹中藏的是鱼肠宝剑，剑透僚三重护身铠甲，穿背而出，可见专诸力大无穷。但他立即被王僚的卫士砍为肉泥而亡。此一击，乃是长期精心经营的结果，其中蕴含着许多悲欢离合的动人传奇故事，确实耐读，耐看。京戏中的《专诸刺王僚》成为传统经典剧目，并非偶然。

三、智勇双全战功著

公子光的弑王夺位，的确是野心的外露，但同时也是雄心的展现。他能夺权成功，是和他的能量相匹配的。他是个具鲜明个性的慷慨丈夫，同时又是智勇双全而颇具谋略的帅才，再进一步成为国君，也只是等待机会的时间问题。

      吴人伐州来。楚薳越帅师及诸侯之师奔命救州来。吴人御诸钟离。

子瑕卒，楚师熸。吴公子光曰："诸侯从于楚者众，而皆小国也。畏楚而不获已，是以来。吾闻之曰：'作事威克其爱，虽小必济。'胡、沈之君幼而狂，陈大夫啮壮而顽，顿与许、蔡疾楚政。楚令尹死，其师熸。帅贱多宠，政令不壹。七国同役而不同心，帅贱而不能整，无大威命，楚可败也。若分师先以犯胡、沈与陈，必先奔。三国败，诸侯之师乃摇心矣。诸侯乖乱，楚必大奔。请先者去备薄威，后者敦陈整旅。"吴子从之。戊辰晦，战于鸡父。吴子以罪人三千，先犯胡、沈与陈，三国争之。吴为三军以系于后，中军从王，光帅右，掩余帅左。吴之罪人或奔或止，三国乱。吴师击之，三国败，获胡、沈之君及陈大夫。舍胡、沈之囚，使奔许与蔡、顿，曰："吾君死矣！"师噪而从之，三国奔，楚师大奔。书曰："胡子髡、沈子逞灭，获陈夏啮。"君臣之辞也。不言战，楚未陈也。

——《左传》昭公二十三年

故事发生在公元前 519 年。州来，楚地名，后被吴攻占，在今安徽凤台县，吴亡重归楚。在吴楚争战中，若吴胜而占州来，则据淮水西进的战略要地，可从淮河流域陆路西进伐楚。这正是楚的软肋要害。因此，楚人大兴七国诸侯联军以救州来。钟离，在今安徽凤阳县东北的古城村一带。鸡父，在今河南固始县一带，也是今安徽、河南二省交界处的淮河上流要地。吴楚战于鸡父，说明了吴师从钟离出发，迅速沿淮河向西急进楚境，占据有利地势，迎战楚国救兵。在战场上，吴处主动攻击态势。而楚所率领的诸侯联军，则处被动应战之地。双方未战，楚已先露颓势。蒍越，楚大夫，奉楚平王令率师抗吴。子瑕，即阳匄，楚令尹，诸侯联军主帅，因病卒于军中。吴子，指吴王僚。熸，火熄灭，喻当时楚军主帅卒，有重丧，故军中无复振作之气势。去备薄威，谓故意先放松戒备而减轻军威以误敌。在鸡父之战中，吴军以少胜多，是个成功的典型战例。二军相较，如公子光所指出，"诸侯从于楚者众"，兵力上占有数量上的优势。在敌众我寡的不利情况下，这仗应怎么打？

这让吴人大伤脑筋。正在吴王僚为难之际，公子光适时地站了出来。对吴楚即将进行的鸡父之战，作了全面而精当的分析和判断。为吴师提供了正确的战略和战役安排。他首先对七国诸侯联军，从心理层面进行了具体而深刻的分析，除楚军为主外，其余六个小国皆为附从之师，打仗时兵贵于精而不在众。六国之兵虽多，但都是"畏楚而不获己而以来"，并非真正甘心冒险为楚火中取栗。因为这只是为楚国利益作战，而非为小国着想。战争若胜，功归强楚；若败，则附从有罪，对小国并无好处。盟军各方人心不齐，可说是各自想拳经，怎能团结一致对吴作战呢？这样的盟军岂是多多益善，相反，多头政治，各军彼此掣肘，相互内耗，可说是愈多愈添乱，岂能专心一致对敌？此仗怎能不败？其次，公子光及时掌握了七国诸侯盟军内部不一的具体情报信息，"顿与许、蔡疾楚政"，顿国与许、蔡诸国对楚国以大欺小的无穷压榨欺侮，早已怀恨在心，只要细心做工作，如蔡不久即反戈一击，导吴击楚，为后来吴之入郢都敞开楚国东北陆路大门。又楚令尹子瑕死后，薳越代其率师，"帅贱、多宠，政令不壹"，连楚军内部也是号令不一而矛盾重重，平王多有宠臣在军中，暗中监察将帅。这类宠臣，恃宠生娇、骄二气，岂能听大夫薳越这"贱帅"的指挥？因此，在战前七国诸侯盟军早已心理动摇，一有风吹草动，立刻会乘乱大奔而各自逃命。第三，公子光提出了各个击破的进攻战略，针对具体情况，做有针对性的战役安排布置，有层次地展开战斗。如针对胡沈二国君主年幼狂躁之疾，和陈国率师夏啮"壮而顽"——即顽固教条的毛病，先引诱他们犯错上当，于吴军先是"去备薄威"，故意放松警戒而毫无军威，并排出纪律不整的罪人三千，攻击胡、沈及陈三国之师，三国之师争先攻击俘获吴之罪囚之兵，因而阵势大乱。这时，在三千罪人后面的是早已"敦陈整旅"而严阵以待的吴军主力精锐之师。一发现三国之师混乱争先，有机可乘，立即捕捉战机，发动了疾风骤雨似的猛烈攻击，一下子就全歼三国之师，连其国君主将也无一生还。但睿智的公子光在获得了战役局部胜利之时，并不被胜利冲昏头脑，没有立即与楚及顿、许、蔡四国之师主力决战，而是"舍胡、沈之囚，使奔许与蔡、顿"，大喊大叫："吾君死矣！"

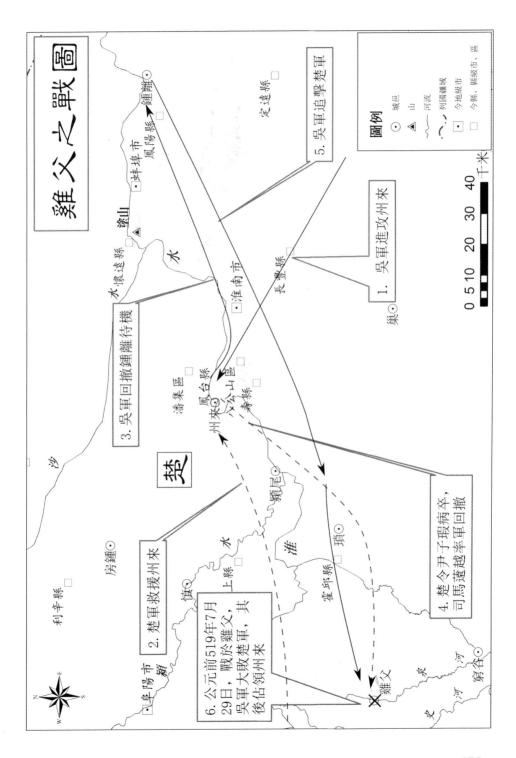

鸡父之战图

图例
⊙ 城邑
▲ 山
〜 河流
⚬ 列国疆域
⊙·⊙ 今地级市
⊡ 今县、县级市、区

千米
0 5 10 20 30 40

1. 吴军进攻州来

5. 吴军追击楚军

3. 吴军回撤钟离待机

2. 楚军救援州来

4. 楚令尹子瑕病卒，司马薳越率军回撤

6. 公元前519年7月29日，战于鸡父，吴军大败楚军，其后佔领州来

175

以此从心理上根本动摇了四国之师的战斗意志和决心。然后吴军主力，"师噪而从之"，于是顿与许、蔡三国之师又溃奔不止，败兵潮涌，冲垮了楚军阵势，于是，连楚军主力也被卷入狂奔的浪潮之中，一败而不可收拾。吴楚鸡父之战降下帷幕。吴国以少胜多、以弱胜强，创造了成功的战例，吴公子光是胜利的关键人物。

但是，战场上没有永远不败的将军，关键在于正确对待暂时的失败。如鸡父之战前六年的长岸之战：

> 吴伐楚。阳匄为令尹，卜战，不吉。司马子鱼曰："我得上流，何故不吉？且楚故，司马令龟，我请改卜。"令曰："鲂也，以其属死之，楚师继之，尚大克之。吉。"战于长岸，子鱼先死，楚师继之，大败吴师，获其乘舟余皇。使随人与后至者守之，环而堑之，及泉，盈其隧炭，陈以待命。吴公子光请于其众，曰："丧先王之乘舟，岂唯光之罪，众亦有焉。请藉取之，以救死。"众许之。使长鬣者三人，潜伏于舟侧，曰："我呼余皇，则对，师夜从之。"三呼，皆迭对。楚人从而杀之，楚师乱，吴人大败之，取余皇以归。

——《左传》昭公十七年

故事发生在公元前 525 年。吴楚双方水师麇集长江边的长岸，即今安徽省当涂县西南的东梁山附近。当时，楚军主帅是阳匄，即令尹子瑕。副帅是司马子鱼，名鲂。司马相当于负责国家军政的行政负责人，或是军队的总参谋长。但楚制令尹不仅是相国，而且出征时负有军职，除君王外，由令尹总军。故司马子鱼只能提建议供令尹采择。吴军出动了王舰余皇，说明了当时吴王僚在军中，但具体负责指挥战役的却是公子光。他应是吴师副帅。长岸在今安徽芜湖与今江苏南京之间，如果水战胜利，则成吴水师沿长江西进的战略要地。相反，如败，则楚水师沿江顺流，鼓帆直下，可逼吴都。故长岸之战，非同小可。但在战前，楚令尹子瑕怯战，他借口龟筮卜战不吉，不愿发兵。这就遭到了楚之贤臣司马子鱼的批评，吴楚同据长江，楚居中上游而吴居下游，如若水战，利于上游顺流而下，而吴水师则必须逆流迎敌，此不利吴而利楚。因此，子鱼曰："我得上流，何故不吉？"这责问是有道理的。纵观吴楚战争，楚多利用长江之利以攻吴，如令尹子重（即公子婴齐）之取鸠兹（今安徽芜湖），即仰水师占吴要地。后来西晋灭吴，"王濬楼船下益州，一片降幡出石头"，无数的历史事实说明了占据长江中上游之利。因此，吴王僚决策由水路溯长江仰攻楚国，实是错误战略。但公子光只能执行，以此吴军先大败，早在料中。而楚司马子鱼在批评令尹怯战后，又以楚国军事占卜由司马负责为由，下令改卜，表示了以死赴难以争取胜利的拳拳之忠。终于用自己身先士卒而英勇战死的实际行动，感动了楚军人人奋勇争先，终于大败吴军。在激烈交战中，连吴军的指挥舰余皇都成了楚人俘获的战利品，以此展览来激扬楚军士气，同时也让吴军沮丧。虽然由于吴王僚的贪冒之性决定了由水路仰攻楚国的战略根本错误，但君主专制时代，君王的昏庸愚昧，却必须由臣下负责。在实际战役中，吴军丢弃了王舰余皇，这就是负责指挥作战的将军——公子光之罪。吴王僚对公子光，时刻提防他夺位，因此对他怀恨在心，早就想找个理由，置之死地。现在，他丢弃了王舰余皇，不正是杀他的很好借口吗？军令如山，刑法无情，公子光难逃此劫。但公子光到底是个智勇双全而思虑周密深刻的贵族，长岸之战，他丢失了余皇，就必须直接面对内外之敌的夹攻，内是吴王僚早想杀他，外是新败之后直面士气正盛的强大楚军，如何才不会坐以待毙呢？公子光终于出了反败为胜而夺回余皇的高招。他和吴军将士商量，提议乘楚不备，发动夜战突袭反攻的既冒险又周密的计划。具体是派长鬣者三人，作为间谍内应。所谓长鬣者，人或以为是长满胡须的人，这理解有误。长鬣，即如马鬃般长头发。因吴人断发纹身，平时是剃发的，与楚人留长发有别。现在间谍要潜入楚军阵地，如仍断发，则易为楚人发现，因此可能戴上假发，骗过楚人眼睛而潜伏于舟侧，乘夜内外呼应，正不知有多少吴军已经潜入楚军阵地，因而引起楚军心理恐慌，阵脚大乱。公子光乘机率吴军猛攻死战，喊冲喊杀之声，惊天动地，黑夜中正不知有多少吴军杀到。"楚师乱，吴人大败之，取余皇以归"，也就是水到渠

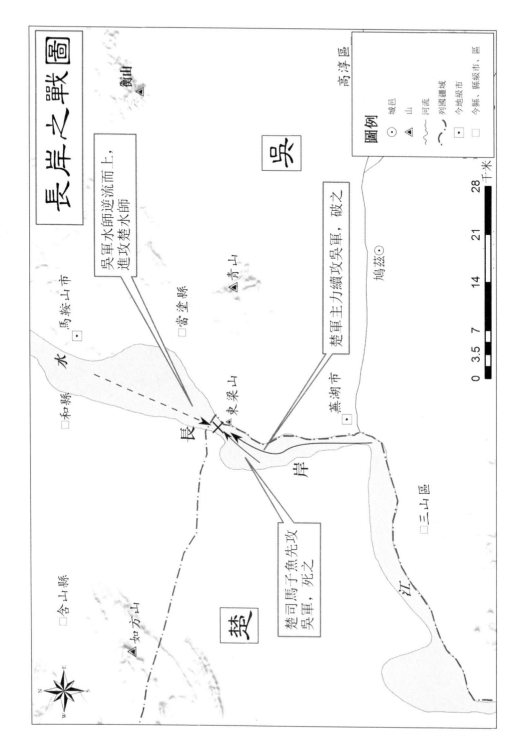

長岸之戰圖

吳

楚

吳軍水師逆流而上，
進攻楚水師

楚軍主力續攻吳軍，破之

楚司馬子魚先攻
吳軍，死之

圖例
坡邑
山
河流
列國疆域
今地級市
今縣、縣級市、區

高淳區

衡山

馬鞍山市

和縣

當塗縣

青山

東梁山

蕪湖市

鳩茲

含山縣

如方山

三山區

江

長岸

0 3.5 7   14   21   28
千米

成之事了。在长岸战役中，公子光先败后胜，立了大功；取回王舰余皇，逃过吴王僚的杀戮，可称是双重胜利。不是智勇双全的慷慨丈夫，大概很难完成这一艰巨的任务。在内外敌人的算计与攻击下，能以智谋及其坚毅精神脱困突围，犹如《周易》之由《否》卦颠转为《泰》卦，否极泰来，为美好将来开拓了一条通往成功之巅的道路。

四、改革图霸试锋芒

阖闾名光，个性鲜明而有担当，是一个集雄心和野心于一体的传奇人物，在吴国历代君主中，阖闾最为杰出。他即位后，很想干一番大事业，攻破世仇强楚以争霸中原。破楚入郢，昔日中原霸主齐桓公、晋文公都没做到，但僻处南方东海之滨的吴王阖闾却实现了这一梦想，虽然是昙花一现，但却创造了新的历史奇迹。

> 吴子问于伍员，曰："初而言伐楚，余知其可也，而恐其使余往也，又恶人之有余之功也。今余将自有之矣，伐楚何如?"对曰："楚执政众而乖，莫适任患。若为三师以肄焉，一师至，彼必皆出。彼出则归，彼

虎丘剑池，史载阖闾墓在其下

> 归则出，楚必道敝。亟肆以罢之，多方以误之。既罢而后以三军继之，
> 必大克之。"阖庐从之，楚于是乎始病。
>
> ——《左传》昭公三十年

故事发生在鲁昭公三十年（前512年），当时阖闾即位四年，在安定了国内外的局势后，开始了伐楚图霸的政治和战略设计。于是问教于伍员（子胥）。伍员因费无极之谗，父奢兄尚被楚平王所杀，于鲁昭公二十年（前522年）奔吴。因当时是吴王僚时代，伍员曾向王僚"言伐楚之利"，但被公子光劝阻，曰："是宗为戮，而欲反其仇，不可从也。"以此，伍子胥借吴兵伐楚复仇之事，被王僚所拒。公子光在吴，素有贤能令名，获士夫百姓的爱戴，他为什么要否定伍员的建议和复仇计划呢？深入思考后，伍员恍然大悟，曰："彼将有他志，余姑为之求士，而鄙以待之。"（《左传》昭公二十年）公子光在王僚面前否定了伍员的伐楚复仇计划，在当时形势下，这话是公私兼顾的。一来当时吴弱楚强，王僚并没有认真思考和准备，仓促发动，贪利冒进，一旦计虑不周，必遭败绩，战者危也，不打没准备之仗，这是出于为吴利益考虑的公忠之心；二来伍员虽为复仇而来，但他是个智勇兼备的贤能之才，如果他为王僚所用，则将为自己弑王夺位计划平添许多困难和阻力。而为了今后招纳并重用伍员，这时只能先反对其计划，让王僚弃用伍员，不就为自己重用伍员创造了机会吗？后来事实果然如此，这是出于其夺位的私心。聪明如伍员，怎会看不出公子光的良苦用心呢？而一旦明白其心思之后，立即行动，为公子光求士，寻找可靠的英雄义士，以待不日之需。于是他退入乡鄙之地，待机而发，一等就是整整十年，终于可以借助阖闾领导下的吴国力量，实现自己的复仇意愿了。这里先介绍一下伍员。

伍员（？～前484年），字子胥，史上多以字称之。原为楚大夫伍奢之子，在楚任职。后楚平王受谗杀奢，伍员受株连而流亡异乡，历经宋、郑诸国，最终入吴，助公子光弑王僚夺王位，成为吴国大夫。吴王僚时，他退居乡鄙，并非无所作为，而是积极为公子光物色最为可靠的游侠义士，为刺王

僚作精心准备。于是他与义士专诸结为生死知己，并把他推荐给公子光，终于一击成功，阖闾顺利即位，受到新君的信任和重用，一方面作为吴国行人——相当于"外交部部长"，北上联络齐晋中原诸国，给楚压力；一方面帮助阖闾改革政经，同时又推荐了贤能之臣，如齐人孙武——即不朽名著《孙子兵法》的作者，如果孔子称"文圣"的话，则孙武为"武圣"。伍员、孙武，助阖闾进行了军事改革，整军经武，吴国以强，经过长期努力，终于在吴楚柏举一战中，五战五胜，追奔逐北，破楚入郢，掀开了吴王阖闾争霸战中最为辉煌的一页。

伍员于鲁昭公二十年（前522年）亡吴。当年，其父奢兄尚被楚平王所杀，据《左传》当年载，楚平王以奢命诱伍尚、伍员兄弟入郢，曰："来，吾免而（尔）父。"尚谓其弟员曰："尔适吴，我将归死。吾知不逮，我能死，尔能报。闻免父之命，不可以莫之奔也；亲戚为戮，不可以莫之报也。奔死免父，孝也；度功而行，仁也；择任而往，知也；知死不辟，勇也。父不可弃，名不可废，尔其勉之，相从为愈。"伍尚归。奢闻员不来，曰："楚君、大夫其旰食乎！"这就可看出伍员个性之刚毅果决，不为空泛的传统周礼及其忠孝仁义道德观念所拘束，而是视生活实际而做出现实的应对，君不仁，则臣不忠，视之为寇仇，心中早存报仇之心，并决心借吴之力加以贯彻实现。从父兄死前的言论中可以看出伍员的智慧才能及其刚强之性。在与明君阖闾合作过程中，阖闾以之为师而实现争霸之梦，而伍员则因此而完成报楚复仇大愿，君臣二人，心心相印，配合默契，终其一生而情谊不渝，其成功岂偶然哉！但阖闾死后，其子夫差接位，伍员还是刚强忠直本性不改，为了吴国安全与霸业，他力谏吴王夫差拒越求和以去心腹之患，并力阻其伐齐以争中原而向越敞开软肋要害的

伍子胥像

致命计划。但子不如父,夫差不是阖闾,伍员因此被赐剑自杀,英雄终以血色黄昏的悲剧落幕。

阖闾与伍员,君明臣贤。今戏曲舞台上的伍子胥是美髯须生,给人印象是个外貌美好的"帅哥",但实际不然。据《吴越春秋》记载,伍子胥初入吴见王僚,"王僚怪其状伟,身长一丈,腰十围,眉间一尺",可见是个粗壮大汉,"眉间一尺"者,则双眼相隔甚远,此其貌甚丑之状也。又据《吕氏春秋校释》卷十四《首时》篇曰:

> 伍子胥欲见王(僚)而不得。客有言之于王子光者,见之而恶其貌,不听其说而辞之。客请之王子光,王子光曰:"其貌适吾所甚恶也。"客以闻伍子胥,伍子胥曰:"此易故也。愿令王子居于堂上,重帷而见其衣若手,请因说之。"王子许。伍子胥说之半,王子光举帷,搏其手而与之坐;说毕,王子光大说。伍子胥以为有吴国者,必王子光也,退而耕于野。七年,王子光代吴王僚为王。任子胥,子胥乃修法制,下贤良,选练士,习战斗。六年,然后大胜楚于柏举。九战九胜,追北千里。昭王出奔随,遂有郢。亲射王宫,鞭荆平之坟三百。乡之耕,非忘其父之雠也,待时也。

可见伍子胥虽外貌"甚恶",而内实有才有智,是个贤能之人,因此而获得公子光的宠信专任,故能成为君王之师一类人物。古人称阖闾染于伍子胥而称霸(《吕氏春秋校释》卷二《当染》篇),所谓"染",就是因受其熏染而志在图霸。又因图霸有成而"功名传于后世"。《吕氏春秋校释》卷四《尊师》篇,更明确曰:"吴王阖闾师伍子胥、文之仪。"并赞扬阖闾与伍员是君贤明而臣下为圣贤。评价之高,令人咋舌。伍子胥对于阖闾及吴国之强大,影响大矣。据《吴越春秋》曰:

> 阖闾元年,始任贤使能,施恩行惠,以仁义闻于诸侯。仁未施,恩未行,恐国人不就,诸侯不信,乃举伍子胥为行人,以客礼事之而与谋

国政。阖闾谓子胥曰："寡人欲强国霸王，何由而可？"伍子胥膝进垂泪顿首曰："臣楚国之亡虏也。父兄弃捐，骸骨不葬，魂不血食。蒙罪受辱来归命于大王，幸不加戮，何敢与政事焉？"阖闾曰："非夫子，寡人不免于絷御之使；今幸奉一言之教，乃至于斯。何为中道生进退耶？"子胥曰："臣闻谋议之臣，何足处于危亡之地，然忧除事定，必不为君主所亲。"阖闾曰："不然。寡人非子无所尽议，何得让乎？吾国僻远，顾在东南之地，险阻润湿，又有江海之害；君无守御，民无所依；仓库不设，田畴不垦。为之奈何？"子胥良久对曰："臣闻治国之道，安君理民是其上者。"阖闾曰："安君治民，其术奈何？"子胥曰："凡欲安君治民，兴霸成王，从近制远者，必先立城郭，设守备，实仓廪，治兵库。斯则其术也。"阖闾曰："善。夫筑城郭，立仓库，因地制宜，岂有天气之数以威邻国者乎？"子胥曰："有。"阖闾曰："寡人委计于子。"……城郭以成，仓库以具，阖闾复使子胥、屈盖馀、烛佣习术战骑射御之巧。

于此可见，阖闾即位，立即与伍员诸贤推行了一系列的政治、经济、军事、法律、制度的改革，修城郭，立仓库，充军实，然后能有行仁施恩的物质基础，国家的国防设施也逐步完善，减少了国家安全的后顾之忧。经过多年经营建设，于是吴僻陋之邦，终于国治民和、繁荣昌盛而蔚为大国，逐渐具有了与强楚争霸天下的条件。但阖闾于伐楚事，极其慎重，楚之强大，天下共知，难以一朝亡之。为此，伍子胥为他设立了"三师以肆"、骚扰楚国来不断损耗楚之国力的战略战术。果然，楚国君臣及其军队，为之疲于奔命。如伍子胥所说："一师至，彼必皆出。彼出则归，彼归则出，楚必道敝。"吴分三师，一师前往征伐楚之边鄙要地，一师作预备队不动，一师在后方训练，休养生息，以提升战力。一旦敌人出动迎战，迅即依计撤退而不与战；待敌撤退，又前往追击扰袭。伍子胥以敌进我退、敌疲我扰、敌退我追的运动战、游击战为战略战术，吴师永远处在主动有利的地位，从而多方误楚大军，而令其疲于奔命。其计谋确属高明，对今人犹有借鉴作用。在第二次世界大战中，八路军、新四军对付强大日军，大多遵此运动战、游击战术，提出了"敌进我退，敌驻我扰，敌疲我打，敌退我追"具体的十六字方针。经过几次试探性的进攻，情况果然如伍员所料，这就增强了阖闾伐楚的决心。于是，"吴人侵楚，伐夷侵潜、六。楚沈尹戌帅师救潜，吴师还。楚师迁潜于南冈而还。吴师围弦。左司马戌、右司马稽帅师救弦，及豫章。吴师还。始用子胥之谋也"（《左传》昭公三十一年）。事实说明了吴军试探性进攻的成功，敌进我退、敌驻我扰、敌疲则击等游击战术，已有成功之例，这真让楚国疲于奔命。吴楚边境之间经常发生的接触战破袭战，令楚人头痛不已，因此而伤其国力元气。

当吴二公子掩余和烛庸率兵奔楚国，楚为筑城以后，赐城父与胡田，"将以害吴也"。吴王阖闾大怒，双方战事加剧，形势紧张。于是楚大夫子西谏曰："吴光（按：即阖闾）新得国，而亲其民。视民如子，辛苦同之，将用之也。若好吴边疆，使柔服焉，犹惧其至。吾又其仇以重怒之，无乃不可乎！吴，周之胄裔也，而弃在海滨，不与姬通。今而始大，比于诸华。光又甚文，将自同于先王。不知天将以为虐乎，使翦丧吴国而封大异姓乎？其抑亦将卒以祚吴乎？其终不远矣。"（《左传》昭公三十年）子西建议楚王对吴实行安抚的和平交好之策，以免其害，但昭王及令尹子常不听。子西即公子申，是楚宗室要人，从他口中所描绘的"吴光"——即吴王阖闾的为人形象，也说明他一即位即推行施其仁义而"亲其民"的根本国策，因此百姓乐为之用，从而国力大增。"吴光"又是个"甚文"之人，即有知识、有文化、有理想、有抱负的人，他图霸业，楚国当然是其主要针对的目标。阖闾行子胥之谋，一步步引诱楚国上当犯错，最后三军继之，大举伐楚，也属自然之事了。楚国之败，不仅败在吴军之强大，更主要是因其内部不团结而内耗不息，屡铸大错。如伍子胥所分析："楚执政众而乖，莫适任患。"楚军政权要人很多，但因利益不一，相互掣肘，内耗厉害，而一旦犯错失误，又人人缺乏担当而不肯负责。如此岂有不败之理？吴楚大战之前，主观努力与客观形势都对吴有利。但吴王阖闾还是对大举伐楚而进行主力决战事，颇多担心而感到不安。

主要有两点：一是伍子胥与白喜（即伯嚭）会不会为报杀父之仇而让他孤投一掷呢？其次，楚国地域辽阔，谁有能力提师数千里奔袭而破楚郢都呢？一旦稍有闪失，吴国将丧师于楚而全盘皆输。但当阖闾以子胥为师而崇信重用后，他清楚伍员是慷慨义士，忠心事吴，现在伐楚条件渐趋成熟，伐楚与复仇并不矛盾，有复仇之心，说明了楚之残酷无道，这更能激发吴师代天行道的使命感和正义性。

有关悬师楚地而谁有能力负责的问题，伍子胥向阖闾推荐了当时的一个军事天才——孙武。

据《吴越春秋》载：

> 子胥深知王之不定，乃荐孙子于王。孙子者，名武，吴人也（按：《史记》本传称齐人，是）。善为兵法，辟隐深居，世人莫知其能。胥乃明知鉴辩，知孙子可以折冲销敌。乃一旦与吴王论兵，七荐孙子。吴王……召孙子，问以兵法，每陈一篇，王不知口之称善。其意大悦。

按：孙武，字长卿，齐国平安人，生卒年无考。其祖先为陈公子完，亡齐改姓田。其五世孙书因功被齐景公赐姓孙，武即为田书子孙，出身于将门而好论兵。又据《史记·孙子吴起列传》载：

兵圣孙武像

（孙武）以兵法见阖闾，阖闾曰："子之《十三篇》，吾尽观之矣，可以小试勒兵乎？"对曰："可。"阖庐曰："可试以妇人乎？"曰："可。"于是许之，出宫中美女，得百八十人。孙子分为二队，以王之宠姬二人各为队长，皆令持戟。令之曰："汝知而（尔）心与左右手背乎？"妇人曰："知之。"孙子曰："前，则视心；左，视左手；右，视右手；后，即视背。"妇人曰："诺。"约束既布，乃设鈇钺，即三令五申之。于是鼓之右，妇人大笑。孙子曰："约束不明，申令不熟，将之罪也。"复三令五申而鼓之左，妇人复大笑。孙子曰："约束不明，申令不熟，将之罪也；既已明而不如法者，吏士之罪也。"乃欲斩左右队长。吴王从台上观，见且斩爱姬，大骇。趣使使下令曰："寡人已知将军能用兵矣。寡人非此二姬，食不甘味，愿勿斩也。"孙子曰："臣既已受命为将，将在军，君命有所不受。"遂斩队长二人以徇。用其次为队长，于是复鼓之。妇人左右前后跪起皆中规矩绳墨，无敢出声。于是孙子使使报王曰："兵既整齐，王可试下观之，唯王所欲用之，虽赴水火犹可也。"吴王曰："将军罢休就舍，寡人不愿下观。"孙子曰："王徒好其言，不能用其实。"

于是阖庐知孙子能用兵，卒以为将。这只是平常的练兵，但可见孙子为将治兵，平时如战时，战时如平时，军纪严明，法不宽贷，即使是最高国王求情，同样被"将在军，君命有所不受"所拒，这也是继承了《周易·师卦》丈人率师、师出有律的传统精神。王之宠姬作为队长，恃宠生娇，不听"三令五申"之命，在军大笑喧哗，为此付出了生命的代价，其愚可悲。而一旦斩姬以徇，三军如一，如心之使臂而无不如意。这样军纪严明的军队，虽使之斩关犯难而冲锋陷阵，犹赴水火之不避也，就大大提高了吴军的士气与战斗力。不然，从吴到楚，转战几千里，如若军纪涣散，士气懈怠，稍有风吹草动，即作鸟兽散，怎能一路凯歌高奏而破楚入郢呢？

据《吴越春秋》记载，当孙武在阖闾宫中练兵而斩犯律宠姬时，王大不乐，于是子胥谏曰："臣闻兵者凶事，不可空试。故为兵者，诛伐不行，兵道不明。今大王虔心思士，欲兴兵戈以诛暴楚，以霸天下而威诸侯，非孙武之将，而谁能涉淮逾泗，越千里而战者乎？"于是吴王大悦，因鸣鼓会军，以孙武为将，集而攻楚。拔舒，杀吴亡将二公子掩馀、烛庸。阖闾想乘势攻郢，孙武谏曰："民劳，未可恃也。"孙武继续练兵，整军经武，待时而发，但时不时在边境战争中不断骚扰蚕食楚国，以为今后大军伐楚的决战作准备。当时"楚闻吴使孙子、伍子胥、白喜为将，楚国苦之，群臣皆怨，……而吴侵境，不绝于寇，楚国群臣有一朝之患。"（以上见《吴越春秋》）在孙武、伍子胥的战略设计下，不打无准备之仗，战争不仅是军事，而且更重要的涉及经济民生。战争是经济的延伸。孙武曾说，一旦开战，十万之师，"日费千金"，后勤供输对战争胜负有重要意义，他说："国之贫于师者远输，远输则百姓贫；近师者贵卖（按：指物价飞涨），贵卖则百姓财竭，财竭则急于丘役（按：指加重赋税徭役）。力屈中原（按：泛指战场），内虚于家。百姓之费，十去其七；公家之费……十去其六。"而伐楚之役，正是"远输"之役，转战千里，岂能不先从国内的富民富国开始而强其兵。故称："善用兵者，役不再籍，粮不三载（按：指辗转长途运输）；取用与国，因粮于敌，故军食可足矣。"（《孙子兵法·作战篇》，见徐勇编《先秦兵法通解》，天津人民出版社，2002年，第16~17页）因此，吴楚决战之前，一定要先发展经济，解决"民劳"问题，达到国强民富的程度，方可考虑用师。

经济民生，是战争的基础。因此，孙武、伍子胥都重视改革。如1972年出土的银雀山汉墓竹简《孙子兵法》（见《孙子兵法》，文物出版社，1975年）其中有《吴问》一篇，记载吴王阖闾与孙武的对话，吴王问晋公卿"孰先亡，孰固成"的问题。孙武认为"范氏、中行是（氏）先亡……智是（氏）为次……韩、巍（魏）为次。赵毋失其故法，晋国归焉。"王问为什么，孙武对曰：范、中行氏赋税徭役最重，智氏其次，韩魏又其次，比较而言，则赵氏的赋税徭役最轻，对百姓民生最有利。孙武直抉其要害所在，认为前者重税，"公家富；公家富，置士多，主乔（骄）臣奢，冀功数战"。国富民穷，百姓反对，以此先亡；相反，赵氏减轻人民赋税徭役，"公家贫，其置士少，主金（敛）臣收，以御富民。故曰国固"。人民相对富裕，获得了人民的拥护支持，故赵氏被围困时，百姓力战，终灭敌人。孙武对话，给阖闾以启发，曰："善。王者之道，□□厚爱其民者也。"阖闾爱民富民，这一点已从楚人口中多次得到证实。孙武劝阖闾首先争取民心所向，这是弱吴胜强楚的关键所在。故《说苑》卷十三《权谋》篇曰："晋人已胜智氏，归而缮甲砥兵。楚王恐，召梁公弘曰：'晋人已胜智氏矣。归而缮甲兵，其以我为事乎？'梁公曰：'不患，害其在吴乎？夫吴君恤民而同其劳，使其民重上之令，而人轻其死以从上，使如庬之战。臣登山以望之，见其用百姓之信，必也勿已乎？其备之，若何？'不听，明年，阖庐袭郢。"实际上，吴楚柏举决战，吴军五战五胜，追奔逐北以入郢，实是阖闾、伍子胥、孙武等长期精心准备的结果。决战发动，已是阖闾十年之事。因为孙武认为，战争不仅是军事问题，同时也是关系到国内外安全形势的政治问题。打仗不仅要让本国人民甘愿尽力，而且要从被占敌国人民角度考虑，让其安心信服而减少反抗阻力。故孙子曰："兵者，国之大事，死生之地，存亡之道，不可不察也。"（《孙子兵法·计篇》）又曰："故知兵之将，民之司命，国家安危之主也。"（同上，《作战篇》）要打仗，就必须对国家安危和人民的生命财产负责，岂可因一时感情冲动而贸然发动战争？

阖闾精读《孙子兵法》十三篇，在吴楚之战中，开始阶段是完全信任而按其设计的战略战术行动，因此在边境上进行的一系列的破袭战中，取得了成功，从而给楚国以强大的心理压力。但这不过是吴国的政治、经济、外交及其军事改革的小试锋芒而已，更大的改革成果，还在柏举战役以后的大获全胜。

五、追奔逐北破楚郢

伍员为吴行人以谋楚。楚之杀郤宛也，伯氏之族出。伯州犁之孙嚭为吴大宰以谋楚。楚自昭王即位，无岁不有吴师。蔡侯因之，以其子乾与其大夫之子为质于吴。冬，蔡侯、吴子、唐侯伐楚。舍舟于淮汭，自豫章与楚夹汉。左司马戌谓子常曰："子沿江而与之上下，我悉方城外以毁其舟，还塞大隧、直辕、冥阨，子济汉而伐之，我自后击之，必大败之。"既谋而行。武城黑谓子常曰："吴用木也，我用革也，不可久也。不如速战。"史皇谓子常："楚人恶子而好司马，若司马毁吴舟于淮，塞城口而入，是独克吴也。子必速战，不然不免。"乃济汉而陈，自小别至于大别，三战，子常知不可，欲奔。史皇曰："安求其事，难而逃之，将何所入？子必死之，初罪必尽说（脱）。"十一月庚午，二师陈于柏举。阖庐之弟夫概王，晨请于阖庐曰："楚瓦不仁，其臣莫有死志，先伐之，其卒必奔。而后大师继之，必克。"弗许。夫概王曰："所谓'臣义而行，不待命'者，其此之谓也。今日我死，楚可入也。"以其属五千，先击子常之卒。子常之卒奔，楚师乱，吴师大败之。子常奔郑。史皇以其乘广死。吴从楚师，及清发，将击之。夫概王曰："困兽犹斗，况人乎？若知不免而致死，必败我。若使先济者知免，后者慕之，蔑有斗心矣。半济而后可击也。"从之。又败之。楚人为食，吴人及之，奔。食而从之，败诸雍澨，五战及郢。己卯，楚子取其妹季芈畀我以出，涉雎。针尹固与王同舟，王使执燧象以奔吴师。庚辰，吴入郢，以班处宫。子山处令尹之宫，夫概王欲攻之，惧而去之，夫概王入之。

——《左传》定公四年

故事发生在公元前 506 年，吴楚二军主力决战的地方是柏举。据清高士奇考察，柏举，楚地，合柏子山与举水之名而成，在今湖北麻城市东数十里处。黄鸣《春秋列国地图志》明确指出，"在今湖北省麻城市东北举水东侧、柏子塔村西"。举水源于今鄂豫交界大别山南麓，其中下游接湖北东部平原，地形豁然开朗，便于吴楚二国大军列阵展开。郤宛，字子恶，楚大夫，官左尹。为人"直而和，国人说之"，后令尹子常恶而杀之，并"尽灭郤氏之族党"（见《左传》昭公二十七年）。蔡侯，指蔡昭侯。唐侯，唐成公。吴子，指吴王阖闾。据《左传》定公三年载，蔡与唐本是楚的附属国。这年，蔡昭

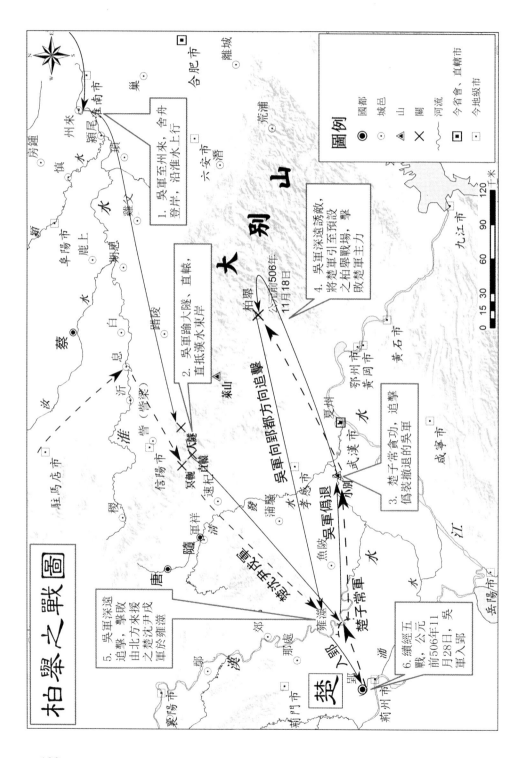

柏舉之戰圖

1. 吳軍至州來，舍舟
登岸，沿淮水上行

2. 吳軍踰大隧，直轅、
直抵漢水東岸

3. 楚子常貪功，追擊
偽裝撤退的吳軍

4. 吳軍深造誘敵，
將楚軍引至柏舉預設
之柏舉戰場，擊
敗楚軍主力

5. 吳軍深造
追擊，擊敗
由北方來援
之楚沈尹戌
軍於雍澨

6. 續經五
戰，公元
前506年11
月28日，吳
軍入郢

公元前506年
11月18日

吳軍向郢都方向追擊

魚陂吳軍偽退

楚子常軍

吳軍偽退

圖例

國都
城邑
山
關
河流
今省會、直轄市
今地級市

侯和唐成公到楚朝觐，"蔡昭侯为两佩与两裘，以如楚，献一佩一裘于昭王。昭王服之，以享蔡侯。蔡侯亦服其一。子常欲之，弗与。三年止之。……蔡人闻之，故请而献佩于子常。子常朝，见蔡侯之徒，命有司曰：'蔡君之久也，官不共也。明日，礼不毕，将死。'蔡侯归，及汉，执玉而沉，曰：'余所有济汉而南者，有若大川。'"于是为了报仇雪耻，蔡昭侯如晋，请晋伐楚，晋未答应；于是蔡侯转向东南方的吴国，要求伐楚。子常欺压唐国亦如蔡。这说明，楚王朝廷，贪腐成风，酷虐属国，对属国之君，几乎不当人待。因而蔡、唐与楚反目成仇，助吴伐楚。这是楚国腐败劣政造成的。而蔡、唐的转向助吴，正中吴人下怀。因为吴伐楚有两个方向：一是水路，溯长江而上以仰攻郢，这很难完成，因为水战上游顺流而下，态势有利；下游溯江逆流，舟师不利。吴楚双方水师之战，大多是楚胜吴负。楚国水师曾攻占鸠兹（今安徽芜湖），直逼今之南京、镇江一带吴国要害之区。因此，阖闾不会出此下策。一是由陆路从淮南出发，从今鄂豫皖交界的大别山处，在楚的东北方向进攻，渡汉而趋郢。但若要由陆路进军，蔡、唐成为必经要道。因此，收服蔡唐就显得非常重要，这是战略的需要。现在蔡、唐自愿助吴，成为伐楚的向导，蔡、唐二国之人，对楚知根知底，不仅熟其山川形势及要塞路径，而且都了解楚国上层政要的内部矛盾斗争，这对吴军来说，实际成了一张行军作战的活地图。悬师千里，转战南北，时时可以化险为夷，正得力于复仇雪耻的蔡、唐之人的向导之功。豫章，其地所在，古今学者多有争论，今人多以为《左传》豫章为泛称，原为楚、吴边界地区，大致指今河南、湖北交界的汉水之东与安徽淮南的广大地区。吴军伐楚，战前为辎重运输等原因，开始是乘船沿淮河西进，以省人力畜力。到豫章的淮汭，即舍舟登岸，由陆路西进。吴、楚之师隔汉水对阵。这时，楚的左司马戌（按：即沈尹戌）对令尹子常（按：即当时楚军统帅）建议：你沿江与吴军周旋对峙，我则率领方城外的楚师从后面击毁其舰船，回兵堵塞大隧、直辕、冥厄诸险要关隘，断吴退路，然后你渡过汉水，我们前后夹攻，一定会大败吴师。商定之后，左司马戌率兵出发。这本是一个可能夺取胜利的计划。但楚内部不和，有的要求速战，主要是子常集团的人怕左司马戌一旦大功告成，对子常的执政不利。于是子常作为楚军主帅，破坏原先商定计划，即刻渡过汉水对阵，和吴军从小别山打到大别山，交战三次，子常知道难以取胜，想要逃走。原来，子常对抗的吴将是大军事家孙武，如黄鸣《春秋列国地理图志》所分析："吴军为吸引楚子常军深入，由小别山退至大别山，退却了大约一百五十公里，最后背倚大别山，在柏举与楚军决战，一战而胜，遂追亡逐北，直至郢都。"阖闾与孙武，正是利用了大别山险要地势，建立了坚固阵地，敌无可乘之机，几次挑战失败，于是楚军心理防线崩溃。吴军夫概（按：阖闾之弟，因曾回国一度自立为王，故传称夫概王）率领亲兵部属五千人马，向楚子常离心之卒发动冲击，楚师大乱，全军溃败不可收拾。楚帅子常弃军逃亡到郑国。吴军乘胜全面追击，当到达清发水时（按：清发，楚水名，即今湖北的府河，此处实指今安陆市南的府河河段），吴待楚之败兵半渡而击，又大获全胜。"楚人为食，吴人及之，奔，食而从之"，也就是说，楚国败兵埋锅造饭都来不及吃，吴军已追上，楚人空腹，而吴人吃饱喝足，体力充沛，再追再战。如《孙子兵法·作战篇》所说："故智将务食于敌"，"因粮于敌，故军食可足也"。吴人一路奔袭，五战五胜，长驱直入，终于攻破楚都而入郢。楚昭王先逃到随，依靠随人保护，苟免于一时。后又涉雎水，渡长江，躲藏于云梦泽中，总算保全了性命。

日人竹添光鸿称引清顾栋高《春秋大事表》曰：

> 吴楚交兵数百战，从水则楚常胜，而从陆则吴常胜。楚以水师临吴，而吴常从东北以击楚之不意。当其始叛楚也，即伐巢、伐徐、伐州来，争斗于庐州凤阳之间，盖欲自上而瞰下。子重之克鸠兹也，为今太平之芜湖也，此用水也。而吴报之伐楚取驾，则在庐之无为矣。楚灵之克朱方也，为今镇江之丹徒，此用水也。而吴报之取棘、栎、麻，则出砀山与汝宁矣。至昭二十三年，州来入吴，州来为今之寿春，以淮为固，撤楚之藩篱而据其要害，而入郢之祸兆矣。当日舍舟于淮汭，自豫章与楚夹汉。淮汭即州来，豫章今南昌，舍舟为沉船破釜之举，陆路出南昌，

为出奇捣险之谋，欲避所短而用所长，悬师深入，千里袭人，盖亦逆知楚瓦（按：即子常）不仁，而后敢出此。

（见竹添光鸿《左氏会笺》定公四年笺）

顾氏左图右史，以读《左传》，很有历史地理的眼光，值得借鉴。但顾氏以"豫章为南昌……陆路出南昌，为出奇捣险之谋"，则具体地点明显失误，黄鸣《春秋列国地图志》已辨明之，可参阅。

吴楚柏举决战，吴之胜，胜在战略战术正确，而立于不败之地。孙武对于天时地利人和的方方面面都考虑到，这即是"善战者，先为不可胜，以待敌之可胜。不可胜在己，可胜在敌"（《孙子兵法·形篇》）。而楚军反之。主帅子常与左司马戌一起计划，分兵合击吴师。但沈尹戌刚出发，子常旋即背约，单独率师出击以争功，足见其嫉贤妒能，全然不顾大局。而且一败之后，立即弃军逃亡于郑，只图个人苟活，而全然抛弃国家安危。因此，严格说来，楚之败主要不在吴师之强大，而在于内部不和而互相消耗，更在于楚国上层贪腐成风，犹如朽木，一经狂风骤雨，立刻崩溃。据《国语·楚语》记载，当时楚大夫斗且廷就批评令尹子常好聚敛而刻薄百姓，是亡国之道。他把先令尹子文与子常作对比："昔斗子文三舍令尹，无一日之积，恤民之故也。"子文曾说："夫从政者，以庇民也。民多旷者，而我取富焉，是勤民以自封也，死无日矣。"而后来的令尹子常，"相楚君而无令名于四方，民之羸馁，日已甚矣。四境盈垒，道馑相望，盗贼伺目，民无所放。是之不恤，而蓄聚不厌，其速怨于民多矣。积货滋多，蓄怨滋厚，不亡何待。夫民心之愠也，若防大川焉，溃而所犯必大矣"。于此可见，吴由弱趋强，而楚则由强而转弱。楚先自朽于内，自败于前，故吴军能摧枯拉朽，借势发力，凯歌高奏，破楚入郢。

但是，吴王阖闾在柏举战后，达到了生命光辉的顶点，他在血染的战火中痛饮胜利美酒的狂欢时刻，那败丧的哀乐也已悄然奏响。柏举之战，从鲁定公四年（前506年）十一月庚午正式打响，连续作战十天，于庚辰日吴军入郢。奔袭千里，速度之快，堪称范例。但如《周易》所称，泰极否来而乐极生悲，如何享受伐楚的胜利果实呢？吴国军政高层立即产生内讧。"吴入郢，以班处宫。子山（按：阖闾之子）处令尹之宫，夫概王欲攻之，惧而去之，夫概王入之。"（《左传》定公四年）为了掠夺财富子女，贪图享受，吴国正在迅速腐化，其速度之快、程度之烈，令人咂舌。据《史记·吴太伯世家》载，入郢后，"子胥、伯嚭鞭平王之尸以报父仇"，先秦典籍多有记叙，如《吴越春秋》更加以小说化的描述，称伍子胥"以不得昭王，乃掘平王之墓，出其尸。鞭之三百。左右践腹，右手抉其目，诮之曰'谁使汝用谗谀之口，杀我父兄，岂不冤哉？'即令阖闾妻昭王夫人。伍胥、孙武、白喜亦妻子常、司马戌之妻，以辱楚之君臣也。"伍员在为父复仇思想指导下，这种暴行的发生，尚可理解。但吴人军纪涣散，在争权夺利的内讧中，也达到白热化的程度。公子山欲占令尹子常之宫，夫概王怒而欲攻之，子山只能退处别居。楚大夫斗辛闻吴人争宫，曰："不让则不和，不和不可以远征。吴争于楚，必有乱……焉能定楚？"（《左传》定公五年）事实如其所料。夫概王以智勇闻，他在柏举战役中，因战功卓著而萌发勃勃野心，他与阖闾为兄弟，因此而想篡位夺权。这一危险念头一旦付之行动，立刻引发了吴国政权的严重危机。以此，吴国出现了由胜转败的祸兆。吴军入郢，是一个重要转折。由于吴人的迅速腐败，内讧加剧，大大削弱了吴国的力量。加以楚大夫申包胥哭秦廷七天七夜，感动了秦哀公，发兵车五百乘救楚。而且楚国人民，无法忍受吴军奸淫烧杀的暴行，纷纷奋起反抗，袭击吴军，如《淮南子》所称："昭王奔随，百姓父兄携幼扶老而随之，乃相率而为致勇之寇，皆方命奋臂而为之斗。当此之时，无将卒以行列之，各致其死，却吴兵，复楚地。"楚国人民在爱国精神的激励下，自动参战，成为入侵吴军的掘墓人。在新的战力投入以后，战场形势很快发生逆转。看到形势已对吴不利，而阖闾率师入楚被困，这时夫概不是为救吴而战，相反，他率亲兵部属迅速撤退，脱离战场，回国夺位，自立为王，故称夫概王。在内外交困的严重形势下，吴王阖闾不得不断然下令从楚撤军返吴，并迅即击败夫概王而夺回王位和政权。伐楚之役，实际上让吴楚二国，都一样元气大伤。这就让吴的邻国越有了可乘之机，为将来越之灭吴埋下了伏笔。对阖闾来说，伐楚之役，好事变坏，血色黄昏的悲剧帷幕也已悄然开启，这也无可奈何，实在令人扼腕叹息。

有人认为，伐楚之役，孙武为将，他为什么不能扭转吴军由胜转败的颓势呢？实际上，春秋时代是专制的宗法社会，不管你担任何种官职，君主宗亲的力量很大，不仅是将军无法管控，就是吴王阖闾也难以完全控制，夫概王的临阵率兵反叛以夺王位，就是明显之例。在楚之时，吴王在军，他才是最高的司令官，而孙武为"将"，担任的不过是出谋划策的类似今天的"参谋长"之职，对具体军事行动，只有建议权，而无直接调兵遣将的实际指挥权。而且，他和伍子胥二人，实际是吴王阖闾的左膀右臂：子胥是颇有军事谋略的政治家，孙武则是颇有政治改革头脑的军事家，二人相辅相成，助阖闾推行变革，使吴由小变大，由弱趋强。但是，一旦破楚入郢，子胥急于复仇的心理起作用，一时感情蒙住了眼睛，缺乏理性精神，其报复心理的实践，也加深了吴军奸淫烧杀的暴行，以致引起了楚国人民的激烈反抗，成了吴军由胜转衰的关键。这一点，作为著名军事家的孙武，当然明白，他清楚"师出以律"而严明军纪的重要。但子胥是推荐自己的恩人，在阖闾眼中，子胥是"老人"，而孙武是"新知"，吴王能不听子胥而代他复仇，而去听孙武那约束军纪的建议吗？因此，在伐楚入郢达到胜利之巅时，军纪涣散也已达到极点，吴国宗亲宠臣及其骄兵悍将，谁愿听孙武"三令五申"的约束呢？一旦烧杀抢掠开启，就无法加以控制，更不要说孙武在军只是一位并无实权的高职"参谋长"而已，这是时代使然。悲乎，孙子！伐楚之役结束之后，史上再也不见孙武的身影。直到公元 1972 年山东临沂银雀山汉简的《孙子兵法》出土，我们有理由推想，他离开政坛，长期隐居，潜心于兵学研究，继续为《孙子兵法》的丰富和发展努力思考开拓。因为汉简《孙子兵法》中有今天传世十三篇所没有的《吴问》、《地形》二、《黄帝伐赤帝》诸篇。后来，他的后裔子孙又继续学习和发展，战国时又诞生了《孙膑兵法》，孙膑助齐国胜魏，成了战国七雄之一，立了大功。呜呼，兵圣孙子不朽！

反观楚国，柏举之败，几乎社稷丘墟，濒临亡国边缘，损失极其惨重，大丧国家元气，这当然是凶事坏事；但在败后，年轻的楚昭王能主动检讨反思，担当罪责。如《谷梁传》定公四年载曰："昭王之军败而逃，父老送之，曰：'寡人不肖，亡先君之邑。父老反矣，何忧无君？寡人且用此入海矣！'父老曰：'有君如此其贤也！'以众不如吴，以必死不如楚。相与击之，一夜而三败吴人，复立。"有错认罪，昭王主动承担，反而会获得人民的爱惜与支持，在爱国精神大旗的招引下，成千上万的民众投入了反吴抗暴之路，楚人自觉发动人民战争，昭王复位，楚国复存。这又是《周易》所称否极泰来也，则又可逢凶化吉。《吴越春秋》载有楚乐师扈子，"援琴为楚作《穷劫之曲》，以畅君道之迫厄之畅达也。"琴曲之歌曰："王耶王耶何乖烈？不顾宗庙听谗孽，任用无忌（按：指平王时佞臣费无忌）多所杀，诛夷白氏族几灭。二子东奔适吴越，吴王（按：指阖闾）哀痛助忉怛，垂涕举兵将西伐。伍胥白喜孙武决，三战破郢王奔发，留兵纵骑虏京阙。楚荆骸骨遭掘发，鞭辱腐尸耻难雪，几危宗庙社稷灭。庄王何罪国几绝，卿士凄怆长恻恨，吴军虽去怖不歇。原王更隐抚忠节，勿为谗口能谤褒。"昭王听后垂涕，深知琴曲之情。于是宵衣旰食，发愤图强，不仅楚复其国，而且恢复生机而日渐强大，后来吴为越灭，而楚又灭越，一统中国南方，终成战国七雄之大邦。其间，楚昭王败亡而浴火重生，成为一个扭转时局的拐点。这合乎坏事变好事的生活辩证法。

在楚国危亡的紧急关口，不仅是君主与人民，处中间地位的士大夫也奋起御侮，力救国难。如申包胥哭秦廷求救兵，即是典型事例。《左传》定公四年载曰：

> 初，伍员与申包胥友。其亡也，谓申包胥曰："我必复（覆，倾覆）楚国。"申包胥曰："勉之！子能复之，我必能兴之。"及昭王在随，申包胥如秦乞师，曰："吴为封豕长蛇，以荐食上国，虐始于楚。寡君失守社稷，越在草莽，使下臣告急曰：夷德无厌，若邻于君，疆场之患也。逮

吴之未定，君其取分焉。若楚之遂亡，君之土也。若以君灵抚之，世以事君。"秦伯使辞焉，曰："寡人闻命矣。子姑就馆，将图而告。"对曰："寡君越在草莽，未获所伏，下臣何敢即安？"立依于庭墙而哭，日夜不绝声，勺饮不入口。七日，秦哀公为之赋《无衣》，九顿首而坐，秦师乃出。

这一历史故事，真实而令人凄然欲绝，申包胥诚心救国，绝食七日而泣之以血，不绝于声，终于感动了秦人，故哀公为之赋《诗》中之《无衣》，曰："岂曰无衣，与子同袍。王于兴师，修我戈矛。与子同仇！"又据《史记·伍子胥列传》，秦哀公曰："楚虽无道，有臣若是，可无存乎！"乃遣车五百乘救楚击吴。六月，败吴兵于稷。……楚复与吴战，败吴，吴王乃归。伍子胥与申包胥，二胥合传，其故事具传奇色彩，亡楚与救楚，起死回生，矛盾纠结，无不令人扼腕慨叹。故太史公在《伍子胥列传》后评曰："怨毒之于人甚矣哉！王者尚不能行之于臣下，况同列乎！向令伍子胥从奢俱死，何异蝼蚁。弃小义，雪大耻，名垂于后世，悲夫！方子胥窘于江上，道乞食，志岂尝须臾忘郢邪？故隐忍就功名，非烈丈夫孰能致此哉？"二胥同具春秋贵族精神，皆属时人所称的忠义之事，而各按自己的理想志趣行事，都做出了一番轰轰烈烈惊天动地之事，名垂不朽，何其壮哉！

柏举战后的鲁定公五年（前505年），吴王阖闾在楚，危机严重：

一来楚人群起反抗，游击战、运动战，其骚扰袭击令吴军疲于奔命；二来秦人出兵救楚，出自西北陕甘的秦军素称骁勇善战，这一生力军，成吴劲敌；三来内讧失和，夫概王发动叛乱，擅自撤军回国夺位，直接威胁到阖闾王位；四来邻国越师乘吴军在楚，《春秋》经称"于越入吴"，吴国后院起火。种种因素纠集一起，致使阖闾不能不从楚国撤军。一回国内，先是镇压了夫概王叛乱，夫概王亡楚，楚为报复吴国，封之于堂溪，称堂溪氏。其次是后院灭火，意在对付越之挑衅，但因吴国元气已伤，一时也难以压服越国，越终于成了吴国的心腹之患，这正是伐吴之役失败的副作用。《左传》鲁定公十四年载：

> 吴伐越，越子句践御之，陈于檇李。句践患吴之整也，使死士再禽焉，不动。使罪人三行，属剑于颈，而辞曰："二君有治，臣奸旗鼓，不敏于君之行前，不敢逃刑，敢归死。"遂自刭也。师属之目，越子因而伐之，大败之。灵姑浮以戈击阖庐，阖庐伤将指，取其一屦。还，卒于陉，去檇李七里。夫差使人立于庭，苟出入，必谓己曰："夫差！而忘越王之杀而父乎？"则对曰："唯，不敢忘！"三年，乃报越。

吴王阖闾勇猛好战，往往亲临前线指挥作战。当时越王句践派敢死队几次冲击吴军阵地，但吴军训练有素，巍然不动。当时吴越二国相比，吴为周姬之国，与中原上国多所交流，故文明程度较高；越则全然不行周礼。句践派出罪人三列，在两军阵前，公然自刭，血溅沙场，把人命当儿戏，确属缺乏人性的野蛮行为，因此吴师触目心惊，心理防线一动摇，越师即行攻击，于是吴军防线崩溃，阖闾战死沙场。其光辉一生的帷幕，骤然落下，来不及完成霸业理想，而只能遗命太子夫差报仇雪恨。

阖闾多子，选谁当接班人呢？心中犹豫不定。这时，夫差找到伍子胥，请他在父王前为他说情。伍子胥答应了，做到了，夫差被立为太子。伍子胥自以为有恩于夫差，有利于吴国，实际恰恰相反，伍子胥亲手培养了一名凶狠的刽子手，让他把自己送上了断头台。吴王夫差，开始几年，在伍员诸贤能者的辅佐下，兢兢业业，终于在三年后大败越王句践，为父复仇。鲁哀公元年，吴军入越，包围越都会稽，这时越王句践只剩下五千甲士，岂能抵挡吴国的十万精锐之师？唯有投降求和一条路可走。句践派人给吴太宰伯嚭送上金银珠宝及越国美女，伯嚭代越向吴王求情，夫差同意了，但要句践入吴为奴，而给他一条生路。伍子胥坚决反对，他力谏夫差曰："句践能亲而务施，施不失人。亲不弃劳，与我同壤而世为仇，于是乎克而弗取，将又存之，违天而长寇仇，后虽悔之，不可食已……介在蛮夷，而长寇仇，以是求伯，必不行矣。"但吴王不听，与越平。于是子胥叹曰："越十年生聚，而十年教训，二十年之外，吴其为沼乎！"（《左传》哀公元年）后来事实，果然不出伍子胥所料。因为夫差急于争霸中原，与齐晋争盟主之位，多次伐齐，长途奔袭，国内空虚；相反，越王勾践卧薪尝胆，牢记亡国教训，表面服吴，实际却紧盯吴国软肋，以便一击致命。为此，伍子胥多次苦谏夫差，放弃北伐而注意越国动向，加以防备。但夫差听伯嚭谗言而赐伍子胥剑以自杀。吴国自毁长城，越军终于入吴，迫使夫差自杀，吴国亡。这样，吴国从阖闾到夫差父子二代的争霸事业，如梦一场，烟消云散。

夫差好战，吴师在主力即将北伐的同时，又四处出击。鲁哀公元年（前494年）：

> 吴师在陈，楚大夫皆惧，曰："阖庐（闾）惟能用其民，以败我于柏举。今闻其嗣又甚焉，将若之何？"子西曰："二三子恤不相睦，无患吴矣。昔阖庐食不二味，居不重席，室不崇坛，器不彤镂，宫室不观，舟车不饰，衣服财用，择不取费。在国，天有灾疬，亲巡孤寡而共其乏困；在军，熟食者分而后敢食，其所尝者，卒乘与焉。勤恤其民而与之劳逸，是以民不罢劳，死知不旷。吾先大夫子常易之，所以败我也。今闻夫差，次有台榭陂池焉，宿有妃嫱嫔御焉。一日之行，所欲必成，玩好必从。珍异是聚，观乐是务。视民如仇而用之日新。夫先自败也已，安能败我？"

子西，即公子申，当时为楚令尹。其人颇有辩证思想。如吴大子终累（按：即后来吴王夫差名）败楚舟师，获潘子臣等大夫七人，楚人惧亡。"令尹子西喜曰：'乃今可为矣。'于是乎迁郢于鄀，而改纪其政，以定楚国。"（《左传》定公六年）有了失败的教训，因此昭王、子西率领楚人进行大规模改革，于是楚国重新振兴。子西比较了吴王阖闾和夫差父子，说明了阖闾生活俭朴，爱民如子，民不罢劳而为之用；相反，夫差奢华腐化，视民如仇，驱民以战，怎能不先自败呢？其分析透彻深刻，令人信服。因此，在夫差时代，楚国复兴而不惧于吴。如楚昭王虽然年轻，但和子西诸贤配合默契，革故鼎新，推行新政，终于复国而日趋强盛。据《左传》定公六年载曰："是岁也，有云如众赤鸟，夹日以飞，三日。楚子使问诸周大史。周大史曰：'其当王身乎！若禜之，可移于令尹、司马。'王曰：'除腹心之疾，而置诸股肱，何益？不穀不有大过，天其夭诸？有罪受罚，又焉移之？'遂弗禜。"可见昭王不迷信，不因己夭而祈诸鬼神，更不愿为延长寿命而嫁祸诸贤大夫，贤哉，王也。后来孔子以此给予很高的评价，曰："楚昭王知大道矣！其不失国也，宜哉！"故日人竹添光鸿《左氏会笺》于定公五年笺曰："楚以归郢益惧，录忠良，弃旧怨，事事修省，正吴楚兴亡关键也。"楚昭王孩童时立，政柄为令尹子常所把持。子常贪腐成性，嫉贤妒能，掊刻百姓，酷虐附属小国；而他的敌手偏是仁义贤君吴王阖闾，二者形成鲜明反差，楚岂能不有亡国之败？而楚昭王熊轸不同，虽然年轻败逃，但复国入郢后，以惧以省，主动承担罪责，改过自新，力行新政。如力推法制，而法不阿私。据《吕氏春秋》卷一九《高义》篇，昭王任命"公直无私"的石渚（他书作"石奢"）为政廷，主持律政。有杀人者，石渚追之，因是其父，故"还车而返"而向王请罪，谓以父行法则不孝；但令罪犯脱逃，有包庇罪。因此而向昭王请求伏法认罪，曰："阿有罪，废国法，不可。失法伏罪，人臣之义也。"终伏斧锧而亡。可见法制已趋健全。而楚昭王的对手是贪腐奢华而视民如仇的吴王夫差，这又形成了楚吴正负对比翻转，夫差好战而先自败，其奈楚何？楚昭王复国而重获新生，亦在情理之中。

六、流星闪耀照乾坤

吴王阖闾是光芒四射的流星，虽然过程短暂，但其辉煌，却给人留下了深刻而难以忘却的印象。作为一个君主，他也是一个普通人，有自己鲜明的个性和顽强进取的作风。他那短暂的一生，既有希企霸业宏图的理想，同时又有追求理想而失之交臂的痛苦与辛酸。他永不服输，却因一次战争而偶然失去了伟大的生命，那崇高的理想顿时化为云烟。在他那悲壮人生中，阖闾有自己的开拓、创造与贡献。其成功经验有以下几点值得思考和借鉴：

一是举贤授能信念不变，能与伍子胥、孙武诸贤默契合作以终其一生。

须知，伍子胥性格刚直，遇事不避，常违忤人主之意而强谏，但阖闾以其忠心而师事之，故《吕氏春秋·尊师》篇有"吴王阖闾师伍子胥"之说，并尊子胥为圣贤。而《吕氏春秋·当染》篇则明言"吴王阖闾染于伍员……故霸诸侯，功名传于后世"。在君主专政时代，贤人政治，直接来自于君主的信任与支持。阖闾身边有二大贤：一是颇具军事谋略的政治家、外交家伍员（子胥）；一是颇具政治改革思考的军事家孙武，后世称"武圣"或"兵圣"，而与"文圣"孔子相媲美。阖闾身边文武二贤，有如左膀右臂，彼此心意相通，故能战强楚、入郢都，干出了一翻惊天动地的霸业。但到了阖闾之子夫差的时代，夫差任太子，还是伍子胥为之说情扶上台的呢，夫差却一反乃父之尊贤信贤，故伍子胥因其刚忠之性违忤君意，夫差赐剑自刎身亡；孙武则早遁迹乡鄙，远走他乡，著书立说以避祸。《说苑》卷十三《权谋》篇载："石益谓孙伯曰：'吴将亡矣，吾子亦知之乎？'孙伯曰：'晚矣，子之知之也！吾何为不知？'石益曰：'然则子何不以谏？'孙伯曰：'昔桀罪谏者，纣焚圣人，剖王子比干之心。袁氏之妇，络而失其纪，其妾告之，怒，弃之。夫亡者岂斯人知其过哉？'"此"孙伯"即孙武。与伍子胥刚而强谏不同，孙武不谏桀、纣一类的昏君，乃为智者之举。伍子胥孙武之贤能未变，变的是人主本性之不同，故《吕氏春秋》卷二四《不苟》篇称："故子胥见说于阖闾而恶乎夫差。"事实说明，阖闾举贤以致其功，夫差则弃贤而自取败亡。举贤授能，关系国之兴亡，岂能不加借鉴思考。

二是阖闾的治国理念要先进于当时的其他诸侯君主。如楚国贤人子西的两次谈话，具体评价阖闾为人。一次是在《左传》昭公三十年，认为公子光新得国而"亲其民，视民如子，辛苦同之"，即国君在上，生活俭朴，与民共患难而身先士卒；一次是在鲁哀公元年，称赞阖闾"亲巡孤寡而共其乏困……勤恤其民而与之劳逸，是以民不罢劳，死知不旷"。也就是说，阖闾治国，从爱民始，自己不搞特殊化，与百姓士卒同甘共苦而一起奋斗，从而获得了人民的广泛支持与拥护，因而能获事业之成功。这话反映了时人的认识，是较为实事求是的评价。故《吕氏春秋》卷一九《上德》篇曰："为天下及国，莫如以德，莫如行义。以德以义，不赏而民劝，不罚而邪止。……阖闾之教化，孙吴之兵，不能当矣。"

三是根据实际努力发现并认准敌人的软肋要害，制定周密而正确的长期伐楚攻防战略，先从边境的骚扰、侵袭始，进行游击战、运动战，不断消耗敌人的力量，以等待最后决战时机的到来。伍子胥建议阖闾，把吴军分三师袭扰楚军，令其疲于奔命，然后逐渐夺取战略主动，取得了初步成果。为了将来大规模伐楚，提师深入，转战数千里，就必须有专业的军事人才，于是伍子胥向阖闾推荐兵家孙武为将。于是阖闾派伍子胥为行人出使中原，联络齐晋诸国，从北方给楚压力和牵制。孙武又建议伐楚必先自唐、蔡陆路进攻之策，因此收服蔡、唐，令其配合伐楚大军做向导，非常重要。然后依托大别山险要地形建立阵地，诱敌深入，在柏举进行主力决战。一击成功，长驱直入，追奔逐北，五战而入郢都。由于计划周严，吴军处处主动。相反，子常所率楚军，没有制订明确的战略计划，说变就变，处处被动挨打，怎能不败？

四是加强情报信息的侦察搜集工作，及时了解敌人的内部动态，利用敌人的错误和弱点，加以及时而有效的打击。楚帅不仁，士无斗志，这就是楚军的最大软肋，因此吴师一击而中，子常弃师遁逃，当然楚军全线崩溃而不可收拾了。在吴楚对阵中，吴师能征善战，这是实际态势；但楚之败，主要不在吴之强，而是在于楚的军心瓦解，此乃内讧所致。子常作为主帅，因忌才而背叛与左司马戌制定的战略计划，分兵而内耗，致忠心事国的沈尹戌战死沙场，这是自毁长城，自取其败。楚军弱点和错误，被孙武所率领的吴军及时捕捉并加以利用，当然胜算在握了。

但伐楚之役，先胜后败，历史教训也启人深省。一是入郢之后，凯歌高奏，阖闾被迅速降临的胜利冲昏了头脑；伍子胥被复仇的炽热之情蒙住了眼睛，向阖闾建言胜利者依次住宫，掠夺财富，淫人妻女，以示报复。于是军纪顿然涣散，郢都大乱而民不聊生，这就激起了楚国人民的激烈反抗，根本违背了《孙子兵法》的精神。一旦深陷楚国的人民战争之中，吴师岂能不处处受困而被动挨打呢？阖闾没有及时控制乱局，导致了失败。

二是吴国王族宗亲势力很大，各有亲兵部属而各行其是，甚至内讧不止，争权夺利。如夫概王欲攻公子山而入住子常之宫，后见形势不利，又临阵逃脱，撤师回国，篡位夺权，产生了极大的破坏。阖闾为此大伤脑筋，不能不撤军回国，进行平叛。这样当然无力与秦楚再战了。

三是放松了对邻邦越国的警惕，当吴三军入楚而战斗正酣之时，越军入吴，袭击老巢而后院失火。这又是外交和军事上的疏忽所致。

但是功过相较，阖闾虽因偶然而战死在沙场，却也不失其英雄本色。在现实生活中，他战功赫赫，如《吕氏春秋》卷八《简选》篇所描绘曰："吴阖闾选多力者五百人，利趾者三千人，以为前陈，与荆战，五战五胜，遂有郢。东征至于庳庐，西伐至于巴蜀，北迫齐晋，令行中国。"所述有所夸张，但离事实不远。至其治国理念中的民本意识，视民如子，令其进入春秋五霸之一而毫无愧色。

《左传》春秋五霸传叙

变奏

迂执仁义一战殒

——宋襄公传叙

在历史上，宋襄公是个很有特色而颇具争议的悲剧人物，他勇于争霸，但却不明形势，志大才疏，力小任重，造成了栋折鼎覆的后果，终因一战败亡而贻笑千秋；他口称仁义，道遵传统，言必称先祖，行求合周礼，但在现实斗争中，却因其虚矫之气而误了卿卿性命。其霸业如石火电光，转瞬即灭，称之为春秋五霸之一，实在有负盛名，只能作为反面教训列副榜作参考。

所谓春秋五霸（伯），史上有不同说法：一指齐桓公、晋文公、楚庄王、吴王阖闾、越王勾践；一指齐桓公、宋襄公、晋文公、秦穆公、楚庄王。在上述二说中，齐桓、晋文、楚庄三人，毫无疑义；不同的是宋襄、秦穆、阖闾与勾践。依我之见，春秋霸主，是主客观形势造成的，作为霸主，既要有力，又要有德，才能令人心服口服而令行禁止。除齐桓、晋文、楚庄符合上述条件外，秦穆公及吴王阖闾也皆一代雄杰，应以上述五人为春秋五霸（伯）。至于宋襄公和越王勾践，为什么我们也要一叙呢？宋襄公是作为霸主中的负面形象出现的。宋襄公虚仁假义，名不副实；勾践虽然卧薪尝胆二十年而灭吴王夫差，后又北伐中原，战功显赫，但在德义方面却有大缺陷，是个可与共患难而难与共富贵的阴谋家，"飞鸟尽，良弓藏；狐兔死，走狗烹"的千古名言，为之而发。因此，在真正春秋五霸之外，宋襄公及勾践，虽不可不叙，但只能作五霸副榜备取，其教训也很深刻，启人反思。

207

一、前朝王孙宋国公

宋襄公是殷商王朝的后裔。子姓，公爵。在周武王灭亡殷纣王后，据《史记·宋微子世家》，"武王封纣子武庚禄父以续殷祀，使管叔、蔡叔傅相之"。周臣管叔、蔡叔，实际上负责监督殷商后人武庚禄父，不许其稍越周轨。但武王死，成王年轻，由周公辅政，管蔡不服，与武庚挟殷人发动叛乱，因而有周公东征数年之事。今传《诗经·豳风》中有《东山》之诗曰："我徂东山，慆慆不归。我来自东，零雨其濛。我东曰归，我心西悲。"写的正是周公东征，经过数年艰苦战斗，终于镇压了殷商武庚叛乱，同时杀了管叔，流放蔡叔。于是，成王与周公"乃命微子开（启，汉人避景帝名讳改）代殷后，奉其先祀。作《微子之命》以申之，国于宋。微子故能仁贤，乃代武庚，故殷之余民甚戴爱之"。而微子启，是"殷帝乙之首子而帝纣之庶兄"，是殷商王朝的金枝玉叶。当时殷纣王淫乱，微子启数谏不听，于是自动离开殷廷。武王伐纣克殷时，"微子乃持祭器造于军门，肉袒面缚，左牵羊，右把茅，膝行而前以告。于是武王乃释微子，复其位如故"。后来因其臣服而与周合作，故代武庚封于宋而治理殷遗民。微子启卒，立其弟微仲主宋，据《孔子家语》，微仲曰仲思，名衍，或名泄。后来的宋国君主，皆微仲之后，算起来也属殷商前朝公子王孙之衍派。因此，后来宋襄公萌生复兴殷商的美梦幻想，也是有原因的。

宋所在地，在今商丘，即唐之睢阳。故春秋之宋，有时称商。王国维《观堂集林》卷一二《说商》称："古之宋国，实名商丘……宋、商、商丘，三名一地。……至微子之封，国号未改；且处之商丘，又复其先世之地，故国谓之宋，亦谓之商。……余疑'宋'与'商'声相近。初本名'商'，后人欲以别于有天下之商，故谓之'宋'耳。"又据近人陈槃《春秋大事表列国爵姓及存灭表撰异》于《宋》下曰："宋自武、宣以后，皆出于戴公，故亦或以'戴'为宋。定九年《左传》曰：'右师将不利于戴氏。'《吕氏春秋·壅塞》：'此戴氏之所以绝也。'此之'戴氏'，并谓宋氏也。"（上海古籍出版社，2009 年，第 197 页）因此，宋、戴与商，春秋时同指宋国。宋为殷商之后，殷商曾为天朝大国，天下共主，所以宋国人常作恢复故国神气的美梦，宋襄公亦然。考古发现的春秋青铜器《戴公戈》有"王商戴公"的铭文。周时之宋以公爵在列国诸侯之位，却自称"王商"，此僭称王号，正来自于故国之梦。又《左传》隐公九年，有"宋公（殇公）不王"之说，宋对周天子不恭；又如《左传》定公二年八月，宋文公卒，"始厚葬，用蜃炭，益车马，始用殉。重器备，椁有四阿，棺有翰桧"。实际上是僭用天子礼葬宋文公。故君子曰："华元、乐举，于是乎不臣。"华元、乐举，是当时宋的执政大夫。他们"不臣"，也就是僭越，如果没有复辟之迷恋，是不会出此违礼之事的。"王商戴公"铜器铭文，在宋襄前，葬文公时的四阿翰桧，事在襄公后。因此，宋襄公具有复辟殷商的美梦，也是殷商天朝祖宗情结使然。

二、真假仁义成谜团

> 宋公疾，大子兹父固请曰："目夷长，且仁，君其立之。"公命子鱼，子鱼辞，曰："能以国让，仁孰大焉？臣不及也，且又不顺。"遂走而退。
>
> ——《左传》僖公八年

故事发生在公元前 652 年。宋公，此指晚年的宋桓公。大子，即当时的太子兹父，又称兹甫。固请，一再坚持请求。目夷，字子鱼，宋桓公的庶长子，襄公庶兄。宋桓公临死，交代后事，命太子兹父继位，太子推让，一再请求父亲传位于庶长兄目夷，即子鱼。于是君命子鱼，子鱼坚辞，认为大子能以国让，说明了他内具大仁大义之美质，应该继位；而自己是庶出，如果接班，则违反了周礼立嫡的传统制度，不合法统而有乖仁义。说完，子鱼立即快步退出公宫避让。由于庶长兄子鱼的坚拒，于是太子兹父顺利即位，后来史称宋襄公。宋襄公（？ ～前 637 年），在位十五年，因与楚争霸，死于泓之战后。

太子兹父主动表示让国，这是真实的历史故事。但事实只是一种表象。探究兹父为何让位？明其原因，才能直抉事物内在的本质真相。依鄙见，兹父让位，事情较为复杂，可谓有真也有假，具有矛盾的两面性。从真的方面看，宋桓公多子，兹父为什么偏想让位于目夷呢？一是目夷是庶长兄，按周礼之统，立嫡之外，就是立长，法统上有话可说；二是目夷"仁"，友爱兄弟，关心国家，毫无私心，而道德高尚。由他即位，对自己、对国家都有好处。看来，在诸兄弟中，兹父与目夷手足情深，可称终生不渝。宋襄公即位后，即任目夷为左师、为司马以治国。尽管襄公上台后，错事连连，目夷即子鱼，不断进谏，多次忤逆君意，宋襄公虽然大多拒谏，但可喜的是，他没有因此就杀害长兄，直到襄公临终，其手足情意如故。襄公与子鱼，兄弟之间的私人感情还是较深厚的。如果换成别国别人在位，这样强谏，无异于直接骂君主，早就被赐死命丧黄泉了。但襄公一方面拒谏，另一方面却容忍了长兄的愤怒批评。在君主专制的时代，这也是大不易的事而难能可贵了。史称宋襄公之"仁"，正是从这一点上说的。如日人竹添光鸿《左氏会笺》于《左传》僖公八年引朱元英曰：

> 宋襄公之贤不可没也。襄公仁其兄，固请于父，而让之国；子鱼又仁其弟，固辞于父，而走而退。子鱼之爱弟而信，其诚于让可知也；而襄公亦信子鱼之诚于辞，而委政焉。其为兄弟也，或让或辞，或与或受，曾无一毫芥蒂于其间。令二人相爱有未深，相信有未固，必不能处之若是其和也。盂之会，楚执襄公，襄使子鱼归而君之；子鱼于是归而君之。襄出则子鱼立，襄入则子鱼退，子鱼之忧襄，而数规其过则又矣，而襄曾不以为讦，而子鱼曾不以为嫌。终春秋之世，未见兄弟若斯之友也。论者或贤子鱼，而丑襄公，亦未之思矣！夫兄立忌其弟，弟立忌其兄，或嫡庶相杀以争，或斗命于父前，独非兄弟乎？若宋襄公者，虽入孤竹之国，与伯夷、叔齐衣冠揖逊可也。

朱氏对宋襄之仁义，道德评价极高。这话有点道理，但只是看到事物的浅表层。如评宋襄、目夷兄弟之间的感情，终其一生，二人手足之情未见根本破裂，更未有相残相杀事件发生。但这只是从个人的感情生活方面立论；若从为国为公的公众道德来看，则兄弟二人，冲突不断，也可说是贯串其一生而从未了结。考虑问题，必须公私兼顾且以国家民族的利益为重。如子鱼之言行实践，才可称为公而忘私，这才是真正的至大至公，忠于国家人民，是名实相符的大忠。以此眼光来衡量宋襄公，则其问题暴露。作为太子的兹父为何让国呢？这还得从襄公前几十年宋国的近代史说起。

襄公兹父出于戴公之后，其曾祖穆公原非嫡子正宗，而是小宗旁支。在春秋以血缘为纽带的宗法社会里，原无君主之望。但其兄宣公力病重，却不立太子与夷，而让其弟和，曰："父死子继，兄死弟及，天下通义也，我其立和。"宣公卒，弟和三让而立，是为穆公。穆公九年病，舍太子冯而立宣公子与夷，当时群臣以太子冯为贤而愿立之，但穆公临终遗言曰："先君宣公舍太子与夷而立我，我不敢忘。我死，必立与夷也。"宣公子与夷立，是为殇公。穆公太子冯则奔于郑。事见《史记·宋微子世家》。如果殇公一系代代相传，则没有后来襄公的事了。但偏是殇公暴虐国人，好战成性，伐郑杀冯不成，立十年而十一战，宋人不堪负担，终于大夫华督弑君而"迎穆公子冯于郑而立之，是为庄公"。庄公即襄公祖父。庄公有儿子：大子捷，公子御说。襄公即公子御说之子。庄公死，太子捷立，是为宋湣公。如果湣公代代相传，也没襄公的事。但偏是湣公开罪了猛将勇士南宫万遇弑，国人杀叛臣南宫万兄弟，迎立公子御说于亳，是为桓公。这样，襄公一系，又从小宗变嫡系正宗，也具有许多历史巧合的偶然性。而偶然性的出现，让襄公感到了侥幸，从而产生了一种不稳定的心理。在其祖父以后的几十年中，篡弑相继，殇公、湣公遇弑，给他以极深的刺激，从而产生了一种恐恐然不安于心的思考。按殷商的继宗传位之法，原与周朝有异，可以父子相继，也可兄弟相及，并无严格规定。宋为殷商后人，所以并不严格遵循周礼立嫡以长的制度。而且，历史进入东周的春秋时代，礼崩乐坏的现象不断出现，就是周王天朝，兄弟也为夺位而大开杀戒，如襄公前有王子颓为周庄王子，周惠王庶弟，发动叛乱，惠王奔郑之栎，依靠郑国杀王子颓而惠王复位。而姬周之郑，郑庄公死后，诸子争立，郑昭公忽、郑厉公突，为争君位相互厮拼，最后庄公十多个儿子，几乎杀戮殆尽。前车之鉴，记忆犹新，血淋淋的事实，给襄公以强烈刺激。作为宋桓公的太子，继位容易，但保位却难，这就令人大费心思。国君之位，大权独揽，襄公并非不感兴趣；但想到即位之后，如果自己一方面缺乏能力，一方面又缺乏可靠的贤能之臣的辅助，那在春秋乱世中，想保住江山就很困难。这也是兹父继位前可能产生的更深层次的思考。因此他采取了以退为进的方法，先让而后取，既获仁义令名，同时又得江山之实。一箭双雕，可以一试。他和目夷是兄弟，彼此熟悉，目夷之为人，他是知根知底。子鱼是个道德个性近乎完美的大贤，岂能有废嫡夺位非分之想呢？其曾祖穆公是"三让而后受"。但《左传》记太子兹父让国，并无三让之事。如果他像后来的吴季札一样，坚决辞国以守其节，季札之让，一让父命，二让长兄诸樊之命，三让小哥余昧之命，后又让侄王僚和阖闾，长期出使中原，坚持回延陵封邑隐居，父命兄终弟及，以及季札，"固立之，弃其室而耕，乃舍之"，故称延陵季子。与兹父之祖穆公之三让，及延陵季札三让相比，兹父一让而即位，其真让乎？假让乎？值得怀疑。而且他在一让目夷之时，试出了兄长目夷的真心，明白他是绝对没有夺位的政治野心的，这样一个长兄，血脉相通，同时又是能干的大贤人，有他作为左膀右臂辅政，国人信服，自己可以放心，君位权力都会牢固。这一私心，埋藏很深。如果他真出于为国考虑的公心，就应再三坚持让贤，而非一言而罢。于此可见，兹父一让之用，大矣！《左传》言外之意，深矣！

三、盲目复礼笑大方

夏，宋公伐郑。子鱼曰："所谓祸在此矣。"……楚人伐宋以救郑。宋公将战。大司马固谏曰："天之弃商久矣，君将兴之，弗可赦也已。"

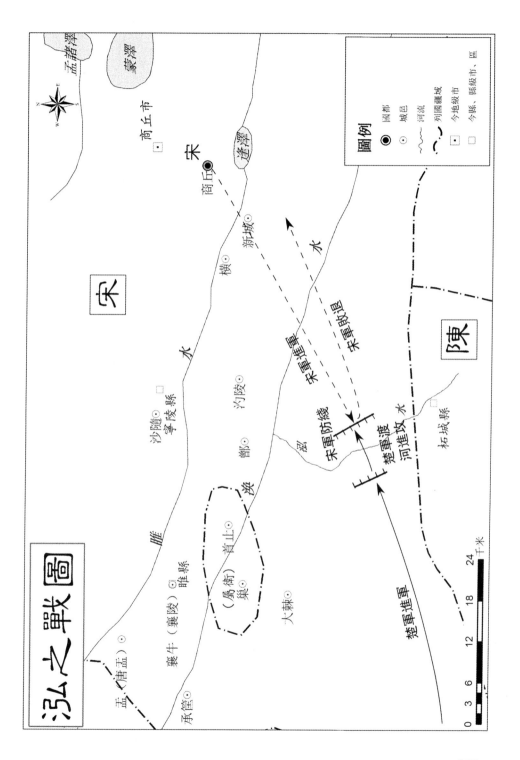

弗听。冬十一月，宋公及楚人战于泓。宋人既成列，楚人未既济。司马曰："彼众我寡，及其未既济也，请击之。"公曰："不可。"既济而未成列，又以告。公曰："未可。"既陈而后击之，宋师败绩。公伤股，门官歼焉。

国人皆咎公。公曰："君子不重伤，不禽二毛。古之为军也，不以阻隘也。寡人虽亡国之余，不鼓不成列。"子鱼曰："君未知战。勍敌之人，隘而不列，天赞我也。阻而鼓之，不亦可乎？犹有惧焉！且今之勍者，皆我敌也。虽及胡耇，获则取之，何有于二毛！明耻教战，求杀敌也。伤未及死，如何勿重？若爱重伤，则如勿伤；爱其二毛，则如服焉。三军以利用也，金鼓以声气也。利而用之，阻隘可也；声盛致志，鼓儳可也。"

——《左传》僖公二十二年

故事发生在公元前 638 年。宋公，指宋襄公。襄公因郑附楚而不服其霸，故伐之。泓，宋水名，古涣水支流，其故道在今河南省柘城县。成列，即排兵布阵而成战斗队列。济，渡河。股，大腿。门官，即国君的亲兵护卫部队。咎，指责，归罪。重伤，二次伤害，即不杀受伤敌兵。二毛，指头发花白的年长者。胡耇，年长老者。勍敌，即劲强之敌。阻隘，地势险要的关隘。当时，宋襄公因与楚争霸而在前一年盂地会盟时曾被楚拘囚，后虽释放，但他感到奇耻大辱，决心报仇雪恨而孤注一掷，主动寻楚决战。宋因郑附楚而伐郑，而郑作为楚之盟国，是楚进入中原的重要门户，楚岂可轻言放弃？因此，宋伐郑必引来楚军，这是宋不计力量强弱及客观形势，自开战端了。当宋襄公做出伐郑的决断后，子鱼就进谏说伐郑正是自取亡败的战略失策，但襄公不听。其实，即使楚不救郑，单一宋国伐郑，也未必有胜算。此前宋殇公，举宋国全力与郑庄公大战十来年，也是败多胜少。须知，郑之土境、人口虽略小于宋，但郑军训练有素，战斗力颇强。昔年难以胜郑，如今宋襄公又有何资本发动伐郑之役呢？而且，今郑背后，有强大的楚国作依托，可谓今非昔比，故子鱼谏襄公，谓"祸在此矣"，完全是根据客观形势、敌我双方力量对比做出的正确判断，可谓公忠体国之言，但宋襄公却专制独断而拒谏，这不是犯浑发昏之举吗？宋伐郑，郑未必败，楚即使不救郑也无妨。但楚却偏是出动主力伐宋救郑，这也有楚人的老谋深算。须知，当时是楚成王时代，令尹是著名贤良之臣子文（斗穀于菟），正当楚之盛世。宋、楚两国相较，土境、人口、资源暂可不计，就辅佐执政贤良而言，宋子鱼之贤能，不亚于子文，但子文之言，成王言听计从，知其忠也；子鱼之谋，处处在理而合乎实际，但襄公偏是大多拒谏，疑其私也而不纳。楚成王贤明而宋公发昏，即使不讲军事，仅就宋、楚二国的政治较量，宋已先自败下阵来了。宋襄的政略、战略，并不注重国家的发展与改革，以便利国利民，而主要在于对复辟"亡国"殷商天朝的痴迷，力求成为中原霸主的野心，以标天下令名之迷梦。这正是贤臣子鱼谏言的要害之所在。从兄弟私情上，他明白子鱼是好心而非恶言，但从襄公政略、战略的大局来思考，他认为子鱼违反其对国家根本的总体设计，故处处拒谏而不听，终于自取灭亡。这还得从他即位当国后说起。

鲁僖公九年（前651年），宋桓公卒；"宋襄公即位，以公子目夷仁，使为左师以听政，于是宋治。故鱼氏世为左师"（《左传》僖公九年）。公子目夷，字子鱼，其后代以鱼为氏，故称"鱼氏"。鱼氏在宋，世为左师，这是宋国各公族政治力量平衡的结果，并非襄公之力。但襄公任子鱼为左师听政而宋国"以治"，说明在襄公的支持下，子鱼治宋开始几年见成效。

但是，一旦国库中有了粮食布帛，情况稍有好转，襄公立刻又作起了霸主复辟的迷梦而不消停。如鲁僖公十五年（前645年）冬，"宋人伐曹"（见《春秋》），因旧怨而讨不服也。僖公十六年（前644年），宋国天降陨石五块，又有风灾而鹢鸟退飞，襄公怕影响自己的宏图大计，问周内史兴曰："是何祥也？"内史兴加以应付，出门后批评襄公说："君失问。是阴阳之事，非吉凶所生也。吉凶由人，吾不敢逆君故也。"（《左传》僖公十六年）襄公因自然灾害而问人事，问所非问，故内史兴批评其"失问"。天道自然并不会因某人而特加垂顾，人事问题是"吉凶所由生也"，也就是说，因人事善恶来决定吉凶，故称"吉凶由人也"。但襄公智不及此，却企盼老天相助。

僖公十七年（前 643 年）冬，春秋首霸齐桓公卒，这时，晋公子重耳（即后来的晋文公）尚在流亡之中，正巧"挟天子以令诸侯"的霸位出缺。宋襄公急于捕捉机会而出任霸主。于是以"（齐桓公）与管仲属（齐）孝公于宋襄公"（《左传》僖公十七年）为借口，乘齐桓公死而五子争立的混乱之时，率曹、卫、邾诸侯之师，以与齐战，"宋师及齐师战于甗，齐师败绩"（《春秋》僖公十八年），迫使"齐人杀无亏"（按：无亏为桓公长子），"立孝公而还"（《左传》僖公十八年）。这时，宋襄公以春秋霸主自居，更是狂妄。"宋公使邾文公用鄫子于次睢之社，欲以属东夷。司马子鱼曰：'古者六畜不相为用，小事不用大牲，而况敢用人乎？祭祀以为人也。民，神之主也。用人，其谁飨之？齐桓公存三亡国以属诸侯，义士犹曰薄德。今一会而虐二国之君，又用诸淫昏之鬼，将以求霸，不亦难乎？得死为幸！'"但宋襄不听，而按既定方针办。所谓"一会而虐二国之君"，指的是因主持诸侯会盟而"执滕宣公"，并用鄫国之君鄫子作牺牲祭睢水淫神，以威吓东夷诸国。他不仅拒谏，而且接着又发兵围曹以"讨不服"。这时子鱼又挺身而出，严厉批评襄公的缺德之行，曰："文王闻崇德乱而伐之，军三旬而不降，退修教而复伐之，因垒而降。《诗》曰：'刑于寡妻，至于兄弟，以御于家邦。'今君德无乃犹有所阙，而以伐人，若之何？盍姑内省德乎？无阙而后动。"宋襄公的缺德与霸道，也激起了中原诸侯国的不满，于是"陈穆公请修好于诸侯，以无忘齐桓之德。冬，盟于齐，修桓公之好也"（以上皆见《左传》僖公十九年）。借纪念齐桓公之德，来与宋襄公言行形成鲜明反差，从而表示了中原诸侯对于宋襄公的批评与否定。以此，当时卫国宁庄子发出了"诸侯无伯"的慨叹（同上），又有哪国诸侯愿意承认宋襄公的霸主权威呢？宋襄公祭祀，用鄫子以为牺牲，太过残酷，大失人性，这不是历史的倒退吗？他口称仁义，但一付诸实践，却是相反。仁者爱人，把人当牲畜牺牲来宰杀，公开祭祀，这又是哪国的仁义呢？其仁义的虚伪性，于此暴露无遗。

后来宋苏东坡著《宋襄公论》就此直抉其仁义之虚伪性，曰："宋襄公执鄫子而用于次睢之社，君子杀一牛犹不忍，而宋公戕一国君若犬豕然，此而忍为之，天下孰有不忍者耶！泓之役，身败国衄，乃欲以不重伤、不禽二毛欺诸侯。"又有谁能相信宋襄公那常有理的高言仁义呢？但宋襄公在国内外一片反对的声中，仍坚持错误而按既定方针实行。

《左传》僖公二十年载，"宋襄公欲合诸侯。臧文仲闻之，曰：'以欲从人，则可；以人从欲，鲜济。'"也就是说，如果会盟诸侯以争霸，拿自己的愿望服从别人就可以；反之，要求别人服从自己的欲念，就不可能成功。臧文仲一针见血地指出了襄公那不道德的欲望与野心是不可能令诸侯信服的，又有谁会跟他走呢？襄公的死不悔改令真心爱护他的长兄子鱼非常着急，但却也无法挽救襄公的败衰，悲乎！按《春秋》经僖公二十一年（前640年）："秋，宋公、楚子、陈侯、蔡侯、郑伯、许男、曹伯会于盂。"宋公，即宋襄公；楚子，指楚成王。《左传》同年解释说："二十一年春，宋人为鹿上之盟，以求诸侯于楚。楚人许之。公子目夷曰：'小国争盟，祸也。宋其亡乎，幸而后败。'"所谓"求诸侯于楚"，就是襄公请求楚国让他成为中原诸侯的领袖霸主。为了引诱襄公铸大错，楚成王"许之"——即表面答应了宋的要求。宋襄公为此而心里美滋滋的，准备会盟以当八面威风的霸主。这实是楚人的诱饵和陷阱，子鱼在旁一再提醒，并且严重警告襄公，宋是小国，却争当盟主，可能会带来亡国的严重后果。但愚昧的襄公，一心做复辟殷商美梦而争霸主，什么劝告都不起作用，仍然我行我素，一步步走向坠落的深渊。果不其然："秋，诸侯会宋公于盂。子鱼曰：'祸其在此乎！君欲已甚，其何以堪之？'于是楚执宋公以伐宋。"于是楚成王在襄公欲显霸主威风的会盟时，公然加以拘捕，宋襄公一下子从虚幻的"霸主"之位跌落，成了楚人的阶下囚，悲哉！更可怕的是，楚成王以手中的襄公为要挟以进攻宋国，宋国处于危亡之中。如果没有子鱼率领宋人坚决抗击楚军，宋早亡国而被楚国鲸吞了。据同年《公羊传》载曰："宋公于楚子期以乘车之会。公子目夷谏曰：'楚，夷国也，强而无义。请君以兵车之会往。'宋公曰：'不可！吾与之约以乘车之会，自我为之，自我隳之，曰不可。'终以乘车之会往。楚人果伏兵车，执宋公以伐宋。宋公谓公子目夷曰：'子归守国矣。国，子之国也。吾不从子之言，以至乎此！'公子目夷复曰：'君虽不言国，国固臣之国也！'于是归，设守械而守国。楚人谓宋人曰：'子不与我国，吾将杀子君矣！'宋人应之曰：'吾赖社稷之神灵，吾国已有君矣！'楚人知虽杀宋公，犹不得宋国，于是释宋公。宋公释乎执，走之卫。公子目夷复曰：'国为君守之，君曷为不入？'然后逆襄公归。"襄公身旁不是没有能人给他提醒警告，但他却听不进去，一错再错，终于成为囚虏，可见其愚不可及也。

但即使这样狼狈，襄公仍然不觉悟，依然作其强商大宋的复兴迷梦，诸侯霸主的权威地位像磁铁一样吸引了襄公，他已被感情冲动蒙住了眼睛，完全丧失了理智，而看不清客观形势。因此，当宋襄公被楚释放回国时，子鱼叹道："祸犹未也，未足以惩君。"（《左传》僖公二十年）在鲁僖公二十二年（前638年）夏，因郑附楚，宋怒伐郑。子鱼又批评襄公曰："所谓祸在此矣。"事情发展确如子鱼所料。于是因郑附楚，引发了宋楚大战于泓水，成为春秋著名的战例。如前所述，若郑无内乱，则郑之战力不亚于宋，宋一怒而出兵伐郑，已属冲动失策；而且现在郑为楚之盟国，伐郑必然引发楚的报复。以当时宋之国力，伐郑必须全力以赴，现在郑方天平又有强楚加码，明眼人知其不可，此子鱼强谏襄公所谓"祸在此矣"。伐郑正给楚以伐宋借口，是引狼入室的愚昧自杀行为，但是襄公置宋于杀戮亡国而不顾，人民的生命财产，全要为他的一己私欲付出惨重的血的代价。

果然，当年立即引来"楚人伐宋以救郑"，楚成王直捣宋的老巢，攻宋之必救。于是宋襄公只能从攻郑前线撤兵，回师自救而处于战略被动态势。楚人根本不把宋军当回事，对宋极其轻蔑，因为二者强弱悬殊，多寡不一，楚之侮宋，无以复加。奇怪的是，在此情况下，主动挑战却是弱宋一方。

楚宋泓之战，发生在公元前638年。从战略上言，楚采取后人所称"围魏救赵"之计，从容出兵，捣宋之虚，战略上非常主动；而对宋来说，撤郑围而回师自救，如果郑军紧咬不放，则造成郑楚两军前后夹击之势，岂不岌岌可危？当然处战略被动之位。但幸运的是，楚极端轻宋，并未要求出动郑军来夹击宋人，凭楚之强，何求他人？因此，宋军才能安全从郑撤军而逃过一厄。宋军一听楚军出动，回师自救，可以早作安排，从战役角度言，与楚军之长途奔袭相较，战役战术上却处于相对主动地位。楚军未到，宋师早在泓水一带列阵而严兵以待，处于有利地位。当时楚宋二军夹泓水相对峙。据黄鸣《春秋列国地理图志·宋》称："泓，宋水名。古涣水支流，其故道在今河南省柘城县境内的废黄河古道。"这是由楚经陈国而向宋都商丘进攻的必经之路。当时宋国防御战，可有两法：一是撤师回国，利用国都商丘那长期经营的牢固防御城墙工事，作长期坚守准备，宋军后勤供应充足，而楚军长途运输困难，因此宋利持久战，而楚利于速战。只要宋军坚守，楚军再强，岂能长年困顿于坚城之下？但宋襄公因其愚昧狂妄，不作此想，他坚决要御敌于国门之外，采取野战之法，与强大楚军在外进行阵地战，投入主力，一决胜负。"宋公将战"，即是襄公采用野外阵地决战方式，主动挑战强大楚军。这就走上了自作孽而无法可救的败丧之路了。

但即使是进行野战、阵地战，老天也还是曾经给予宋军许多胜利或起码保持脸面的机会。在战前，"大司马固谏"，许多学人以为是司马固在劝阻进谏。实际上通读上下文，当时宋军只有一位大司马子鱼（即公子目夷），而不可能临战换将，把大司马职位交给另一位司马固，因为宋襄公并没有因子鱼之谏而突然予以撤职走人的严重处分，这在史上找不到一丁点儿踪迹。史上公孙固确有其人，也是宋宗室，但其身份是"公孙"，即国君之孙；而子鱼是"公子"，即国君之子，以为公孙固即子鱼，把出身弄错了。而且公孙固事，在《左传》中两见，一在鲁僖公二十七年（前633年），是在宋襄公卒四年后，当时楚因宋附晋抗楚，楚围宋，宋派公孙固向晋文公告急，晋卿先轸向晋文公建议，应战楚取霸，因而翌年即有晋楚大战的城濮战役发生。一是在鲁文公七年，宋成公卒，"穆、襄之族率国人以攻公，杀公孙固、公孙郑于公宫"。当时的左师是"公孙友"，即子鱼之子。说明子鱼也在此前逝世，故其子继其左师之位。以此推之，此公孙固，非子鱼也，其年辈应晚子鱼一代。在泓之战中，宋军司马并非公孙固。故大司马下应"固谏"连读，即大司马子鱼再三坚持强谏襄公。但襄公固执己见而自取其咎。当时子鱼对襄公清楚说明了"天之弃商也久矣"，作为亡国之余的宋人，想要一举复兴昔日殷商天朝大国的地位，那简直是呓语痴梦。所以子鱼指出了襄公复辟之举，是"弗可赦也已"的大罪，必然受到老天的惩罚，因为这是襄公个人无限膨胀的私欲和野心，而把国家安危与人民生命，作孤注一掷的大冒险。但襄公不悟，坚持拒谏而与楚军进行主力决战。但即在大战的关键时刻，襄公仍然沉溺于迷梦而无法唤醒。当时楚人对于宋军，态度极端轻蔑，根本不放在眼中，这可能因楚人平素对宋襄公为人及其指挥战事的风格太过熟悉有关。楚人明知宋军司马子鱼贤明而知战，不可轻忽；但子鱼只是司马，在战争中只是"参谋长"，而非统帅，并无实际的指挥权，难以调兵遣将以作具体排兵布阵。宋襄公在军，他是国君，他才是真正的宋军统帅，他才有真正的指挥权。以楚人对宋襄公的了解，虽然司马子鱼会对他言明了战争的利害关键之所在，但其强谏，宋襄公为人性格根本不听，说了也等于白说。以此，楚军按照自己的想法，自由自在想怎么打就怎么打。当宋楚二军夹泓水对阵时，如果宋军扼险而守，阻敌于对岸而不让楚军轻易渡河，也还可以坚守阵地。宋襄公既然决定大战一场，那就应该利用有利条件，主动发起攻击，在敌人半济而击，使敌人损失惨重而不敢轻视宋军。这一争取胜利的大好机会，子鱼提醒襄公说，敌众我寡，双方兵力悬殊，现在敌人开始渡河而尚未全军渡过，应乘敌不备，"及其未既济也请击之"，这也就是兵法上所说的半渡而击，敌人必乱而致败。但宋襄公居然轻松地说出了"不可"二字，一下子让胜利的机会从自己的手心中轻易地溜走了。等到楚军全部渡河完毕，但尚处在乱哄哄而还来不及列开战斗阵型之时，司马子鱼又提醒襄公，赶快乘楚军尚未列阵的混乱之际发动攻击。但襄公的回答依然是"不可"二字。这是最高统帅的军令，军令如山，宋军只能执行，大司马子鱼也无可奈何，只能眼巴巴地看着成千上万的将士，在敌人已布下坚强战斗队形后发动攻击，结果相继在敌人阵前，尸横疆场，伤亡殆尽，宋襄公那精锐的"门官"——即亲兵卫队，全部被歼，连襄公本人也大腿受重伤，依靠大司马子鱼等英勇将士率部死战，才能侥幸突围而暂时不死。但这也不过是苟延残喘而已，大约回国半年左右，宋襄公即因伤重不治而一命呜呼了。这样近乎亡国的悲剧，又能怪谁呢？只能说是襄公再三顽固拒谏，是自毁长城而咎由自取了。

以此，"国人皆咎之"。《左传》用一个"皆"字，说明了举国上下一致指责宋襄公应为这次战争败亡负全责。但襄公经此教训，仍是不思悔改，而是抱常有理的态度——即自己英明，做事不会错，永远有道理，即使战败，也是如此。他认为自己打仗，坚持的是高尚的仁义礼让的贵族精神：一是"不以阻隘也"——即是不依托险要地势或关隘以击敌，这样，兵法所称地势之利，全然丧失；一是不应半济击敌，"不鼓不成列"，在敌人没有布排出坚固战阵前不击战鼓冲锋杀敌；一是"君子不重伤，不禽二毛"，即战场上的敌方将士，即使他们不放下武器，也应给予人道关爱，而不要再去伤害他们。这些奇怪的说法，表面上似乎是古代汤武仁义的翻版，实际不然。古代汤伐夏桀，武王伐纣，都是因为夏桀和殷纣昏庸淫乱，大失军心民心，因此，当汤武大军一到，立即摧枯拉朽而土崩瓦解，他们实际上是解救夏人、殷民于倒悬，此所谓仁义之师也。至于真正战争较量，如武庚叛乱，周公东征，拼杀数年，杀武庚、管叔，流蔡叔，周公圣人何曾手软呢？这也是古代的仁义之师成功战例，宋襄公不去学习，却在大战中侈言仁义。襄公强调不禽二毛，不重伤，似乎对敌人讲仁慈，但楚军对他仁慈吗？"门官歼焉"，成百上千的亲兵将士，为他的"仁义"付出了血的代价，他自己也被不讲仁义的楚人打成重伤，不久身亡。于此可见，对敌人讲仁义，实际上是对自己一方的人民和将士的残酷，成千上万的宋军将士用鲜血染红了襄公书写的"仁义"二字，人民生命财产付之一炬，战火无情，这又是谁之责呢？"国人皆咎之"，正说明了襄公口称"仁义"，而实际罪孽深重。春秋是君主专制的时代，宋襄公以国家为自家的私有财产一般，想怎么处理都可以，无需别人的干涉或同意。至于广大臣民，那不过是自己的工具，想用就用，想弃则弃，广大人民的利益，又和自己何有关系呢？因此，他只从自己的个人欲望考虑问题，而丝毫不顾及百姓的想法。当他在被楚人囚禁成虏之时，他对子鱼说，我无法当国君了，"国，子之国也"，意思很清楚，他把宋国当私人财产一样赠与长兄子鱼，当然这是出于无奈。而当子鱼领导宋人坚决抗战，保卫了国家，并且又迎襄公回国当国君，他又重新把国家收入自己的囊中，还是自己的私产。因此，宋襄公作为一国之主，愿意怎么做都是可以的，永远合理合法，也可说是永远正确，不会有错。此其所谓常有理的。一个弃贤拒谏，自认永远正确，不会错误，那这个人就离丧败毁灭不远了。子鱼当面批评襄公"未知战"，根本不懂战争，对襄公的"常有理"批驳，条条在理，合乎实际。从思想理论上说，"明耻教战"，正是希望广大将士"求杀敌也"，为保家卫国而战。在战场上，只要敌人不投降，就必须坚决打击，怎么可以勿擒勿重而"爱其二毛"呢？你爱武装的敌人，而反过来，武装的敌人爱你而勿伤乎？显然是自作多情的天方夜谭。因此，子鱼作为一个具有实战经验的兵家儒将，明白指出，"三军以利用也"，只要对我军有利，"阻隘可也"，"鼓儳可也"，还讲什么"仁义"而等待敌人的屠杀呢？可惜襄公弃贤如敝屣，这把宋国引导到亡国的灾难边缘了，这无异于自杀，即有贤人，也无可奈何了。泓之战后约半年，宋襄公即因腿伤严重，不治身亡，这大概也是天的报应吧。

但在襄公去世前不久，晋公子重耳即后来的晋文公流亡十余年，受尽颠沛流离之苦，在过曹、卫和郑时，不仅没有礼遇，而且还受到侮辱。但过宋之时，据《左传》僖公二十三年载："宋襄公赠以马二十乘。"可称是厚礼善待了。此事《国语·晋语》记载较为详细，曰："公子过宋，与司马公孙固相善。公孙固言于襄公曰：'晋公子亡，长幼矣，而好善不厌，父事狐偃，师事赵衰，而长事贾佗。狐偃其舅也，而惠以有谋。赵衰其先君之戎御，赵夙之弟也，而文以忠贞。贾佗公族也，而多识以恭敬。此三人者，实左右之。公子居则下之，动则谘焉，成幼而不倦，殆有礼矣。树于有礼，必有艾。《商颂》曰：'汤降不迟，圣敬日跻。'降，有礼之谓也。君其图之。'襄公从之，赠以马二十乘。"《国语》所叙，透露了一个信息，泓之战后，襄公因受子鱼责其"不知战"的严厉批评，心中耿耿于怀，于是把子鱼大司马之职撤去，换了年青的公孙固任司马。他与子鱼，虽未公开决裂闹翻，但襄公决心让子鱼退出军队领导岗位，在军事上不再有发言权，以免其在耳边絮叨烦人，这也可见其心胸狭隘，难以容人。

不过，襄公礼待晋公子重耳，总算在死前为宋做了件好事。经公孙固劝说，他判断公子重耳一旦回国，很可能成为有所作为的新君。晋是大国，一旦复兴，正可作为宋在诸侯事务中的重要政治依靠。有晋作盟国，又何惧楚国干涉呢？襄公礼待重耳，正为后来宋的诸侯外交制定了联晋抗楚的新的外交方针和原则。这一外交战略，在宋国继续了很长时间，故当时流行了"郑昭宋聋"之说，说的是宋郑两国外交在晋楚大国夹缝中求生存，郑灵活多变而从实际出发；而宋则坚守既定的联晋抗楚之路，坚持则固执，固执则不变或少变，有时就会与实际情况脱节，带来危险，此所以为"聋"也。这实际上也存留了宋襄公固执己见以不变应万变的风格。好的方面是坚持原则而有信用，坏的是经常为此而掀起风波，国家多次处于惊涛骇浪之中。

四、求霸心切全盘输

企望春秋霸主的声威地位，是宋襄公的一生追求。作为殷商子孙，他时常作复辟之梦。当然，他不是想把宋国恢复到殷商天朝的天下共主的地位，因为宋是周朝分封的诸侯国，他的野心还没膨胀到取周而代之的地步。不仅中原诸姬如鲁曹郑卫等国不答应，晋楚齐秦等大国更不允许，这样做，无异于把自己放到火炉上去烤，谁受得了呢？宋襄公想的是借齐桓公死为契机，乘中原无霸之时来争霸主，挟天子以令诸侯，以见商宋之强大。但他求霸心切，却是志大才疏，一再受挫，屡挫而心不甘，终于一战而亡。其霸主迷梦终其一生，至死而不悟，悲乎！在霸业上，他并未留下什么业绩令人思念；但却因其初时让国、率诸侯出兵立齐孝公，史上曾有施仁让义之名。如《公羊传》僖公二十二年评宋败于泓水，曰："故君子大其不鼓不成列，临大事不忘大礼，有君而无臣，以为虽文王之战，亦不过此也。"把襄公与子鱼二人加以对比，形成反差，认为君如文王而讲仁义之战，虽败而"不忘大礼"，从而给予极高的道德评价。《吴越春秋》称吴太宰嚭曰："宋襄济河而战，春秋以多其义：功立而名称，军败而德存。"故而"功冠于五霸，名越于千古"。后来司马迁对襄公之仁义，也给予正面的肯定，如《史记·宋微子世家》太史公曰："襄公之时，修行仁义，欲为盟主。其大夫正考父美之，故追道契、汤、高宗，殷所以兴，作商颂。襄公既败于泓，而君子或以为多，伤中国阙礼义，褒之也，宋襄公之有礼让也。"我国古代重要的经学家、史学家曾给予了正面评价。就是今人，如方朝晖《春秋左传人物谱》卷一（齐鲁书社，2001年）对宋襄公虽也评其因"贪"与"懦"两方面原因而败，是死于无能；但对其施行仁义，却同样给予肯定，如曰："《左传》记宋襄公之事几乎是一篇完美的散文，僖八年他身为太子欲让位于司马子鱼，子鱼评其仁；次年即位后乃重用子鱼，可见当初让位之心是真。这反映了襄公为人仁的方面。僖十七年齐桓公死后，齐国陷入一片争立的混乱中，襄公按照桓公、管仲生前之托，发动诸侯之兵讨齐，终于立孝公而还。可见桓公和管仲没有看错人。这是襄公为人之义的方面。"方氏认为言称仁义是合乎襄公的真性情的。

但后世否定的意见同样尖锐而不乏其人，他们反对美化襄公之仁义，认为他不仅不是如周文王一类的圣贤，而且揭穿其仁义的虚伪性，是属于王莽之流复古的假圣贤。如宋苏轼《宋襄公论》（《苏东坡全集》续集卷八，《四部精要》第19册，上海古籍出版社）曰："宋襄公非独行仁义而不终者也，以不仁之资，盗仁者之名尔。……以愚观之，宋襄公，王莽之流。……使襄公之得志，亦一莽也。……自古失道之君，如是者多矣，死而论定。未有如宋襄公之欺于后世者也。"清顾栋高《春秋大事表》卷二十七《春秋宋楚争盟表》叙曰："苏子有言：'有十夫之力，苟终日狂呼跳浪，则一尺童子亦可制其后。'我观齐桓公之伯，盖终其身未尝用战争之力也。……故东征西讨而民力不疲，数动与国而诸侯不怨。而宋则反是。方齐桓之卒也，汲汲乎欲代其任，而首先与齐战，幸而一胜，则翘然自喜以为天下莫与敌。于是一会虐二国之君，五年之中，无岁不兴师，伐曹、伐郑，驯至排不测之强楚，军败国蹙，旋以身毙。呜呼！其轻用民力若是，虽使齐晋之大，其能有济哉！夫以晋文之兵力，犹兢兢示礼、示信、示义，逮合齐秦两大国而后敢与楚战。宋襄以孤军单进，又不乘险择利，虽以晋文处此亦必败，而况小国乎！……宋襄者，则以尫弱之夫而举鼎绝膑而死，岂不可哀也哉！"他以为宋襄之争，"全恃诈力"而无关仁义，故诸侯不服。齐桓公死，借口托孤，兴师伐齐之丧，全然不顾礼义与君死不伐丧的春秋贵族精神之文明（中华书局，1993年）。

在顾栋高前高士奇就曾指出了宋襄公仁义虚伪欺诈，曰："宋襄公以亡国之余，起而图伯，盖迹齐桓而为之者也。首用兵于齐，假置君之义，其意以为伯国既款，而宇下诸侯亦不待痛而服矣。……目夷深忧远虑，人事著于下。鹿上执辱，可为明戒。而又伐郑以挑楚怒，兵败身伤，逾年竟卒，甚矣哉，宋襄之愚也！至泓之败，或以其不从司马之言，不扼楚于险，不忍重伤与二毛，而宋襄亦至死无悔，谓其能行仁义之师，不幸而败。吁！宋襄其谁欺乎？夫祸莫憯于残人之骨肉，而以国君为刍狗。无亏之杀（按：齐桓公长子），鄫子之用，以视重伤与二毛，孰大？逆天害理之事，宋襄敢行之，而故饰虚名以取实祸，此所谓妇人之仁也。以是图伯，不亦难乎？"（高士奇《左传纪事本末》卷三十五，中华书局，1979年）而今人毛泽东更直斥宋襄公所言，纯是"蠢猪式的仁义"（毛泽东《论持久战》，见《毛泽东选集》一卷本，人民出版社，1964年）。

前后两说，针锋相对。依鄙见，前说称宋襄仁义似圣贤，不能说没有一点影子，但影子非真，在生活镜子的现实照映下，宋襄虚伪取名的成分明显暴露；而从实践角度衡量，宋襄罪孽深重，故"国人皆咎之"，一个"皆"字，直抉其霸业为梦幻，其仁义为虚诈，岂有施仁重义之人，为取仁义虚名，驱国人入死地而毫无忏悔之心，其人性良心何在哉！有关宋襄为太子时让国事，事虽真而用心良苦，如前所述，其动机并非纯然仁者之心。至于伐齐立孝公事，此事义否？《左传》虽有齐桓、管仲托孝公于宋襄公之说，但其事令人生疑。日人竹添光鸿《左传会笺》于僖公十七年引清人魏禧曰："已有子而立之，乃须属于宋公何哉？然则五公子之乱，桓公、管仲知之明矣，知之而不一一为之所，徒属外诸侯以自固，若无可如何者，桓公首伯，管仲天下才，而潦倒昏聩若此，直所不解。"魏氏于桓公托孤事，已是心有所疑。顾栋高则称引其母舅霞峰华氏明言曰："宋襄志在争伯，而特假齐桓、管仲托孤之说诳齐人以纳孝公，《春秋》不书纳公子昭，而但书伐齐，且以宋主甗之战，则伐丧而已矣，攘伯而已矣。圣人推见至隐，此诛心之法也。"故顾氏直谓"齐桓托孤已是莫须有，况云管仲。桓或有宠爱之私，仲不应从君于昏至此"（见《春秋大事表》卷二十七《春秋宋楚争盟志》）。宋襄为争伯，首先伐齐之丧，根本就违背了丧不伐国的春秋贵族精神，不遵守大家公认的潜规则，又何仁何义之有呢？宋襄伐丧，因齐桓五子争立，国力日耗，故宋师一战杀已立的桓公长子无亏（诡），再战立齐孝公，志得意满，声气炎上，自以为霸主唾手可得，以此而有第二年执滕子婴齐及用鄫子为牺牲，虐二国之君的残忍之事发生。其仁其义又何在呢？实践是检验真理的标准，用现实一对照，其内在真面目自然明了。

纵观宋襄公一生，成功事稀，而失败祸大。可说是成功经验无传，而失败教训甚多。

一是假饰仁义，以取虚名，结果是祸国殃民，自取其咎，差点把宋国推到亡国亡民的深渊。

二是复辟商宋，作强国霸主迷梦，这一观念，化为血脉，渗透内心，成了一种潜意识的心结，一有机会，立即闪现。因此，随时表现了求霸心切的焦躁。但心急则吃不了热豆腐，现实中他因此而处处碰壁，焦头烂额。如《左传》僖公十六年载，宋有陨石及风灾，襄公向周内史叔兴问其吉凶，叔兴应曰："今兹鲁多大丧，明年齐有乱，君将得诸侯而不终。"周内史此言，说明了宋襄公领袖诸侯的野心早已清楚暴露。对宋襄公来说，能得诸侯拥护，就是大吉，"不终"与否，暂时可以不计。他并没有真正理解周内史叔兴的话，因为他政治上是近视者，实际上"吉凶由人"，能否"得诸侯"，还要看自己的所作所为。其伐曹，因曹近宋，扩大土境以增强争霸之资。伐郑，则是因昔日郑庄公曾小霸中原，若能令昔日小霸顺服，那么邢、卫、陈、许诸国更不在话下了。宋襄公伐齐而立齐孝公，不顾伐丧之有违春秋贵族精神，因昔日齐桓公是春秋首霸，如能操控傀儡孝公，令昔日霸主齐国服从指挥，那自己不就取代桓公而成了宋商霸主了吗？这些想法和行动，并非无序，而是有其内在的争霸逻辑存在的。鲁僖公十九年，襄公围曹，子鱼就批评他"君德无乃犹有所阙乎"？说较委婉，实是批评他缺德。鲁僖公二十二年宋楚泓水之战前，子鱼又提醒他："天之弃商也久矣，君将兴之，弗可赦也已。"劝他放弃复兴商宋以争霸的梦想。但什么提醒或警告都没用，那复辟与争霸的内心情结，犹如火山爆发，一发而不可收拾，直到败亡方熄。这属于根本的世界观问题，一时难以改变，而只能带到棺材里去了。

三是思想方法的固执与愚蠢，其思维是线性的，一条路走到底。别人是撞墙就回头，宋襄公则是撞了墙也不回头。泓水之战中的种种自败自杀的奇怪行动，既有思想观念的问题，也有思想方法的问题，所以毛泽东讽刺他是"蠢猪式的仁义"。蠢到极点，也就无可救药了。作为专制的君主，其至高无上的地位和权势，又使他的一生，都是排贤拒谏，他总是以为自己是常有理的，永远英明正确而独断独行，一旦出错，那么错误在属下臣民，没有很好理解自己的指示精神，因此，错误应由拒不执行自己意志的臣民负责。宋襄公这种永远正确、常有理的思维方法，后果严重，岂有不败之理？这一沉重的历史教训，千古引以为鉴。

卧薪尝胆夺霸王

——越王勾践传叙（附范蠡及吴王夫差）

　　春秋五霸，史上有不同说法，认为应从齐桓公、晋文公、楚庄王、秦穆公、吴王阖闾为雄。但若以功业论，则越王勾践应在正式名单之列。不过因其甫一灭吴称霸，立刻翻脸不认人，杀功臣，贤能或逃亡，或佯狂，避之唯恐不及。古称"飞鸟尽，良弓藏；狡兔死，走狗烹"之名言，正为勾践而发，是个"可与共患难，不可与共乐"的阴谋家，其德业有亏，而无法令人心悦诚服。以此之故，勾践虽被周元王封为伯，但也只能列于春秋五霸之副榜作备取之用。

一、禹王后裔起会稽

　　越王勾践是治水大禹的后裔，姒姓。司马迁《史记·越王勾践世家》曰："越王勾践，其先禹之苗裔，而夏后帝少康之庶子也。封于会稽，以奉守禹之祀。文身断发，披草莱而邑焉。后二十余世，至于允常。允常之时，与吴王阖庐战而相怨伐。允常卒，子勾践立，是为越王。"这里传达了以下几点信息：

　　一是勾践越国，是大禹的后裔子孙，古今大多持此说，看来不假。《吴越春秋·勾践伐吴外传》载勾践临终遗言曰："吾自禹之后。"自认为大禹后代。今存浙江绍兴（会稽）地区方志，多有记述。直至清中期，蒋士铨有《禹庙》诗曰："桑田已见沉江海，姒姓依然认子孙。赢得游人看空石，年年风雨长苔痕。"蒋士铨是当时著名学者和文学家，学识渊博，又曾掌教于会稽蕺山书院，熟悉地方文史，其言"姒姓依然认子孙"句，必然言有所据（蒋诗见《忠雅堂诗集》卷一九）。一是春秋时越国勾践继其父允常而僭称王号，自称越王而与吴王并峙。这点也无疑义。一是谓越之始封，在夏朝少康帝之庶子封越以奉守禹祠。这点值得怀疑。夏帝少康庶子之后，越国世系难稽，史实渺窈。故《韩诗外传》卷八有"越亦周室之列封也"之说。又如《国语·越语》下载范蠡对吴大夫王孙雄曰："昔吾先君，固周室之不成子也，故滨于东海之陂，……余虽腼然而人面哉，吾犹禽兽也，又安知是諓諓者乎？"范蠡就直接说明了封越于东海之滨，是周朝之事，并说明周对越不重视，连吴国之子爵都没有，所以称"不成子"也。越在周时始封，应是事实。但当时周之待越，视之为不行周礼、不讲文明之蛮夷。以此，越国之事，常有逾越礼乐文明而为野蛮之行者，打破常规而争强图霸，也是自然形势之所致也。

越国既然是大禹后裔，当然是姒姓。春秋时如杞、彤、莘诸国，因是夏禹之后，故皆为姒姓。见《世本·姓氏篇》。但《世本》不言越为姒姓，而于芈姓下曰："越，芈姓也，与楚同祖也。"也许是当时百越、南越地区广大，南越与楚同为芈姓；但东海之越本姒姓，而《世本》误植欤？在此聊备一说而已。

据《史记正义》张守节称引《舆地志》曰："越侯传国三十余叶，历殷至周敬王时，有越侯夫镡，子曰允常，拓土始大，称王，《春秋》贬为子，号为于越。"如前所述，殷前之越，可以无论。越之传国可稽者，乃周敬王时之越侯夫谭，及其子允常。允常开疆拓土，横行于浙之东、西。《史记·越世家》并未称允常为越王，但称其"与吴王阖闾战而相怨伐"事，须知，当时吴王阖闾破楚称霸，身边又有伍子胥、孙武等贤能之士，越如无一定实力，可能早就被吴所亡。以此推之，允常虽卒，却为其子勾践称王，留下了一笔丰厚的资源遗产，足资其后来与吴王夫差对敌并灭吴而成其霸业。越之染指中原，当自越王勾践始。

印山越王陵木客大冢（允常墓）

二、初胜骄狂埋祸根

　　吴伐越，越子勾践御之，陈李。勾践患吴之整也，使死士再禽焉，不动；使罪人三行，属剑于颈，而辞曰："二君有治，臣奸旗鼓，不敏于君之行前，不敢逃刑，敢归死。"遂自刭也。师属之目，越子因而伐之，大败之。灵姑浮以戈击阖庐，阖庐伤将指，取其一屦。还，卒于陉，去檇李七里。夫差使人立于庭，苟出入，必谓己曰："夫差！而忘越王之杀而父乎？"则对曰："唯，不敢忘！"三年，乃报越。

——《左传》定公十四年

　　故事发生在公元前 496 年。是年，吴王阖闾乘越君允常卒，率师伐丧。这在中原诸侯的春秋文明中，是较少见的。但因吴越是同处东海之滨的"蛮夷"之邦，不行周礼，而以野蛮相攻伐，这也是可以理解的。为图霸业，目的所在，什么手段都可使用。陈，阵也，即军队的战斗阵势。须知，吴越二军的战斗观念相似，皆剽疾骄悍，善捕战机而发动突然袭击。相较之下，阖闾率领下的吴军，曾因汲取攻楚经验，重型装备（如战车、弩矢）等较多，又曾经军事家孙武组织训练，应说是纪律严明而具有较强的战斗力。因此，在檇李之战中，本来吴军占有优势。但正因其优势，故阖闾有轻越心理，对越之阴谋诡计的突然变化，严重估计不足。而越王勾践正是利用了吴军的缺陷，发动了令人意想不到的心理战。勾践曾几次派敢死队猛烈冲击吴军阵地，寻找突破口，但皆铩羽而归。不过这并未令勾践放弃积极防御的继续攻击。看来，勾践早把吴军的心理摸透，而早另有计划方案的安排。这时，两军对圆，勾践出了奇招，他派出了"罪人三列"——也就是犯罪就刑的囚犯，手执利剑，齐刷刷地列队于二军之前，高声齐喊自己在二国治兵之时，奸犯旗鼓，不敢逃刑，一声令下，前列动作利落地刎颈自杀，第二列又站出来，看着同伴的尸首自杀，第三列又复在同伴血污喷溅下自杀身亡。其视死如归之野蛮，令人心颤。这是一种古往今来仅此一例的古怪战法，引来万众瞩目。吴军列队阵前者，看得清楚，惊呼传语于后，阵后将士想法争先目睹这一千古奇观，并为之心悸目眩。因心理防线动摇而阵列出现混乱。就在这一关键时刻，勾践一声令下，越军万箭齐发，将士争先猛烈冲击阵型已乱的吴军，终于大获全胜。事后得知，吴王阖闾因伤死于离战场七里之外的陉地。檇李，在今浙江嘉兴市南数十里处。檇李之战，对吴越二国之未来，都关系甚大。吴王夫差不忘杀父之仇，三年后入越围越都会稽，越几乎为此亡国灭祀。后以勾践入吴为奴而苟全性命，实是侥幸。越王勾践因战胜吴王阖闾而生骄盛之心，拒贤者谏，国势由盛转衰，亦属天道自然。

檇李之役，除了吴越二王阖闾、勾践之外，吴军将帅为伍子胥，越军将帅为范蠡。伍范二人，皆为优秀军事家，可谓棋逢对手。《越绝书·外传纪策考》卷六曰："范蠡兴师战于就李（檇李），阖庐见中于飞矢，子胥还师。"但关于阖闾之死，《左传》以为死于越大夫灵姑浮戈伤其将指，伤重而死。而《越绝书》则以为死于"飞矢"——即流矢。二说不同。戈伤将指说，《史记·吴太伯世家》也有"（阖闾）十九年夏……越因伐吴，败之姑苏。伤吴

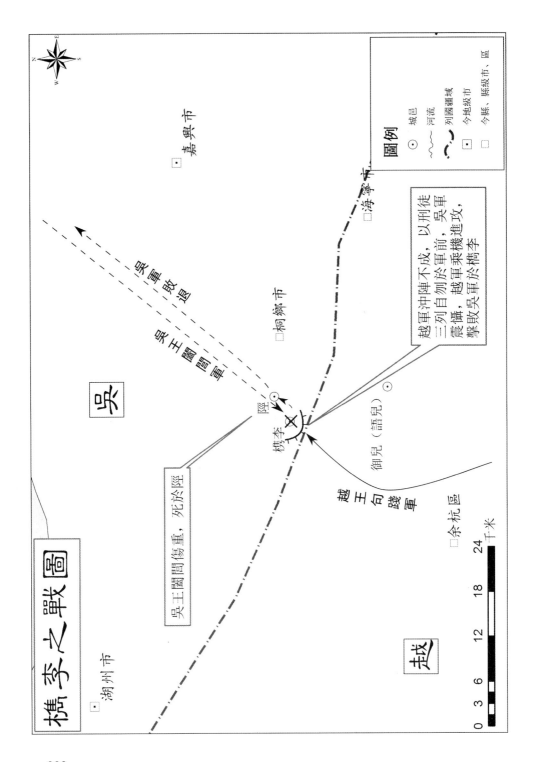

越軍沖陣不成，以刑徒三列自刎於軍前，吳軍震懾，越軍乘機進攻，擊敗吳軍於檇李

吳王闔閭傷重，死於陘

王阖庐指，军却七里。吴王病伤而死"之说。但《吴太伯世家》把战场由槜李换成了姑苏有误。而《史记·越王勾践世家》则否定了《左传》及《吴太伯世家》之说，以为："（越军）射伤吴王阖闾。阖闾将死，告其子夫差曰：'必毋忘越。'"以我之见，阖闾应死于流矢所伤。原因如下：吴军是经兵家孙武训练有素的军队，纪律严明，虽败而不溃乱，仅后撤七里，即重新驻扎布防，并未丧失战斗力，虽损失了君王，但于军队实力其实损失并不太严重，未伤元气。阖闾的"门官"——即其亲兵卫队数千，战斗力更堪称一流，岂能让越大夫冲到阵中戈击大王？此令人生疑者一。而且，灵姑浮如果真是戈伤阖闾，杀敌之王，应是为越立了大功一件，照理越王勾践应以特殊奖赏而记录在册，但《左传》《史记》等史书，其名字仅此一见，并未见任何奖赏，此令人生疑者二。勾践曾明言"吾不欲匹夫之勇也。吾欲士卒进则思赏，退则避刑"（《吴越春秋·勾践伐吴外传》），严令赏罚分明，为何立大功，大名鼎鼎的灵姑浮却从此销声匿迹了呢？不仅是《左传》《史记》，就是《吴越春秋》《越绝书》也不见记载，此令人生疑者三。因此，根据战场实际，阖闾虽有训练有素的亲兵卫队保护，但"飞矢"之伤，却也一时难以避免。流矢非戈剑，必须近身肉搏，而是远程武器，万箭齐发时，稍不留神，易为所伤，事在可能之列。也有可能越方因据阖闾已死消息，编撰出虚拟的某将士（姑名为灵姑浮）戈击伤指故事，神化越军神勇，以便提高士气。

春秋之战，胜者常埋祸根而生远忧。如晋败楚于城濮，后楚报之于邲之战；楚邲胜之后，又为晋败于鄢陵。祸福相因而胜败转换，就看你是否能胜不骄、败不馁，汲取经验教训了。槜李之役，越胜出后，须知勾践击败的是春秋霸主吴王阖闾，勾践因此由胜而骄，又由骄而变狂，拒纳贤臣忠言之谏，故后有入吴为奴之耻辱。槜李之战，虽言吴伐越，但勾践也"欲伐吴"，故吴军在姑苏一动，越军于会稽立刻登程，槜李恰在吴都姑苏与越都会稽之间，说明了双方作战的主动与意愿。勾践之好战，也可见一斑。勾践即位初年，范蠡进谏，曾严厉批评曰："今君王未盈而溢，未胜而骄，不劳而矜其功……此逆于天而不和于人。王若行之，将妨于国家，靡王躬身。"这是槜李胜利后三年时说的话。但勾践拒听，仍然我行我素。他自以为已经天下无敌，在准备不充分而条件未成熟时，独断独行，决定立即"兴师而伐吴，战于五湖"（以上见《国语·越语》下）。果然不出范蠡所料，大败亏输，主力尽歼而"栖于会稽"。以五千甲士，保卫国都，而想对抗包围会稽的吴国十万精兵，这不是梦想吗？"兵者，凶器也"，勾践因其骄盛之狂，全然听不进范蠡、文种、计倪（一作计砚，或作计然）诸贤忠告，因而自食恶果身为奴仆。由此视之，槜李之战，表面上胜者为越，败者为吴；但实际却为越埋下祸根隐患；而吴则记取教训而由败转胜。认真进行总结，能无惧乎！

三、骄狂开衅自取辱

　　吴王夫差败越于夫椒，报槜李也。遂入越。越子以甲楯五千保于会稽，使大夫种因吴大宰嚭以行成。吴子将许之。伍员曰："不可。臣闻之：'树德莫如滋，去疾莫如尽。'昔有过浇杀斟灌以伐斟鄩，灭夏后相。后缗方娠，逃出自窦，归于有仍，生少康焉，为仍牧正。惎浇，能戒之。浇使椒求之，逃奔有虞，为之庖正，以除其害。虞思于是妻之以二姚，而邑诸纶，有田一成，有众一旅。能布其德，而兆其谋，以收夏众，抚其官职；使女艾谍浇，使季杼诱豷，遂灭过、戈，复禹之绩，祀夏配天，不失旧物。今吴不如过，而越大于少康，或将丰之，不亦难乎？句践能亲而务德，施不失人，亲不弃劳。与我同壤，而世为仇雠。于是乎克而弗取，将又存之，违天而长寇雠，后虽悔之，不可食已。姬之衰也，日可俟也。介在蛮夷，而长寇雠，以是求伯，必不行矣。"弗听。退而告人曰："越十年生聚，而十年教训，二十年之外，吴其为沼乎！"三月，越及吴平。

　　　　　　　　　　　　——《左传》哀公元年

故事发生在公元前494年。《左传》所称"吴王夫差败越于夫椒"，表明上似是吴王主动攻越，其实不然，在叙事过程中，《左传》省略了许多事情发生的过程，实际情况是越先主动挑衅开战。吴在反击战中胜利推进，入越而包围越都会稽。据《国语·越语》下载曰：

> 越王勾践即位三年而欲伐吴，范蠡进谏曰："夫国家之事，有持盈，有定倾，有节事。"王曰："为三者，奈何？"对曰："持盈者与天，定倾者与人，节事者与地。王不问，蠡不敢言。天道盈而不溢，盛而不骄，劳而不矜其功。……今君王未盈而溢，未胜而骄，不劳而矜其功，天时不作而先为人客，人事不起而创为之始，此逆于天而不和于人。王若行之，将妨于国家，靡王躬身。"王弗听。范蠡进谏曰："夫勇者，逆德也；兵者，凶器也；争者，事之末也。阴谋逆德，好用凶器，始于人者，人之所卒也。淫佚之事，上帝之禁也。先行此者，不利。"王曰："无是贰言也，吾已断之矣！"果兴师而伐吴，战于五湖，不胜，栖于会稽。

《越绝书》卷三《吴内传》所述与此相似。越先伐吴，正中吴之意。如《史记·越勾践世家》所载，吴早"日夜勒兵"以思报越，因此早有准备，并借越伐我而保卫国家以激励士气民心，于是悉发其精兵击之。从五湖战至夫椒，离越都会稽仅十五公里，越军主力精锐被歼，勾践率其亲兵甲士五千退保会稽，夫差吴军精锐数万，严密包围了会稽，勾践已无路可逃。于是勾践重新找来了范蠡求教，看是否有法脱此劫难。当时，勾践向范蠡表示了悔歉之意，曰："吾不用子之言，以至于此，为之奈何？"范蠡对曰："卑辞尊礼，玩好女乐，尊之以名，如此不已，又身与之市。"也就是建议勾践投吴王夫差之所好，卑躬屈膝以求和，进奉大量的金银财宝及子女玉帛，令其心动，如果吴王再不准和，就把自己当商品卖与吴国，先求生存，再图后计。勾践答应了。于是派大夫文种前赴吴方求和，向吴王请求曰："请士女女于士，大夫女女于大夫，随之以国家之重器。"开始吴不许和，文种又再三贿赂吴之重臣太宰嚭，金银美女，以满足之，通过伯嚭，再三求吴王曰："请委管龠，属国家，以身随之，君王制之。"夫差于是拒纳伍子胥的忠谏，答应了越王勾践的求和要求，而行成于越。事见《国语·越语》下。越王勾践及其国家，终于侥幸不亡，命存一线而后图生存、求发展，并能适时实行其复仇之计，这又为后二十年吴之存亡埋下了隐患祸根。祸福相因，能不惕然思乎？

对于吴是否允许越王勾践求和，吴国的伍子胥作为前朝老臣，始终是坚决持否定意见的。他曾一再忠谏吴王夫差，曰："夫吴之与越也，仇雠敌战之国也；三江环之，民无所移。有吴则无越，有越则无吴，将不可改于是矣。员闻之，陆人居陆，水人居水。夫上党之国（按：指中原诸侯国），我攻而胜之，吾不能居其地，不能乘其车；夫越国，吾攻而胜之，吾能居其地，吾能乘其舟。此其利也，不可失也已。君必灭之！失此利也，虽悔之，亦无及已。"这使夫差犹豫不决。但吴太宰嚭在接受越国金钱美女贿赂之后，以周礼"仁义"之说劝服了夫差，曰："嚭闻古之伐国者，服之而已；今已服矣，又何求焉？"夫差一方面为获服人以仁义的霸业美名，一方面又为越的美女财宝所动，再加以文种又代表越王勾践明确表示，如不赦越罪而成和，则勾践将坚决抵抗："焚宗庙，系妻孥，沈金玉于江；有带甲五千人，将以致死，乃必有偶，是以带甲万人事君也，无乃即伤君王之所爱乎？与其杀是人也，宁其得此国也，其孰利乎？"在越方花言巧语的诱骗下，在重臣太宰嚭的谗言谀辞下，于是夫差答应了越王勾践的求和要求，但勾践必须入吴为臣，成为夫差马前奴仆。终于，"夫差与之成而去之"，越国终于死里逃生。以上故事见载于《国语·越语》，可补《左传》之缺漏。

于是勾践入吴为奴仆三年。越王勾践五年五月，与大夫范蠡等入吴之时，越国臣民送至浙江之上，《吴越春秋》记载：

> 越王仰天太息，举杯垂涕，默无所言……群臣垂泣，莫不咸哀。越王仰天叹曰："死者，人之所畏。若孤之闻死，其于心胸中曾无怵惕。"遂登船径去，终不返顾。越王夫人据船哭……因哭而歌之，曰："仰飞鸟兮乌鸢，凌玄虚，号翩翩。集洲渚兮悠悠，啄虾矫翮兮云间，任厥兮往还。妾无罪兮负地，有何辜兮谴天？飗飗独兮西往，孰知返兮何年？心

惄惄兮若割，泪泫泫兮双悬。"又哀吟曰："彼飞鸟兮鸢乌，已回翔兮翕苏。心在专兮素虾，何居食兮江湖？徊复翔兮游飏，去复返兮于乎！始事君兮去家，终我命兮君都。终来遇兮何幸，离我国兮入吴。妻衣褐兮为婢，夫去冕兮为奴。岁遥遥兮难极，冤悲痛兮心恻。肠千结兮服膺，于乎哀兮忘食。愿我身兮如鸟，身翱翔兮娇翼。去我国兮心摇，情愤惋兮谁识？"越王闻夫人怨歌，心中内恸，乃曰："孤何忧？吾之六翮备矣。"于是入吴，见夫差稽首再拜称臣。

——《吴越春秋·勾践入臣外传》

勾践夫人的一曲悲歌，无限哀婉凄怆，催人泪下，在我国楚辞发展史上，应忝一席之位。女人是无辜的，但却不得不随夫为奴，故歌者歌其怨，其真情感动天地。而对勾践来说，则是承受罪责而自取其咎。在夫差面前，极尽谀辞之能事，如自称"东海贱臣勾践"，感恩吴王"赦其深辜，裁加役臣，使执箕帚"，使其"保须臾之命"，为此再三叩头顿首而诚惶诚恐。当时伍子胥在场，大为气愤，"目若燿火，声如雷霆"，坚决要求吴王把入吴为奴的勾践处死以绝后患。但夫差为获仁义虚名而拒其忠谏，太宰嚭则在一旁帮腔合唱。吴王曰："吾闻'诛降杀服，祸及三世'。吾非爱越而不杀也，畏皇天之咎教而赦之。"太宰嚭和而颂之，曰："子胥明于一时之计，不通安国之道。愿大王遂其所执，无拘群小之口。"指斥伍子胥为"群小"误国。于是"夫差遂不诛越王，令驾车养马，秘于宫室之中"。"越王服犊鼻（按：即犊鼻裈，江南农村或仆人干活时穿一种没有裤脚管的系裙），著樵头（按：用头巾包裹）；夫人衣无缘之裳（按：即没有花边缘饰的粗布下裙），施左关之襦（按：左衽服装，衣襟向左开，原为古代少数民族服饰）。夫斫锉养马，妻给水、除粪、洒扫。三年不愠怒，面无恨色。"夫差生病时，范蠡又建议勾践为其尝粪便问疾，"观其颜色，当拜贺焉，言其不死，以瘳起日期之。"勾践照样实行，因而取得了夫差的信任，以为勾践是真正关心爱护自己的。这时，太宰嚭鼓励夫差以"圣人之心"来处理勾践。当伍子胥坚决反对赦免勾践时，太宰嚭曰："昔者齐桓割燕所至之地以赈燕公，而齐君获其美名；宋襄济河而战，春秋以多其义：功立而名称，军败而德存。今大王诚赦越王，则功冠于五霸，名越于前古。"虚幻的五霸施仁行义美名，也确实让夫差心动不已。综合上述各种因素，夫差终于拒伍子胥之忠谋，思量赦免勾践回越。摸清了吴王心态，于是在夫差病愈欢宴上，范蠡与勾践起为吴王寿，大唱颂歌，其辞曰："下臣勾践从小臣范蠡，奉觞上千岁之寿，辞曰：皇在上令，昭下四时，并心察慈，仁者大王。躬亲鸿恩，立义行仁。九德四塞（按：即道德高尚而流传四境），威服群臣。于乎休哉（按：呜呼，美哉善哉），传德无极，上感太阳，降瑞翼翼（按：众多貌）。大王延寿万岁，长保吴国。四海咸承，诸侯宾服。觞酒既升，永受万福！"这一精心雕琢的谀佞之颂，明眼人知其拍马屁。但俗话说，"千穿万穿，马屁不穿"，吴王听了颂歌，心里感到美滋滋的，于是圣心大悦。但这时，伍子胥却拍案而起，揭穿其本质，曰："大王以越王归吴为义，以饮溲食恶为慈，以虚府库为仁，是故为无爱于人，其不可亲，面听貌观以存其身。今越王入臣于吴，是其谋深也；虚其府库，不见恨色，是欺我王也；下饮王之溲者，是上食王之心也；下尝王之恶者，是上食王之肝也。大哉，越王之崇吴，吴将为所擒也。……一旦社稷丘墟，宗庙荆棘，其悔可追乎？"夫差不仅不听，反而责伍子胥之不仁不义不智不慈，坚决拒谏而决心赦免勾践回越，以光大自己霸王仁义之美名（事载《吴越春秋·勾践入臣外传》）。

吴越夫椒之战，吴国大胜，几乎灭了越国。但夫差因胜而骄，以至于狂妄胡行，又为自己身死国亡而埋下了祸根隐患。大胜并不一定是好事，就看你是否能正确对待。对夫差来说，夫椒胜仗中，他犯有不忠、不孝、不仁、不义之罪。可杀勾践而亡越，但他偏听信谗言，不杀勾践而存越，结果在二十年后，越人复仇，吴国以亡，从此在历史上销声灭迹，这是不忠于吴国的大罪一桩。可杀勾践以报大仇，但他忘父阖闾临终遗训，纵虎归山，终酿宗庙不血食之祸，这是大不孝。在亡国过程中，让十万精锐吴军，一朝卷甲，芟夷斩伐，如草木焉，让无数吴国百姓，生灵涂炭，这是大不仁。再三拒纳忠谏，杀贤臣伍子胥，须知，子胥是前朝老臣，是直接扶他登上太子和国王宝座的恩师，但他杀之不眨一眼，这是自毁长城的大不义。一战而犯不忠不孝不仁不义四大罪状，天道恢恢，疏而不漏，夫差与吴国岂有不亡之理？

反观越王勾践，吴越槜李之战，越胜吴败，吴王身亡。勾践也因打败霸主而气盛骄狂，盲目自信而拒谏开衅，结果有了夫椒之战的大败，几乎把越致于亡国灭宗的程度，自己也身入吴国为奴，养马洒扫，甚至为骗取夫差信任，饮溲尝粪，极尽屈辱而无以复加。这就是槜李之胜带来的恶果。但与夫差之拒贤相反，当越处于危亡状态的二十几年中，越国有一大批贤臣，殚心竭虑，忠心耿耿，加以勾践当时还能进贤纳谏，终于使越有了十年生聚、十年教训而报仇复国的生机，从而代替吴国成为春秋霸主。众贤臣中，以智勇双全的范蠡为核心。在入吴为奴期间，是他力劝勾践忍耐、忍耐再忍耐，并且仔细研究吴王夫差心理，发现其人性弱点而加以利用，用巧妙伪装骗取了夫差的信任，终于剥尽复生，否极泰来，利用吴王为获霸主仁义虚名，大唱颂歌，终于让夫差上当，主动赦免勾践回越，纵虎归山，驱鱼深渊，再也无可如何了。范蠡劝勾践实行心理战，大收成效。勾践忍辱负重之坚毅精神，也可见一斑。这也是他死里逃生而反败为胜的主观条件。但是，如果不是客观上碰到一个好大喜功而愚昧至极的夫差，那么勾践就必然性命不保而岂有胜算？失败和耻辱给了他深刻的教训，接受教训，总结经验，就能从中寻觅到新的希望。

四、卧薪尝胆成霸王

三月，越子伐吴。吴子御之笠泽，夹水而陈。越子为左右句卒，使夜或左或右，鼓噪而进。吴师分以御之。越子以三军潜涉，当吴中军而鼓之，吴师大乱，遂败之。

——《左传》哀公十七年

冬十一月丁卯，越灭吴，请使吴王居甬东，辞曰："孤老矣，焉能事君?"乃缢。越人以归。

——《左传》哀公二十二年

鲁哀公十七年，是公元前 478 年；二十二年，是公元前 473 年。吴越长期恩怨，越已由助吴伐齐的欺骗伪装，乘吴进军中原之际，从后方偷袭国内空虚的吴国，于是战局遽转，越由骚扰战转为阵地进攻战，也即由防御转入了战略进攻。战事迅速发展，全在越人料中。《左传》所载虽然简略，但其十年生聚、十年教训的漫长过程，由《国语·越语》《史记·越王勾践世家》《伍子胥列传》《吴越春秋》《越绝书》作了详尽而生动的具体补充，包括子书中，如《吕氏春秋》《韩非子》及刘向《说苑》都可参考。

勾践在会稽被吴包围时，接受了范蠡伪降之计，暂时度过了身死国亡的灾祸。但个人劫难、种种羞辱都发生于他携妻子、臣僚入吴为奴期间。此时，范蠡随侍左右，帮勾践出谋划策而巧加伪装以欺吴王。终于骗取夫差信任，三年后释放归越，犹如虎归山林而龙潜于渊，吴再也难以制越。回国后头几年，勾践急于复仇，想迅速攻吴，都被诸贤臣劝阻，从而制订了十年生聚、十年教训的长期计划，勾践终于实现了灭吴复仇而称霸的大计。《越绝书·越绝外传本事》曰："夫越王勾践，东垂海滨，夷狄文身；躬而自苦，任用贤臣；转死为生，以败为成。""越王勾践属刍莝养马，诸侯从之，若果中之李。反邦七年，焦思苦身，克己自责，任用贤人。"须知，越几遭亡国之灾，精壮战死扶伤者相枕籍，没有十年休养生息的恢复，没有十年刻骨铭心的教训，能有攻吴复仇的能力吗？据《吴越春秋·勾践归国外传》，勾践五年入吴为臣奴，到勾践七年释放归越，范蠡、文种为其选择吉日，"上明堂，临国政，布恩致令，以抚百姓……越王是日立政，翼翼小心。出不敢奢，入不敢侈"。为了报仇雪恨，勾践"苦身劳心，夜以接日。目卧，则攻之以蓼；足寒，则渍之以水。冬常抱冰，夏还握火。愁心苦志，悬胆于户，出入尝之，不绝于口。中夜潸泣，泣而复啸。于是群臣咸曰：'君王何愁心之甚？夫复仇谋敌，非君王之忧，自臣下急务也。'"越国君臣上下一体，以报吴复仇为国之大计。"于是越王内修其德，外布其道……内实府库，垦其田畴，民富国强，众安道泰。"这是接受了大夫文种"利之无害，成之无败，生之无杀，与之无夺"的"爱民"施政方针，具体地说，就是："无夺民所好，则利也；民不失其时，则成也。省刑去罚，则生之。薄其赋敛，则与之；无多台游则乐之，静而无苛则喜之；民失所好则害之，农失其时则败之，有罪不赦则杀之，重赋厚敛则夺之，多作台游以罢民则苦之，劳扰民力则怒之，臣闻善为国者遇民如父母之爱其子，如兄之爱其弟。闻有饥寒为之哀，见其劳苦为之悲。"越王接受实行，越国"缓刑薄罚，省其赋敛，于是人民殷富，皆有带甲之勇"。又据《吴越春秋·勾践伐吴外传》记载，勾践"因约其父母昆弟而誓之曰：'寡人闻古之贤君，四方之民归之若水。寡人不能为政，将率二三子夫妇以蕃。令壮者无娶老妻，老者无娶壮妇。女子十七未嫁，其父母有罪；丈夫二十不娶，其父母有罪。将免者（怀孕分娩）以告于孤，令医守之。生男二，贶之以壶酒、一犬，生女二，赐以壶酒、一豚。生子三人，孤以乳母；生子二人，孤与一养。长子死，三年释吾政，季子死，三月释吾政，必哭泣葬埋之，如吾子也。令孤子、寡妇、疾疹、贫病者纳官其子（按：即将孩子交国家抚育）……载饭与羹以游国中，国中僮子戏而遇孤，孤餔而啜之，施以爱，问其名。非孤饭不食，非夫人事不衣。七年不收国，民家有三年之畜。男即歌乐，女即会笑。"

以上是勾践被释放后对越国内部的施政改革。可分为勾践个人及国家二个层面加以分析。从君王个人而言，勾践侥幸返国后，首先是记住了深刻的教训，对自己为国家和人民带来的灾难，下罪己诏，表示痛悔自责，并希望自己能和国家和人民一起浴火重生，迅速站起来，重新构建立志灭吴称霸的宏图伟业。因此，他兢兢业业，食不甘味，穿不敢暖，日夜解剖自己，求教贤能，进行一系列的变革。他的卧薪尝胆，在历史上已成了刻苦坚毅传统精神的代名词。一个人不怕犯错误受侮辱，如能正确认识和对待，就能变坏事为好事。因此，勾践就有可能摆脱坎陷困境而获得新生希望。这符合于生活的辩证法。接受教训，深刻自省，勇于自责而改悔，在君主的带领下，终于燃起了越国改革的熊熊大火。

而从国家层面而言，是越国改革之火愈烧愈旺。如《史记·越王勾践世家》所称："吴既赦越，越王勾践反国，乃苦身焦思，置胆于坐，坐卧即仰胆，饮食亦尝胆也。曰：'女忘会稽之耻邪？'身自耕作，夫人自织；食不加肉，衣不重采；折节下贤人，厚遇宾客；振贫吊死，与百姓同其劳。"所述与《吴越春秋》相似。其所改革，首先是真正的礼贤下士，求贤问教而举贤授能。这样，在对吴战略中，因其贤臣的巧妙设计，在国力准备还不足的条件下，继续迷惑和欺骗吴王夫差，向吴表"忠心"以伪装自己而欺骗敌人。据《史记》载，勾践返国七年，"拊循其士民，欲用以报吴"，说明勾践心理颇为急躁，在国家稍有复苏迹象时，就急于作鹰击之一搏。但被大夫逢同劝阻，曰："国新流亡，今乃复殷给，缮饰备利，吴必惧，惧则难必至。且鸷鸟之击也，必匿其形。今夫吴兵加齐、晋，怨深于楚、越，名高天下，实害周室，德少而功多，必淫自矜。为越计，莫若结齐，亲楚，附晋，以厚吴。吴之志广，必轻战。是我连其权，三国伐之，越承其弊，可克也。"逢同不是单个思考吴越之怨，而是把它置于中原争霸的广泛诸大国间的严重冲突斗争的大环境中，精确选择了越国位置，准备在纵横捭阖的外交战场上，暗中给吴国以猛烈的致命一击。这一战略设计被勾践接受并付诸实践。以吴之强，已是难敌齐楚与晋三大国之合力，在其顾此失彼之时，越从其后院悄然突袭，就易于得手。历史实际证明了这一判断的准确性。

但要采用这一外交战略，迷惑敌人很重要，也就是说，勾践及其贤臣，时刻在研究夫差及其吴国，把握其心理脉搏跳动，以便伪装自己而对症下药。如针对夫差好美服，于是勾践令深山采葛作"黄丝之布"以献。了解到夫差贪财迷宝之本性，"越王乃使大夫种赍葛布十万，甘蜜九樋（木桶），文笥七枚，狐皮五双，晋竹十廋，以复封礼"来拜谢，吴王夫差头脑发热增封越国境土"东至勾甬，西至于槜李，南至于姑末，北至于平原，纵横八百余里"（《吴越春秋·勾践归国外传》）。从战略上言，这一土境增封，实际令越获益匪浅，如虎添翼，而吴则处战略被动的地理态势。允常、勾践之越，原来只据有今浙东之地，吴国土境，直至今杭州、余杭一带，今浙西之地，大都属吴。但鲁定公十四年檇李之战后，越向北、向西扩张土境，檇李以南为越所据，于是越逾浙西而吴御之于嘉兴、湖州之间，吴之戍兵城堡遗迹，多有存者。日人竹添光鸿《左传会笺》于哀公十三年下引徐硕《嘉禾志》云："有管城何城晏城萱城，吴王筑四城以御越。"管城属海宁，何、晏、萱三城在石门县。"可知当时嘉兴之海宁、石门、桐乡，及湖州之长兴，皆为吴越分界之处……长兴既置戍，则湖州之德清、武康，亦非越有。""及允常猖獗，逾江而西，嘉湖一带，吴人赖为屏蔽……阖闾与夫概、子胥诸臣，犹知筑戍列兵，百计固守，而不之失。故檇李虽败，而夫差之世，终能复仇。夫差不知兵法，惑于勾践之媚，轻弃其地利，以资敌国，至于一蹶不振。"勾践越军能轻松进军笠泽，即今太湖边的松江、吴江一带，直逼吴都姑苏（今苏州），正拜吴王夫差之赐。故《会笺》曰："向使吴越以浙江分界，何至若是之易乎？即使浙西已为越踞，而东顾西新、南于、北主诸城，犹以重兵严守，而不弃武原予越，越兵亦安能遽至于松江太湖乎？……夫差既逐勾践退栖会稽，不知复先君之故疆，而增封越境，反使于御儿、武原，而尽弛其昔日之备，此不得不谓之下策而实无策之甚者也。观吴越疆域之屡迁，而两国存亡强弱之由，均可恍然悟矣。"从历史地理的角度，说明夫差的愚蠢受骗而增封越国纵横八百里土境，大增越之国力战力，战略上已占尽优势。夫差之自取灭亡，不亦宜乎！

越王勾践正是在深刻研究并准确把握吴王夫差心理特点的条件下，步步推进，暗中把夫差逼入了死角。知道夫差贪财宝，就大量贿赂吴廷群臣，令其腐化；明白夫差嗜好美女，就奉上西施、郑旦而惑以酒色。吴王越是腐化，自然政纲不振，对越毫无防备。这就为越之攻吴留下了缺口。

为了对付吴国，勾践主动征求了诸位贤能的意见，他不仅举贤授能，而且对诸贤加以正确使用而尽量做到各尽其职其能。这也是他后来灭吴称霸的一个有利条件。勾践身边最得力的是范蠡，他"欲使范蠡治国政，蠡对曰：'兵甲之事，种不如蠡；镇抚国家，亲附百姓，蠡不如种。'于是举国政属大夫种"(《史记·越王勾践世家》)。于是文种在越王同意下，大力推行其"爱民"之政的改革，轻徭薄赋，爱民如子，使民得以休养生息，过好安定生活，这在春秋诸国中是不多见的。据《吴越春秋·勾践入臣外传》载，勾践入吴为奴前，曾要求文种、范蠡、计倪等八大夫，各言其能其志：

> 大夫种曰："夫内修封疆之役，外修耕战之备，荒无遗土，百姓亲附：臣之事也。"大夫范蠡曰："辅危主，存亡国，不耻屈厄之难，安守被辱之地，往而必反，与君复仇者：臣之事也。"大夫苦成曰："发君之令，明君之德，穷与俱厄，进与俱霸，统烦理乱，使民知分：臣之事也。"大夫曳庸曰："奉令受使，结和诸侯，通命达旨，赂往遗来，解忧释患，使无所疑，出不忘命，入不被尤：臣之事也。"大夫皓进曰："一心齐志，上与等之，下不违令，动从君命；修德履义，守信温故；临非决疑，君误臣谏，直心不挠；举过列平，不阿亲戚，不私于外，推身致君，终始一分：臣之事也。"大夫诸稽郢曰："望敌设阵，飞矢扬兵，履腹涉尸，血流滂滂，贪进不退；二师相当，破敌攻众，威凌百邦：臣之事也。"大夫皋如曰："修德行惠，抚慰百姓；身临忧劳，动辄躬亲；吊死存疾，救活民命；蓄陈储新，食不二味；国富民实，为君养器：臣之事也。"大夫计倪曰："候天察地，纪历阴阳；观变参灾，分别妖祥；日月含色，五精（按：即金木水火土五星）错行；福见知吉，妖出知凶：臣之事也。"

勾践面对诸贤所述职志，很有感慨地说："有诸大夫怀德抱术，各守一分，以保社稷，孤何忧焉？"后来越之守国复国，生存发展，内政外交，军事政治，星历律法，越国各行各业的改革事业，正以诸位贤大夫才智得到淋漓尽致的表演，从而获得了成功，为越国浴火新生而夺取霸业，各自贡献了力量。如范蠡在吴随侍勾践时，极意结纳贿赂太宰嚭，行反间计，终于让吴王利令智昏而杀了前朝重臣伍子胥，从而自毁长城，政治、军事的擎天柱轰然坍塌，为越之伐吴扫清了一个重要障碍。

244

还有一个大变化，就是越国对百姓的统治，过去是比较野蛮的，稍微不慎而犯法，常有酷刑甚至是处死。在槜李之战中强迫三列囚犯在两军阵前列队自刭，血溅沙场，即是一例。如果犯人不自杀，其家人就有可能受牵累。但勾践入吴为奴返国后，在诸贤臣的劝说引导下，勾践对人民的态度有了较大的转变。接受大夫文种建议，推行"爱民"措施，并在众百姓前公开下"罪己诏"而自责，这就得到了百姓的爱戴，逐渐形成了向心力、凝聚力，灭吴复仇之事，因此就不仅是勾践一人之事，而是成了全国人民的共同心愿。君民上下一心，其利断金，以全国之合力，击内部分崩离析之乱吴，当然就胜算大增。能把自己的意志，化为全国百姓的心愿，这在春秋诸国中是很少见的。如《吴越春秋·勾践伐吴外传》所载，当越国百姓生活安康富庶，越之国力增强时，百姓父老几次主动向勾践请战，曰："越四封之内，尽吾君子。子报父仇，臣复君隙，岂敢有不尽力者乎？臣请复战，以除君王之宿仇。"言辞恳切，令人感动，所以勾践回应说："国人请战者三年矣，吾不得不从民人之欲。"把君主个人的意志，化为全民的心愿和行动，这就是聪明贤能君主之所为也。

在经十年休养生息之后，越国经济复苏，仓库盈溢，保证了战争的后勤供输。加以十年教训，在动员全国百姓的舆论宣传方面，勾践及其贤臣，也做了大量工作。同时，"兵者，凶器也"，为了打仗，必须事前做好充分的准备。严格的军事训练及军事改革，势在必行。

> 越王（按：指勾践）又问相国范蠡曰："孤有报复之谋，水战则乘舟，陆行则乘舆，舆舟之利，顿（钝）于兵弩。今子为寡人谋事，莫不谬者乎？"范蠡对曰："臣闻古之圣君，莫不习战用兵，然行阵队伍军鼓之事，吉凶决在其工。今闻越有处女，出于南林，国人称善。愿王请之，立可见。"越王乃使使聘之，问以剑戟之术。……越王大悦，即加女号，号曰"越女"。乃命五校之队长、高才习之，以教军士。当此之时皆称越女之剑。……于是范蠡复进善射者陈音。音，楚人也。越王请音而问曰：

"孤闻子善射，道何所生？"……音曰："夫射之道，从分望敌，合以参连。弩有斗石，矢有轻重，石取一两，其数乃平，远近高下，求之铢分。道要在斯，无有遗言。"越王曰："善。尽子之道，愿子悉以教吾国人。"……于是乃使陈音教士习射于北郊之外，三月，军士皆能用弓弩之巧。

——《吴越春秋·勾践阴谋外传》

经此严格的军事技击训练，军队战斗力大大提高。不仅如此，越人还曾派出三千越军，助吴军北伐中原，在实战中，具体了解并学习吴军的战斗经验，以便做到军事上的知己知彼而百战不殆。勾践与范蠡这一招，对吴来说，的确用心歹毒，既表越之附从和"忠心"，以便伪装自己；同时又在实战中熟悉了吴军的战力战法，以便在将来的吴越战争中能对症下药而给吴军以致命一击。越虽有诸稽郢这样"履腹涉尸，血流滂滂"的勇猛将军，但真正的军事家、战略设计师仍然是智勇双全的范蠡，是他带头推动了勾践的军事改革事业。越方复仇灭吴大计，在军事上准备已完成，留下的只是等待天时地利与人事变化的有利时机的降临了。勾践几次急于出击伐吴，因时机未到，皆被贤臣们劝阻。不过，一旦机会出现，范蠡诸贤又立刻捕捉了稍纵即逝的时机而加以发动。

对吴的复仇之战，范蠡的设计分为三部曲，也即三步冲程：一是在吴越二国力量悬殊时，附和吴国北伐齐国及中原诸侯，用伪装的"忠心"来逃避吴军打击，以便休养生息，逐渐恢复生机而逐步储集战力，暗中壮大自己。如《左传》哀公十一年（前485年）记载曰："吴将伐齐，越子率其众以朝焉，王及列士，皆有馈赂。吴人皆喜，惟子胥惧，曰：'是豢吴也夫！'谏曰：'越在我，心腹之疾也。壤地同，而有欲于我。夫其柔服，求济其欲也，不如早从事焉。得志于齐，犹获石田也，无所用之。越不为沼，吴其泯矣。'……（夫差）弗听……使赐之属镂以死，将死，曰：'树吾墓槚，槚可材也。吴其亡乎！三年，其始弱矣。盈必毁，天之道也。'"越用伪装骗取了吴王夫差的信任，认为勾践是忠心的"仁人"，对越毫无防备；越又厚赂吴太宰嚭，谗杀伍子胥，化被动为主动，获得第一阶段的初胜。伍子胥一死，既除掉了吴国的一大政治家、军事家，又为吴内部增添了内部矛盾，连前朝重臣，并且是扶夫差本身登上王位的忠心耿耿的伍子胥都杀掉，哪还有谁还敢忠言进谏呢？这就必然大家都眼睁睁地看着吴国一步步陷进泥沼深渊而又无可奈何了。

第二阶段是在越国相对强盛而时机又允许的条件下，越国开始与吴翻脸，乘吴北伐中原而后院空虚之际，对吴国发动了一连串的骚扰战、破袭战。如乘吴军精锐尽出中原，在黄池与晋率诸侯盟会争先称霸时，"六月丙子，越子（按：指勾践）伐吴，为二隧（按：隧，队、路）。畴无余、讴阳自南方，先及郊。吴大子友、王子地、王孙弥庸、寿于姚自泓上观之。弥庸见姑蔑之旗，曰：'吾父之旗也。不可以见仇而弗杀也。'大子曰：'战而不克，将亡国。请待之。'弥庸不可，属徒五千，王子地助之。乙酉，战，弥庸获畴无余，地获讴阳。越子至，王子地守。丙戌，复战，大败吴师。获大子友、王孙弥庸、寿于姚。丁亥，入吴。吴人告败于王，王恶其闻也，自刭七人于幕下。"夫差黄池会盟后，迅速率师返吴。考虑到吴之实力尚存，灭吴条件不成熟，"冬，吴及越平"（《左传》哀公十三年）。越从吴国撤军，双方讲和。此役虽非决战，但越方小试牛刀，已给吴国造成一定的损失。

第三阶段是条件成熟以后所进行的主力决战，这是灭吴复仇以争取霸业的关键时期。在前两阶段时，实际已给吴国造成了许多破坏和致命伤，吴已由强转弱，如杀了伍子胥，则政治、军事领导无方，一团混乱，而自毁长城。越又曾阴谋使诈，曾向吴请粮求籴，伍子胥谏，但夫差听太宰嚭谀辞曰："臣闻'邻国有急，千里驰救'。是乃王者封亡国之后，五霸辅绝灭之末者也。"以行霸主"仁义"德业劝夫差救越，于是"吴王乃与越粟万石"（见《吴越春秋·勾践阴谋外传》）。越以粟赏赐群臣，及于万民。勾践当然获得越国臣民的拥护了。反之，"越王粟稔，拣择精粟而蒸，还于吴。……王（按：指夫差）得越粟……于是吴种越粟，粟种杀而无生者，吴民大饥。"（同前）这阴谋，也可说是越人善于引诱吴人犯错误，造成了吴国的饥荒与混乱，其实力怎能不大减呢？当时吴国不仅是经济已渐生困难，就是政治、外交也陷于困境，如孔子学生子贡使越时言："臣观吴王，为数战伐，士卒不息，大臣内引（按：引退），谗人益众。夫子胥为人精诚中廉，外明而知时，不以身死隐君之过。正言以忠君，直行以为国，其身死而不听。太宰嚭为人智而愚，强而弱，巧言利辞以内其身，善为诡诈以事其君，知其前而不知其后，顺君之过以安其私，是残国伤君之佞臣也。"（《吴越春秋·夫差内传》）范蠡分析更直截了当，曰："今吴乘诸侯之威，以号令于天下，不知德薄而恩浅，道狭而怨广，权悬而智衰，力竭而威折，兵挫而军退，士散而解。臣请按师整兵，待其坏败，随而袭之，兵不血刃，士不旋踵，吴之君臣为虏矣。臣愿大王匿声无见其动，以观其静。"在日积月累的等待中，吴越之力量对比及形势发生了根本逆转。决战时刻已经日渐逼近。但在此时，越仍然慎重再慎重。当时大夫计倪曾对勾践说到兴师伐吴的四个必要条件，曰："夫兴师举兵，必具内蓄五谷，实其金银，满其府库，励其甲兵。凡此四者，必察天地之气，原于阴阳，明于孤虚，审于存亡，乃可量敌。"（《吴越春秋·勾践阴谋外传》）大夫文种又具体贡献了"报怨复仇，破吴灭敌"的"九术"，曰："一曰尊天事鬼以求其福；二曰重财币以遗其君，多货赂以喜其臣；三曰贵籴粟槀以虚其国，利所欲以疲其民；四曰遗美女以惑其心，而乱其谋；五曰遗之巧工良材，使之起宫室，以尽其财；六曰遗之谀臣，使之易伐；七曰强其谏臣，使之自杀；八曰君王国富而备利器；九曰利甲兵以承其弊。凡此九术，君王闭口无传，守之以神，取天下不难，而况于吴乎？"这实在也是一种政治阴谋论，文种认为行此"九术"，"汤、文得此以王，桓、穆得之以霸"，其攻城取邑，易如脱屣。的确，在决战前，越王勾践正是依此逐条实行之，因此，吴越对比形势之逆转变化，不亦宜乎？决战时机终于降临，这才有了前面称引的《左传》哀公十七年（前478年）三月的吴越笠泽之战。此时，吴军精锐，大多已在中原战事中丧失殆尽，实力已衰。双方国王率军隔水对阵。越能顺利进军笠泽而直逼吴都姑苏，实际是拜夫差赠越而增其土境八百里之赐，浙西广大土地，大部已入越之囊中，因此越不必自檇李陆行苦战北略吴境，而是由水路直趋太湖流域之笠泽（按：即今之松江、吴江一带），直扑吴都姑苏。在战役发动时，越方战术变幻莫测，以左右句（勾）卒为偏师，鼓噪夜渡佯攻，吸引了吴人分兵以御，然后，越三军潜渡，由勾践亲率中军主力直击兵力空虚的吴中军，大败之，三战连捷，直逼姑苏。吴军大败，举国震动。至此，吴人方才恍然悟出越方阴谋厉害，但悔之已晚。增封勾践之土境，已成了越师直接进攻吴都姑苏的前进堡垒或基地，其严重后果，只能由吴人自己承担。因吴国精壮，在中原战场上丧失殆尽，故有笠泽战役之败，让吴吃尽苦头，只能勉强维持其一时不亡而已。在战略上，已处于被动挨打之势，而难有还手之力，只是在拖延自己走向坟墓的点滴时间而已。

鲁哀公二十年（前475年），"越围吴"，最后一战，对越来说相当轻松，但对吴则极为残酷。夫差派出吴军主力，五次叫阵，要求决死一战。本来，越王勾践气盛，想答应决战；但考虑了狗急跳墙等造成的意外伤害，越军前敌总指挥范蠡坚决阻止，下令坚垒严阵，一步步紧缩其包围圈，就是坚壁不战。这一创造性的新战法令吴军无可奈何。越在吴都姑苏城外，有吃有喝，后勤供输充足，不怕时间的漫长；而吴则困守围城，孤立无援，虽称霸主，但却外无救兵，内乏粮秣，时间一长，消耗不起，人饥马乏，只能坐以待毙了。这完全在范蠡的掌握之中。《左传》"越围吴"，虽仅以三字述之，但所含内容却很丰富。越之表面轻松，实际却是经过竭心尽虑的充分准备的。据《吴越春秋·勾践伐吴外传》记载，是年七月，"越王复悉国中士卒伐吴"。出征之日，越之父老兄弟祖道诀别，皆作离别之辞以激励士气。歌曰："跞躁摧长恶兮擢载戾受，所离不降兮以泄我王气苏，三军一飞降兮所向皆殂。一士判死兮而当百夫，道佑有德兮吴卒自屠，雪我王宿耻兮威振八都。军伍难更兮势如貔貙，行行各努力兮于乎于乎。"于此可见，这是勾践所发动的越国全民之战，举国慷慨悲歌，上下一气而无有二心。在出征阵前，"勾践乃命有司大徇军，曰：'其有父母无昆弟者，来告我。我有大事，子离父母之养，亲老之爱，赴国家之急。子在军寇之中，父母昆弟有在疾病之地，吾视之如吾父母昆弟之疾病也；其有死亡者，吾葬埋殡送之，如吾父母昆弟之有死亡葬埋之矣。'"这就统一了思想舆论，举国为灭吴复仇而作最后一战。故其军纪

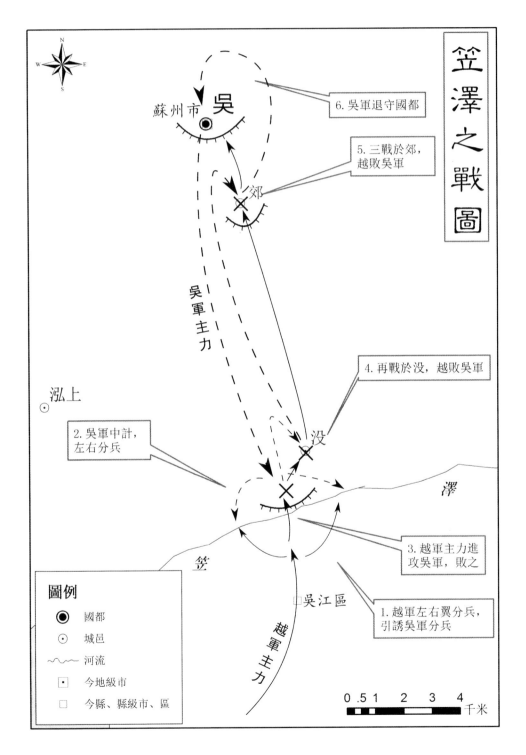

笠澤之戰圖

6. 吳軍退守國都

5. 三戰於郊，越敗吳軍

4. 再戰於沒，越敗吳軍

2. 吳軍中計，左右分兵

3. 越軍主力進攻吳軍，敗之

1. 越軍左右翼分兵，引誘吳軍分兵

蘇州市　吳

郊

吳軍主力

泓上

沒

澤

笠

吳江區

越軍主力

圖例

◉　國都

⊙　城邑

～～　河流

·　今地級市

□　今縣、縣級市、區

0.5 1　2　3　4　千米

严整，赏罚分明，进退无不如心之运臂，事事如意。以此征战，何敌不克，何战不胜呢？但范蠡不急于发动总攻，而是坚持长期围困之策，因为当时吴已困乏，士心离散，怎能坚守孤城呢？越之围吴，一围三年，至鲁哀公二十二年（前473年），终于姑苏"城门不守"，越兵不血刃，完城灭吴。城破，吴王日夜驰走，逃遁于秦余杭山，被越军追兵，团团包围。此时，夫差无计可施，"胸中愁忧，目视茫茫，行步猖狂，腹馁口饥，顾得生稻而食之，伏地而饮水"（见《吴越春秋·夫差内传》）。狼狈之极，昔日之钟鸣鼎食，歌楼舞榭，尽皆化为烟云。于是吴不得已，派使臣王孙骆请罪："肉袒膝行而前，请成于越王，曰：'孤臣夫差敢布腹心，异日尝得罪于会稽，夫差不敢逆命，得与君王成以归。今君王举玉趾而诛孤臣，孤臣惟命是听，意者亦欲如会稽之赦孤臣之罪乎？'勾践不忍，欲许之。范蠡曰：'会稽之事，天以越赐吴，吴不取。今天以吴赐越，越其可逆天乎？且夫君王蚤朝晏罢，非为吴邪？谋之二十二年，一旦而弃之，可乎？且夫天与弗取，反受其咎，"伐柯者其则不远"，君忘会稽之厄乎？'勾践曰：'吾欲听子言，吾不忍其使者。'范蠡乃鼓进兵，曰：'王已属政于执事，使者急去，不者且得罪。'吴使者泣而去。"（见《吴越春秋·勾践伐吴外传》）夫差途穷，勾践表示其降后可"使吴王居甬东"，即把夫差拘囚于今浙东舟山群岛之定海翁山。夫差拒绝，辞曰："孤老矣，焉能事君？"乃自缢身亡（《左传》哀公二十二年）。而《吴越春秋·夫差内传》则称夫差不肯自杀，一再乞活拖延，为勾践嗔目怒斥曰："死者，人之所恶。恶者，无罪于天，不负于人。今君抱六过之罪，不知愧辱而欲求生，岂不鄙哉？"不得不伏剑自杀。其死前情况，二说大不相同。《夫差内传》所述，虽然传闻不同，但越人侮辱吴王过甚，似小说家言，夸饰过甚，有违于春秋时代贵族精神。《国语·越语下》所述同于《左传》，只是言辞加详。故当以《左传》《国语》为是。《史记·吴太伯世家》据《左传》《国语》而称引吴王遗言曰："孤老矣，不能事君王也。吾悔不用子胥之言，自令陷此。"遂自刭死。于是勾践以不忠不信诛吴太宰伯嚭。伯嚭贪佞，谗杀忠良，最后乃自取其亡，金钱美女，又何有于奸佞谗人哉！从此，中国广大南方大地，

越王勾践剑（左）
吴王夫差矛（右）

楚与吴、越三国鼎立之势，因吴在历史上销声匿迹成为楚越并峙之局，时代也由春秋时期，转入了战国争雄的时代。后来，勾践后代的越国，为战国七雄之一的楚所灭，这是后话。

越灭吴后，并地千里，人口大增，国力强盛，故代吴称霸中原。据《史记·越王勾践世家》曰："勾践已平吴，乃以兵北渡淮，与齐、晋诸侯会于徐州，致贡于周。周元王使人赐勾践胙，命为伯。勾践已去，渡淮南，以淮上地与楚，归吴所侵宋地于宋，与鲁泗东方百里。当是时，越兵横行于江、淮东，诸侯毕贺，号称霸王。"这就正式让勾践戴上了春秋霸主的桂冠，圆了勾践的美梦。但勾践霸主之位，虚多于实。如北方晋齐秦楚诸大国，谁人服越？勾践岂能号令得动？秦独霸西戎，岂听越之号令？

楚昭王虽败于吴王阖闾，一时有伤元气，但楚为大国，借吴越构衅征战之机，已渐次恢复而日趋强盛，何忌于越？当时，也有一批中原诸侯的中小国家，惧于越已灭吴的一时威胁，入朝称贺，如《国语·越语》所述曰："（越）上征上国，宋郑鲁卫陈蔡之君皆入朝。"《吴越春秋·勾践伐吴外传》则称："越王既已诛忠臣，霸于关东，从琅琊起观台，周七里，以望东海。"当时勾践为称霸中原而便于操控，或曾一度想徙都琅琊。

琅琊，即今山东胶南县琅琊台西北，原为齐邑。但此事有可疑者，当时齐有田常专政。齐平公八年，即《左传》鲁哀公二十二年（前473年）十一月，越灭吴。田常即陈成子，曾弑简公立平公而专国政，扩大自己的封邑至琅琊，后其子孙取姜齐而代，是为战国七雄之一的田齐之国。而春秋末，陈成子是个有为的强势人物。据《左传》鲁哀公二十七年记载，晋荀瑶率师攻郑时，郑向齐求救，齐陈成子率齐师出征。时大雨淋漓，为恐救援不及，齐师冒雨前行，"成子衣制（按：穿雨衣），杖戈（按：用戈矛作柱杖以防滑倒），立于阪上，马不出者，助之鞭之。知伯闻之，乃还"。人或告诉成子，谓荀瑶将以轻车千乘直逼齐之东门而尽歼成子之师，成子应曰："寡君命恒曰：'无及寡，无畏众。虽过千乘，敢辟之乎?'将以子之命告寡君。"其英雄气概可见一斑。陈成子做事，虑事周密，开始、中间、结局，一步一步实行，而环环相扣。由他领导的齐，仍为大国，岂能长期受越王勾践欺凌乎？因此，即使越曾一度深入齐境而占领琅琊，这只是暂时的胜利，很快会被齐师逐还江南。《左传》《国语》均未言勾践徙都琅琊，《史记·越王勾践世家》及《齐太史世家》也无越徙都琅琊的记载，可见《吴越春秋》所称，事在有无之间，实在令人怀疑。越之北伐中原，是瞄准了北方齐、晋两大国不和而相互征伐的空子，取得了一时成功。但如称"以淮上地与楚"，则不过是虚矫自伐之辞而已。据《史记·楚世家》载，楚昭王卒后，子章立，是为楚惠王。楚惠王十六年，越灭吴。此后，楚灭蔡，灭杞，故称"是时越已灭吴而不能正江、淮北，楚东侵，广地至泗上"。当时楚越关系，楚取主动进攻之态，越被动御之。于此可见，越王勾践岂能平白无故地"以淮上地与楚"，其实是楚强势侵夺之，越不能有，故以霸主身份，美称自伐以赠楚淮上地。越后受齐晋秦楚诸大国环伺窥视，难以在中原琅琊立脚，自此南返仍都会稽，应是事实。勾践北伐中原，并未取得太大的成绩，而只是把吴人侵占鲁宋之地归还鲁宋，实际上，越也已无法长期占领而有之，故以霸主归还鲁宋之地而获虚名。

五、鸟尽兔死走狗烹

灭吴复仇，中原称伯，越王勾践已达其事业的人生之巅，但顶点也正是坠落的起点。勾践最亲密的搭档是范蠡，其次是文种。勾践因不听范氏劝告，启衅挑战失败，入吴为奴时，是范蠡放弃了一切生还机会，陪他囚于石室，忍辱受耻而为奴。当吴王以富贵劝其归顺，勾践也以为必然失去忠心的臣僚时，范蠡拒吴诱惑，而继续伴囚三年，并千方百计窥伺吴王，研究夫差，终于让勾践逃过了一个又一个劫难而死里逃生，赦释归越。这样的救命大恩，总该说明了范蠡的忠诚与可靠了吧？应该说，越国诸贤臣，自然形成了以范蠡、文种为核心的贤士大夫集团。他们都是越王勾践的生死刎颈之交。正是他们帮助了勾践一步步通向了辉煌的殿堂。但是，一旦事业成功，关系立即颠倒变化，这是因政治不同于一般的友谊。在古代某些独裁专制君主看来，政治是什么？政治是对我有用，讲的是利益交换。因此，在患难时是一种态度，富贵后则相反，祸福相因相转，岂是偶然？勾践对有功诸贤，事成后杀的杀，逐的逐，自动流放者如范蠡，算是聪明睿智的漏网之鱼，洋洋乎游于江湖大海之中，好不自由自在！但这是个别的侥幸。

据《国语·越语》下记载，越灭吴后，凯旋班师："反至五湖，范蠡辞于王曰：'君王勉之，臣不复入越国矣。'王曰：'不榖疑子之所谓者何也？'对曰：'臣闻之，为人臣者，君忧臣劳，君辱臣死。昔者君王辱于会稽，臣所以不死者，为此事也。今事已济矣，蠡请从会稽之罚。'王曰：'所不掩子之恶，扬子之美者，使其身无终没于越国。子听吾言，与子分国。不听吾言，身死，妻子为戮。'范蠡对曰：'臣闻命矣。君行制，臣行意。'遂乘轻舟以浮于五湖，莫知其所终极。"这就是说，范蠡与勾践相处数十年，双方彼此熟稔，知根知底，他知道勾践的政治信念，岂能真正容纳贤能功臣而共享富贵？因此，他赶在勾践尚未来得及思考如何对付功臣而计划未定之时，提出放弃富贵爵禄而自我流放，这一请求把勾践闹得措手不及。但他冲口而出，听吾言，与子分国是假；不听吾言，戮及妻子是真。其态度之凶狠险恶，也已暴露无遗。这是他潜意识的发作，再无伪装。但范蠡的回答，从容淡定，应付裕如，坚决把"吾行意"立即付诸实践，令勾践无所施计。从表面上看，这是范蠡主动求去，并非勾践逼他，但如做更深一层分析，则可看到范蠡的"浮于五湖"，虽是一种自动放逐，却应看到自放的实质是生生被逼出来的。如果今后可以大有作为，前途光明，为什么不去开拓、创造而要"浮于五湖"而另谋生路呢？《吕氏春秋》卷二《当染》篇谓："越王勾践染于范蠡、大夫种……故霸诸侯，功名传于后世。"《吕氏春秋》卷四《尊师》篇谓："越王勾践师范蠡、大夫种。"在勾践拼搏努力时，曾长期拜范、文二氏为师，受其熏染，故功名事业，大有可观而霸天下。但这是成功前事。成功登顶之后，勾践突然变换了一副尊容。这一点早在范蠡料中，而文种则始料不及，他仍一心沉恋于自己的相业之中。因此，范、文二贤的命运，陡然发生变化，一个走向自由，一个则因功高盖主而走上了断头台。如果勾践还可继续合作，范蠡为什么要自动放逐呢？因此，《吕氏春秋》卷十六《悔过》篇称："智亦有所不至。所不至，说者虽辩，为道虽精，不见能见。故箕子穷于商，范蠡流于江。"流，当然不一定是沉溺淹毙，也可以是浮、泛之意。但作者拿范蠡之流与箕子佯狂之"穷于商"同类相比，也说明了范蠡自动放逐的本质，是对勾践不仁不义内在本性的一种无声的批判。《吕氏春秋》卷十八《离谓》篇，更有理论说明，曰："夫无功不得民，则以其无功不得民伤之；有功得民，则又以其有功得民伤之。人主之无度者，无以知此，岂不悲哉？比干、苌弘以此死，箕子、商容以此穷，周公、召公以此疑，范蠡、子胥以此流，死生存亡安危，从此生矣。"总之，在用心险毒的专制君主看来，无功于民，说明士大夫的无能，应予惩罚；而有能力有办法而有功于民者，因其得民心而对君主政权构成了潜在的威胁，因此同样是有罪，必须想法加以清洗。此一论述，

浙江嘉兴范蠡湖

颇为深刻，启人反省。范蠡早悟此道，因此能功成身退，成为自由人；反之，文种仍抱积极入世态度，功成而身不退，因此而遭杀身之祸。两种人生态度，结局相反。

《史记·越王勾践世家》曰：

> 范蠡遂去，自齐遗大夫种书曰："蜚（飞）鸟尽，良弓藏；狡兔死，走狗烹。越王为人长颈鸟喙，可与共患难，不可与共乐。子何不去？"种见书，称病不朝。人或谗种且作乱，越王乃赐种剑曰："子教寡人伐吴七（按：应作九）术，寡人用其三而败吴，其四（按：应作六）在子，子为我从先王试之。"种遂自杀。

而同一件事，《吴越春秋·勾践伐吴外传》所叙更为详尽，曰：

范蠡像，《于越先贤像传赞》

> "（范蠡）从吴欲去，恐勾践未返，失人臣之义，乃从入越。行，谓文种曰：'子来去矣！越王必将诛子。'种不然言。蠡复为书遗种曰：'吾闻天有四时，春生冬伐；人有盛衰，泰终必否。知进退存亡而不失其正，惟贤人乎！蠡虽不才，明知进退。高鸟已散，良弓将藏；狡兔已尽，良犬就烹。夫越王为人，长颈鸟喙，鹰视狼步。可与共患难，而不可共处乐；可与履危，不可与安。子若不去，将害于子，明矣。'文种不信其言。越王阴谋，范蠡议欲去微幸。"

> "范蠡既去，越王愀然变色……自是之后，计倪佯狂，大夫曳庸、扶同、皋如之徒，日益疏远，不亲于朝。大夫种内忧不朝，人或谗之于王曰：'文种弃宰相之位，而令君王霸于诸侯。今官不加增，位

不益封，乃怀怨望之心，愤发于内，色变于外，故不朝耳。'异日，种谏曰：'臣所以在朝而晏罢，若身疾作者，但为吴耳。今已灭之，王何忧乎？'越王默然。时鲁哀公患三桓……勾践忧文种之不图，故不为哀公伐三桓也。二十五年丙午平旦，越王召相国大夫种而问之：'吾闻知人易，自知难。其知相国何如人也？'种曰：'哀哉！……臣非敢爱死不言，言而后死。昔子胥于吴矣，夫差之诛也，谓臣曰：'狡兔死，良犬烹，敌国灭，谋臣亡。'范蠡亦有斯言。……臣见王志也。'……越王复召相国，谓曰：'子有阴谋兵法，倾敌取国九术之策，今用三已破强吴，其六尚在子，所愿幸以余术，为孤前王于地下谋吴之前人。'于是种仰天叹曰：'嗟乎！吾闻大恩不报，大功不还，其谓斯乎？吾悔不随范蠡之谋，乃为越王所戮。吾不食善言，故哺以人恶。'越王遂赐文种属卢之剑，种得剑又叹曰：'南阳之宰而为越王之擒！'自笑曰：'后百世之末，忠臣必以吾为喻矣。'遂伏剑而死。"

文种不听生死知友范蠡之劝，非智有不良，乃迷恋功业而不知进退，故尔悔之晚矣。

勾践为什么要杀功臣而逐贤能呢？大概他北伐中原时，见鲁哀公受到鲁公室之三桓的逼迫，去鲁奔越。按：三桓指出自鲁桓公的三支公族上卿，久专国政，三分军权，凌驾于君主之上，鲁君早已虚名无实。勾践杀文种时的鲁君，为鲁哀公；三桓，为季康子、叔孙文子、孟武伯。鲁国三桓故事，给勾践以刺激，成为其杀功臣的一个外在诱因；但更重要的内因是，为了维护自己专制政权的利益所驱动，有智慧有能力的贤能功臣，正是独裁政权的潜在威胁，岂能不加剪除扫荡

文种墓

呢？如果范蠡不是见机而及早抽身，相信文种的可悲下场，就会落到被勾践视为越国"阴谋家"祖师爷的范蠡头上。范蠡对勾践，描写具体、形象而实在，对他的内在阴暗心理，把握得非常精准到位，因而灵活运用了《周易》所述的生活辩证法，能够及时逃脱勾践正在暗中策划布置的罗网。但被视为"阴谋家"的文种，就没有这样幸运了，他不像范蠡那样能超脱于物累，而是坚持其积极入世的理想，因此他很快被罗网所罩而丧其元元。

在越灭吴后，范蠡"浮于五湖"而离开越国政坛，看是主动，实是被迫而不得不然的自我保护措施。此时范蠡流，文种死，事件很快发酵，越国诸贤相继以各种办法，自动交权，离开了越国政坛。如计倪佯狂，大夫曳庸、扶（逢）同、皋如之徒，日益疏远朝堂而弃其权位。计倪在越国是除了范蠡、文种之外，最重要的智囊谋士之一，也是勾践视为"阴谋家"集团的一个重要领袖。有关计倪（然），依《吴越春秋》，是年轻的天才谋士，如《勾践阴谋外传》答越王问，讲说国家、人民"死生"之道，勾践非常赏识，曰："善哉子之道也。"又问及"何子之年少于物之长也"，计倪（然）自信地回答说："有美之士不拘长少。"可见其为年青才俊。但据《史记·货殖列传》曰："昔者，越王勾践困于会稽之上，乃用范蠡、计然……遂报强吴，观兵中国，称号'五霸'。"《史记集解》裴骃称引《范子》曰："计然者，葵丘濮上人，姓辛氏，字文子，其先晋国亡公子也。尝南游于越，范蠡师事之。"《索引》也称："计然，韦昭云：范蠡师也。"徐广也以为计然名倪，范蠡之师。据此，则计然年长，范蠡是其学生。二说传闻有异，不知谁是。但计倪（然）与范蠡智慧谋略之卓然超群，如出一辙，则为事实。计倪如果不能领会范蠡离越归隐的意义，岂非白痴？其佯狂，正是步范蠡后尘的天衣无缝巧安排。

诸贤一旦离心出走，越国形势立刻发生变化，可谓江河日下也。不过勾践因灭强吴而伐中原，其威势正隆，虽失诸贤，但暂时依靠历史的惯性运动，在他健在的最后几年间，仍然表面维持其空头霸主面貌，实际上越国的内囊已渐淘空而腐朽难支。据《吴越春秋·勾践伐吴外传》曰："（勾践）二十七年，勾践寝疾，将卒，谓太子兴夷曰：'吾自禹之后，承元常之德，蒙天灵之佑，神祇之福，从穷越之地，籍楚之前锋，以摧吴王之干戈。跨江涉淮，从晋、齐之地，功德巍巍。自致于斯，其可不诚乎？夫霸者之后，难以久立，其慎之哉！'遂卒。"范蠡是公元前473年离越，第二年文种被诛，而勾践卒于公元前470年，其间不过三四年时间，其寝疾病卒，应该说既有生理年寿因素，同时又因诸贤离散的政治原因，政治上、心理上备受打击，以致严重影响了身体健康。但据《竹书纪年》卷下记载，周贞定王"四年十一月，于越子勾践卒"。周贞定王四年，即勾践三十二年，是为公元前465年。勾践延寿五年。但不管怎么样，勾践临终前，早已明白了越国霸业之辉光，只是回光返照的暂时表面现象，"夫霸者之后，难以久立"，这才是他的真正认识。试想，诸贤已散，越国何德何能以延其霸业呢？南有强楚，北方有强晋与齐，勾践一死，越国又怎能立脚中原而号令诸侯呢？不仅无法抗击晋齐，而且在南方也必然受强楚征伐挤压，比如江淮地区，就早被强楚蚕食鲸吞。江南地区后院起火，保住老巢基地，尚有困难，何况要北征中原呢？于此可见，越国诸贤星散，影响极大，动摇了国家根本，所以才会引出了勾践对太子的一番临终遗言。从独裁专制统治而言，勾践是在重蹈吴王夫差之覆辙，许多越国优秀子女，命丧征伐吴国及中原诸役而有去无归，以此国家元气大伤。后来越国不仅无力争霸，连自保也有困难。因而在与楚国的抗争中，处处被动。最后，越王无疆"兴师北伐齐，西伐楚，与中国争强"，已是强弩之末的最后一击。两面出击而四面树敌，岂能不败亡乎？实际上当时越国希望借助三晋韩魏之力，使楚国"方城之外不南，淮泗之间不东"，这只是一厢情愿而已。当时楚威王派将军邵滑（一作固）率师伐越，"杀王无疆，尽取故吴地至浙江"，越最终结局是亡于强楚，也早在意料中（以上见《史记·越王勾践世家》）。今江陵楚墓考古发现，望山一号墓主邵滑以"越王勾践自作用剑"为殉葬品。这一断铁如泥的宝剑，是越国国宝，化为楚将的战利品，也以实物形态证明了《史记》所述历史的正确。这虽是后话，但其祸根早已埋伏在勾践晚年的杀功臣、逐贤臣而野心无限膨胀之时。

至于范蠡，据《国语·越语下》，字少伯，本楚国宛（今河南南阳）人，

259

越之上将军。因其洞见几微，功成身退，弃其政治功名而归隐江湖，实际上另外开辟了新视野新天地。生活中并非唯有政治，经济是政治、军事、文化的基础，范蠡的聪明才智转换其视角于经济方面的通商货殖之道，同样也获得了巨大的成功。据《史记·越王勾践世家》曰：

> 范蠡浮海出齐，变姓名，自谓鸱夷子皮，耕于海畔，苦身戮力，父子治产。居无几何，致产数十万。齐人闻其贤，以为相。范蠡喟然叹曰："居家则致千金，居官则至卿相，此布衣之极也。久受尊名，不祥。"乃归相印，尽散其财，以分与知友乡党，而怀其重宝，闲行以去，止于陶。后自谓陶朱公。复约要父子耕畜，废居，候时转物，逐什一之利。居无何，则致赀累巨万。天下称陶朱公。……故范蠡三徙，成名于天下，非苟去而已，所止必成名。卒老死于陶，故世传曰陶朱公。

史实充分说明范蠡小时出身贫贱，但依靠自己的努力奋斗，助越王勾践灭强吴，称霸中原，致身卿相。但功成之后，急流勇退，归隐江湖，或躬耕陇亩，或通商致富，在经济领域开拓创新，大获成功，又漂亮地完成了人生的华丽转身，被后人尊为中国商人之祖。从范蠡一生可以看出，只要努力学习，具有聪明才智，那么在人生路上，即使政治仕途丕塞，也并非死路一条，此路不通，可以转换视角，另外开拓新路，华丽转身之后，同样可达人生辉煌的高峰。范蠡与其师计倪（然）一对师生，不仅能致千万金之富，而且他们有其经贸理论，用理论来指导其经济实践，成为古代中国传统商道的开创者。如《史记·货殖列传》曰：

> 昔者越王勾践困于会稽之上，乃用范蠡、计然。计然曰："知斗则修备，时用则知物，二者形则万货之情可得而观已。故岁在金，穰；水，毁；木，饥；火，旱。旱则资舟，水则资车，物之理也。六岁穰，六岁旱，十二岁一大饥。夫粜，二十病农，九十病末。末病则财不出，农病则草不辟矣。上不过八十，下不减三十，则农末俱利，平粜齐物，关市

不乏，治国之道也。积著之理，务完物，无息币。以物相贸易，腐败而食之货勿留，无敢居贵。论其有余不足，则知贵贱。贵上极则反贱，贱下极则反贵。贵出如粪土，贱取如珠玉。财币欲其行如流水。"修之十年，国富，厚赂战士，士赴矢石，如渴得饮，遂报强吴，观兵中国，号称"五霸"。范蠡既雪会稽之耻，乃喟然而叹曰："计然之策七，越用其五而得意。既已施于国，吾欲用之家。"乃乘扁舟浮于江湖，变名易姓，适齐为鸱夷子皮，之陶为朱公。朱公以为陶天下之中，诸侯四通，货物所交易也。乃治产积居，与时逐而不责于人。故善治生者，能择人而任时。十九年之中三致千金，再分散与贫交疏昆弟。此所谓富好行其德者也……故言富者皆称陶朱公。

这就是说，范蠡不仅在政治治国，军事治兵方面，属第一流的政治家、军事家，就是在经纪商贸及金融调控管理方面，也属第一流的经济学家，所论不仅具有具体微观现象，同时涉及宏观调控大局，无不关系国计民生。他不仅善于管理、实践，而且有其经济思想和理论，是个杰出的经济思想家，开创中国古代商道优良传统，成为中国商人之祖。在这方面，其贡献之大，春秋时代只有齐国管仲可与相媲美。

范蠡的成功事例说明，对于古代士人，学而优则仕，如果道路通畅，当然很好；但是，如果因种种条件和原因，证明此路暂时不通，那也不要在政治仕途上走绝路，像文种那样只认政治一条路，就会造成人生悲剧，付出惨痛的生命代价。范蠡三迁而三致千万之金，说明只要有智识，具聪明才智，方法科学，思维灵活，视野开阔，那么人生道路则无限开阔，此路不通，可以另选他路以便开拓创造，开辟又一新天地。

六、雄鹰折翅难远翔

综合言之，越王勾践虽不失英雄本色，但其缺陷弱点在晚年也暴露无遗。

261

司马迁对勾践的复国灭吴称霸中原，极为叹赏，曰："禹之功大矣，渐九川，定九州，至于今诸夏艾安。及苗裔勾践，苦身焦思，终灭强吴，北观兵中国，以尊周室，号称霸王。勾践可不谓贤哉！盖有禹之遗烈焉。"（见《史记·越王勾践世家》）在历史上，勾践功业显赫，无愧霸王之号，这是事实。但其晚年，功亏一篑，杀功臣而诸贤星散，致越国形势急转直下，一代荣耀而后嗣无闻，终致灭亡。这也正是勾践重大错误所埋下的祸灾。其功过及经验教训，的确值得注意。

勾践的成功，首先是他身边聚集了一批贤能之臣，当然最重要的是范蠡、文种和计倪（然）。他们三人在春秋晚期，都属第一流英才。范蠡明政治，擅军事，尚对抗，善权谋；文种善治国安邦、安抚百姓，是个优秀的治国之才；计倪则不仅善权谋，事有预判，避凶趋吉，而且是个经济行家，有思想，有理论，有实践。除此之外，还有许多贤大夫，如苦成善于"发君之令""统烦理乱"而"使民知事"，曳庸"奉命受使""通命达旨"而"出不忘命"，皓进"君误臣谏""不阿亲戚"而"举过列平"，诸稽郢"望敌设阵""破敌攻众"而"威凌百邦"，皋如"抚慰百姓""国富民实"而"救活民命"。从政治、外交、监察、法律、军事，至民政的吊死扶伤，无不各尽一时之选。以此，在灭吴复仇前，越国朝廷能上下一心，开展工作，很有成效。即使在勾践入吴为奴之时，诸贤大夫也是兢兢业业，不敢稍懈，因此越国能够很快跨过了死亡线，迅速走上重生之路。这才为灭强吴而观兵中原，打下国力基础。是否举贤授能，决定了越国之成败，其功效显然。以此，勾践感叹道："孤虽入于北国，为吴穷虏，诸大夫怀德抱术，各显所长，以保社稷，孤何忧焉！"（《吴越春秋·勾践入臣外传》）

其次，勾践在越"内修其德，外布其道"，接受文种诸贤建议，围绕着"爱民""利民"的核心话题，实行了一系列有关国计民生方方面面的重大改革："无夺民所好，则利之；民不失其时，则成之。省刑去罚，则生之。薄其赋敛，则与之。"因此在政治、经济、文化、法律诸领域，面貌焕然一新而国富民强。

其三，在上为国者，"遇民如父母之爱其子，如兄之爱其弟，闻有饥寒为之哀，见其劳苦为之悲"，也就是说，同情百姓，关心民瘼，以其关怀温暖了万民之心（见《吴越春秋·勾践归国外传》）。有来就有往，有施就有报，越国百姓同样真心予以报答，而自动向勾践请愿曰："昔夫差辱吾君于诸侯，长为天下所耻。今越国富饶，君王节俭，请可报耻。"又曰："越四封之内，尽吾君子，子报父仇，臣复君隙，岂敢有不尽力者乎？臣请复战，以除君王之宿雠。"（见《吴越春秋·勾践伐吴外传》）越国上下，团结一心，同仇敌忾，共赴国难，岂有不胜之理？

其四，范蠡、文种，确有天才，越国十年生聚、十年教训的长期报仇复国计划，环环相扣，严丝密缝，可谓滴水不漏，致令吴王夫差，防不胜防而自坠陷阱。其中特别是范蠡，善于心理分析，是个高明的心理学家，他对越王勾践及吴王夫差的心理把握，准确而到位。对己方（勾践），一再劝他忍辱负重，不到火候不揭锅；对敌方（夫差），则一再引诱他犯错误而自坠罗网。其设计的灭吴复仇计划，确是天衣无缝的安排，让吴王夫差临死前才恍然大悟，但已悔之晚矣。

第五，与勾践本人的焦心苦思、忍辱负重的坚毅性格有关。为了逃脱吴国牢笼，他接受范蠡劝告，巧于伪装，欺骗吴王，养马扫厩，不在话下；甚至是尝恶饮溲，也在所必行，终于让夫差误为忠心耿耿而把他释放归越。回国后，勾践一改昔日骄狂之病，卧薪尝胆，不敢稍忘国仇大恨。对于在上的君主来说，能如此长期忍常人之不能忍，其"苦身焦思"的坚毅顽强之性，是其事业成功的一大保障。司马迁以此称之为贤，认为他有大禹之遗烈，给予了很高评价。

但勾践的成功称霸，仅为一代，其子孙难望其项背，这又是为什么呢？首先，勾践固然是英雄，但却具有严重的缺陷与人性弱点，他喜专制独断，好大喜功，急于求成，过河拆桥，而恩将仇报，诛文种而诸贤星散，越国岂能长期强盛不衰？如范蠡所称："越王为人长颈鸟喙，可与共患难，不可与共乐。"《孟子》谓君主有"独乐乐"和"与人同乐"之别，勾践即属于"独乐乐"而不"与人同乐"之人。"独乐"即弃其臣民而远离百姓。在事业成功之后，为了确保自己专制政权的独裁统治，他是什么手段都会用上。他诛文种时，赐文种剑曰："子教寡人代吴七（按：应作九）术，寡用其三而败吴，其四（按：应作六）在子，子为我从先王试之。"（《史记·越王勾践世家》）这是莫须有的理由。主要是因为害怕文种才智功勋将会威胁其政权，故而当机立断而痛下杀手。如此阴谋，丑恶面目大暴露，朝廷诸贤岂有不星散之理？灭吴前后，勾践判若两人，正是其人性根本缺陷的鲜明写照。

其次，与主客观形势有关。越灭吴后，虽成大国，但吴人怨恨，根基不牢。北伐中原，重蹈夫差争霸主取虚名之覆辙。当时范蠡在灭吴后已扁舟入海，不与观兵中原之战。从战争局部而言，越也曾小胜齐鲁而服宋，但从大局来看，在中原战场丧失了大批越国精壮的优秀儿郎，国力大伤；无法真正占领江淮，只能自称奉送楚国。楚进占江淮广大地区，越军的后勤供应立刻有被拦腰切断之危。越军将士，绝大多数为南方越人，谁不思乡？这就容易造成军心浮动，岂是勾践所能镇压？因此，勾践观兵中原，除了获得周天子所赐"霸主"这一空头名号外，并无辉煌战果，可谓得不偿失。当时晋齐楚诸大国，无不虎视窥伺，秦更不服，越想在今山东立脚，难矣！史上所称越国迁都琅琊之事，大有可疑。琅琊，在今山东胶南县南琅琊台西北。春秋时，琅琊属莒国。但莒国弱小，春秋晚期，齐景公问晏婴曰："当今之时，诸侯孰危？"晏子对曰："莒其先亡乎！"公问原因，晏婴回答说："地侵于齐，货竭于晋，是以亡也。"（见《晏子》内篇《问下》）又《左传》昭公十年（前532年），在晏子的劝告下，陈桓子把许多家财上交给景公，"而请老于莒"。可见此时莒地多属齐境，陈桓子才能请求告老家邑。莒国在春秋晚期，几次灭亡而迁徙。此时琅琊可能已属齐地，即使不属于齐，也与齐之东境接壤。齐国岂能容忍越在齐国边境建都，直接威胁自己国家的安全呢？勾践灭吴后北伐中原，几年后勾践卒，时间不长；他死之后，太子兴夷立，即位一年即卒，可谓丧事连年，谁来坚守琅琊之都？不仅因勾践南征北伐，东征西讨，四面出击，树敌太多，晋齐楚诸大国，也不会让越在中原立足坐大。一个外来之越，岂有能力牢固立足中原而长期与诸大国周旋？因此，依鄙见，勾践可能一时兴建都琅琊以争霸中原之想，但南人难耐北方水土气候，一旦江淮为楚所断，越人将死无葬身之地。越建新都于琅琊，又无考古实物（如城墙宫殿遗址、陵墓等）发现，实在值得怀疑，具体详可参阅本书附录《春秋晚期越王勾践迁都琅琊平议》一文。

《左传》春秋五霸传叙

华彩

春秋改革第一相

——齐国管仲传叙

　　读《左传》，介绍春秋五霸之首的齐桓公，必然离不开贤相管仲。故本书《齐桓公传叙》与《管仲传叙》为姐妹篇，二篇内容交融，各有重点，可以互读参考：桓公君主，重点写其人物性格、心理特点及其霸业成败的原因；管仲贤相，虽为臣下，但君所宠信，几乎言听计从，故齐桓霸业，赖之以成。故清高士奇评曰："谅哉！（齐桓公）一世之雄，而管仲诚天下之才也。"（高士奇《左传纪事本末》卷十八《齐桓公之伯》总评）桓公与管仲，在春秋史上，形影相随。《左传》主要通过精彩言论来写管仲的人格力量及其道德高尚，同时也涉及其治国方略及其某些改革措施的成效。本篇将结合《国语·齐语》《史记·管晏列传》《齐太公世家》及《管子》中若干史料较可信的篇章，以及先秦两汉诸子中较为可靠的有关篇章，来介绍管仲所推行的制度改革及其对后世的影响。

一、阶下囚入齐拜相

　　公及齐大夫盟于蔇，齐无君也。

　　夏，公伐齐，纳子纠。桓公自莒先入。秋，师及齐师战于乾时，我师败绩。公丧戎路，传乘而归。秦子、梁子以公旗辟于下道，是以皆止。鲍叔帅师来言曰："子纠，亲也，请君讨之；管、召，仇也，请受而甘心焉。"乃杀子纠于生窦。召忽死之。管仲请囚，鲍叔受之，及堂阜而税之。归而以告曰："管夷吾治于高傒，使相可也。"公从之。

　　　　　　　　　　　　　　　　　　　　——《左传》庄公九年

故事发生在公元前 685 年。前一年，齐襄公诸儿遇弑死，其兄弟公子纠与小白争立。早先纠奔鲁，小白奔莒以避祸。以此，鲁庄公帅师伐齐纳纠，而小白自莒先入齐即位，史称桓公，帅齐师与鲁战。鲁败，精锐丧失殆尽，庄公也丧其乘坐兵车。桓公命鲍叔牙率师乘胜追击，齐军压鲁，提出了杀公子纠并送回管仲、召忽，前者绝争位之患，后者"仇人"，欲在齐廷当众惩罚。这是齐鲁讲和的条件，不然大军压境，鲁难喘息。无奈，鲁杀公子纠，召忽死之。而管仲请囚，他不会为公子纠一人尽其愚忠，而是准备将来为齐争霸天下而奋斗，这是他早年的理想。这样，管仲就成了《左传》叙述的主角之一，可参阅《齐桓公传叙》有关部分。

管仲（？～前 645 年），名夷吾，又称管敬仲。据《史记索引》注称其管严之子，颍上（颍水之滨）人。因鲍叔之荐，被齐桓公任为执政卿相。《左传》僖公十二年孔颖达疏引《世族谱》，谓"管氏出自周穆王"，则与天子同为姬姓；但春秋时早已没落无闻，降为中下层官吏或一般之士，只能从头奋起努力。但《左传》僖公十二年曾记载周襄王对率齐师勤王的管仲曰："舅氏，余嘉乃勋，应乃懿德。"据此，则管仲并非出自姬周之姓。管氏何出，待考。管姓之人，《左传》偶有记载，如庄公八年戍葵丘而作乱的管至父，不知是否与管仲同族，也只是普通的中下层军官。而《国语·齐语》韦昭注："管夷吾，齐卿，姬姓之后，管严仲（按：名次山）之子敬仲也。"有关管仲任卿相前的生平行事，秦汉前的诸子著作或有零星记述。《战国策·秦策》记姚贾之言："管仲，鄙人之贾也，南阳之弊幽，鲁之免囚，桓公用之而伯。"鄙，国都城邑之外的郊野也，说明管仲是出于边鄙乡村的一个小商人。又刘向《说苑·善说》篇载，子路在和孔子谈到管仲时说："（管仲）家残于齐而无忧色，是不慈也。"孔子辩曰："家残于齐而无忧色，非不慈也，知命也。"也就是说，家庭残破而无忧色，并不是管仲不爱家人，而是知命待机而准备东山再起。所谓管仲"家残"，据《善说》篇记子路言："昔者管仲说（齐）襄公，襄公不悦。"在桓公前的襄公时代，管仲也曾企图挤进齐国政坛而向襄公进谏言，但因"襄公不悦"而受惩罚，因此家残事败。《说苑·尊贤篇》也称："管仲故成阴之狗盗也，天下之庸夫也。"出身更为不堪。又《管子·小问》曰："夷吾尝为圉人矣。"圉人，也不过是掌养牛马放牧小吏，可见其出身早已沦落底层，生活艰难，少有赏拔之者。可能父亲早死，管仲少时家贫，"与鲍叔同贾南阳，及分财利，而管仲尝欺鲍叔，多自取。鲍叔知其有母而贫，不以为贪也"（见《吕氏春秋》及《史记·管晏列传》）。管仲年轻时又当过兵，曾因母无人养而临阵脱逃，鲍叔不以为怯也。种种迹象表明，管仲出身微贱而历尽

管仲像

艰辛，但他不拘小节，忍耐待机，作种种努力，以便将来一展宏图。因此，在世卿世禄礼制仍在的东周初期，管仲要脱颖而出，就非有机缘与大本事不可。机会与理想才智，是管仲成其名相事业的双翼，缺一不可。如果没有挚友鲍叔力荐及桓公信任重用，又岂能有管仲改革的机缘及其名相事业？而如果管仲缺乏理想和真才实学，纵有桓公赏拔，改革也不会成功，又岂能助桓公成其千秋霸业？如前《齐桓公传叙》所言，就其历史贡献言，管仲、桓公，相辅相成，互补双赢，到达了比翼飞天之境界。

管仲在鲁，作为囚犯押回齐国。当时，鲁贤臣施伯早已发现齐将起用管仲的本意。但齐鲁二国，大小有别，鲁国之国力，难与齐硬顶死抗。在齐桓公之前，齐鲁近邻而具世仇，利齐则必不利于鲁。因而对于是否送回管仲，鲁庄公犹豫不决。但施伯谏曰："君与之。臣闻齐君惕而亟骄，虽得贤，庸必能用之乎？及齐君之能用之也，管子之事济也。夫管仲天下之大圣也，今彼反齐、天下皆乡之，岂独鲁乎！今若杀之，此鲍叔之友也，鲍叔因此以作难，

君必不能待也，不如与之。"于是鲁囚管仲入齐军（见《管子·大匡》）。到齐鲁交界处堂阜，鲍叔释放管仲，并向桓公力荐管仲之贤堪任卿相执国政。但桓公以管仲仇人而拒用。据《史记·齐太公世家》，在公子纠与小白争立之际，"管仲别将兵遮莒道，射中小白带钩。小白详（佯）死，管仲使人驰报鲁"，故"桓公之立，发兵攻鲁，心欲杀管仲"。但鲍叔牙坚决反对，理由非常充分，他说："君将治齐，即高傒与叔牙足也。君且欲霸王，非管夷吾不可。夷吾所居国国重，不可失也。"并详细说明了自己治国不如管仲的五大方面问题，可参《齐桓公叙传》。于是桓公与管仲化敌为友，并立即重用为执政卿相。故《左传》僖公二十四年载："管敬仲，桓之贼也，实相以济。"管仲囚鲁入齐，桓公欲杀而未杀，同样经历坎坷，生死未卜。幸鲍叔牙诚恳力荐，桓公胸怀宽阔，有霸天下雄心壮志，故能与管仲化解仇恨而同心协力。管仲相齐，不仅因管仲本人的才智过人，同样，如果桓公小鸡肚肠而无争霸天下大志，则管仲早已命悬一线，岂有来日相业之辉光？从阶下死囚，化为上座卿相，这戏剧性的华丽转身，正说明了管仲与桓公在政治上双方互有需求，彼此扶持而关系密不可分。但到晚年，桓公在功成名就之后，迅速腐化，二人理想与志业产生严重矛盾，管仲临终忠谏遗言，桓公当耳边风，终于身死而霸业消散，悲哉！

管仲相齐，推动改革，标志了春秋时代士人阶层，依靠其贤能及功勋，开始突破周朝旧贵族世卿世禄制度及贵族对思想文化的垄断，大踏步地走上了历史舞台，谱写了上古时代改革开放的新篇章。

二、尊王攘夷定国策

狄人伐邢。管敬仲言于齐侯曰："戎狄豺狼，不可厌也。诸夏亲昵，不可弃也。宴安鸩毒，不可怀也。《诗》云：'岂不怀归，畏此简书。'简书，同恶相恤之谓也。请救邢以从简书。"齐人救邢。

——《左传》闵公元年

　　鲁闵公元年，即公元前661年。狄是当时中国北方一支以游牧为生的强大的少数民族，狄人羡慕中原财富，一有机会，就会乘隙向较弱小的中原诸侯国发动进攻，并于鲁闵公元年、二年奔袭邢、卫而亡其国，就是典型事例。因此，管仲诚恳建言，对此不能熟视无睹，而应外攘夷狄以救助中原兄弟邻邦。简书，即各诸侯国会盟时签订的盟誓之约，是对祖宗神灵许诺的誓言，应该相互支援而共同对敌。盟约庄严肃穆，不可轻易违背。以此，齐人救邢、卫。据《左传》闵公二年十二月，狄灭卫，"齐侯使公子无亏帅车三百乘，甲士三千人以戍曹。归公（按：卫戴公）乘马，祭服五称（按：单复衣配套曰称），牛、羊、豕、鸡、狗皆三百与门材（按：门户建材）。归夫人鱼轩，重锦三十两（匹）"。于是卫亡而复存。僖公元年："诸侯救邢。邢人溃，出奔师。师遂逐狄人，具邢器用而迁之，师无私焉。""夏，邢迁于夷仪。诸侯城之，救患也。凡侯伯救患、分灾、讨罪，礼也。"于是邢亡而复生。又如北燕受山戎侵袭，岌岌可危，向齐求救，于是齐军跨越万水千山，历尽艰难险阻，北征山戎，终于击败强敌而壮大了兄弟之燕。在兄弟之邦相互救助、共御外侮方面，管仲的指导思想和战略设计，是明确而坚定的。管仲具有较高的文化素养，他熟读古代诗书经典，他引用《诗经·小雅·出车》之句，说明国家多难，百姓无法安居乐业，因此必须兄弟团结来共御外侮。士兵们难道不想回家安居生活吗？但兄弟之邦所订盟约不敢忘。这与《小雅·常棣》诗句"兄弟阋于墙，外御其侮"同一意思，俗话说"打虎亲兄弟，战场父子兵"。在春秋宗法社会中，中原诸侯封国大多是周朝分封的姬姓之国，或与周天子沾亲带故，故天子称辈分较大的同姓诸侯为伯父，异姓诸侯为伯舅或舅氏，以血统之远近及其势力大小来分辨亲疏。这就是管仲提出救邢、卫以共御夷狄的社会根据。后来又因此发展为华夷之辨，成为民族传统精神，影响非常深远。如近现代的辛亥革命前后，同盟会领袖孙中山及章太炎，高举"驱逐鞑虏，恢复中华"大旗，明显继承《左传》华夷之辨思想影响而加以发扬光大。

　　至于尊王旗号，同样并非虚设。而是东周社会形势的需要。周朝是以血统为中心的宗法社会，千百个诸侯国都是姬周王朝分封，至春秋时尚存数百国。齐为太公之后，东方大国；但秦、晋与楚，在残酷的兼并战争中，日渐发展壮大，与齐并为大国。齐晋秦楚四大国，一时谁也奈何不了谁。在僵持态势下，管仲建议桓公祭起尊王大旗，以资号召天下，争取中间势力，很有必要。当时周天子虽然衰落，但周礼尚存，其天下共主地位尚未根本动摇。如郑庄公曾发兵抗周，取得胜利，但仍然不得不祭起尊王大旗，以资号召，挟天子以令诸侯。又如楚虽早已称王，但对自己的"王"号与周天子的"王"号，质量分量明显有别，楚人十分清楚。齐桓公率诸侯之师伐楚，责其不向周天子纳贡，一代枭雄楚成王，也只能认错，曰："贡之不入，寡人之罪也，敢不共（供）给？"（《左传》僖公四年）实际上，楚王仍然承认周王为天下宗主的地位。在此形势下，管仲为桓公设计了"尊王攘夷"的战略，既有尊周之美，又可籍以挟天子而令诸侯，势压秦晋与强楚，何乐而不为呢？因此，管仲尊周尊王，并非虚情，而是从改革的战略出发，劝桓公力行其道。如《左传》僖公九年载：

> 夏，会于葵丘。寻盟，且修好，礼也。王使宰孔赐齐侯胙，曰："天子有事于文武，使孔赐伯舅胙。"齐侯将下拜。孔曰："且有后命。天子使孔曰：'以伯舅耋老，加劳，赐一级，无下拜。'"对曰："天威不违颜咫尺，小白余敢贪天子之命无下拜？恐陨越于下，以遗天子羞。敢不下拜？"下，拜；登，受。

僖公九年，即公元前651年。当时桓公与中原诸侯会盟于葵丘，天子派太宰周公名孔者来赐桓公祭肉，并且传命桓公不必下坛跪拜受胙。这是天子对桓公的特殊恩宠，表明了桓公的地位远超一般诸侯，近逼天子。当时桓公受虚荣心驱使，很想接受这一至高无上的恩荣礼遇，以便夸耀诸侯，但遭管仲反对，谏曰："为君不君，为臣不臣，乱之本也。"于是"桓公惧"，对天子特使宰孔说了一通"天威不违颜咫尺"的冠冕堂皇之语，下坛跪拜，依礼受祭肉，于是"诸侯称顺焉"（见《国语·齐语》）。类似记载，另参《管子·

小匡》《史记·齐太公世家》）。也就是说，天下诸侯对桓公尊敬天子的谦顺态度，表示了赞赏和信服的态度。相反，如果桓公拒谏而不拜天子之命，这无异等于抛弃"尊王"大旗，可能引发各路诸侯不服，尤其是秦晋楚诸大国，更有理由加以批判而抢过这面"尊王"大旗。这将对桓公霸业形成严重的挑战。经过盘算，桓公清醒，继续扛起"尊王"的大旗以号令天下。

在宗法社会里，至少在名义上，天子如父母，各路诸侯如兄弟，侯伯应高举"尊王"大旗，团结兄弟之邦，来处置天下大事，这是合乎当日形势的需要的，也是管仲为桓公霸业所设计的战略理念。如果说桓公实践时曾有犹豫和动摇，也就是说，尚存某种虚伪的成分，管仲则坚决贯彻，自觉实行，因为这是他改造社会总战略的重要组成部分，岂容虚假水分掺杂其中？如《左传》僖公十二年载，周襄王之弟王子带，勾结诸戎"同伐京师"，天庭有难，于是"齐侯使管夷吾平戎于王"，挽救了东周王朝，天王答谢：

> 王以上卿之礼飨管仲，管仲辞曰："臣，贱有司也，有天子之二守国、高在，若节春秋来承王命，何以礼焉？陪臣敢辞。"王曰："舅氏，余嘉乃勋，应乃懿德，谓督不忘。往践乃职，无逆朕命。"管仲受下卿之礼而还。君子曰："管氏之世祀也宜哉！让不忘其上。《诗》曰：'恺悌君子，神所劳矣。'"

按周礼，大国诸侯立三卿，例由天子任命二卿，称上卿。齐之国子、高子，即是天子所命上卿。管仲在齐，虽为桓公所命卿相以执齐政，实权在握；但至少在名义上，高、国是天子任命的上卿，身份更为高贵，这是出于周之礼制。如果管仲在周一样享受上卿天命之礼，高、国二氏肯定会有想法而不予合作，这对齐国政治并无好处。经过考虑，管仲拒受天子恩宠，按周之礼制只受下卿飨礼。这表现了管仲对天子的尊重，对上司（按：指身份高贵的国、高二氏）的谦恭，对恩典利益的礼让，一切都出于内心至诚。他的态度，与桓公受胙时的犹豫动摇形成对比，让人看清了二人的内心世界。其实，当春秋初时，礼坏乐崩现象已逐渐加速，周之天朝已经相当孱弱，因此对于霸主桓公才会有"无下拜"之命，这是无奈；但管仲参透了天子的内在心理，避免了天子的尴尬，在尊周尊王的同时，也是对自己所设计的桓公霸业战略的宣传。因此影响很好，取得了天下归心的实效。以此，管仲礼让，获益最大的并非周天子，而是桓公霸业和管仲自己。时人给予"恺悌君子"的美评，说管氏为天上神灵所保佑赐福，故有"管氏其世祀也宜哉"之言，管仲恩泽，沾溉千秋后代。

三、言达意正文辞美

（僖公）四年春，齐侯以诸侯之师侵蔡。蔡溃。遂伐楚。楚子使与师言曰："君处北海，寡人处南海，唯是风马牛不相及也。不虞君之涉吾地也，何故？"管仲对曰："昔召康公命我先君大公曰：'五侯九伯，女实征之，以夹辅周室。'赐我先君履，东至于海，西至于河，南至于穆陵，北至于无棣。尔贡包茅不入，王祭不共，无以缩酒，寡人是征。昭王南征而不复，寡人是问。"对曰："贡之不入，寡君之罪也，敢不共给。昭王之不复，君其问诸水滨。"师进，次于陉。

夏，楚子使屈完如师。师退，次于召陵。齐侯陈诸侯之师，与屈完乘而观之。齐侯曰："岂不穀是为？先君之好是继。与不穀同好，如何？"对曰："君惠徼福于敝邑之社稷，辱收寡君，寡君之愿也。"齐侯曰："以此众战，谁能御之！以此攻城，何城不克！"对曰："君若以德绥诸侯，谁敢不服？君若以力，楚国方城以为城，汉水以为池，虽众，无所用之！"屈完及诸侯盟。

——《左传》僖公四年

故事发生在鲁僖公四年（前656年）。前不久，桓公夫人蔡姬，因荡舟故意撒娇，惊吓桓公，桓公怒，出归蔡姬，于是蔡另嫁姬。桓公盛怒，率师征蔡而蔡溃。管仲认为因个人私怨伐蔡，师出无名，不如顺势征楚不贡周廷天子之罪，名正言顺。据《韩非子》载，管仲谏伐蔡，曰："夫以寝席之戏，不足以伐人之国，功业不可冀也，请无以此为规也。"桓公不听。仲父曰："必不得已，楚之菁茅不贡于天子三年矣，君不如举兵为天子伐楚。楚服，因还袭蔡，曰：'余为天子伐楚，而蔡不以兵听从。遂灭之。'此义于名而利于实，故必有为天子诛之名，而有报仇之实。"管仲用兵，扭转了桓公为私怨而灭人之国的不良倾向；因蔡近楚，故借地势之便，化作征蔡"为天子伐楚"的堂堂正正之师，责楚之贡不入天廷之罪，义正词严，理由充足，令楚不得不服。这样，战争性质发生变化，利于桓公霸业。楚终于服软，与诸侯盟，齐人胜出。有了《韩非子》记载作补充，《左传》的故事就更为完整。在楚人眼中，齐楚均等，齐忽征楚，毫无道理，故有二国"风马牛不相及"说辞，责齐口气明显。但管仲能言善辩，胸有成竹，抬出了几百年前周初命太公望专征五侯（公、侯、伯、子、男五等爵位）九伯（九州之长）以夹辅周室故事，说明齐有替天行道以征不服之权；然后又抬出当今周天子，责楚菁茅不贡、王祭无以缩酒之罪，事实俱在，名正言顺，令楚不得不服。这就大大提高了桓公作为春秋霸主的地位。因为南方广阔，唯楚唯大。楚原是周朝分封的子爵诸侯，但长期僻处南方，筚路蓝缕，以蛮夷自居。当周夷王时，熊渠已自称王号，不听天子号令。《史记·楚世家》载："（楚君）熊渠曰：'我，蛮夷也，不与中国之号谥。'"故《诗经·小雅·采芑》有"蠢尔蛮荆"之语。因此，管仲所倡伐楚之役，是借实力做后盾，以德绥人、以理服人的典型事件，具体说明了尊王攘夷的政治路线的精神实质，对中原诸侯具号召力。

反观桓公，他与屈完对话，有"以此众战，谁能御之"之言，全然是一副以力压人而非绥之以德的霸道脸孔，岂能令人信服？因此楚使屈完回话，不卑不亢，把傲慢的桓公顶了回去。在同一事件中，管仲与桓公的不同对话，说明了不同修养和心态，形成了鲜明对比。真正高举尊王攘夷以收天下归心者，乃其思想理念的总设计师管仲也；而桓公则边学习，边推行，在实践中曲折前行，且不时露出了自骄自满的尾巴。因此可以断言，如无管仲坚持，则齐国尊王攘夷国策，也有夭折的可能。管仲对桓公的规导，是必要而有效的。如《左传》僖公七年载：

> 秋，盟于宁母，谋郑故也。管仲言于齐侯曰："臣闻之，招携以礼，怀远以德，德礼不易，无人不怀。"齐侯修礼于诸侯，诸侯官受方物。郑伯使大子华听命于会，言于齐侯曰："泄氏、孔氏、子人氏三族，实违君命。若君去之以为成。我以郑为内臣，君亦无所不利焉。"齐侯将许之。管仲曰："君以礼与信属诸侯，而以奸终之，无乃不可乎？子父不奸之谓礼，守命共时之谓信。违此二者，奸莫大焉。"公曰："诸侯有讨于郑，未捷。今苟有衅。从之，不亦可乎？"对曰："君若绥之以德，加之以训辞，而帅诸侯以讨郑，郑将覆亡之不暇，岂敢不惧？若总其罪人以临之，郑有辞矣，何惧？且夫合诸侯以崇德也，会而列奸，何以示后嗣？夫诸侯之会，其德刑礼义，无国不记。记奸之位，君盟替矣。作而不记，非盛德也。君其勿许，郑必受盟。夫子华既为大子而求介于大国，以弱其国，亦必不免。郑有叔詹、堵叔、师叔三良为政，未可间也。"齐侯辞焉。子华由是得罪于郑。

在《郑庄公传叙》中，我们已知郑处南北要冲之地，夹在南北大国之间，是个兵家必争的战略要地，兵锋所向，楚来服楚，齐来尊齐，不然很难生存。因此于鲁僖公七年，有桓公率诸侯"谋郑"的宁母之会。在盟会时，管仲对桓公的一番话，成为诸侯盟会的原则，即应以礼德服人，而非以力压人。只要盟主做到"德礼不易"，自然会达到"无人不怀"的最高效果。此次会盟，正是按照管仲所订的方针进行的。本来，各诸侯国都必须给霸主国贡献财物，虽非自愿，但早已形成规矩惯例，不得不然，因此时有沉重负担之感。但管仲则改变原有成规，并不强迫诸侯们贡献，相反，强调礼尚往来增其友谊，于是"齐修礼于诸侯，诸侯官受方物"，桓公反而向诸侯官员赠送齐国的土特产。财物之轻重且不论，但诸侯心悦，盟会自然能够顺利进行。

至于郑子华事，子华原为郑世子（太子），奉命与盟，但他违背君命和国人意愿，私下要求齐桓公帮他除掉郑国政敌，即所称泄氏、孔氏、子人氏三大家族。桓公认为郑国因此有机可乘，准备答应子华的要求。这时，管仲反对而加以劝阻，他认为盟主应该以身作则，端正自己，对诸侯们"绥之以德，加之以训辞"，据理加以劝说诱导，郑国自然会分析自己国情与厉害所在，自愿服从盟约。反之，齐国一旦耍奸使坏，支持为一己私利而违反君命，准备除掉国内贤大夫的郑子华，这是在帮助叛国奸人，将会失去社会舆论的支持和诸侯拥护。这时，即使齐再强大，郑国一定会因正义在握而作坚决的抵抗。故管仲说："若总（按：率领）其罪人以临之，郑有辞矣，何惧？"一旦正义在握，郑国人人感愤，岂易征服？而且，招降纳叛之事，也一定会被各国史官记入会盟纪要，载入史册，难道可以一手遮天而不惧千秋骂名吗？为贪一时一地的小利，而忘记正义的礼德原则，得不偿失，后患无穷。一席话说的桓公幡然醒悟而改弦易辙。于此可见，管仲议论，义正词严，堂堂正正，虽非华丽文章，但言辞恳切，朴实厚重，很有分量而感人至深，其逻辑推理谨严，具浑厚气势，自然具有感人服人的力量。这与"齐侯将许之"的招降纳叛的一番辨词，自然形成了反差，说明了二人内心之明暗。思想境界方面，管仲高出桓公多多。

四、制度改革千秋业

> 三十二年春，城小穀，为管仲也。　　——《左传》庄公三十二年

故事发生在公元前 662 年，小穀，齐城邑，在今山东东阿县，也就是今天盛产阿胶（驴皮膏）的地方。一般说来，如果没有特殊原因，君主一般不会为臣下采邑建筑城墙堡垒的，以免尾大不掉，对国家构成威胁。但桓公不仅封赐管仲采邑，让他的族人坐享租税收入，而且进一步动用国家的财力物力人力，修建穀地的城墙堡垒，增其军事防护能力，以便夹辅齐室。据传管仲也是当仁不让，接受封赠，他曾主动向桓公要官、要财、要名位，认为有

助于加强自己推行改革时的权威地位。桓公无不一概应允，给予管仲"三归"租税收入以富之；给予卿相之位，以树其权威，尊为"仲父"以贵之，以示人人尊敬。如《说苑》曰："齐桓公使管仲治国，管仲对曰：'贱不能临贵。'桓公以为上卿，而国不治。桓公曰：'何故？'管仲对曰：'贫不能使富。'桓公赐之齐国市租一年，而国不治。桓公曰：'何故？'对曰：'疏不能制亲。'桓公立以为仲父，齐国大安，而遂霸天下。孔子曰：'管仲之贤，不得此三权者，亦不能使其君南面而霸矣。'"

因此，桓公为管仲城小榖，是自然的。据说后来的齐景公曾对相国晏婴曰："昔吾先君桓公予管仲狐与榖，其县十七，著之于帛，申之以策，通之诸侯，以为其子孙赏邑。"（见《晏子春秋·外篇上二四》）桓公予管仲采邑，不仅有榖，而且还有狐，其县十七，有一定规模，载入国家文献备案，并通知各国诸侯，是一件非常慎重的大事。如果管仲没有建立盖世功勋，那么一个沦落之士，是无法享此殊荣的。从鲁庄公九年管仲被桓公赏拔任命卿相开始，至庄公三十二年，已有二十几年时间，管仲在齐大力推行系列的制度改革，已大见成效，把齐国推向了繁荣富强而安定的局面，从而为桓公霸业，奠定了坚实的基础。这就可以理解桓公为管仲"城小榖"并赠狐邑的良苦用心。

《左传》多记管仲议论而少载行事，但与《左传》几乎同时诞生的《国语·齐语》，却对管仲的系列政治改革、经济改革、军事改革多有记载，其余先秦两汉诸子，也有所论述。据《左传》昭公十一年载申无宇对楚灵王说："齐桓公城榖而置管仲焉，至于今赖之。"也就是说，齐国长期因管仲改革贡献而蒙受其巨大利益。后来齐成为战国七雄之一的强国，其稷下学派思想之活跃，有制度保障的政治、经济、文化和军事改革的继续，包括后来《孙膑兵法》等的出现，多少与管仲的改革影响有关。如果我们认真阅读思考《管子》有关内容，并能结合《史记·管晏列传》及《齐太公世家》来参考，自然明白有关管仲在齐成功实行了改革，并非虚言。《史记·管晏列传》称："管仲既相齐，以区区之齐在海滨，通货积财，富国强兵，与俗同好恶。故其称曰：'仓廪实而知礼节，衣食足而知荣辱，上服度则六亲固。四维不张，国乃灭亡。下令如流水之原，令顺民心。'故论卑而易行。俗之所欲，因而予之；俗之所否，因而去之。其为政也，善因祸而为福，转败而为功。贵轻重，慎权衡。桓公实怒少姬（按：即荡舟惊吓桓公的蔡姬），南袭蔡，管仲因而伐楚，责包茅不入贡于周室。桓公实北征山戎，而管仲因而令燕修召公之政。于柯之会，桓公欲背曹沫之约，管仲因而信之，诸侯由是归齐。故曰：'知与之为取，政之宝也。'"司马迁简单概括了管仲改革的内容纲要。传后有太史公论曰："吾读管氏《牧民》《山高》《乘马》《轻重》《九府》，及《晏子春秋》，详哉其言之也。既见其著书，欲观其行事，故次其传。"这说明司马迁本人曾读过管仲的某些著作，参考了《管子》一书及先秦诸子如《韩非子》《吕氏春秋》《荀子》诸著中有关篇章内容，并结合当时所知史实，来编撰《管晏列传》的，所论有根有据。《管子》一书，虽非管仲亲著，并非篇篇皆真；但也非纯为后人虚妄捏造，如司马迁提到的《牧民》等五篇，以及《大匡》《中匡》《小匡》诸篇，大多有一定的历史真实性。《管子》一书，据古今学者研究，认为可能是由战国时期推崇管仲的学者以及齐国史官，具体汇编有关管仲的文献而成书的。其所记录的管仲的思想理论及其行政措施，应有一定的根据，具有较高的历史参考价值。《管子》一书，成为先秦诸子中的名著，世代流传，从另一方面说明了管仲改革在历史上曾产生了深远的影响，其"四维（按：指礼义廉耻）不张，国乃灭亡""仓廪实而知礼节，衣食足而知荣辱"等，早已成为千古名言。明代赵用贤《管子书序》曰："古今递迁，道随时降，王霸迭兴，政由俗革。吾以为周公经制之大备，盖所以成王道之终；管子能变其常而通其穷，亦所以基伯（霸）通之始。"赵氏认为世代发展，"政由俗革"，不得不变，而因时代变周公之制者，莫精善于管仲也。管仲是春秋时代真正意义上改革家中的第一名相。

（一）政治改革

管仲改革，从政治始。如果管仲不是政治家，没有掌握行政大权，而只是一个经济学家，或者仅仅是个思想家学者，那么改革还是无从谈起，因为经济、文化、军事改革，必须依赖政治家的支持，方才能够施行。而管仲被齐桓公尊为"仲父"，获得君主宠信支持，任为卿相，大权在握，就有了推行系列改革的实力。有关管仲的具体改革事项，《左传》并未详加记载，但事实却是客观的存在，《国语》《史记》及先秦两汉诸子著作，多有叙述，不容否认。司马迁在《史记·管晏列传》中就提到自己读到《管子》的《牧民》诸篇，可能在西汉末年刘向以前，《管子》就是以单篇的形式流传的，因此《牧民》诸篇，具体反映了管仲的思想及其改革，应该是较为可靠的。

首先，管仲制定了施行改革的思想纲领，以此作为指导，强有力地推行到各个现实生活领域。《管子·牧民》篇曰："凡有地牧民者，务在四时，守在仓廪。国多财则远者来，地辟举则民留处；仓廪实则知礼节，衣食足则知荣辱。上服度则六亲固，四维张则君令行。……不务天时，则财不生；不务地利，则仓廪不盈。野芜旷则民乃菅（日人猪饲彦博疑作'荒'，惰也），上无量则民乃妄。……四维不张，国乃灭亡。""国有四维，一维绝则倾，二维绝则危，三维绝则覆，四维绝则灭。倾可正也，危可安也，覆可起也，灭不可复错也。何谓四维？一曰礼，二曰义，三曰廉，四曰耻。"这是说，一切改革，必须因循自然，根据天时地利的客观规律，依照百姓的生活需求，从实际出发来加以变革，制定立法制度，上下共同遵行，这样改革才有成功的可能。如果在上的肉食统治者对在下的百姓，进行"无量"——即无限制的剥削压榨；自己根本不守国法家法，则抛弃了"四维"——即礼义廉耻的道德准则，带头破坏改革，则国家岌岌可危而行将灭亡。因此，所称改革，不仅对下，同时也对上，要求上下一心，共同遵行而不悖。那种以为改革只照顾在上者的利益而不加法制约束的理解，会把改革推向失败的深渊。

而对于在下的百姓，管仲自有说法，其《牧民》又说："政之所兴，在顺民心；政之所废，在逆民心。民恶忧劳，我佚乐之；民恶贫贱，我富贵之；民恶危坠，我存安之；民恶灭绝，我生育之。能佚乐之，则民为之忧劳；能富贵之，则民为之贫贱；能存安之，则民为之危坠；能生育之，则民为之灭绝。故刑罚不足以畏其意，杀戮不足以服其心。故刑罚繁而意不恐，则令不行矣；杀戮众而心不服，则上位危矣。故从其四欲，则远者自亲；行其四恶，则近者叛之。故知予之为取者，政之宝也。"这是一种俯视恩赐的观念，与百姓并非平等。但作为春秋奴隶制时代的一个统治者，能够眼光向下，思考百姓利益，虽然最终目的仍是为了维护在上的统治，但多少具有古代朴素的"民本"意识之萌芽，也属难能可贵了。同时，管仲的论述，去恶为善，从民所欲，国家以兴，其思想理论洋溢了生活的辩证法，给人启发，令人信服。改革之顺逆兴衰，在于"顺民心"或"逆民心"，其成败关键在于是否为民着想，从民生的实际出发，"仓廪实而知礼节，衣食足而知荣辱"，是其改革实际依据，成为千古名言，直到今天，仍然给后世的改革以有益启迪。那种叫平民百姓勒紧裤带、饿着肚子拼命干的改革，是无法持久的，也可说是不切合实际的幻想。管仲是不赞成、不提倡的。管仲改革，虽然最终目的是为了国家统治的巩固，但实际上却有益于民众的"仓廪实""衣食足"。改善人民生活，才是改革要务。

其次，是具体的行政地区的划分改革。昔日西周奴隶制下的平民百姓，是以血统宗法统治下的井田制来加以聚居、控制和管理的。与之对应的，是分封诸侯的畿甸乡遂制度的行政地区划分。据金景芳先生研究，以天子王城为中心，百里之内称乡，或称国，百里至二百里之内的环形区域称遂。天子六乡，大国三乡，次国二乡，小国一乡。在乡甸中实行井田制，一井千亩，大夫一井，所谓"十夫"为劳耕组织，所谓"井"为作业单位，也即耕种的田地。在王城二百里至三百里为稍，至四百里为县，县外至五百里为都，皆直辖于天庭，任命大夫管理行政事务。"稍、县九夫为井，一井千亩，其中百亩公田。十户设一里胥，二十五户设一里宰，里胥、里宰由庶人或平民充任，与耕者同居里内，作为十户之一。都又称鄙，是卿士、大夫、士及三公和天子子弟分封的采邑区。"（见董立章《国语译注辨释》，暨南大学出版社，1993 年，第 219 页）但在春秋时代，由于王室播迁，井田制下的乡遂都鄙制度，日渐破坏而难以复旧。频发的战争带来了大量的难民及其迁徙的不确定性，弱肉强食的大国兼并，使国土疆域剧烈变化，许多原来无人居住的荒僻草莱之区，也日渐被开垦出来成为新的耕田。因此，旧有以井田制维持的乡遂都鄙行政区，其制度必须加以改革，才能保障各诸侯国家行政措施的推行，以助国家的复兴。这时，齐国管仲，首先推动了行政区的制度改革。据《国语·齐语》载曰："管子对（桓公）曰：'昔者圣王之治天下也，参其国而伍其鄙，定民之居，成民之事，陵为之终，而慎用其六柄焉。'"六柄，指国君所掌握的对于臣民的生杀贵贱贫富的权力。也就是说，为了安定百姓，给臣民百姓以安居乐业的居所很重要，使他们各专其业，生有所寄，死有所终，统治者要谨慎对待百姓，给予尊重而不要滥用权力。另外，管仲还注意到土地的合理使用，不能用耕地做坟墓，而鼓励百姓使用不便于耕作的丘陵作墓区。把国都乡遂分为三大块，把鄙野分为五大块，分属管理。齐桓公曾问："成民之事若何？"管子对曰："四民者，勿使杂处，杂处则其言哤，其事易。"也就是说，士农工商四民杂居在一地，言杂多变，事情就较难成功。因此要把士农工商四民分开居住，"处士也，使就闲燕；处工，就官府；处商，就市井；处农，就田野"。各有分工，"少而习焉，其心安焉，不见异物而迁焉"。四民安定，则国家事业兴旺（同上）。至于具体的政区划分，所称"参其国而伍其鄙"来"定民之居"，据《管子·小匡》篇，所谓"参国"："制国以为二十一乡，商工之乡六，士农之乡十五，公帅十一乡，高子帅五乡，国子帅五乡，参国故为三军，公立三官之臣。市立三乡，工立三族，泽立三虞，山立三衡，制五家为轨，轨有长。十轨为里，里有司。四里为连，连有长。十连为乡，乡有良人。三乡一帅。"他把齐国国都地区划分为二十一个乡，每乡有长官负责，其中高、国二卿族，各领五乡，直接向国君负责；而国君直辖的十一乡，则其乡长官直接向国君负责。乡下设连，连下设里，里下设司，司下设轨，各有长官相属负责，相当于近代之乡里保甲制度。四民之中非常重视"农"民居住地区的行政管理系统。在农业社会的时代，农耕为主，所以特别重视，故士农十五乡。至于士工商三民，又另有其分开管理的专属系统。臣僚及士划分为三卿系统，工匠们分为三族（按：族相当于乡），商贾聚居的商贸区划分为三乡，城外郊野之地，泽立三虞，山立三衡，分设长官各司其职。

至于"五鄙"，是对于国都之外广大边鄙郊野地区行政管理试行五分法，划为五大片区，每个片区又各自有其行政系统，如管子所称："制五家为轨，轨有长。六轨为邑，邑有司。十邑为率，率有长。十率为乡，乡有良人。三乡为属，属有帅。五属一大夫，武政听属，文政听乡，各保而听，毋有淫佚者。"（《管子·小匡》）有关内容，与《国语·齐语》所述，小异而大同，说明《管子·小匡》篇所记有其依据。此不赘。通过行政区域的重新划分，打破了西周固有的井田乡遂制度，从而形成了从上到下严密的行政管理、控制网络，在上者号令一下，全国一致行动，如心之使臂，影之随形，效率很高，极大地提升了当时齐国的国力和影响力。

第三，举贤用能，扬善抑恶。这是管仲推荐给桓公的重要用人措施。在桓公时期，齐国上下一体实行贤能政治。嫉贤妒能，腐贪政治，这是自古通今以来极难克服的政治通病。管仲尝试加以抑止，他带头举贤用能。在对桓公问朝廷百官才能时，管仲对曰："升降揖让，进退闲习，辩词之刚柔，臣不如隰朋，请立为大行（按：相当于主管诸国关系的'外交部部长'）；入邑垦草辟土，聚粟众多，尽地之力，臣不如宁戚，请立为大司田（按：相当后世的农业部部长，古时以农立国，其责尤重）；平原广牧，车不结辙，士不旋踵，鼓之而三军之士视死如归，臣不如王子城父，请立为大司马（按：相当于今之国防部部长）；决狱折中，不杀不辜，不诬无罪，臣不如宾胥无，请立为大司理（按：相当于今之司法部部长兼最高法院院长）；犯君颜色，进谏必忠，不辟死亡，不挠富贵，臣不如东郭牙，请立为大谏之官；此五子者，夷吾一不如；然而以易夷吾，夷吾不为也。君若欲治国强兵，则五子者存矣；若欲霸王，夷吾在此。"（《管子·小匡》）天之生人，各有其长。管仲当时虽然号称圣贤，但他坦然承认自己并非样样精通，而是与上述五位先生相比，有"不如"——也即承认他们在某些重要方面，超过自己。谦虚地指出了自己的不足，这对于国君一人之下的卿相，是难能可贵的。如果是一般的治国强兵，上述五子可以胜任；但若欲为"霸王"之业，则非用我管仲不可。因为管仲是个思考全局的改革国家的总设计师，具有综合考量与实际运用能力。这并非自我吹嘘，而是实事求是之言。自己既然是贤能之人，堪当重任，就应把自己推荐给国家使用，这同样是举贤授能的表现。

管仲为贤能行法施政的权力制订了礼法大纲，一体遵行不悖，有法可依，曰："远举贤人，慈爱百姓，外存亡国，继绝世，起诸孤；薄税敛，轻刑罚，此为国之大礼也。"而百官治民理政，应具体做到"法行而不苛，刑廉而不赦，有司宽而不凌，菀浊困滞，皆法度不亡，往行不来，而民游世矣，此为天下也"（《管子·中匡》）。也就是贤能之臣掌握并施行权力，是出于"为天下"的公心，他们依照改革中所制订的礼法制度办事，依法施行，并不苛刻；减少对百姓的刑罚，但并非赦免有罪者；官吏办事态度宽容随和，但非拖拉应付；政府办事，要使孤独穷困的人也不会忘记法度，他们凛遵礼法规章，往来熙熙，快乐而不受约束压迫。这就为贤能政治指明了方向。这是贤能政治贴近百姓的正面效应。但是，从反面来看，如果管仲制定了一整套先进的改革措施及其礼法规章，但却缺乏一大批贤能之人来推行，实际上再先进的礼法规章、法律条文也是虚设，根本无法推行下去。因为一旦糟糠养贤才，贤能去位而贪腐者登台，试想，一个贿赂公行、司法腐败而缺乏法制约束的国家朝廷，岂有改革的美好前途？因此，从现实出发，管仲为贤明政治的改革，做出了有效的人事组织安排。朝廷庙堂之上，以管仲为核心形成了鲍叔牙、隰朋、宁戚、宾胥无、王子城父等贤人政治集团；在地方政权方面，则经由里邑至乡县的层层遴选，选拔了一大批贤能的地方官吏。在上级的推动监督下，地方有善不举、有恶不告，都属犯罪行为。因此，地方官吏兢兢业业，"五属大夫于是退而修属，属退而修县，县退而修乡，乡退而修卒，卒退而修邑，邑退而修家"，人人以修善去恶是务，"是故匹夫有善，可得而举也；匹夫有不善，可得而诛也"（《管子·小匡》）。在改革者眼中，任用贤能与扬善抑恶，是同一事物的不同表述。管仲在朝廷举贤抑恶，净化政治，力防贪腐。管仲诸贤，除了桓公代表国家赏赐的采邑租税收入之外，史上不见有收受任何贿赂的记录。在上者清明政治，在下者也看在眼中，作为榜样。据《管子·中匡》载："桓公使鲍叔识君臣之有善者，晏子（按：晏婴之父溺）识不仕与耕者之有善者，高子识工贾之有善者。"从国家庙堂，到地方乡县，选拔了大量贤能之才参与国家政治。贤者举则恶者退，因此政治清明，"政既成矣，以守则固，以征则强"（同上）。从组织安排方面，成就了桓公霸业。有关内容，参读《齐桓公传叙》，此不赘述。

贤能政治，不仅是指臣下，同时也对在上一人的国君有严格的要求。葵丘会盟之时，天子使宰孔致胙于桓公，命桓公"无下拜"。于是桓公找管仲商议。管仲明确指出："为君不君，为臣不臣，乱之本也。"贤明政治对君主同样有严格要求。君主必须以身作则，成为政治清明的榜样，才是个贤明君主，才能成就霸业。由于贤明君主齐桓公的支持，他与贤圣之臣管仲配合默契，因此把齐国改革的事业，推向了成功的峰巅。政治改革，举贤授能必不可少，这是历史的经验。

但遗憾的是，由于时代的历史制约及当时封国的性质所决定，管仲改革的贤能政治，虽然制订了许多礼法规章，条条框框，但最终难以突破人治的藩篱。随着管仲诸贤相继谢世，桓公晚年缺乏监督与约束，放纵权力，拒贤任佞，因此改革中所形成的春秋霸业，顷刻冰释崩溃，哀哉！

第四，亲和邻邦的外交改革。外交是政治生活的重要方面。国内政治与国外政治发展，密切相关。春秋时代诸侯封国数以百计，一二百年间逐渐兼并为数十国，在严酷的兼并与反兼并战争中，各国使尽了浑身解数，大家征兵征粮，准备打仗，怎能有安定的生活，怎能不影响政治形势呢？桓公甫一上台，就想以强凌弱，欺负近邻鲁国，他不听管仲等的劝告，急着发动对鲁战争，结果是心急吃不了热豆腐，鲁庄公十年，齐鲁长勺之战，被鲁将曹刿一鼓作气击败。对齐来说，与邻国关系的重要性，以鲁为最。在桓公时期，齐鲁关系的发展演变，从紧张剧烈而又渐趋和缓，从而促进了双方的和平发展，达到了互利双赢的目的。这就是政治。有关内容，《齐桓公传叙》中多有讨论，故不重复。经过现实的教训，齐桓公逐渐认识到管仲的外交改革及其改革方向的正确。管仲基本是以睦邻的和平外交来促进国家的发展，以便实现其会盟诸侯、"一匡天下"而天下归心的霸业。桓公急于通过战争威吓邻国以成霸业的路线，被管仲诸贤扭转为以和平外交为主的睦邻路线。管仲明确地对桓公指出："诸侯之君，不贪于土，贪于土必勤于兵，勤于兵必病于民，民病则多诈。夫诈密而后动者胜，诈则不信于民。夫不信于民则乱，内动则危于身。是以古之人闻先王之道者，不竞于兵。""公内修政而劝民，可以信于诸侯矣。"（《管子·大匡》）这就把齐国的内政与外交相互沟通关联，形成了和平发展的政治生态环境。试想，齐之四境与邻国鸡犬相闻，自由交往，这等于是周围邻国在为齐国守边境，齐国不必多派兵卒而获得了和平发展的大环境，何乐而不为呢？齐国想要尊王攘夷，南征北伐，东征西讨，如果缺乏一个和平安定的环境，而天天在和邻国准备打仗，怎有力量去外攘夷狄呢？因此，你给鲁、卫等近邻以和平，人家也会给你和平。齐国才有可能成为盟主去讨伐夷狄。所以，管仲认为在"邻国未吾亲也"的紧张气氛中，齐国是不能有大作为的。从齐国霸业的长远利益考虑，管仲向桓公建议："审吾疆场，反（返）其侵地，正其封界；毋受其货财，而美为皮弊，以极聘觐（按：诸侯相见之礼，大夫众来曰觐，寡来曰聘）于诸侯，以安四邻，则邻国亲我矣。"（《管子·小匡》）这就是说，边境划界清楚，过去侵占邻国的土地，一律主动退还，不要贪心邻国的财货，而应自己拿些皮币礼物，积极和邻国聘问往返，这样四邻安定，邻国也就会主动向我国示好亲善了。和平睦邻外交，起到了甲兵威吓和残酷战争所起不到的作用。从而促进了齐国政治生活及改革大业的健康顺利发展。齐国东临大海，其四邻较成规模的诸侯封国，南紧邻鲁，北有燕，西有卫。因此，管仲为齐开展和平睦邻外交，即从这三国始。通过这三国，亲善其他中原兄弟之国，从而形成"九合诸侯，一匡天下"的春秋霸业。据《管子·小匡》篇载："桓公曰：'甲兵大足矣，吾欲南伐，何主？'管子对曰：'以鲁为主。反其侵地常、潜，使海于有弊（按：疑作蔽，屏蔽保障也），渠弥于河有陼，纲山于有牢。'桓公曰：'吾欲北伐，何主？'管子对曰：'以燕为主，反其侵地柴夫、吠狗，使海于有弊，渠弥于有陼，纲山于有牢。'四邻大亲。"桓公霸业，是从亲善邻邦的外交活动开始的。《管子·小匡》所叙，与《国语·齐语》大同小异，其历史真实性不容否认。

管仲的外交改革，对四邻之国及兄弟友邦，是有利的。但反过来看，齐国所获利益则更大，因为其所重在于"天下归心"的霸业，归还侵地，开放边境自由交往，开放市场，造成了互利双赢的和平环境，实现了管仲改革的理想，这才是最重要的。管仲的亲善睦邻外交改革，直到今天仍有一定的借鉴价值。如今世界，某超级大国凭其武器兵力及雄厚的经济实力，一方独霸，四处点火，以力服人，结果呢？促成了世界多处无法收拾的乱局，自己也焦头烂额，相信其一方独赢的局面也很难维持。相反，以德服人，互利双赢的和平，今天似乎更应大力提倡。这就更让人想起了古贤的话并未过时，睦邻亲善和平外交改革的思想理论是深刻的，曾做出了一定的历史贡献。

（二）经济改革

管仲为富国富民，完成齐之霸业，他明白如无强大的经济实力作基础，则一切都是空话而难以实现。因此，经济改革是势在必行的重头戏。

首先，管仲为经济改革高悬追求的目标，而非一味的盲目生产以图发展。他认为："凡治国之道，必先富民。民富则易治也，民贫则难治也。奚以知其然也？民富则安乡重家，安乡重家则敬上畏罪，敬上畏罪则易治也。……故治国常富，而乱国常贫。是以善为国者，必先富民，然后治之。"（《管子·治国》）即使是为了维持统治，也必须先富民，然后国家富强。你要让众百姓跟随你一道搞改革，不让他们富裕起来，过好日子，他们当然不干。以此，管子对国家官吏提出了目标："凡有地牧民者，务在四时，守在仓廪。国多财，则远者来；地辟举则民留处；仓廪实则知礼节；衣食足则知荣辱。"（《管子·牧民》）只有改革经济，发展生产，让百姓的米库粮仓充满粮食，让百姓大多吃饱穿暖，过上舒心的日子，那么他们就跟在上的改革设计者、执行者一道干，大家共同富裕起来。百姓一旦富裕，那么国家赋税、兵乘就有了着落。君主与国家不就自然富强了吗！此即"民富君无与贫，民贫君无与富"（《管子·山至数》）的意思，说白了就是"藏富于民"的意思。经济改革是为了国家富强以成霸业，但为了完成霸业，却必先让百姓富起来，"富民"与"强国"是同步实现的。

其次，管子注重发展农业生产。古时以农为本，国库无粮，则一事无成；国库粮仓满囷则心不慌。管子曾提出发展农业的具体措施。如《国语·齐语》所载管子曰："相地而衰征，则民不移；政不旅旧，则民不偷；山泽各致其时，则民不苟；陆、阜、陵、墐，井田畴均，则民不憾；无夺民时，则百姓富；牺牲不略，则牛羊遂。"这一整套办法，关键在于"相地而衰征"一语。这是管仲对当时齐国土地制度及农民收入、负担所实行的改革。相，观察、考量；衰，衰减。也就是国家向农民征收赋税时，要依照土地是山陵或平原，是水浇地或盐碱地，是山林还是泽薮，是隰皋还是沃衍，根据具体土地肥瘠质量及其灌溉条件差异的实际，分等级递减，施行按照田亩数额征收赋税。这就是力求合理负担而民无怨言。这就突破了西周以来的传统井田制，先耕公田后及私亩，私田所收，还要另交兵赋。另外，西周时地广人稀，大量土地荒废，荆棘丛生，草莱满地，但井田制把人口限制在畿甸乡遂之间的井田社区，并不允许人们随意开垦荒地。这就大大限制了农民或农奴的生产积极性。这点管仲早有考虑予以改变，他设大司农官，鼓励农民垦荒。他指出："野不辟，民无取，外不可以应敌，内不可以固守。"（《管子·权修》）同时这一改革，提高了农民（或农奴）的生产积极性，有利于齐国农业生产的发展。

对于农业生产，管仲不仅重视田亩农耕的"务五谷"，同时也不忽视山林、水泽的田猎、渔畋的副业生产，可说是综合性的全面发展。如《牧民》篇所说："积于不涸之仓者，务五谷也；藏于不竭之府者，养桑麻育六畜也。""务五谷，则食足；养桑麻、育六畜，则民富。"又如《国语·齐语》所说："无夺民时，则百姓富；牺牲不略，则牛羊遂。"依天时地利，遵循自然节气，反对违反农时去大搞劳役兵役。主张不随便掠夺百姓牛羊去做牺牲祭品，则农业丰收，牛羊满川，民富国强。古时以农立国，于此可见管仲对农业改革重要性的认识。

可贵的是，管仲要求遵循自然，按照天时地利来发展农业，并非一味被动地靠天吃饭，而是强调利用自然，积极做好农田水利建设。他在朝廷设有司空（工）之职，相当于今之工程水利建设部部长，负责防火防水城建诸多工程事宜。管仲曾对桓公说，国之所以贫穷有五项，其中四项涉及了人对自然积极开发和利用的程度和成败，如山泽救于火，草木殖成；沟渎隧于隘，障水安其藏；麻桑植于野，五谷宜其地；六畜育于家，瓜瓠、荤菜、百果具备。依照农作物的特性，以及农田水利灌溉的需要，积极开发，就会造成国家日富的局面。他明确朝廷官吏的职责："修火宪，敬山泽，林薮积草，夫财之所出，以时禁发焉。使民足于宫室之用，薪蒸之所积，虞师之事也，决水潦，通沟渎，修障防，安水藏，使时水虽过度，无害于五谷。岁虽凶旱，有所秎获，司空之事也。"（《管子·立政》）山林地区注意防火以积极保护生态环境和能源供应；同时努力于农田水利建设，以便防洪、防旱，保障农作物的收获。对于自然，既非一味索取掠夺和破坏，而是因势利导，积极防护和利用。在人与自然的关系中，化被动为主动。尽量减少了凶年饥岁的损害，农业收成有了一定的保障，六畜蕃育，农民富足，国家不就富强起来了吗？这就叫藏富于民。

第三，重本而不弃末，注重工商的改革和发展。古代以农立国，传统思想大多重本轻末，视农业为国本，而把工商业的生产和流通，视为末，认为是低人一等的贱业。直到西汉初，商人虽可致富，但国家却禁止他们穿绸缎的衣服，出门经商踏上旅途，身边不许佩有刀剑之类武器，这是明显低人一等的歧视。西汉封建社会如此，春秋奴隶社会更加歧视。这一方面，管仲也不能免俗。但他同时强调，在国家的经济发展中，工商活动必不可少。他认为士农工商四民，虽有分工不同，有一定地位的差异，但对国家政治和经济生活的发展，都很重要，岂可轻忽？他曾给桓公建议"处工就官府，处商就市井，处农就田野"，是根据职业不同而居住在不同地区，"市井"的商贸活动，商品流通，同样是人生中经济生活的重要组成部分，必须加以重视和发展。他说："令夫商群萃而州处，察其四时，而监其乡之资，以知其市之贾，负任担荷，服牛辂马，以周四方，以其所有，易其所无，市贱鬻贵。旦暮从事于此，以饬其子弟，相语以利，相示以赖，相陈以知贾。少而习焉，其心安焉，不见异物而迁焉。是故其父兄之教不肃而成，其子弟之学不劳而能。夫是，故商之子恒为贾。"而对于从事于手工业生产的"工"，管仲也很重视，"令工处官府"，也就是朝廷设有专职官吏来负责管理手工业生产。"夫令工群萃而州处，审其四时，辨其功苦（按：指精粗优劣），权节其用，论比协材，旦暮从事，施于四方，以饬其子弟，相语以事，相示以巧，相陈以功。少而习焉，其心安焉，不见异物而迁焉。是故其父兄之教不肃而成，其子弟之学不劳而能。"（见《国语·齐语》）在经济生活中，对于社会分工的必要性，管仲有充分的认识。经济生活少不了手工业制品，在互通有无的商品流通中，又少不了商贾的市场活动，因此，对于工商业的发展，就必须予以重视，并给予创造有利的条件。对于工商业的重视，这在齐国早已形成了优良传统。周朝祖先后稷是农业官职，因此姬周封国也大多重视农业，对工商活动则或有轻忽（按：郑晋例外），与齐相比，鲁就不太重视工商业的发展。而齐是姜姓，是姜太公吕尚的封国。据《史记·齐太公世家》载："太公至国，修政，因其俗，简其礼，通商工之业，便鱼盐之利，而人民多归齐，齐为大国。"重视和发展工商的优良传统，促使"人民多归齐"，在地广人稀的古代，有了人民，就促进了齐国的强大并发展为大国。管仲所继承和发展的，正是太公以来齐国的重视发展工商渔盐之利的优良传统，这是他改革的重点之一。司马迁在《史记·管晏列传》中曾提到自己读管子的《牧民》《乘马》诸篇，他相信《乘马》诸篇是管仲的著作，既使不是亲笔，也是根据他的言论或有关文献记录整理的，其可靠性较大。所谓"乘"，指加减乘除的运算，或计算；"马"者非今之马，乃筹码、砝码的意思。因此，《管子·乘马》篇讨论了许多有关治国安邦统筹计算的经济生活问题，诸如市场贸易、货币交换诸问题，都在其中。管仲认为，"聚者有市，无市则民乏"，只要有百姓聚集之区，就应该设立贸易市场，以便商品交换和流通，以方便人民的生活需求，同时也为国家增加了赋税和财政收入，可谓一举两得。这是强调商贾之人在市场交流贸易中的作用。商贾之人在经过各地市场需求的调查了解后，在商品积压而价格便宜的地方大量购进，贩运到数十里、数百里甚至是上千里路以外的异国他乡有需求的地方去卖高价，这是贱买贵卖，是互通有无的商贸活动，应该允许、支持，甚或鼓励。两地价格差所形成的商业利润，是正常的。但是，对于以次充好或伪劣假冒的商贸活动以取暴利，损害百姓生活和利益的行为，则应通过教育商人坚守诚信商道来加以纠正。所以管子又说："是故非诚贾不得食于贾，非诚工不得食于工。"提倡商贾之人的诚信，并从道德教育出发，加强了对商贾队伍的组织管理措施。不过，当时的工商之人，除了"官工""官贾"之外，还有以自由人身份投入工商活动的自由工匠和商贾，则必须按规定为国家无偿服三天劳役，"以为三日之功"。这一负担并不重，从而促进了工商之人的积极性，推动了齐国经济的发展（上述称引，均见自《管子·乘马》）。

可贵的是，管子不仅重视齐国国内的工商贸易，而且积极开始与其他诸侯国的商贸交流。据《管子·小匡》载："通齐国之鱼盐东莱，使关市几（通'讥'，查问）而不征，廛而不税，以为诸侯之利，诸侯称宽焉。"所称"关市几而不征，廛而不税"，是说进口货物，只查看验问而不征税，货物屯积房舍，只收房租而不另征税。这实际上是当时诸侯国之间的免税"自贸"协定，有利于各国的商贸活动，大大地活跃了市场，从而促进了各国经济的发展。

管仲所推行的工商贸易改革，为当时的齐国积累了大量的财富，他明确指出："发伏利，输墆积，修道途，便关市，慎将宿，此谓输之以财。"（《管子·五辅》）为了便利于各国各地的工商贸易活动，开发尚未开发的财路，通畅地输送屯积的商品物资，就应修道路，加强交通驿递建设；设旅舍，便利来往商贾及其他交流人员的生活住宿，使他们有宾至如归之感，尽量减少旅客的风霜之苦；开放市场，减免关税，直接方便商贾及其货物的流通，从而促进了市场的繁荣。管仲提倡在自由商贸活动中来积极开发并积累国家财富，这比单纯的加重赋税来填充国库的办法，要好得多。于此可见，管仲经济眼光之深邃，令人叹服。

第四，"贵轻重，慎权衡"（《史记·管晏列传》），注重金融货币的改革。这超越了当时传统经济学家的思考。有关金融货币改革，《管子》中有《轻重》十九篇，今存十六篇。司马迁也曾读到，相信所言有据。所谓"轻重"，指钱币重轻，价值大小；"权衡"，即运筹管理。《管子·轻重·国蓄》篇曰："凡将为国，不通于轻重，不可为笼以守民；不能调通利民，不可以语制为大治……人君铸钱立币，民庶之通施也，人有若干百千之数矣。然而人事不及、用不足者何也？利有所藏也。然则人君非能散积聚，钧羡不足，分并财利而调民事也，则君虽强本趣耕，而自为铸币而无已，乃今使民下相役耳，恶能以为治乎？"这就指出，如果在上者只强调农业生产而"强本趣耕"，随意铸造钱币，那是一种灾难，因为统治者忽略国家经济还有会计统筹运算计划及货币金融改革的问题。货币金融政策的失误，或直接导致货币贬值，通货膨胀，民不聊生；或直接导致王公贵族和富商豪贾大量屯积货币作为财富，致使市场货币供不应求，导致钱贵物贱，谷贱伤农，帛贱伤民，同样会造成经济民生的崩溃。这就指出了货币金融改革的重要性：一是货币与货物之间市场供求关系直接影响了物价高低和人民生活；一是国家想法加以探索，找出一定的发展规律来对市场进行统筹管理，以便发展生产，便利民生。故《国蓄》篇又说："凡轻重之大利，以重射轻，以贱泄平。万物之满虚随财，准平而不变，衡绝则重见。人君知其然，故守之以准平……故大贾蓄家不得豪夺吾民矣……春赋以敛缯帛，夏贷以收秋实，是故民无废事而国无失利也。""夫物多则贱，寡则贵，散则轻，聚则重。人君知其然，故视国之羡不足而御其财物。谷贱则以币予食，布帛贱则以币予衣。视物之轻重而御之以准，故贵贱可调而君得其利。"关键在于国家金融政策之"准平"，也就是说，按市场供求关系，来发放贷款，所以货物货币的轻重贵贱，可以"御之以准"，加以管理、控制和调整。这对国家国库财富的积累有利，对稳定百姓生活有利，对发展生产有利，但对少数大量聚敛金钱财富的金融大贾的投机倒把是不利的。管仲的"轻重""权衡"之术，实际上是一种影响国计民生的重大国策，所以说是"不通于轻重，谓之妄言"（《轻重·山至数》）。

当然，管仲的"轻重"论，主要是为国家在不增加百姓租赋的情况下，通过市场管理和调节，来为国库积聚大量财富，从而增强国力，以达其霸业目标。要称霸，没钱或缺乏钱是不行的。在市场与生产、消费与流通的过程中，管仲建议齐国对盐、铁实行国家垄断的专卖政策，也就是所谓"官盐""官铁"，依靠市场的大量需求来为国家获取丰厚利润，从而肥了国库，壮大了齐国的经济实力。这是一方面。但另一方面，管仲"轻重"之术，是一种货币金融改革，客观上对百姓生活有利，而唯独不利于富豪大贾放高利贷者，这和管仲"藏富于民"的经济思想有关。当桓公问以"国会"问题时，所谓"国会"，即指有关国家财政经济的会计运算及统筹安排事宜。管仲说："王者藏于民，霸者藏于大夫，残国亡家藏于箧。"他所称颂的是"藏于民"的办法，也就是让百姓口袋有钱，可以随心购物，生活轻松好过。反之，一心聚敛刻剥百姓，钱藏于私人箱箧，就可能导致"残国亡家"的悲剧。因此他主张藏富于民："民富君无与贫，民贫君无与富。故赋无钱布，府无藏财，赀藏于民。"（同上）这一经济思想，深刻而辨证，至今仍有启迪意义。这应该说是对古代经济思想的大拓展。

（三）军事改革

军事改革是管仲富国强兵的重要措施。依照西周军制，国家军队主要依靠井田制来供养建立。但发展至春秋时代井田制已开始动摇，甚或破坏殆尽。因此，出自井田制的兵赋资源也日渐萎缩，直至难以为继。有鉴于此，管仲认为军事改革势在必行，不然霸业无望。

春秋战国时代，绵亘数百年，是个战争频仍的残酷年代，诸侯"争地以战，杀人盈野；争城以战，杀人盈城"（《孟子·离娄》）。因此，军队和战争紧密联系。富国强兵，既是保护自己，同时也是针对他国的紧张备战。一国加强战备，必然引发相邻诸国的军事竞赛，把大量的人力、物力、财力投入战争。一年的战争，将消耗数年甚或十年的国家贮积。这就形成了恶性循环，导致国家统治的恶化，甚至会达到家残国灭的程度。当齐桓公上台不久，就想动用军队，消灭他国，以便壮大齐国。但管仲明确地否定了他的计划。《管子》中有关兵法的军事篇章甚多，如《兵法》《幼官》《七法》《参患》《势》诸篇，但与《孙子兵法》等相较，互有详略，相互发明，自具兵家系统，故池万兴先生怀疑"并非管仲所著，而是产生于战国中期稷下学宫时代的稷下兵家学派之作"（池万兴：《管子研究》，高等教育出版社，2004年，第253页）。因此我们仅作参考而不予采录征引。而《国语·齐语》，则与《左传》先后而著，其文献可靠性较高：

> 桓公曰："吾欲从事于诸侯，其可乎？"管子对曰："未可，国未安。"桓公曰："安国若何？"管子对曰："修旧法，择其善者而业用之；遂滋民，与无财，而敬百姓，则国安矣。"桓公曰："诺。"……国既安矣，桓公曰："国安矣，其可乎？"管子对曰："未可。君若正卒伍，修甲兵，则大国亦将正卒伍，修甲兵，则难以速得志矣。君有攻伐之器，小国诸侯有守御之备，则难以速得志矣。君若欲速得志于天下诸侯，则事可以隐令，可以寄政。"桓公曰："为之若何？"管子对曰："作内政而寄军令焉。"桓公曰："善。"管子于是制国："五家为轨，轨为之长；十轨为里，里有司；四里为连，连为之长；十连为乡，乡有良人焉。以为军令：五家为轨，故五人为伍，轨长帅之；十轨为里，故五十人为小戎，里有司帅之；四里为连，故二百人为卒，连长帅之；十连为乡，故二千人为旅，乡良人帅之；五乡一帅，故万人为一军，五乡之帅帅之。三军，故有中军之鼓，有国子之鼓，有高子之鼓。春以蒐振旅，秋以狝治兵。是故卒伍整于里，军旅整于郊。内教既成，令勿使迁徙。伍之人祭祀同福，死丧同恤，祸灾共之。人与人相畴，家与家相畴，世同居，少同游。故夜战声相闻，足以不乖；昼战目相见，足以相识。其欢欣足以相死。居同乐，行同和，死同哀。是故守则同固，战则同强。君有此士也三万

人，以方行于天下，以诛无道，以屏周室，天下大国之君莫之能御。"

这段话，说明战争并非纯是军事问题，军事战略应服从于政略的需要。军事建设、富国强兵，要求一个国内政治安定的良好环境。如果国内政治自我混乱，人心离散，又怎能团结一致共御外侮呢？因此，国内政治不安定，人民未予支持，又怎能"将有事于诸侯"呢？战争并非随心所欲的主观意志所决定，而应先考虑及人民的意向和态度，只有获得百姓支持，战争才能持久，并坚持到最后胜利。

其次，在各大国的军事竞赛中，积极备战，进行军事建设是必要的。但积极备战有两种方式：一是公开备战，从而引发敌国的公开反弹，于是大家没完没了地扩军备战，既不能胜敌以解决问题，却又白白消耗了大量国力军力，这样的军事备战是盲目的，不仅没意义，而且可能产生了负面效应；一是隐形的备战，备外以内，寄军于政，表面上是在加强国内政治组织的建设，实际上却是军政一体，建设地方政权组织，即是改革军队编制。这样不起眼的军政一体化的改革，寓兵于民，就不会引起敌国注意，更不会因此惹出诸多麻烦。以非军事的面貌来组织军队，无事时是生产单位，战时即是军事组织。这就是寓兵于农或藏兵于民。平时是农民，是士人，战时即是训练有素的战士和军官。在政制方面，分为轨、里、连、乡，各有长官；在兵制方面，也相应分为轨、里、连、乡，一轨五人，设轨长；十轨为一里，五十人为小戎，设里司帅之；四里为连，二百人，设连长带领；十连为乡，军队称旅，二千人，由乡良人帅之；五乡一万人，成为一军，由五乡之帅统领。全国又分为左右及中军，听中军旗鼓指挥进退。政制与军令高度一体化，可称全民皆兵。

第三，利用农闲时节，春蒐振旅，秋狝治兵，平时就训练有素，战时则易于指挥，大大增强了军队的素质。

第四，由于士兵来自同一地方的邻里，彼此熟悉，平素相互关心，战场上就能配合默契，相互呼应救援，这就大大提高了战斗力量。

第五，利用这样一支具有政治目标，有人民支持的军队，除暴安良，"以诛无道"，就能战无不胜，横行天下而莫之能御。

当然，《管子》诸篇有关军事改革的众多议论，虽然多有后人的发挥，他们从战争的性质、战略和战术，谈到武器装备和兵赋给养供应，其理论系统严密，如果稍加整理，即可成一部《管子兵法》而与《孙子兵法》相媲美，其内容可以相互补充。但因其思想超前，若干内容经不起事实的考证和推敲，我们并没有全然予以采信。因为《管子》中的兵法议论，似乎已在为战国以后的封建统一战争作准备，为人君的统一中国作战略思考。这不合于管仲的时代需求。管仲在春秋初期，他的兵家议论，只能围绕着君主争霸战争来思考。但反过来看，后人借管仲的某些言论和行事来写《兵法》诸篇，仍有一定的参考价值，它发展并丰富了古代的军事学说。齐自太公吕尚开国以后，不断有著名兵家著作涌现。《太公兵法》，虽非太公亲笔，但时代较早，则可断言。后来，春秋末期诞生了孙武《孙子兵法》，直到现在，全世界的军事家都作为重要的参考。再后的战国年间，又有《孙膑兵法》的出现，并被现今的考古所证实。齐国诸多重要兵家著作的出现，并非偶然，而是形成了优良的军事传统。因此，管仲的军事改革，丰富而深刻，也是有原因的，既是现实的需要应运而生，同时也是在齐国优良兵家传统基础上的新思考。而《管子》中的《兵法》《七法》诸篇，虽然不一定是管仲亲笔，但却是他的学生或崇仰者，根据齐国兵家传统来对春秋战国战争实际和军事发展的总结，因此可与《太公兵法》《孙子兵法》《孙膑兵法》参读互补，从另一侧面说明了管仲军事改革理论的肇源和思考。

（四）教育改革

当然，管仲在齐所施行的改革，是综合性的、全面的，除上述政治、经济、外交及军事改革诸方面，还涉及了教育、交通等方面的改革，难以一一尽述。如教育问题，《管子·权修》篇曰："厚爱利，足以亲之；明知礼，足以教之。上身服以先之，审度量以闲之，乡置师以说道之。"讨论的是教育民众的问题。这段话说明了几个问题：一是要教育在下的民众，必须"上身服以先之"，也就是说，在上者必先受教育，并且以身作则，遵法守纪，而不是以不知为知，到处凭借其地位胡作指示，乱发议论，这样老百姓不会听你的教训的。一旦在上者先受教育，对于礼法规定带头执行，则其言传身教，让百姓们看在眼里，这就是一种很有效的"不言之教"。二是要为民众教育创造条件，具体到为他们请来教师开课，循循善诱，扬善去恶，从而移风易俗，此即"乡置师以说道之"。三是培养人才，让其一心向善，努力工作，也必须兼顾民众的生活和利益，如《五辅》篇所说："然则得人之道，莫如利之。利之之道，莫如教之以政。"这样办教育，就很实际而不是说空话。因为教育与学习，也有其潜在利益在，因此民众有了"利"的促进，就会较自觉地学习，接受教育，这也不失是一种引导之刺激之的有效教育的方法。

（五）交通改革

至于说到交通设施的建设，管仲同样重视。官府政令的下传、百姓民意的上达，需要一定的交通条件才能便于政府的管理和控制；民间的交流往来需要交通；沟通市场便于商贾服牛乘马，需要道路便利；国家设立驿递制度，拓宽道路，既便民生，又是国防军事需要。因此，道路交通设施，是涉及国计民生的基础建设。不仅是道路，就是"服牛、辂马"之类交通工具，他也加以注意。如无牛车、马车、战车之类交通工具，又怎样满载货物原料之类商品，来周遍天下贱买贵卖而获取丰厚利润呢？如无坚甲保护的便捷战车，又怎能运载军队冲锋陷阵呢？因此，管仲曾对桓公说："令夫商群萃而州处，察其四时，而监其乡之资，以知其市之贾，负任担荷，服牛辂马，以周四方，以其所有，易其所无。"（见《国语·齐语》）他对交通工具性能的观察是细致的。但交通更重要的还在于道路基础设施的建设。如《管子·大匡》所说："三十里置遽，委焉，有司职之。从诸侯欲通，吏从行者，令一人为负以车；若宿者，令人养其马，食其委。客与有司别契，至国八（入）契费。义（仪）数而不当，有罪。凡庶人欲通，乡吏不通，七日，囚。出（按：'出'

疑为'士'之讹）欲通，吏不通，五日，囚。贵人子欲通，吏不通，二日，囚。"于此可见，当时齐国驿站的建设和制度，是较先进的。后来封建时代有三十里一驿，或五十里一驿的设置。其到驿站换乘的快递速度，有所谓日行三百里、五百里或八百里的等级区别。设三十里一驿，相当于后代五百里八百里快递。但除紧急军情之外，实际速度是日行三百里。管仲所设三十里一"遽"，即驿站，不输于后来唐宋明清的创设。而且，齐国的驿站设施齐全，从换乘的车马、仓库的物资积聚及供应，双方各执一联的契税存单，都设有专人负责。如果驿站官吏刁难士民百姓，不给他们到政府机关所在地申诉的交通方便，按齐国法律是有罪的。这一驿站作为基础设施，对于当日齐国政治、外交、商贸、军事，都产生了积极的影响。

附录：

古代驿站邮传之设，今《辞海》认为起于战国时代，误。今按《左传》所载，春秋时期早已有之，但以管仲所创齐国驿站制度之设较为完善。现据《左传》庄公九年（前685年）载，齐鲁乾时之战，鲁师败绩，"公（按：指鲁庄公）丧戎路（兵车），传乘而归"。鲁庄公在战场上丧失了战车，于是匆忙之中赴驿站"传乘而归"，即乘驿车返鲁，免于被俘命运。可见当时鲁国已设有驿站驿车，并由驿传机构负责道路交通设施的维护。文公十六年（前611年），"楚子（按：楚庄王）乘驲，会师于临品"，遂灭庸。驲、传、驿、遽，都是驿车简称。"（成公五年）梁山崩，晋侯（按：指晋景公）以传召伯宗。伯宗辟重，曰：'辟重！'"因为任务紧急，故晋景公命大夫伯宗乘驿车赴都。可见驿传速度快捷。又，乘驿传大多要员、要务，故一般车辆应避让驿传，这已成定例，故伯宗有"辟重"之语，叫一般的载重车辆避让自己的驿传，这是一般的正常要求，甚或是政府规定的交通规则。襄公二十一年（前552年），晋国执政范宣子灭栾氏、羊舌氏家族，把羊舌肸（叔向）逮捕下狱，叔向生命危在旦夕。当时老臣祁奚早已退休，闻之，急忙"乘驲见宣子"，指出叔向贤臣，是晋"社稷之固"，应予赦免。祁奚不顾自己年老体衰，急急"乘驲"救叔向，可见驿车速度快捷，并较舒适，故老人也可经受长途奔劳。如果缺乏舒适驿车，车速不快，楚庄王当然也不会"乘驲会师"了。晋驿与楚驿相似，既快捷又舒适，能够给予客人较好的服务。襄公二十七年（前546年），晋楚会盟，晋方赵孟提出希望楚国邀请秦国参加，楚令尹子木不敢擅作主张，于是"子木使驲谒诸王"，让楚康王亲自决策。在会盟期间，楚一路设驿传，因此子木才能够以最快的速度，"驲谒诸王"，通过驿传，向楚都的国王请示汇报，传达重要信息、情报、文件并请示事宜。昭公二年（前540年），郑国执政子产闻知"郑公孙黑将作乱"，当时"子产在鄙，闻之，惧弗及，乘遽而至"。可证郑国虽小，但也有一定的驿站驿传制度之设，才能从边远之地，很快赶回国都处理紧急事务。昭公二年（前537年），"楚子以驲至于罗汭"，楚灵王乘驿车奔赴吴楚前线，可证楚国驿递之设颇为发达，安全、舒适而便捷，争取了时间，有时就掌握战场先机。哀公二十一年（前474年），齐鲁将会见，鲁哀公至于阳谷，齐大夫闾丘息见哀公曰："群臣将传遽以告寡君。"齐之驿递邮传，因管仲交通改革的遗产，制度较他国完善。齐人通过驿站传车，迅速向齐平公请示汇报。

综上所述，我国春秋时代早有驿站驿车之设，无论大国如晋楚齐秦，或是中小诸侯国如鲁郑，都已成为该国及异国相互交流互动的重要交通设施，从交通工具到道路建设，都已形成制度，并具一定的规模。这是涉及国计民生及国家生存发展的基础设施建设，促进了社会历史的发展。不过比较而言，春秋列国中，在经历管仲的改革后，齐国有关驿站驿递的制度，似乎尤为完善，值得治古代交通史者注意。

五、改革成败说教训

首先，谈管仲改革所受的影响及其历史渊源。

中国古代的改革，西周初周公旦的制礼作乐，是古代奴隶时代的一次大规模的改革。但周公基本因袭殷商旧制加以变革，并逐渐形成了一整套的周礼之治，影响到千秋后代。后人又对周公改制加以理想化，于是后有《周礼》《仪礼》等著作对礼乐制度作理想化的描述和规定。在周公所处的西周初年，因立国之初，大乱甫定，并时有征战，因而不可能具体实行《周礼》《仪礼》所规定的制度。因此，后来管仲在齐国所推进的改革，当然会受周公改制的影响，对其制礼作乐的改制变革思想，加以继承和发展；但在管仲的言行中，却不见对《周礼》《仪礼》等礼书的言说评论。就是后来孔子所说的周礼，也不是现存的《周礼》。因此可以断言，管仲改革所继承发扬的，只是周公改制的思想及其东征叛乱以尊王室的"一匡天下"的意图，而并非是《周礼》诸书的具体制度规定。在具体的制度改革方面，管仲是空无依傍的。这正是他成为圣贤的根据。

作为齐国的改革家，管仲更多的是继承太公吕尚的开国思想，这对他影响更大。齐鲁二国是鸡犬相闻的邻邦，但齐文化和鲁文化却各具特点而多有不同。周公之子伯禽开国于鲁，所遵循完全是周公礼乐，故后人谓之"周礼尽在鲁矣"。但姜太公吕尚封齐，他的开国指导思想与鲁有异，当时周、鲁二国曾因指导思想不同而发生争论。据《史记·鲁周公世家》载："鲁公伯禽之初受封之鲁，三年而后报政周公。周公曰：'何迟也？'伯禽曰：'变其俗，革其礼，丧三年然后除之，故迟。'太公亦封于齐，五月而报政周公。周公曰：'何疾也？'曰：'吾简其君臣礼，从其俗为也。'及闻伯禽报政迟，乃叹曰：'呜呼，鲁后世其北面事齐矣！夫政不简不易，民不有近；平易近民，民必归之。'"齐鲁二国初封时，国土大小并无大的差别，鲁地还更肥沃。但几百年后，齐大鲁小，齐常恃强凌弱，不断兼并小国，开疆拓土，因此蔚为大国。齐鲁之民，原来都是殷商时代的东夷之民。鲁伯禽开国，硬是用姬周礼制，改造夷人，强行同化，这必然激化不同部族间的矛盾，为政治的稳定消耗了大量心血和国力，岂有更多力量来进行政治、经济、文化及军事变革？故步自封，鲁国维持原有规模已有困难，又何来壮大发展呢？而齐国的传统不同，太公开国，指导思想是"从其俗"来"简其君臣之礼"，即在尊周的基础上，汲取原来东夷的风俗习惯来制定礼制法规，使东夷百姓乐于遵行，君臣上下，和谐同心，这样就能政通人和，有了人民的支持拥护，就容易心想事成。因此，从太公开国之后，改革已成齐人的重要思考，并逐渐成为齐国的文化传统。据《史记·齐太公世家》载："太公至国，修政，因其俗，简其礼，通工商之业，便鱼盐之利，而民多归齐，齐为大国。"古时国之大小强弱，不仅是国土大小问题，更重要的是人口问题。古时地广人稀，有人居住，才能开发而加强实力。齐鲁二国是近邻，二国的人口基础，原本主要都是东夷之民。鲁强行依照新来的周朝礼制加以改变异族的风俗习惯，其文化冲突、政治冲突当然矛盾激烈，这是一味遵循周礼而不根据生活实际加以变革的严重后果，因此鲁国人口多有流失，"人民多归齐"。这主要不是齐国的军事暴力引起的，而是齐国太公"因其俗，简其礼"，在政治经济上加以改革所导致的，"齐为大国"，正是齐国根据现实，重视改革优良传统的结晶，也是管仲进行大规模改革的传统思想依据。反观鲁国直到春秋末期，仍然少有改革，如《左传》哀公二十一年载："公及齐侯（齐平公）、邾子盟于顾。齐有责稽首，因歌之曰：'鲁人之皋，数年不觉，使我高蹈。唯其儒书，以为二国忧。'"齐人责备鲁人之"皋"，自己还不发觉不检讨。所谓"皋"，指不恭敬，说的是哀公十七年（前478）齐鲁二君盟于蒙时的相见之礼："齐侯稽首，公拜。齐人怒。武伯曰：'非天子，寡君无所稽首。'"也就是说，见面时齐平公先行跪拜叩头的"稽首"之礼，但鲁哀公依周公之后的高贵身份，认为只有对天子才"稽首"，对其他诸侯只能是弯腰而拜。这就引起齐人的发怒，影响了两国的外交关系，直到四年后，齐人仍然作歌加以讽刺，说是鲁人只是死读儒书，依循周礼而不据现实稍加变革，实在令人跳脚生气，以为"二国忧"。鲁人少有甚或不思变革，已成习惯思维，连孔子也难以免俗，季氏初税亩，稍加变革，即遭孔圣抨击。此所以鲁国常受侵蚀欺侮也，直至战国时被楚所亡。鲁国的经验教训，也为近邻齐国从反面提供了必需改革的思考。不思变则不如人，不如人则国弱力小受欺侮，这对齐国管仲改革也是一种刺激和推动。

其次，管仲改革，有其哲学思考，他是根据历史发展和现实需要来强调改革的必要性。司马迁曾读管氏《山高》篇，《山高》开篇即为"山高而不崩，则祈羊至矣；渊深而不涸，则沉玉极矣"。日人猪饲彦博以为："山高、渊深，形也；羊至、玉极，势也。取篇首两句之意以为名耳。"故《山高》虽不见于今本，但又名为《形势》而流传于今。《形势》篇曰："持满者与天，安危者与人。失天之度，虽满必涸；上下不和，虽安必危。欲王天下而失天之道，天下不可得而王也。得天之道，其事若自然，失天之道，虽立不安。其道既得，莫知其亡；其功既成，莫知其释之。藏之无形，天之道也。疑今者察之古，不知来者视之往。万事之生也，异趣而同归，古今一也。"要改革，首先必须遵循天的自然规律，"得天之道，其事若自然"；反之，若"失天之道"，违背自然，逆天而行，必受自然的惩罚而头破血流。但天道无形，如何认识自然呢？管仲继续提出了"疑今者察之古，不知来者视之往"，正确认识社会历史发展规律，总结历史的经验教训，既知其然，又知其所以然。这就有可能推动改革向正确的方向发展。再次，提出了"万物之生也，异趣而同归"的观念，自然环境与人类生活，在历史发展的长河中，波翻浪涌，千变万化，岂能一味固守不变？因此，要根据生活实际和现实需求，加以变改，只要遵循天道自然，鉴古知今，自是无往而不达。所论改革的哲学思考，思想深邃，洋溢着理性思辨的光辉。其改革能高瞻远瞩，胜人一筹者以此。

第三，管仲改革，充满了生活的辩证法。比如其外交改革，过去齐国恃强凌弱，欺侮鲁国，齐鲁多次交战，边境不安。急于兼并鲁国，实际上心急却一时办不成事。但管仲改行睦邻邦交，退反侵地的和平路线之后，表面上齐国少了若干田地，但实际上却让鲁国心服口服，随顺齐桓公的号令。每次齐国有所行动，鲁国积极出动兵赋紧紧跟随，这不就给齐国增添了许多力量了吗？齐鲁双赢的和平外交，当然对鲁有利，在一定程度上维护并稳定了鲁国安全；但对齐更有利，退还若干侵地，本来就非己有，不是真有损伤；但同时边境却获得了和平与安宁，由鲁国代替齐军牢固地把守住齐国的南大门，形成了一个和平生态环境，大大利于改革的推行。齐国获利更大。因此，根据现实生活变化的需求，巧妙而成熟地驾驭生活的辩证法，也是为管仲改革增添光彩的一个亮点。

第四，改革中君主的支持和大力推行绝不可少。但管仲同时强调改革中君主应带头以身作则，遵纪守法，对君主权威要有某种制约或限制，而不允许君主个人随心所欲地更改制度。《管子·牧民》篇曰："御民之术，在上之所贵；道民之门，在上之所先。"君主在改革中，应带头遵纪守法。"毋薮汝恶，毋异汝度，贤者将不汝助。"在上君主，虽具权势，但君主也是人，也会犯错误，有人性弱点，这就应该主动知错认错而加改正，而不是自以为一贯正确，永远坚持错误而制造罪恶。管仲对在上一人摆出警告曰："君不君，则臣不臣；父不父，则子不子。上失其位，则下逾其节。上下不和，令乃不行。"（《管子·形势》）在上君主知错不改，妄为肆虐，社会失去贤臣之助和人民的支持，此所谓君不君则臣不臣，成了百姓皆欲诛的独夫，又何来改革之成功和霸业的实现呢？

第五，君主的支持，是改革成功的保障；但君主的带头违反或"背叛"，却是管仲改革失败的一个重要因素。此史上所谓"成也萧何，败也萧何"也。管仲改革的成功，除了建立一整套完整的制度保证外，其个人的能力及人格魅力，吸引君主及贤臣、百姓的支持，也是重要原因。当管仲健在时，改革能稳步发展，桓公予以大力支持；但当其年老卧床之时，垂死之人尽忠谏言，桓公却听不进去。管仲死后，桓公在组织人事安排这一关键问题上，立刻背叛了管仲，重用被管仲斥逐的竖刁、易牙、公子开方等奸佞宵小，成了导致齐国改革失败的导火索。于此可见，管仲所制定的严密制度，对君主绝对权威是难以挑战的。管仲想要坚持法治，但最高统治者却一心维护自己的绝对权威地位而不受任何法治的约束。管仲在世时，曾努力引导桓公走正确的路；当管仲不在世时，桓公内心的权力之魔，从被约束管制的魔瓶中放飞出来，又有谁能加以控制呢？以此看来，管仲改革，并未冲破君主人治的限制。如《韩非子·难二》在评论桓公时说："得管仲，为五伯长；失管仲、得竖刁而身死，虫流出尸不葬。"管仲不是不知人治的危害，但却无可奈何，悲哉！

管仲改革在桓公死后，顷刻失败消散，但这并不等于改革不起作用。管

临淄管仲纪念馆

仲在齐国为改革建立了许多严整制度，行之有效，为后世的齐国所继承。后来齐之强大，与管仲改革直接相关。申无宇曾对楚灵王说："齐桓公城穀而置管仲焉，至今赖之。"（《左传》昭公十一年）后来齐能成为战国七雄之一，在秦扫六合中能坚持到最后被灭亡，正是有赖于管仲改革的沾溉。

人称管仲为圣贤，但圣贤也非全人，他有自己的缺点。孔子曾批评说："管仲之器小哉！"认为管仲对传统周礼不够重视，他说："管氏而知礼，孰不知礼？"（见《论语·八佾》）后来荀子就继承孔子之说来加以批评，曰："管仲为政者也，未及修礼也。故修礼者王，为政者彊（强）。"（见《荀子·王制》）这是就后来儒家的王霸之说来加以批评的，是儒家的最高要求。但在现实生活中，孔子对管仲的总体评价还是很高的。据《论语·宪问》载："子路曰：'桓公杀公子纠，召忽死之，管仲不死。'曰：'未仁乎？'子曰：'桓公九合诸侯，不以兵车，管仲之力也。如其仁，如其仁。'子贡曰：'管仲非仁者与？桓公杀公子纠，不能死，又相之。'子曰：'管仲相桓公，霸诸侯，一匡天下，民到于今受其赐。微管仲，吾其被发左衽矣。'"又《孔子家语·致思》曰：

子路问于孔子曰："管仲之为人如何？"子曰："仁也。得仁道也。"子路曰："昔管仲说襄公，公不受，是不辩也；欲立公子纠而不能，是不智也……家残于齐，而无忧色，是不慈也；桎梏而居槛车，无惭心，是无丑也；无耻恶之心，事所射之君，是不贞也；召忽死之，管仲不死，是不忠也。仁人之道，固若是乎？"孔子曰："管仲说襄公，襄公不受，公之暗也；欲立子纠而不能，不遇时也；家残于齐而无忧色，是知权命也；桎梏而无惭心，自裁审也；事所射之君，通于变也；不死子纠，量轻重也。夫子纠未成君，管仲未成臣，管仲才度义，管仲不死束缚，而立功名，未可非也。召忽虽死，过于取仁，未足多也。"

孔子针对子路对管仲的多重批评，认为子路是食古不化，所谓不忠不仁的批评，管仲不受也。孔子根据现实生活实际来给予具体而正确的评价。孔子否定子路的批评，实际上是给予管仲很高的评价。孔子批评管仲尚未知礼，而管仲强调的是因时因俗而加以变革，这正看出齐文化与鲁文化对于改革的不同思考。但总的说来，孔子还是给予管仲及其改革以较为客观而公正的历史评价的。

晋军第一英雄将

——先轸传叙

一、拔尖脱颖中军帅

在晋文公的文武重臣中，最重要的有三人：文臣是狐偃、赵衰，武臣是先轸。这里分文、武之臣，只是大致而言，因为在春秋时代，贵族的教育训练，都是礼、乐、射、御、书、数，是文武课程皆备的。因此文臣并非不武，他们进入军中，即是将军、统帅；而武臣并非不文，在治国安邦的议论中，他们也常发表过人的见解。狐偃与赵衰，都是随从公子重耳流亡的亲近之人，狐偃是重耳的妻舅，而赵衰之兄赵夙曾为献公（文公父）戎御，又与文公连襟，关系密切。先轸则未随从流亡，其祖先并非显赫，与晋文公族也无亲密关系。因此，先轸作为文公重臣，一方面是文公的慧眼识英雄，另一方面是因其德才兼备的杰特贤能。

先轸（？~前627年），又称原轸。古时封国有原，《战国策·魏策》四有"原恃秦、翟（狄）以轻晋，秦、翟年谷大凶，而晋人亡原"之言，此原与周襄王赐晋文公以苏忿生采邑之原者当为二地。原、先声近，一声之转，故原轸又称先轸。陈厚耀《春秋氏族谱》曰："或云先氏与范氏同祖隰叔，初封于先，故有先氏。"方朝晖《左传人物谱》则称："闵二年《左传》中有先友、先丹木二人，也许是先轸之先。"可备一说。按：先友、先丹木皆为太子申生身边的谋士幕僚，至先轸身后，先氏为卿，始为晋之大族姓氏。但据《左传》昭公十三年叔向对韩宣子言，重耳流亡在外，"有齐、宋、秦、楚以为外主，有栾、郤、狐、先以为内主"，则先氏之族，曾为文公返国并稳定政局，做出一定的贡献。以此，文公有机会知道先轸，也非偶然。至于赏拔至中军帅而执掌晋国军政大权，则完全是因先轸贤能及其功勋所致，文公之举贤援能，于此可见一斑。按：先轸是晋国著名的兵家。据《汉书·艺文志》于"兵家形势"下录有"《孙轸》五篇，图二卷"。班固按曰："形势者，雷动风举，后发而先至，离合背乡（向），变化无常，以轻疾制敌者也。"孙轸何人？班固并未明言。但据 1972 年山东临沂银雀山出土汉简《孙膑兵法》中有《陈忌问垒篇》残文曰："田忌问孙子曰：'子言晋邦之荀息、孙轸之于兵，末（下残）。'"则孙轸是继荀息后之晋名将。古音孙、先一音之转，可相假借，故孙轸应即为先轸。荀息为晋献公时名将，孙（先）轸则为文公时著名的军事家，二人踵武相继，合乎历史实际。又班固《汉书》所称《孙轸》"雷动风举，后发而先至"之言，与《左传》所载先轸的治军风格，合若符契。故晋文公慧眼超拔先轸统帅三军，并非偶然。另外，也可见出晋国让贤之风，以狐、赵之忠之能，二人与文公的关系极密，又有谁能超越呢？但是他们心服先轸，对他的上卿之命，毫无二议。此风一开，后来就形成了晋国政治中的一个优良传统。如果说狐偃是文公文臣中的智多星，在政治决策和战略决策中发挥了重要作用的话，那么先轸就是文公武臣中的骨干核心，在战略战策和战役安排、战术动作方面，智谋精深，机变百出，雷动风举，令敌防不胜防。狐、先二人，文武完美搭配，严丝密缝，几乎是无隙可击。这就为文公的霸业，做出了巨大的贡献。

　　春，晋侯将伐曹，假道于卫，卫人弗许。还，自南河济，侵曹、伐卫。正月戊申，取五鹿。二月，晋郤縠卒。原轸将中军，胥臣佐下军，上德也。……卫侯请盟，晋人弗许。……宋人使门尹般如晋告急。公曰："宋人告急，舍之则绝。告楚不许，我欲战矣，齐、秦未可，若之何？"

先轸曰："使宋舍我而赂齐、秦，籍之告楚。我执曹君而分曹、卫之田以赐宋人。楚爱曹、卫，必不许也。喜赂怒顽，能无战乎？"公说，执曹伯，分曹、卫之田以畀宋人。

——《左传》僖公二十八年

晋侯，指晋文公。曹，是时曹共公当国；卫，卫成公当国。晋伐曹、卫，一方面有文公报复心理起作用，因在昔日文公流亡过程中，曹、卫曾予侮辱；但更重要的是曹、卫为楚在中原地区的重要盟国。晋与楚争霸战中，曹、卫必然不免于难。再加晋伐曹时"假道于卫"而卫拒绝，这就火上浇油而重晋之怒。与晋相比，曹、卫为鲁、宋以下的二三流小国，力量不敌，能不陷于战火灾祸之中吗？原来，力争与楚决战，本是晋文公的既定国策，是争霸事业的需要；反之，楚则大有避与晋战的和平意愿。就在僖公二十八年（前632年）战争爆发前，《左传》明确记载："楚子入居于申，使申叔去穀，使子玉去宋，曰：'无从晋师。晋侯在外十九年矣，而果得晋国。险阻艰难，备尝之矣；民之情伪，尽知之矣。天假之年，而除其害。天之所置，其可废乎？'"总之，楚成王命楚军撤宋之围而避与晋战。这在楚军战史上，是很少有的现象。楚成王说，晋文公艰险备尝，知民情伪，又是"天假之年"，返国即位时已经五十三四岁，这次亲率晋军救宋，也已五十七八岁，这在古代，已入垂老之年，时不我待，如果不紧急捕捉这稍纵即逝的战机，可能争霸大业就会付之东流。因此，当时晋楚双方，表面上是楚进逼而晋退避三舍，实际上却是晋欲战而楚求平。只是由于楚帅子玉犯错，才会拒成王命而变为主动邀战。成王对子玉说晋君"有德不可敌"，应知难而退，而不可与天为敌。但子玉就是听不进去，以致城濮战败楚国失霸。其实，子玉之败，楚贤臣蔿贾早有预判。他对让贤于子玉的前令尹子文说："不知所贺。子之传政于子玉，曰：'以靖国也。'靖诸内而败诸外，所获几何？子玉之败，子之举也。举以败国，将何贺焉？子玉刚而无礼，不可以治民。过三百乘，其不能以入矣。"（《左传》僖公二十七年）此事见诸史册，可见是楚国朝廷的公开议论，并不保密，因此楚国君臣上下的内部矛盾，也被晋国间谍侦知。先轸在战前据以判断楚君统帅的指挥才能，并想出了有效对付之策，这就叫"知己知彼，百战不殆"。晋、楚战前，晋文公实主动求战，但一来楚军强大，一时胜负难料，他有求战又怕输的心理障碍；二来主动邀战，又有忘楚王恩情之嫌而背上忘恩负义之名；再加以楚已答应，如果晋释曹、卫，则楚释宋围，楚名正言顺，合乎礼仪；而晋因救宋出兵，现宋已安全，则晋无再战之理，如主动合战，则弃宋为不仁，战楚为背恩，忘恩负义，违礼不仁，对晋极为不利，因为楚已把破坏和平的责任皮球踢回给晋方，从而化被动为主动。这就涉及战略大局的思考与设计问题。如何对付楚方踢来的皮球呢？晋君臣自有一番争论。当时狐偃就事论事，认为："子玉无礼哉！君取一（按：即楚撤军而宋安），臣取二（曹、卫从楚而安），不可失矣。"要求文公拒绝楚方条件，主动邀战。但先轸却棋高一着，他认为大敌当前，应坚决求战，这无不同。但求战的方法要灵活变化，而不可胶柱鼓瑟。首先，要把破坏和平的皮球踢回给楚方，而不能硬性拒绝楚方要求，所以先轸对文公说："子与之。定人之谓礼，楚一言而定三国，我一言而亡之，我则无礼，何以战乎？不许楚言，是弃宋也；救而弃之，谓诸侯何？楚有三施，我有三怨，怨仇已多，将何以战？"这一番话，分析透彻而深刻，驳回了狐偃的主张。也就是说，先是表面上答应楚方要求，但实际上却暗中加紧备战。其次，根据所知子玉为人的信息，想法激怒于他，引诱他犯错误而入我彀中，让他怒气冲天时失却理智，放弃前面已有的合理安排而主动邀战。这不就把破坏和平的战争罪责推给了楚方了吗？而晋则有主持正义的名声，从而获得广泛的舆论和诸侯的支持。先轸的具体做法是："不如私复曹、卫以携之，执宛春（按：楚使）以怒楚，既战而后图之。"（《左传》僖公二十八年）。晋文公坚决实行先轸的战略设计，终于化被动为主动，高举正义大旗，一战而霸。城濮之战，晋军在先轸的指挥下，大获全胜；楚军则大败，统帅子玉自缢身亡。其具体战况，可参《晋文公传叙》，此略。

人或称城濮战役中，先轸使诈而晋胜。的确，先轸是使诈故意激怒楚帅子玉，善于引诱对方犯错误，对方如果全然正确，无懈可击，无可败处，又将如何战胜敌人呢？但诱敌的同时，先轸并没有把胜利完全寄托在楚之弱上，而是首先加强己方力量，令敌无可胜之机，也就是先自立于不败之地。在先轸的统帅下，战前晋军的安排与训练，井然有序，左、中、右三军各有打击对象，明确而有针对性。而且，晋军背靠宋国而战，后勤运输供应便捷周到而安全。反观楚方，失却曹、卫，后勤兵马粮秣供应线难以畅通。又因楚军的急速行军追击，显得战线太长而有隙可击。再加以晋军的舆论动员，普遍士气高涨，楚子玉战表的骄狂之言，反而激发了晋军的斗志。因此，战前文公登有莘之墟以巡阅三军时，发出了"少长有礼，其可用矣"的自信赞叹。先轸统兵，确非等闲，早胜子玉一筹。就这样，晋楚城濮战役，按照先轸的设计程序进行，楚军岂能不败？

在《左传》记载中，先轸在晋楚城濮之战及秦晋崤山之战两大关键战役中，因其正确判断，指挥高妙，完胜敌人，从而建立了赫赫战功，为晋霸业奠定基础，可称晋国英雄第一人。但在文公薨后，不久即在伐狄的箕之役中，以免胄甲冲锋陷阵、为国尽忠的方式，自杀身亡。当时，文公的尸骨未寒，悲乎！

二、重丧兴师绝后患

晋文公薨于鲁僖公三十二年（前 628 年）冬十二月。三十三年（前 627 年），秦军乘丧逾越晋境，原为偷袭郑国而发。但其间因巧遇郑商队，郑贾弦高伪装郑使犒秦师，致使秦师无功而返，于是干脆"灭滑而还"。滑处周、郑之间，是与晋国同姬姓的兄弟之国。因此，是否拦截秦军，成了晋国上下的一大议题。

> 晋原轸曰："秦违蹇叔，而以贪勤民，天奉我也。奉不可失，敌不可纵。纵敌患生，违天不祥。必伐秦师。"栾枝曰："未报秦施而伐其师，其为死君乎？"先轸曰："秦不哀吾丧而伐吾同姓，秦则无礼，何施之为？

吾闻之，一日纵敌，数世之患也。谋及子孙，可谓死君乎?"遂发命，遽兴姜戎。子墨衰绖，梁弘御戎，莱驹为右。夏四月，败秦师于殽，获百里孟明视、西乞术、白乙丙以归，遂墨以葬文公。晋于是始墨。

——《左传》僖公三十三年

原来，在晋文公死后，秦于僖公三十二冬决定乘晋大丧无暇他顾，逾晋境东出袭郑，在郑建立重要的前进军事基地，以便代晋争霸中原。这是秦的战略大计。当时秦穆公曾访问群臣，加以讨论。据《左传》僖公三十二年载：

冬，晋文公卒。庚辰，将殡于曲沃。出绛，柩有声如牛。卜偃使大夫拜，曰："君命大事将有西师过轶我，击之，必大捷焉。"杞子自郑使告于秦曰："郑人使我掌其北门之管，若潜师以来，国可得也。"穆公访诸蹇叔。蹇叔曰："劳师以袭远，非所闻也。师劳力竭，远主备之，无乃不可乎! 师之所为，郑必知之。勤而无所，必有悖心。且行千里，其谁不知?"公辞焉。召孟明、西乞、白乙，使出师于东门之外。蹇叔哭之曰："孟子! 吾见师之出而不见其入也。"公使谓之曰："尔何知? 中寿，尔墓之木拱矣!"蹇叔之子与师，哭而送之，曰："晋人御师必于崤，崤有二陵焉：其南陵，夏后皋之墓地，其北陵，文王之所辟风雨也。必死是间，余收尔骨焉。"秦师遂东。

在晋文公出殡时，"柩有声如牛"，不知卜偃使用何种手段来实现的，或者是后代小说家的夸张之辞，总之，卜偃是个对文公有影响的人物。卜偃又称郭偃，先秦及汉诸子著作中多有其名其事。他不仅是晋国巫师，而且是在晋推行新法的改革家。如《韩非子》卷五《南面》篇曰："管仲毋易齐，郭偃毋更晋，则桓（公）、文（公）不霸矣。……夫不变古者，袭乱之迹。……故郭偃之始治也，文公有官卒；管仲始治也，桓公有武车；戒民之备也。"（陈奇猷：《韩非子集释》，上海人民出版社，1974 年）郭偃即卜偃，晋掌卜大夫，曾助晋文公变法图强。故《商君书·更法》篇载"郭偃之法"。晋文称霸，卜偃与有功焉。看来，在维护并发展晋之霸业问题上，他与先轸是同心同德的，不过是因为职责不同，而使用不同的方法来加以贯彻。古时军阵，出师之前，也常要借助卜筮。因此，卜偃之言一出，影响不可小觑。是否卜偃与先轸事先商量所唱的双簧计，则不可知。当时先轸是中军帅，位居晋国六卿之首以执国政，有了卜偃从祖宗鬼神方面来宣示天意作舆论宣传，则大大有助于先轸在战前说服群臣，并进行战略决策。以此，秦晋很快就爆发了崤山战役。

在鲁僖公二十八年晋楚城濮战役中，为尽可能地孤立楚国，晋与秦、齐二大国结为同盟。但晋胜称霸，并不符合秦国的战略利益。因此，当楚败之后，郑作为楚之盟国，必然会受到惩罚。于是在鲁僖公三十年九月，"晋侯、秦伯围郑，以其无礼于晋，且贰于楚也。晋军函陵，秦军汜南"，形成了对郑的严密包围，郑亡以日待也。在郑国危亡的严重时刻，郑文公启用老臣烛之武。烛之武深夜缒城赴秦军营垒见秦穆公，以其能言善辩的外交辞令，说服了秦穆公。于是秦不仅撤围退兵，而且留下杞子、逢孙、杨孙率部分秦军帮郑国守卫。这就诞生了《烛之武退秦师》这一著名文学名篇，曰：

> 秦、晋围郑，郑既知亡矣。若亡郑而有益于君，敢以烦执事。越国以鄙远，君知其难也，焉用亡郑以陪邻？邻之厚，君之薄也。若舍郑以为东道主，行李之往来，共（供）其乏困，君亦无所害。且君尝为晋君赐矣，许君焦、瑕，朝济而夕设版焉，君之所知也。夫晋何厌之有？既东封郑，又欲肆其西封，若不阙秦，将焉取之？阙秦以利郑，唯君图之。

烛之武全凭一篇绝妙的外交说辞，说明利害所在，切中了秦人要害，深深打动了秦穆公。为什么？"邻之厚，君之薄也"，"既东封郑，又欲肆其西封"，一个强大的新晋之国，对秦国安全和发展将构成严重的威胁。从秦的国家利益来考虑，秦穆公终于"与郑人盟"，从郑撤军，选择了背盟叛晋的道路。这就救了将亡小国而郑以获全。当时晋国政要大为愤怒，狐偃（子犯）请攻秦军。但晋文公考虑了昔日返国所得秦的帮助很大，穆公的恩惠不能忘，否决了与秦开战的选择，他解释说："不可。微夫人之力不及此。因人之力而敝之，不仁；失其所与，不知（智）；以乱易整，不武。吾其还也。"如果没有昔日秦穆公的大力帮助，又岂有晋文公的今天？文公感恩图报之心未泯，遂使秦、晋免于战端，于是晋亦撤郑围返国。事见《左传》僖公三十年。当时文公虽处晚年，但并不糊涂，他是站在更高的角度来思考国家利益的。秦晋两国关系，已处于转折点上，而穆公与文公二君，应是秦穆公撤郑围而与郑盟，就跨出了破坏秦晋关系的第一步。此后将一步步滑向战争不止的紧张对峙局面，这对秦晋将造成了双输之局：秦难以东逾崤函以争天下，晋也受秦牵制而霸业经受严重挑战。

鲁僖公三十三年，秦师灭郑不成而亡滑而还。秦在僖公三十年时，曾与郑盟，现在看到有机可乘，又背郑盟。以此，秦人无信，传播天下。而且如先轸所说："秦不哀吾丧而伐吾同姓，秦则无礼，何施之为？"秦人继续犯错，文公之丧，不吊丧还出兵逾越晋境，这在古代是极无理之事，有违春秋贵族精神。古时诸侯有丧，敌国常为之退兵不战。秦因僻处西方，与戎狄蛮夷杂处，受戎狄习俗熏染，常借故不遵中原诸侯礼制。这时秦穆公又失一分。但先轸称秦人"伐我同姓"，理由堂皇，实在不过是煽情的说辞而已。当日文公伐卫亡曹，卫、曹姬姓，岂非晋之同姓兄弟之国？当时曹共公买通巫史，"以曹为解"，曰："曹叔振铎，文之昭也。先君唐叔，武之穆也。且合诸侯而灭兄弟，非礼也。"文公悦，以此而"复曹伯"。其实，晋自献公以后，开疆拓土，灭虢亡虞，无一非其兄弟或姻亲之国。所谓"伐晋同姓"，只是刺激舆论、煽动敌对情绪的说法。实际上，先轸之言，是从维护晋国霸业的国家利益出发，岂容秦人乘晋大丧而得利？这才是晋国发兵击秦的关键所在。至于栾枝的反对意见，"未报秦施而伐其师，其为死君何？"栾枝为人贞顺，信守传统道德，他抬出"死君"晋文公来批评先轸的意见。从实际情况出发，晋文公的确是一直感激秦穆公的恩惠的，即使在秦背盟叛晋之时，古时盟誓载书常有"有渝此盟，明神殛之，俾队（坠）其师，无克胙国"（《左传》成公十二年）之辞，但是文公还是原谅了穆公，并否决了臣下进击秦师的建议，

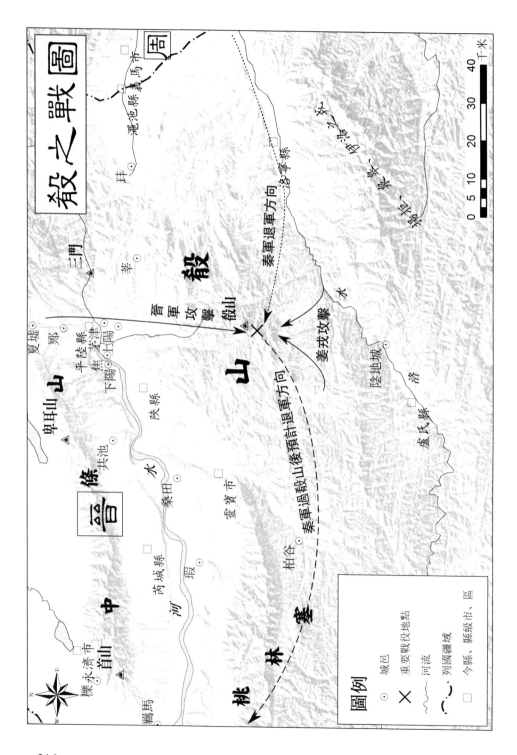

这就是在回报穆公昔日情意。这一点文公至死未变。但先轸作为中军帅，他站在维护国家利益的更高点上，坚决主战而否决了栾枝的意见。大概先轸很重视谍报信息工作，秦庭蹇叔之言，早已被他侦知，因此晋军早已做出调度安排，认为秦师乘晋国大丧偷逾晋境，并非无害通过，又不打招呼，失礼在先，这是敌人送上来的到口肥肉，岂能不食？一个强大的秦国，对晋国不利，现在有机会消灭过境秦师而稍予压制，于晋有益，有何不可？"一日纵敌，数世之患也"，因此，当时击秦实是为文公后代子孙计，这才是真正为"死君"文公着想。这一战略思考可谓棋高一着，具高屋建瓴之势。在先轸的统帅下，全晋上下，举国一致，同仇敌忾；新君"子墨衰绖"，身被胄甲，外罩黑色丧服，亲自征伐，以浓重悲壮之色，激励士气；为了万全之计，先轸同时发命，"遽兴姜戎"，形成了南北夹击的犄角之势。如此周密布局，秦师岂能生还？夏四月，"败秦师于崤，获百里孟明视、西乞术、白乙丙以归"。一切全在蹇叔料中，惜哉穆公拒听其言而后悔不迭。按：崤，晋山脉名。据黄鸣《春秋列国地理图志》曰："在今河南省卢氏县西部向东北延伸至渑池县北部黄河南岸的豫西北山区。晋人克秦师之崤地，有二崤。东崤在今陕县西南部甘山附近，西崤在今灵宝市寺河乡东部。其两山之间，约当今陕县西南部与灵宝市寺河乡交界之处，乃崤山之战战地所在。……按秦军劳师以袭远，其回师路线，势必不能沿着今陇海线三门峡市段由东向西直通陕县，盖当时陕县之地（原西虢之地）已为晋所有。秦军所能采取的路线，当由周境延洛河河谷西上，随后在今洛宁县西部北上，经崤山北行，进入灵宝市境内的函谷关西返。盖秦军以其地为晋戎交界之地，易于在不惊动晋军的情况下通过晋国之境，而晋军与姜戎在崤山两侧袭击秦军，于此尽歼。"先轸之所以要"遽兴姜戎"，恰是在晋、戎交界四不管的险要之处，出秦意外地南北夹击予以全歼。于此可见晋国与姜戎结成"统一战线"时，先轸所作具体战役安排之周密。

晋国主动发起的崤山战役，随着秦军进入伏击圈，东、西崤山的南北二个山口，分别被晋与姜戎堵死，形成了以绝对优势兵力关门打狗的局势，故能全歼秦军而俘其三帅。照理说晋以完胜收官。但事实不然，此役最后遗留了一步臭棋，出现了严重的纰漏。事故并非先轸造成，作为将帅，他的部署指挥堪称完美；但失误却出在文公之子晋襄公驩身上。同年《左传》载：

> 文嬴请三帅，曰："彼实构吾二君，寡君（按：指秦穆公）若得而食之，不厌，君何辱讨焉！使归就戮于秦，以逞寡君之志，若何？"公（按：指晋襄公）许之。先轸朝，问秦囚，公曰："夫人请之，吾舍之矣。"先轸怒曰："武夫力而拘诸原（按：原野，指战场），妇人暂而免诸国，堕军实而长寇仇，亡无日矣！"不顾而唾。公使阳处父追之，及诸河，则在舟中矣。释左骖，以公命赠孟明。孟明稽首曰："君之惠，不以累臣衅鼓，使归就戮于秦，寡君以为戮，死且不朽。若从君惠而免之，三年将拜君赐。"秦伯素服郊次，乡（向）师而哭，曰："孤违蹇叔以辱二三子，孤之罪也。"不替孟明，曰："孤之过也，大夫何罪？且吾不以一眚掩大德。"

晋襄公因年轻缺少政治历练，轻易听信文公夫人文嬴之言，须知文嬴是穆公爱女，发此言是站在秦的立场说话。但襄公在没有和朝中众臣商议的情况下，独断释放所俘三帅归秦，这就铸下了大错。君子报仇，三年不晚，秦国三帅在穆公的爱护和支持下，誓志报此大仇，耿耿之心，日夜不忘。从此，秦、晋相互报复之战，不断发生，可称晋无宁日矣。因此，在极端气愤的情况下，先轸不顾朝中礼仪，当着君面唾口水，以示愤怒与抗议。这对先轸个人来说，一方面说明先轸是性情中人，个性鲜明，有言必吐而快；另一方面又违背了先轸"尚德"的本性，当理智战胜感情冲动后，先轸出于传统道德和礼制，认为自己"不顾而唾"，是无礼于君，内心自责，终于决心以死谢罪。晋国因此将失去一位道德高尚、为国尽忠、料敌如神、百战百胜的贤明元戎，对晋而言，这一重大损失，成为国耻，比秦国孟明将来的报复更厉害。由此可见，襄公最后的一招臭棋，看似平平，实际上几乎导致整个晋秦棋局的翻盘。先轸之死，襄公明显负有责任。先轸想为晋"绝后患"，但事与愿违，从此秦晋战火纷飞，后患无穷，先轸难料，悲哉！

三、负胄冲阵死犹生

狄伐晋，及箕。八月戊子，晋侯败狄于箕。郤缺获白狄子。先轸曰：
"匹夫逞志于君而无讨，敢不自讨乎？"免胄入狄师，死焉。狄人归其元，
面如生。

——《左传》僖公三十三年

作为晋军统帅，先轸指挥了晋楚城濮之战（僖公二十八年，前632年）；
晋秦崤山之战（僖公三十三年，前627年）；紧接着，是同年秋八月，晋狄的
箕之战，也是先轸指挥的最后一战。与前两战相比，箕之战的规模及难度并
不算大，以击秦得胜之师，返身击狄，士气正旺，晋军"获白狄子"，"败狄
于箕"，很快取得了胜利。但就在胜负已定的局势下，先轸认为责任已了，于
是决定自杀以谢君主："匹夫逞志于君而无讨，敢不自讨乎？"指的是自己因
襄公释秦三帅而面唾之事，在君权至上的古代，这就是对君上的一种侮辱。
襄公悔悟，知道错在自己，而先轸是正确的，可能并不计较；但作为臣下，
先轸从维护周礼传统道德出发，非常自责，污辱了年轻的君主，又叫他如何
在众臣之前，来维护自己君主的威权呢？因此先轸在君"无讨"的情况下，
决定"自讨"——以自杀谢君上。但以何种方式自杀才有价值，才能起到警
醒人们的作用呢？自缢、服毒或自刎，都不行。经过慎重思考，先轸是职业
军人，于是他决定在战场以赴死杀敌、马革裹尸的自杀方式，来完成自己人
生中最后一个意愿。这才有了上述的免胄冲入敌军营垒的方式来自杀的壮烈
场面。两军阵前戈矛森然，万箭齐发，不穿盔甲，当然只有一死的结果，他
那英勇无前的大夫气概，连敌军都为之感动敬佩，因此而"归其元"，把他的
头颅送回，其面目仍然凛凛如生，叫人肃然起敬。先轸为自己的人生画上了
一个大大的血色的悲壮感叹号，令世人永远敬仰哀悼。

先轸性格刚直不阿，内心透明，但终于为维护传统礼制，在沙场之上，

用以死报君的方式为国尽忠，以洗刷自己耻辱。当时晋军将士中像先轸这样的真正英雄者不止一人，就如狼瞫，原是先轸的部属，但对先轸调换自己的工作很有意见而抑闷心中。

> 战于殽也，晋梁弘御戎，莱驹为右。战之明日，晋襄公缚秦囚，使莱驹以戈斩之。囚呼，莱驹失戈，狼瞫取戈以斩囚，禽之（按：指擒莱驹）以从公乘，遂以为右。箕之役，先轸黜之而立续简伯。狼瞫怒。其友曰："盍死之？"瞫曰："吾未获死所。"其友曰："吾与女（汝）为难。"（按：指发难刺杀先轸）瞫曰："《周志》有之，'勇则不登于明堂'。死而不义，非勇也。共用之谓勇。吾以勇求右，无勇而黜，亦其所也。谓上不我知，黜而宜，乃知我矣。子姑待之。"及彭衙，既陈，以其属驰秦师，死焉。晋师从之，大败秦师。君子谓："狼瞫于是乎君子。诗曰：'君子如怒，乱庶遄沮。'又曰：'王赫斯怒，爰整其旅。'怒不作乱而以从师，可谓君子矣。"

> ——《左传》文公二年

狼瞫是晋军中的真勇士、真英雄。他虽然只是一名普通将士，但却同样知书识理，引经据典而文武兼备，并非仅是一介血气之勇的武夫。他对"勇"的阐释非常精彩，杀害自己的上级，犯上作乱，非礼害国，算什么勇士呢？这样死后的连祖宗都不会予以接纳。因此，他说："共用之谓勇。"也就是与大家一样为国牺牲才算是"勇"。在箕之战中，先轸用续简伯调换了狼瞫的戎右之职，当然有他的考虑，也有可能是出于对狼瞫尚未深入了解的缘故，因此狼瞫心中郁闷，想要找出口加以发泄。朋友劝他报复先轸，于是他明白地说出了上述一番深明大义的见解。他准备以死洗刷耻辱，维护名誉，让别人真正了解自己的为人。先轸之死，同样给他以心灵震撼，他决心沿着先烈足迹，继续冲锋陷阵为国家牺牲。因此，先轸死后二年，狼瞫也继他"驰秦师"而死，这就是他所选择的洗刷耻辱以恢复名誉的最佳死法。这是真正勇士的英雄之死，故古人称他为君子，这是给予为国献身者的最佳荣誉。战场之上，贵族精神的具体表现，于此可见一斑。狼瞫死在先轸之后，说明了先轸精神后继有人，这可稍慰在天先烈之英灵。

四、英雄已逝说教训

晋狄的箕之役，实际上是晋胜出；但晋方有人以为虽胜犹败，因为牺牲了三军统帅先轸，得不偿失，故以为耻。如《左传》成公二十六年载郤至说范文子曰："箕之役，先轸不反命；泌之师，荀伯不复从。皆晋之耻也。"郤至透过现象看本质，力图为英雄赴死做历史经验教训的总结。

一、在春秋争霸过程中，君贤臣明，两相凑泊，默契互信，无所猜忌而诚乎相待，是国家发展壮大的一大动力。文公对先轸的慧眼识英雄，并非个例。这与文公用贤观念有关，围绕在晋文公身边，团结的一大批贤能之臣而各显神通。这与齐桓公相似，但也有所不同。齐桓公亲近的第一代贤臣，如管仲、鲍叔牙、隰朋之后，未曾注意续加培养赏拔，因此一旦第一代贤臣死去，则有后继无人之忧，故桓公死后，齐即失霸，此失贤之故也。但晋文公则不同，他身边的第一代贤能之臣，大都有尊贤让贤之风，以此，晋国的第二代第三代……一代接着一代地出现，甚至是曾经反对自己的敌人的子女后代，只要贤能，文公照样赏拔起用。如《左传》僖公三十三年载：

夫妇如宾能敬必德，《养正图解》，
丁云鹏绘图

> 初，白季使过冀，见冀缺耨，其妻饁之。敬，相待如宾。与之归，言诸文公曰："敬，德之聚也。能敬必有德，德以治民，君请用之。臣闻之，出门如宾，承事如祭，仁之则也。"公

曰："其父有罪，可乎？"对曰："舜之罪也殛鲧，其举也兴禹。管敬仲，桓之贼也，实相以济。《康诰》曰：父不慈，子不祇，兄不友，弟不共，不相及也。《诗》曰：采葑采菲，无以下体。君取节焉可也。"文公以为下军大夫。反自箕，襄公以三命命先且居将中军，以再命命先茅之县赏胥臣曰："举郤缺，子之功也。"以一命命郤缺为卿，复与之冀，亦未有军行。

按：郤缺之父郤芮，党惠公，文公初入国，曾与吕甥合谋焚公宫弑文公，因叛乱被杀。故郤芮是文公死敌。但文公却相信臼季的荐贤，不计前嫌，大胆起用敌人之子，后郤缺果然不负众望，箕之役中，力擒白狄。后僖公三十三年（前627年）为卿，文公十二年（前615年）将上军，宣公八年至十二年（前601～前597年）将中军执晋政，直至致仕家居。他在郤氏家族中培养了一代又一代的贤能之臣，如齐晋鞌之战中率晋军克敌制胜的统帅郤克，即郤缺之子。又如晋悼公时期的中军尉祁奚，《左传》襄公三年载：

祁奚请老，晋侯问嗣焉。称解狐，其雠也，将立之而卒。又问焉。对曰："午也可。"于是羊舌职死矣，晋侯曰："孰可以代之？"对曰："赤也可。"于是使祁午为中军尉，羊舌赤佐之。君子之谓祁奚：于是能举善矣。称其雠，不为谄；立其子，不为比；举其偏，不为党。《商书》曰：无偏无党，王道荡荡。其祁奚之谓矣。解狐得举，祁午得位，伯华得官，建一官而三物成，能举善也。夫唯善，故能举其类。《诗》云："惟其有之，是以似之。"祁奚有焉。

在个人关系上，解狐是祁奚的仇人，祁午是他最亲近的儿子。但在事关国家利益的政治问题上，他以"善"这一贤能为标准，举仇不是谄媚，举亲不是朋比为奸，一切从国家利益出发，这是真正的举荐贤人了。而晋悼公一切照办，他后来使晋国重兴霸业，正与其唯贤是用的作风密切相关。由此可见贤人政治的重要。祁奚告老退休后，在晋平公时，有人陷害晋国著名贤人叔向（按：即羊舌肸），他立刻乘驿车回都城新田（按：即新绛），对执政范宣子侃侃而言曰："夫谋而鲜过，惠训不倦者，叔向有焉，社稷之固也。犹将十世宥之，以劝能者。今壹不免其身，以弃社稷，不亦惑乎？……若之何其以虎也弃社稷？子为善，谁敢不勉，多杀何为？"范宣子认为说得有理，于是向晋平公解释而释放叔向。叔向也没有去拜谢祁奚的救命之恩，就直接上朝工作去了。事载《左传》襄公二十一年（前 522 年）。于此可见，晋国尊贤、用贤、让贤成风，这与文公的思想观念密切相关，并代代相传。晋文公破格任用先轸为中军帅，执晋军政，让先轸的贤能之才发挥得淋漓尽致，做出了极大的贡献，把晋国的霸业推向了巅峰。但随着晋文公的死去，襄公继位，年轻缺乏经验，一来他认为作为君主自己有权独断，因此有大事不和先轸等贤臣商量，这是制度使然；二来文嬴是文公夫人，先父尸骨未寒，情面难却，因此，立即释放秦囚三帅，从而铸下大错。先轸知道后对襄公说："患生矣！"（见《史记·晋世家》）但也无奈，只能面对现实，当时感情冲动，一时当襄公面而唾，促使自己在疆场冲锋杀敌而以死报君，这又是错上加错。这些故事说明，君明臣贤，两相凑泊，上下相乎，更无疑猜，国家将大有作为，获得健康发展。反之，则效果相反。襄公之于先轸，只是一时没有相互理解，立即造成了严重后果，给国家带来了灾难，襄公后悔也没有用。在古代的专制社会中，君臣之间能不慎乎？

二、勇士之"勇"，在古代，并非只是呈血气之刚、匹夫之勇。勇士之"勇"，首先是"上德"也，也就是以其高尚的道德修养为前提，从国家利益出发来指导自己的作为和行动，那种滥杀无辜而违仁背义的残酷，并非勇敢。如后之赵穿，系晋君驸马，恃宠生骄，不懂军事，为人"好勇而狂"。在秦、晋令狐战役中，违命出击，致晋军冒进而陷入险境。因此，真正的勇士必然是有高尚道德的人，才能被人视为英雄。先轸和狼暽，他们即使是为名誉而冲敌自杀，也要选择为国牺牲而冲锋陷阵的方式去死，用自己的死，为国家带来新的胜利。这种披肝沥胆的男儿血性，为国效死的赤胆忠心，有古烈士之风，才是真正的勇敢，可称真正的英雄。英雄之死，催人泪下而令人难忘，这是历史对于真正勇士的回报。

323

小国改革之典范

——郑国子产传叙

从文学的角度看《左传》，重在写人是其最为光彩夺目的笔墨，无论是叙事、议论或抒情，都能声口毕肖，栩栩如生，特别是运用简洁凝练的生动故事来描摹人物的内心世界，更是一绝。其中郑国晚期的执政子产，是最为成功的人物形象之一，即使在困境中，子产也是挣扎奋斗，永无止息。这应该是寄寓了作者美好理想的历史人物。

子产（？～公元前522年），名侨，因是郑穆公之孙，人称公孙侨，又称公孙成子。郑国国君与周天子同为姬姓。郑之先祖桓公，是周厉王少子，周宣王庶弟，宣王二十二年（前806年）封郑，后迁洛东。郑桓公曾在幽王时任司徒。子产是字，又字子美。按：郑穆公有七支后代，史有"七穆"之称，即公孙舍之（子展）为罕氏，公孙夏（子西）为驷氏，公孙侨（子产）为国氏，良霄（伯有）为良氏，游吉（子大叔）为游氏，公孙段（子石）为丰氏，印段（伯石）为印氏。子产及其父子国，是公族"七穆"中重要的一支。子产是春秋晚期著名的政治家、外交家、改革家。他执国政二十余年，周旋于晋、楚列强之间，折冲于樽俎之际，在一定程度上维护了小国的生存权利及其尊严。他曾在郑国实施了一系列政治、经济及律法改革，暂时安定了郑国的世家大族，给人民带来了某些实际利益，有利于民智的开发，从而形成了郑国的新气象。

一、目光深远慧少年

> 庚寅，郑子国、子耳侵蔡，获蔡司马公子燮。郑人皆喜，唯子产不顺，曰："小国无文德而有武功，祸莫大焉。楚人来讨，能勿从乎？从之，晋师必至。晋、楚伐郑，自今郑国，不四五年弗得宁矣。"子国怒之，曰："尔何知？国有大命，而有正卿。童子言焉，将为戮矣！"
>
> ——《左传》襄公八年

故事发生在（鲁）襄公八年（前565年）。子国即公子发，穆公子，子产之父。襄公二年（前571年），郑国子罕摄国政，子驷为卿秉政，子国任司马，负责郑国的军事工作，率兵御敌或侵伐征战，是其职责范围之事。因此，这次侵蔡之战，子国是郑军统帅，并且一战成功，俘获了敌军统帅公子燮，时公子燮为蔡司马，这不是巨大的胜利是什么？"郑人皆喜"，说明当时郑国上至君主贵族，下至庶民百姓，无不欢呼雀跃。但就在举国欢庆之时，却突然出现了一个不和谐的音调——"唯子产不顺"。"唯"者，唯一、只有之意。在胜利之后，举国昏昏，而只有子产清醒地认识到郑国将面临的严重形势和亡国危险，不去附和自己那兴高采烈的父亲与诸权贵的意见。其父子国斥之为"童子"无知的狂妄，会招来杀身之祸的。"童子"，指的是未冠的青少年，子产当时可能约是十六七岁的年纪。鲁昭公二十年（前522年）子产卒，上距襄公八年已四十余年，以此推测，子产大约活

子产像

了六十岁左右的"耳顺"之年，在古代已算长寿。在这一故事发生时，子产当时为少年，尚在读书学习的阶段，并未入仕从政。但"童子"议论，明显过于成人，目光深远，洞幽烛微，见人之所未见，言人之所未言，洵非常人所及。这一方面说明了其儿童时期，在贵族家庭中受到了良好的教育与培养，另一方面也看到他那独特的天赋及其政治敏锐性。

春秋时期的郑国，地处今天的河南中部，国都新郑，在溱、洧、黄诸水交汇的黄淮流域。在当时，晋、楚、齐、秦属一流大国，鲁、宋等属二流之国，而郑、卫则在二三流之间，虽大于三流之陈、蔡，但仍属小国范围。郑国地处南北要冲，扼中原之咽喉，是兵家必争之地。春秋时代，礼乐崩坏，周天子是形同傀儡的天下共主，实际是"礼乐征伐自诸侯出"，春秋五霸相互厮杀博弈，经常在战场上一决胜负。始霸齐桓公死后，齐国霸主地位动摇，虽仍可欺鲁灭郑，但却被更加强大的晋、楚限制在山东半岛而难有大的作为。而西处关陕渭水流域一带的秦国，几次努力打开通往东面的出口，以便逐鹿中原，但在公元前627年崤之战后，秦被晋国封锁在边远西鄙而难预中原之事。于是只剩下了晋、楚二强南北争霸的大格局。晋欲控制中原并南下征伐楚国，必经郑国；楚要北上争夺中原，也必须先征服郑国。因此，在子产生活的年代里，郑在晋、楚兵锋的夹缝中挣扎生存，当朝处理稍有不当，就有毁灭宗族甚至是亡国的危险。陈、蔡诸国，在郑国南方，逼于强楚压力，基本上属于楚的势力范围。蔡小于郑，实力不及，所以郑能一战而胜。战胜小敌而诱发了郑国当政贵族的骄狂心理，实是缺乏远见，他们看不到"螳螂捕蝉、黄雀在后"，楚国人正以保护蔡国为名，逐步兴师伐郑。当时楚兵车五千乘以上，郑不足千乘，两者强弱形势非常明显。

此时，郑国以子驷、子国等为代表的当权者，被伐蔡胜利冲昏了头脑，而没有看到即将降临的灾难。但是，少年子产却对列国争霸的形势了如指掌而早有预言。他不仅看到了楚必来犯，而且如下棋多后着的思考一般，估算晋也不肯善罢甘休。处于晋、楚二强反复拉锯争夺中的郑国，如何生存和发展，成了少年子产首要思考的问题。他年纪小而未入仕途，但出于对生我养我故国的热爱和责任心，其深邃的思考，却远远超越了子驷、子国等老一辈的政治家。故事中有"郑人皆喜，唯子产不顺"之语，说明子产不是私下对父亲一人说的，而是在大庭广众重要场合的即兴议论。作为未冠少年，他没有公开议论国事是非的资格和权力。但他看不惯国人的短视浅薄，因而加以批评。俗话说童言无忌，他的发言是出于内心真情的自然流露，当是平日努力学习和认真思考的智慧结晶。其父子国，表面上怒斥其童子何知，其实却是说孩子不必负言责。因为服楚或是服晋，牵涉到郑之国策，处理稍有不慎，国家就有危险。如果是成年人，议论就必须负责，但当时子产是"童子"，因此可以原谅。在内心深处，子国是在为儿子排解，似骂实爱，也是保护自我家族利益的一种预防性措施。

后来，事态的发展果如"童子"所料，子产智慧，犹如事前的诸葛亮。当年冬天，楚国子囊帅师伐郑，宣称"报其侵蔡也"。当时郑国朝廷君臣，分为顺楚与顺晋两派，大家纷争难做判断。执政子驷急了，说："民急矣，姑从楚以纾吾民。晋师至，吾又从之。敬共（供）币帛，以待来者，小国之道也。"（《左传》襄公八年）依违于楚、晋二强之间，成了顺风而偃的墙头草，完全丧失了国家自立应有的尊严。第二年十一月，晋率诸侯联军伐郑，郑被迫订城下之盟，盟书誓曰："自今既盟之后，郑国而不唯晋命是听，而有异志者，有如此盟。"年底，楚又伐郑，郑再次顺楚而盟，事载襄公九年。如此晋、楚交伐的局面，反反复复，郑国被大国战车无情碾压而"国无宁日"。郑人在吃尽苦头之后，终于想起了当年"童子"的警告和预言，子产之言，启发了郑人的深思反省，思量着应该如何在春秋无义战的残酷现实中，去求得小国生存发展的一线生机。这是郑人应该首先考虑的大事。"童子"之言虽然简短，但却闪烁着智慧之光。后来子产能顺利登上春秋历史舞台，演出了一幕幕感人的悲壮颂歌，正与其少年时期的努力学习并打下坚实学问基础有关。

有关子产少年时代的材料，史上缺乏记载，难以臆测。但子产成年后步入政坛，立即显出他那广博的学问知识，上自天文地理，下至人事纠纷，内政外交，民俗传说，甚至是远古神话，几乎是无不知晓而出口成章。可见这与其从小好学深思而自觉学习有关。如《左传》襄公二十五年，子产曾问政于然明；襄公三十一年，执政子产"问四国之为于子羽"，所谓"四国之为"，即当时四周邻国的情况动态。俗话"学问"二字，必须又学又问，读书是学习，因阙疑而好问以解惑也是一种有效的学习。子产的这一正确的学习方法，与其从小养成的学习态度有关。对于当时世卿世禄的贵族子弟或其亲爱者，虽然他们天生是做官的料，但子产强调年轻人必须学习与实践，而不能特权恃宠而一步登天。《左传》襄公三十一年（前542年），子皮欲使其心爱的年轻人尹何"为邑"——即任地方长官，子产表示反对，说："侨闻学而后入政，未闻以政为学也。若果如此，必有所害。譬如田猎，射御贯则能获禽，若未尝登车射御，则败绩厌覆是惧，何暇思获？"强调学而后从政的重要性，这正是他年轻时刻苦学习的甘苦之言。子皮曾给予子产以强有力的政治支持，但子产却拒绝了子皮的请求，这不是忘恩负义，而是出自内心的真话。后来子产能够顺利地登上春秋政治大舞台，除了出身于公族的天然条件外，更重要的是从小好学善问，敢于怀疑探索，加以在实践中锻炼，因而进步很快，不仅积累了渊博的智识，而且把握了开启智慧殿堂的钥匙。因此，当他二十多岁时，师慧已在宋国朝廷当众誉之为"千乘之相"——即未来郑国的执政，说明当时子产早已蜚声国内外，并在春秋舞台上崭露头角。事载《左传》襄公十五年。如果不是从小受到良好的教育并且养成了良好的学习习惯，内外兼修，年轻人能有如此的上佳表现吗？

二、外交纵横言辞美

郑子产献捷于晋，戎服将事。晋人问陈之罪，对曰："昔虞阏父为周陶正，以服事我先王。我先王赖（善）其利器也，与其神明之后也，庸（乃）以元女大姬配胡公，而封诸陈，以备三恪。则我周之自出，至于今是赖。桓公之乱，蔡人欲立其出。我先君庄公奉五夫而立之，蔡人杀之。我又与蔡人奉戴厉公，至于庄、宣，皆我之自立。夏氏之乱，成公播荡，又我之自立。君所知也。今陈忘周之大德，蔑我大惠，弃我姻亲，介恃楚众，以凭陵我敝邑，不可亿逞。我是以有往年之告。未获成命，则我有东门之役。当陈隧者，井堙木刊。敝邑大惧不竞，而耻大姬。天诱其衷，启敝邑心。陈知其罪，授手（首）于我。用敢献功！"晋人曰："何故侵小？"对曰："先王之命，唯罪所在，各致其辟。且昔天子地一圻（地方千里），列国一同（地方百里）。自是以衰（减）。今大国多数圻矣，若无侵伐，何以至焉？"晋人曰："何故戎服？"对曰："我先君武、庄，为平、桓卿士。城濮之役，（晋）文公布命，曰：'各复旧职！'命我文公戎服辅王，以授楚捷，不敢废王命故也。"士庄伯不能诘，复于赵文子，文子曰："其辞顺，犯顺不祥。"乃受之。

——《左传》襄公二十五年

虞阏父，人名，陈国祖先，周武王时任陶正，即主管制作陶器的官。戎服，军服。将事，处理公务。先王，指周武王。神明，指虞阏父祖先舜帝。胡公，阏父子。大姬，周武王长女，三恪，即三敬，对黄帝、尧、舜三帝后代受封的美称。至今是赖，至今犹依赖我们周德庇护。桓公之乱，指陈桓公卒，公子争立之乱。其出，陈桓公与蔡女所生的公子。五父，指桓公弟，杀太子代立，郑庄公为定其位。夏氏之乱，指夏征舒因陈灵公与其母夏姬淫乱而弑君。播荡，流亡动荡。蔑，灭，丢弃。介恃，依凭。凭陵，欺凌。亿逞，满足。东门之役，指襄公二十四年冬，楚率陈、蔡、许诸国联军进攻郑国东门。当陈隧者，指陈军所经道途。井堙木刊，填井伐树。不竞，不强。而耻大姬，使先人大姬蒙羞。启敝邑心，上天启发了郑国兴兵伐陈的决心。辟，刑罚。旧职，旧时周朝公卿官职。士庄伯，晋之士弱。赵文子，赵武，时执晋政。

故事发生在公元前548年。当时子产不过三十多岁，但其表现沉着、镇定而成熟。郑为报复陈附楚攻郑东门"井堙木刊"施暴的罪行，兴兵伐陈，命子展与子产帅兵车七百乘，"宵突陈城"，即乘夜突击，破城入陈，陈襄公逃亡后降,"子展命师无入公宫,与子产亲御诸门",可见郑之军纪严明,与昔日陈军施暴,形成了强烈的对比。陈降后,郑军即奏凯而归。当时晋是霸主国,因此,郑破陈后,有义务向晋献捷汇报。但开始晋不接受,因为晋与诸侯会盟规定,没有晋国允许,不许诸侯国相互侵伐,此所以晋责郑"何以侵小"也。霸主国可以随意侵犯他国,却不许他国报仇雪耻,这是什么道理?但春秋是个强权时代,谁力量大,谁就可以颐指气使而不必顾及他人想法。这次晋之责郑,咄咄逼人,大概出于以下几点考虑:一是郑在晋、楚二强之间摇摆不定,顺晋顺楚,见风使舵,不属晋的坚定盟国,因而有必要给予教训,令其清醒地认识到晋国霸权不可挑战。二是对郑国南方的陈、蔡等楚之盟国,想要做争取工作,以便分化强楚阵营,一方面减轻晋之压力,一方面责郑侵陈,示惠于陈,让小国感念晋惠,这是一种收买人心的做法,可无形增加霸主的影响。三是在晋、楚长期争霸中,开始晋有文公继后楚有庄王,二强相争,互有胜负,但晋占据优势,而后来晋国内部世卿争权互斗,内耗严重,而楚经过长期努力,扭转颓势,主动出击,已占优势。在子产的时代,楚伐中原,晋国难救,因而晋国不想过分得罪楚国,以便创造条件谈判讲和,平分中原权益。因此,晋对楚的同盟国陈、蔡等,不想因郑侵陈而破坏自己的战略格局。大国是自私的,晋之责郑,并非出于维护陈国安全,而是为了维护霸主的权益与声威。与晋相交,郑是小国,强弱异势,如果回答稍有不慎,晋国的大军立至郑之都城,难道郑国能不恐恐然吗?为什么面对霸主的呵斥,子产却敢承担责任,逐条批驳而令晋"不能诘"呢?如果不是深思熟虑,成竹在胸,子产敢拿国家的安危来求一逞吗?事实令人深思。

这次郑国外交胜利,依靠的不仅是郑国君臣的正确决策,同时也有赖于子产个人的高度智慧和完美的外交表现,既不损害国家的安全利益,又维护了小国的地位和尊严。子产的绝妙说辞,首先从晋、郑同出周之姬姓的亲属关系入手,在强调血缘的宗法社会中,这是很重要的一条理由。"宗子维城",兄弟之亲,为什么不互相帮助,却要为外姓来彼此阋墙争斗,相互欺凌呢?陈是舜后,属妫姓,与同是姬姓的晋、郑,关系当然要疏远得多。这就从血缘关系上拉近了彼此的感情。古时有所谓"六顺""六逆"之说，见《左传》隐公三年石碏谏卫庄公说："且夫贱妨贵，少陵长，远间亲，新间旧，大加小，淫破义，所谓六逆也。君义，臣行，父慈，子孝，兄爱，弟敬，所谓六顺也。去顺效逆，所以速祸也。"这是传统的道德依据，现在晋袒护妫姓之陈，严斥同姬之郑，不是"远间亲"又是什么？晋虽是盟主，但如果破顺行逆，违背传统道德，定然会招祸速灾。在这里，子产从感情和道德的层面，提醒晋国要有清醒的认识。这实是一种与晋套近乎的无形"统战"工作。其次，追溯历史，说到当前，清楚表明了郑对陈仁至义尽，而陈则是忘恩负义，以怨报德。陈是小国，被楚裹胁以伐郑，其罪尚轻；但陈军施暴，不在两军对阵之时，而是在"当陈隧者，井堙木刊"，不但杀人放火，还严重破坏郑人赖以生存的环境生态。中国古代，村村有井，有井有人，井水是人的生命之泉，填井伐木，当然会激起郑国全民义愤，予以报复，天经地义，是维护正义之举。郑之伐陈，无可指责，是郑国人民的意愿。并且郑军纪律严明，与陈军暴虐适成鲜明对比，谁是谁非，一目了然，"侵小"之说，当然不复存在。第三，批驳了晋人"何以戎服"的斥责。所谓"戎服"，就是军装，以示威武严明。子产指出，郑先君武公、庄公，为周卿士。晋文公胜楚而霸时，也曾发布命令，要求诸侯"各复旧职"，令郑文公穿军服辅佐周天子，接受楚俘。现在郑献陈俘，"戎服将事"，不过是不废周、晋之命，依礼行事而已，并非向晋示威。子产同时又指出了春秋"侵伐"战争的必然性。昔日周天子地方千里，诸侯百里，但现在大国"数圻"——即地方数千里，如果不是侵伐并吞小国，怎么还会有大国的出现呢？言外之意，晋国自己带头侵伐，又有什么理由来指责别人侵伐呢？事实俱在，理由充足，所以晋国执政赵文子说子产"辞顺"，不可违逆。后来孔子对子产的这一外交说辞评价很高，他曾引古《志》"言以足志，文以足言"之语，加以称扬，并具体发挥说："晋为伯（霸主），郑入陈，非言辞不为功。慎辞哉！"（《左传》襄公二十五年）子产的这篇外交说辞，从历史说到现在，从感情、道德到理义，侃侃道来，真正做到了有理、有利、有节，从根本上颠覆了晋国的斥责，因而获得外交胜利。同时，步入了"而立"之年以后的子产，因此而获得了实际锻炼，从而积累了外交智慧。

其实，子产这次外交成功，并非凭空而降，因他早有试探的经验。献捷前一年，子产曾以私人名义，致信晋国执政范宣子，批评晋国作为盟主，收取诸侯国的贡献太重，以至"郑人病之"而不堪负担。由己及彼，子产推定天下病之。信曰：

> 子为晋国，四邻诸侯，不闻令德，而闻币重，侨也惑之。侨闻君子长国家者，非无贿之患，而无令名之难。夫诸侯之贿聚于公室，则诸侯贰；若吾子赖之，则晋国贰。诸侯贰，则晋国坏；晋国贰，则子之家坏。何没没也！将焉用贿？夫令名，德之舆也。德，国家之基也。有基无坏，无亦是务乎？有德则乐，乐则能久。《诗》云："乐只君子，邦家之基。"有令德也夫！"上帝临女，无贰尔心。"有令名也夫！恕思以明德，则令名载而行之，是以远至迩安。毋宁使人谓子"子实生我"，而谓"子浚（刻剥）我以生乎"。象有齿以焚其身，贿也。

——《左传》襄公二十四年

很明显，盟主霸国，对附己的诸侯国，如待殖民地一般，进行无穷的压榨，损人肥己，天下汹汹，生叛贰之心，晋霸的政治短视，隐藏了极大的隐患。晋国当政只看到眼前闪闪发光的金元宝，而无视天下共疾而围攻之的潜在危险。子产的短札，逻辑严密，无情地揭开了"重币"的实质。子产这封信的目的是在为郑国等小国减轻负担，但言辞口气，却似是处处为霸主着想。其书信艺术巧妙动人，产生了"宣子说，乃轻币"的实际效果，大幅减轻郑等小国的财贿贡献的负担。子产书信的艺术魅力，说明了以下几个问题：一是措辞巧妙，似乎处处为人着想，辞令柔中有刚，既委婉又坚持原则，让人听了舒心悦服而甘心退让妥协；二是引经据典，来加强话语的权威分量；三是以此来试探霸主晋国的外交底线。事实说明，当时晋国的当权者尚未完全昏聩，后来赵文子继范宣子执政，明显受子产影响，下令"薄诸侯之币而重其礼"，在被批评之后，晋之政要头脑有点清醒，可以说之以理，动之以情，进行必要的外交对话。就因为有了这次外交试探作铺垫，于是才能有第二年子产献捷的绝妙好辞的出现。

子产执郑国政后，外交经验愈加丰富，走向成熟，他处理外交纠纷，几无败笔，实属罕见。《左传》昭公十三年（前529年）载，晋会诸侯于平丘定盟：

> 及盟，子产争承，曰："昔天子班贡，轻重以列，列尊贡重，周之制也，卑而贡重者，甸服也。郑伯男也，而使从公侯之贡，惧弗给也，敢以为请。诸侯靖兵，好以为事。行理（按：即行人）之命，无月不至。贡之无艺（限制），小国有阙，有以得罪也。诸侯修盟，存小国也；贡献无及，亡可待也。存亡之制，将在今矣。"自日中以争，至于昏，晋人许之。既盟，子大叔咎之曰："诸侯若讨，其可渎（轻慢）乎？"子产曰："晋政多门，贰偷（贰心苟且偷安）之不暇，何暇讨？国不竞亦凌，何国之为？"

这是子产献捷以后一二十年的事，情况发生了很大的变化，晋政多门，内耗严重，晋世卿大族，各自加强对诸侯国的敲诈盘剥。如任其无限压榨，则如郑等诸侯国国将不国。子产认识到存亡之制，在此一举，激烈"争承"，要求明定贡献的轻重次序，以便减轻负担。在周制中，郑属男服，为什么要和公侯之国一样重赂贡献呢？而且盟主使者，无月不至，"贡献无及，亡可待也"，关乎生死存亡，所以非争不可。这样激烈地争论了大半天，与盟诸人，都为子产捏了一把汗。他的同事子大叔也埋怨他说，如果霸主生气，诸侯来伐，将如何抵挡呢？但子产早把晋国情况摸清吃透，明确回答说因为晋政多门，各存私心，"贰偷之不暇，何暇讨？"而且，如果受凌辱而逆来顺受，不去争竞，国家还怎么生存呢？子产敢于如此"争承"而不怕得罪盟主，在于平日对四邻国家内外动态的及时了解，掌握晋诸世家大族内讧互斗、彼此牵制的情况，所以有恃无恐，敢于在重要外交场合下走此一着险棋，一子突围成活，则全盘皆活。如果不是知己知彼，能获此重大外交胜利吗？

与郑之先辈政治家在顺晋顺楚夹缝中挣扎而尽失尊严不同，子产执政，对晋、楚两强，顺而不媚，柔中有刚，坚持原则而维护了小国尊严，前后相较，外交大有起色。对晋如此，对楚亦然。他在长期的外交实践中，进一步掌握对方的心理底线，所以对另一霸主楚国，同样应付自如，不失自尊，很少失败。如《左传》昭公元年（前541年）载，楚令尹公子围聘于郑娶郑公孙段氏女。他随身带来装备精良的一定数量的武装人员，准备直入郑国都城。"子产患之"，于是令行人子羽婉拒辞谢，不让进城。公子围以无法向楚王交代为由相威胁，但郑不为所动，说明"小国无罪，恃实其罪"，意谓恃大国而无备是有罪的，"将恃大国之安靖己，而无乃包藏祸心以图之"，楚以兵来，是否因郑无备而将偷袭呢？情况未明，所以不敢掉以轻心。楚知郑人有备，于是主动倒悬弓袋，表示并无武器，才被准许入城迎亲。子产对强楚那包藏祸心以图人的狡诈心理，心知肚明，从容以对，才能平安化解了一场劫难。坚强的外交，既要洞悉对方的心理图谋，采取有效对应措施，同时要保持警惕，做到有备无患。

因晋趋衰，强楚日显咄咄逼人的进攻态势。于是郑国外交重点，因应形势，从晋转楚，日夜担心强楚的鲸吞。《左传》昭公元年，楚令尹围派公子黑肱及大宰伯州犁城犨、栎、郏，在三地增兵驻扎。犨、郏原为郑邑，楚军占驻，直接威胁了郑国安全，故"郑人惧"，感到恐慌。但子产详细分析楚国内部派系斗争后说："令尹将行大事，而先除二子也。祸不及郑，何患也？"后来果如所料，是年冬，公子围弑王自立，杀伯州犁于郏，史称楚灵王。楚灵王"汰侈"骄横，野心无限膨胀，郑人惊恐，亦在料中。但子产了解灵王，明白指出"不数年，未能也"，篡位不久，不经数年的内部整合，是干不了大事的，因此不必害怕。昭公四年（前538年），子产观察形势后断言："吾不患矣，汰而愎谏，不过十年。"灵王大恶而天下共弃，故难以为患。但楚灵王时，子产外交方略，仍是异常谨慎，不敢掉以轻心以激怒强楚，以免招来无妄之灾。昭公四年夏，楚将大会诸侯以盟，灵王问子产："晋其许我诸侯乎？"

子产曰："许君。晋君少安（苟且偷安而胸无大志），不在诸侯。其大夫多求，莫匮其君。在宋之盟，又曰如一，若不许君，将焉用之？"王曰："诸侯其来乎？"对曰："必来。从宋之盟，承君之欢，不畏大国（指晋国），何故不来？不来者，其鲁、卫、曹、邾乎？曹畏宋，邾畏鲁，鲁、卫逼于齐而亲于晋，唯是不来。其余，君之所及也，谁敢不至？"对错综复杂的"国际"关系，了如指掌。这时，楚灵王得意非凡，说："然则吾所求者，无不可乎？"意谓我将为所欲为，百般诛求，诸侯其奈我何！面对骄狂的暴君，子产软中带硬地予以批驳："求逞于人，不可；与人同欲，尽济。"清楚表明了楚国虽然贵为盟主，但并非可以为所欲为，如若施暴以欺凌诸侯，强加小国之上，这样就会因道义沦丧而失去诸侯，形成天下共弃的局面，这是愚蠢不可取的。但是，如若君王能"与人同欲"，急人所急，周人之难，则因天下诸侯拥护，必然事业成功而如愿以偿。其言辞对答，分析透彻，劲洁有力而柔中带刚。他劝灵王"与人同欲"而济其事，表面顺颂，实是意在劝其改邪归正，为小国争取生机。如果子产缺乏智慧与实践，能有如此外圆内方而妥帖周严的外交辞令吗？

子产作为郑国执政，必然要处理许多复杂的外交事件。与他国相比，子产外交少有失误而应付自如，其成功不仅关系到子产个人的胆识、勇气和智慧，更重要的原因是子产能举贤授能，发挥集体智慧，建立起一整套周密而正确的外交决策机制。外交应对的文件言辞，也是多方讨论，择善而从，不管是有利或不利条件，包括对方个人的心理素质与嗜好需求，都能全面思考，然后分头付之行动。《左传》襄公三十一年载：

> 子产之从政也，择能而使之。冯简子能断大事。子大叔美秀而文。公孙挥能知四国之为，而辨于其大夫之族姓、班位、贵贱、能否，而又善为辞令。裨谌能谋，谋于野则获，谋于邑则否。郑国将有诸侯之事，子产乃问四国之为于子羽（即公孙挥），且使多为辞令。与裨谌乘以适野，以谋可否。而告冯简子，使断之。事成，乃授之大叔使行之，以应

对宾客。是以鲜有败事。

对小国来说，外交无小事。因而执政子产举贤授能，调动了各位贤能的主观能动性，根据各人的不同本领特点，充分发挥其积极性，从而达到完美的外交境界。要做出正确无误的外交决策，首先要了解四周邻国的情况动态，知悉对方卿大夫的族姓、官职、能力，这一方面公孙挥擅长，因此子产先向公孙挥请教"四邻之为"，洞悉情状，了然于胸，然后才能知己知彼，百战不殆。而且公孙挥善辞令，就让他"多为辞令"做参考。其次，裨谌的本事在于创意性的出谋策划，但他在喧闹的城市中，思绪纷乱，而只有到郊外安静的环境中才能有正确的思考分析。因此子产第二步是让裨谌乘车到郊外去进行创意思考。冯简子的本领是根据实际作正确判断，因此，第三步就是把公孙挥与裨谌思考的结果告诉冯简子，让他来下决断。一旦决心已下，最后是通知"美秀而文"的外交官子大叔来执行。子大叔不仅是人漂亮，外交场合让人眼前一亮，而且内秀于文，内在修养很好，精熟诗文典籍，言谈多有文采，因而应对宾客从容，达到最佳效果。郑国外交"鲜有败事"者以此。外交应对，虽是瞬间之事，但从搜集情报，决策思考下决断，到实际执行完成，实是经历了漫长过程的集体思考。子产外交辞令，令人叹为观止，但究其实，多是郑国诸贤集体智慧的结晶，因此晋国叔向给予极高的评价："辞之不可以已也如是夫！子产有辞，诸侯赖之，若之何其释辞也？《诗》曰：'辞之辑（和谐）矣，民之协矣。辞之绎（善）矣，民之莫（安）矣。'其知之矣。"（《左传》襄公三十一年）这一美誉，子产当之无愧。但应注意，这一成就，不仅关乎子产个人的聪明才智，更与当时郑国的外交决策制度有关，应该说是一种集体智慧，子产不过是其杰出的代表而已。

三、苟利社稷生死以

（子产）从政一年，舆人诵之，曰："取我衣冠而褚之，取我田畴而

伍之。孰杀子产，吾其与之！"及三年，又诵之，曰："我有子弟，子产
诲之。我有田畴，子产殖之。子产而死，谁其嗣之？"

——《左传》襄公三十年

这里的"从政"，特指子产任郑正卿执政。舆人，众人，指庶民以上的人
群，因为他们有私有财产如衣冠田地之类，而当时的奴隶或农奴没有发言权，
怎敢自由议论国政呢？诵，诵说，议论。褚，同"贮"，储藏。伍，政治安
排。殖，蕃殖，增产丰收。故事发生在公元前543～前540年的三年间。当时
郑国之君，大权旁落，只是虚位的元首，政权掌握在大族强宗的贵族领主手
里。公元前543年，"郑子皮授子产政"，推荐子产任郑国执政。开始，子产
力辞曰："国小而偪、族大宠多，不可为也。"认为郑夹在晋、楚之间，国外
形势很不利；国内世家大族多，力量强大，很难管理。但子皮对他说："虎
（按：子皮名罕虎）帅以听，谁敢犯子？子善相之，国无小，小能事大，国乃
宽（宽缓和平）。"言极诚挚，于是子产接受推荐，正式执政郑国。子皮是子
展之子，襄公二十九年子展卒，子皮继父执政。当时郑国饥荒，子皮以父遗
命，"饩国人粟，户一钟，是以得郑国之民。故罕氏常掌国政，以为上卿"。
一钟合今一石三斗，对灾民有所帮助。因此，子皮罕氏在郑国，不仅宗强族
大，而且有惠于民，受人拥戴，享有很高的威望，有了他的支持，子产执政
就有了一定的信心。

为什么子皮执政一年，立即推荐子产而不是别人来取代自己呢？因为他
经过长期观察考验，断定子产治国能力强过自己，出于对国家百姓负责，子
皮决定让贤，把子产推向郑国政坛中心。在执政前，子产做官，已有不俗的
表现，表现了政治、经济、外交、军事的全面才能，如前述襄公二十四年
（前549年）致信范宣子，批评晋政重币以病诸侯；襄公二十五年，子展与子
产帅师"宵突陈城"，军纪严明，报了国仇，表现了很强的军事才能；同年又
有赴晋献捷的绝妙好辞，孔子评价很高。事实说明，他已经是一个成熟的政
治家、外交家，有能力处理复杂的外交事务。在内政方面，子产年轻时即头

337

脑清醒，临危不乱，行事刚毅果断而井然有序，如襄公十年（前563年），郑国群盗叛乱，"晨攻执政于西宫之朝，杀子驷、子国、子耳，劫郑伯以如北宫"。子国即子产之父，时任司马，在这一突发性的叛乱事件中，当时的卿大夫子西匆忙出发击盗而不加戒备，结果是家中奴仆逃亡，器物损失严重。而子产则相反，当时他还是年未弱冠的青年，镇静以对，先"为门者，庀群司，闭府库，慎闭藏，完守备，成列而后出，兵车十七乘，尸而攻盗于北宫"。也就是说，年轻人不是匆忙出击，而是在听到消息后，先做好准备工作，然后有条不紊地去实施灭盗计划。他先派好门卫，设置负责官吏，关闭府库，谨慎储藏，完缮守备，然后整列士兵队伍出发击敌，在十七乘战车的掩护下，在国人的协助下，终于消灭了群盗。处事果断，讲究实效，表现了很强的管理能力和领导才能。当时子产还很年轻，成年以后，其治国施政能力，可以想象。郑之国民誉之为"千乘之相"——即未来郑国的执政，早已看准了子产的光明未来。

当然，子皮等看中子产，不仅是才能，更重要的还是他的高尚政治品格。首先，是其政治理想与治国理念。《左传》襄公二十五载：

> 子产始知然明，问为政焉。对曰："视民如子。见不仁者诛之，如鹰鹯之逐鸟雀也。"子产喜，以语子大叔，且曰："他日吾见蔑（然明名蔑蔑）之面而已，今吾见其心矣。"子大叔问政于子产，子产曰："政如农工，日夜思之，见其始而成其终。终朝而行之。行无越思，如农之有畔（田埂），其过鲜矣。"

子产当时虽未执政，但已过"而立"之年，其"视民如子"的仁人爱民之心，是他的治国施政理念。相反，对那些祸国害民的凶徒，就应该像老鹰之击鸟雀一样，去之唯恐不快。如果自己一旦当政，就要勤政爱民，"日夜思之"，不敢懈怠。总之，勤劳政务，目的在于为人民谋福祉。年轻子产的这一政治理想，在他执政后贯彻始终。还有，执政前子产曾赴陈莅盟，归告大夫，曰："陈，亡国也，不可与（交好）也。聚禾粟，缮城郭，持此二者，而不抚民，……能无亡乎?"（《左传》襄公三十年）陈国横征暴敛，恃其粮足城坚，"不抚其民"而失掉民心，不亡待何？这从反面看出了子产"视民如子"治国理念的精神实质，人民是国家社稷的基础。若基础已坏，还有什么江山社稷呢？

其次，子产坚定地反对世卿大族的专政独裁，而主张从维护国家利益出发，协调各大族强宗安定社会。襄公十年（前563年），当叛乱者杀害了郑国当政诸贵后：

> 子孔当国，为载书，以位序，听政辟。大夫、诸司、门子弗顺，将诛之。子产止之，请为之焚书。子孔不可，曰："为书以定国，众怒而焚之，是众为政也，国不亦难乎?"子产曰："众怒难犯，专欲难成，合二难以安国，危之道也。不如焚书以安众，子得所欲，众亦得安，不亦可乎？专欲无成，犯众兴祸，子必从之。"乃焚书于仓门之外，众而后定。

子孔是郑穆公子，人称公子嘉。他乘乱掌权，企图独专国政。这就引起了其他世家大族的担心和反对，坚决不予合作。这样，子孔与反对者双方剑拔弩张，各不退让，一场血流成河的灾难一触即发。子孔手里有国家军队，但世家大族也各有"私甲"武装。如上述子产治盗，出国氏家族兵车十七乘，"成列而后出"，同样训练有素，是一支不可忽视的力量。又如襄公三十年，丰卷（子张）违法要求田猎获鲜物以祭，子产不准，丰卷怒，"退而争役"——即准备出动家族"私甲"武装来驱逐子产，子皮即出动罕氏"私甲"武装来予以打击，把逃亡中的子产又请回执政。事实说明，当日世家大族"私甲"武装的存在与力量。现在子孔欲一家专政，强行制订盟约和刑辟，要求官吏各守其职，听候调遣。这明显损害了他人家族的利益，他们能答应吗？在这危险时刻，子产挺身而出，以"众怒难犯"为由，反对子孔强行镇压。如果发生大规模流血冲突，郑就有亡国的危险。他劝诫子孔，取消专制，言之有理，于是子孔当众焚烧载书，"众而后定"，从而消弭了一场兵血之灾。这故事说明了年轻的子产对国家强烈的责任感：忠于国家而"视民如子"，坚决反对专制独裁，是其治国理念的正反两面，相辅相成而终其一生以行之。所谓"视民如子"，实质上就是以民为本的思想。在子产执政前夕，郑之豪族强宗，内斗不息，如子产所分析："驷、良方争，……恶至无日矣。"（《左传》襄公三十年）严重危害了郑国安全。驷指驷氏子晳，良指良氏伯有，都是公族"七穆"之后，可说是兄弟阋于墙，大难未艾。人或劝子产认清形势，"就直助强"，以便保护自我。但子产拒绝参加内斗，回答说："岂为我徒？国之祸乱，谁知所蔽？……姑成吾所。"他有自己的立场，出于公心和国家的利益，强调的是君子不党，为消弭大族厮杀而努力。

还有，子产居功不傲，退让而不争个人权益，也成美谈。如伐陈胜利，国行封赏，作为统帅副帅，战功赫赫，郑简公赐子产次路（辂）、再命之服、先六邑。"子产辞邑，曰：'自上以下，降杀以两，礼也。臣之位在四（按：指降二之后），且子展之功也。臣不敢及赏礼，请辞邑。'公固与之，乃受三邑。公孙挥曰：'子产其将知政矣！让不失礼。'"土地与人口，是家族利益的支撑点，但子产居功不傲，循礼让邑，舍六取三，公忠体国而无私心，见其高尚的政治品格。这不仅子皮一人看到，郑之国民无不看在眼里，服在心里而称其善。如大夫裨谌就当日郑国大族之争，认为是"长乱之道"，希望子产出来执政解决，他说："善之伐不善，天命也，其焉辟（避）子产？举不逾等，则位班也。择善而举，则世隆也。天又除之，夺伯有魄，子西即世，将焉辟之？天祸郑久矣，其必使子产息之，乃犹可以戾（定）。不然，将亡矣。"于此可见子产执政前的令名美望。连吴国的公子季札聘郑，也认为子产将执郑政（以上二者均见《左传》襄公二十九年）。子皮让贤，推荐子产执政，表面上是个人行为，实际是顺应国内外的共同呼声与要求，子产执政，是水到渠成，开创了郑国的新局面。这不仅关乎子产个人的理想、品格与能力，同时也是郑国人民的共同努力与心愿。

子产上台，立即顺应形势要求，并按照自己设计的理想蓝图，逐步开展了一系列的变革。过去郑国太保守太落后，不经阵痛，能获新生吗？因此，进行改革是历史之必然。开始，子产先做试探性的改革。襄公三十年（前543

年），"子产使都鄙有章，上下有服，田有封洫，庐井有伍。大人之忠俭者，从而与之。泰侈者，因而毙（惩罚）之"。也就是说，子产改变城乡组织，制定规章制度，让人循章办事，有法可依。田地界限清楚，沟渠灌溉流畅。又重新安排村舍水井，秩然有序，便于管理。表扬忠俭贤能，惩治贪官污吏，这一改革试验，触动了豪族强宗的利益，于是出现了一片反对的声浪。执政一年，舆人诵之，甚至说出孰杀子产，愿与共亡的怨言。这说明改革遇到的阻力，当时郑国守旧贵族领主的势力仍然强大，改革并非可以一蹴而就。但子产坚持改革不变，三年实践，初见成效，国民受益，因而同一舆人，化怨恨为颂赞，说是自子产教育好我们的子弟，让我们田地丰收增产，功不可没。如果子产死了，又有谁来继承呢？在"舆人之诵"中，子产并没有直接站出来指手画脚，而是通过他人的眼光和言辞，在仇恨与颂美的前后强烈对比中，衬出了子产改革的艰难与成就，子产的改革家的杰出形象，呼之欲出。这比直接的叙事笔墨，更富有感情魅力和服人力量。

执郑国政，"国小而偪"是客观存在的危险，只有依靠外交智慧，周旋应对，以求平安。子产的外交成就，已如上述，在其当政的二十余年间，郑国基本上没有遭受到毁灭性的军事打击。而"族大宠多"的问题，则较难解决，有时连自己也被世家大族打击而准备流亡。但他终于在严酷的现实中锻炼成长，在其执政年代，基本上控制了形势，把"族大宠多"的危害，限制在较小的范围而不令其泛滥，从而保证了国家改革体制的健康发展。世家大族的存在，这是客观现实，当时社会体制，不可能加以消除。因此，作为一个现实的改革家，子产只有因势利导，想方设法将其纳入改革正常轨道中去。如子皮罕氏，族大宗强，威望又高，曾给予子产改革以强有力的支持。如前所述，他曾把自己亲爱的年轻人推荐为地方行政长官，子产拒绝，并批评子皮，要求收回错误的决定。子皮醒悟，诚挚地对子产检讨说："善哉！虎不敏。吾闻君子知大者远者，小人务近者小者。我小人也。……微子之言，吾不知也。"他并且当场表态说："自今，请虽吾家，听子而行。"又如昭公元年（前541年），子南（即游楚）因与子晳（即公孙黑）争娶，刺伤子晳，以下犯上，被子产放逐到吴国。事前，征求游氏族长游吉（即子大叔）的意见，游吉明确支持子产的处置，说："子图郑国，利则行之，又何疑焉？……吉若获戾，子将行之，何有于诸游？"通情达理，支持子产工作。游氏也是"七穆"之一的强宗大族。正因为有了子皮罕氏、子大叔游氏等大族的真诚合作，子产才能"为郑国"而渡过了一次次的难关。但是，各大族关系错综复杂，大族内部也是另有纷争，所以世家大族利益也不是可以随便冒犯的。以此，为求国家安定，子产有时会作些必要的妥协。子产称引《郑书》说："安定国家，必大焉先？"作为自己的施政重要参考。他从郑国实际出发，实行"姑先安大"的政策，以减小大族对改革的阻力。这是退一步以进两步的聪明做法。如《左传》襄公三十一年载："子产为政，有事伯石（即公孙段，一字子石），赂与之邑。子大叔曰：'国，皆其国也，奚独赂焉？'子产曰：'无欲实难。皆得其欲，以从其事，而要其成。非我有成，其在人乎？何爱于邑，邑将焉往？'"子产给伯石城邑土地，是满足其欲求而要他替国家出力办事，这就引发了子大叔的批评，国家是大家的，为什么唯独给伯石城邑土地呢？这话合乎道德正义，但不一定合乎实际。因为国家有事，要伯石去完成，人是有利益欲望的，给他土地，就是要他为国奔走，这就是在无形中又消除了改革道路上的一个障碍。的确，城邑属何家族并不重要，但它是郑国土地，跑得掉吗？一旦大族犯法，城邑不是又回归国家了吗？于此可见，子产在处理世家大族问题上，又显得是个灵活而讲究实际的政治家。又如《左传》昭公七年载，良氏伯有被杀后，传言鬼魂作祟，国人害怕。"子产立公孙泄及良止以抚之，乃止。子大叔问其故。子产曰：'鬼有所归，乃不为厉，吾为之归也。'"表面迷信，实际不然。子产具有一定科学知识，本身并不相信天命鬼神。他立伯有之后，是做给存世的活人看的。良氏也是"七穆"之一的强宗，如子产对赵成子说："况良霄（伯友），我先君穆公之胄，子良之孙，子耳之子，敝邑之卿，从政三世矣，……而三世执其政柄，其用物也弘矣，其取精也多矣。其族又大，所冯厚矣，而强死，能为鬼，不亦宜乎？"所谓伯有鬼魂作祟，莫非是其家族后人不满怨愤的发泄，如果不妥善处理，良氏之族基础雄厚，将会危及国家的安定团结。其族人若为强死的伯有复仇，冤冤相报，大族厮杀，国家岂有太平？而一旦立其后人，却可起到抚其家族的作用，安定社会，何乐而不为？子产讲究实际，善于变通，又显其灵活性。

但是，对严重触犯国家法制和利益的世家大族，子产则执法如山，严惩不贷。

（昭公二年秋）公孙黑将作乱，欲去游氏而代其位，伤疾作而不果。驷氏与诸大夫欲杀之。子产在鄙，闻之，惧弗及，乘遽而至。使吏数之，曰："伯有之乱，以大国之事，而未尔讨也。尔有乱心，无厌，国不女（汝）堪。专伐伯有，而罪一也；昆弟争室，而罪二也；熏隧之盟，女矫君位，而罪三也。有死罪三，何以堪之？不速死，大刑降至。"再拜稽首，辞曰："死在朝夕，无助天为虐。"子产曰："人谁不死？凶人不终，命也。作凶事，为凶人，不助天，其助凶人乎？"请以印（黑之子）为褚师（市官）。子产曰："印若有才，君将任之。不才，将朝夕从女。女罪之不恤，而又何请焉？不速死，司寇将至。"七月壬寅，缢。尸诸周氏之衢，加木焉。

公孙黑，子驷之子，"七穆"之一的驷氏强宗的代表，且身居高位，骄横跋扈，将谋作乱。子产和他都是穆公之孙，论血缘有堂兄弟之亲。但子产并未被亲情蒙住了眼睛，他严拒兄弟的求活哀请，绝不姑息。因公孙黑严重违法而损害国家，所以死后子产命令把他的尸首拉到大街上示众，并书其罪于木而置诸尸上，以明法典。大族再横，也不能逃脱国家律法的制裁。这是子产对郑之国民的启示和宣言。

但是，郑国旧贵族领主保守势力，毕竟基础雄厚，因此改革的阻力很大。当子产大刀阔斧地进行改革时，其规模、力度和深度，都足以触动世家大族的根本利益，因此遭到了激烈反抗。

子产作丘赋，国人谤之，曰："其父死于路，己为虿尾。以令于国，国将若之何？"子宽以告。子产曰："何害？苟利社稷，生死以之。且吾闻为善者不改其度，故能有济也。民不可逞，度不可改。《诗》曰：'礼义不愆，何恤于人言？'吾不迁矣。"浑罕（即子宽）曰："国氏（即子产家族）其先亡乎！君子作法于凉，其敝犹贪；作法于贪，敝将若之何？姬在列者，蔡及曹、滕其先亡乎！偪而无礼。郑先卫亡，偪而无法。政不率法，而制于心；民各有心，何上之有？"

——《左传》昭公四年

　　子宽名游速，是子大叔之子。其父支持子产改革，他却坚决反对，可见大族之复杂。子宽要求子产收回成命，承认改革失败。但子产相反，对保守者的诋毁攻击，有"何恤于人言"的回应，表现了把改革进行到底的决心与勇气。这是否为拒谏，是不是子宽所批评的"政不率法，而制于心"的主观狂想呢？当然不是。子产之前，鲁国曾在宣公十五年（前594年）"初税亩"，废公田制而改为按亩收税制度。成公元年（前590年），又"作丘甲"，按丘分摊军赋。子产受时代潮流影响，继之"作丘赋"，则是根据郑国实际情况，进行大胆的经济变革，以图富国强兵而利民。新法以"丘"为田地计算单位，对占有田亩者征发赋税军实。所谓"丘"，古时有不同说法。一说九夫为井，四井为邑，四邑为丘。一说是地方一里为井，十六井为丘，一丘十六平方里的土地。当然，这是指耕地，而不是包括非耕荒地在内的一般意义的土地。据班固《汉书·刑法志》，谓古法每丘军赋马一匹，牛三头。服虔注引《周礼》及《司马法》，以为这是古法。而子产"作丘赋"，既然是"作"，就是另创新法，而废西周古法。具体内容已佚。但从批评者口中，可以略知一二。大概它是按田亩多寡、土地质量等级来征收赋税，同一亩地，可因其质量上、中、下而收取不同赋税。这必然超越周礼古法而伤害旧领主贵族的利益。因公田制的破坏，世家大族占有了大量的良田美池之属，他们大都隐瞒或少报，并以维护古法为借口，只缴纳很少的赋税，结果穷了国家而肥了私家。而一旦"作丘赋"，占田必须查实征发，按丘亩多寡征赋税，断其损公肥私之路，这批人怎能不诅咒、不反抗呢？所谓"政不由法"，指的是不合于古，而非无法可依。子产"作丘赋"行新法，成为国家法规制度，必须人人遵守，又怎么能说是"制于心"的随心征发呢？而对一般国民来说，新法则增加了国库收入，对小民无损害。庶民虽有土地，但占有量小，而且上等好田大多被强宗贵族所占。如按古法收取赋税，则占有大量土地的强宗大族会利用其特权，把负担广泛转移到普通人民身上，这在《诗》中多有实例。而"作丘赋"后，贵族领主却逃脱不了新法制约，国家富了，用于政治、外交、军事的钱较多了，国家相对安定，可以进行经济建设，用于改善民生条件的基建费用也相对充裕一些，"田有封洫，庐井有序"，耕地走向、水渠建设、村舍建筑、交通安排，这些变革都有利于生产和经济的发展。正因为"作丘赋"的新法，利国利民而不利于旧领主大贵族，改革遭遇阻力，自是事之必然。但面对阻力，子产作为改革家，则有"度不可改"的明白宣示，表明了"苟利社稷，生死以之"的坚强信念，针锋相对，而绝不畏缩不前。其誓言掷地有声，风骨铮然。后来的改革家王安石有"何恤于人言"的表白（见《宋史》本传），林则徐有"苟利国家生死以"（《赴成登程口占示家人》）的诗句，都明显受到子产的影响，表现了为改革事业而献身的大无畏精神。

子宽谓子产"作丘赋"是"政不率法"，虽是诋毁，但却提醒人们，其所谓"法"是维护旧领主贵族特权的周礼古法，时过境迁，井田制破坏殆尽，明显不合形势的需要，在奴隶制退化、封建制孕育的过程中，必须实行改革才能迎来社会的新生。子产就是改革的先行者。昭公六年（前536年），"郑人铸刑书"，成了当时震动国内外的要闻。杜预注："铸《刑书》于鼎上，以为国之常法。"子产《刑书》早佚，内容难考，但通过叔向批评信件，可略知一二，知道它"制三辟"，把刑法分为上、中、下三等，公之于众。春秋以前，用金属铸鼎以资纪念，属于大事。把《刑书》法律条文刊布鼎上，人皆可见，一律遵禀，而不问其为公卿贵族或庶民百姓。何谓守法，何谓违法，鼎有明文规定，不像昔日可暗中操作来定人生死。郑铸刑鼎后，有法可依。上层贵族违法胡行，照律查办；而下层庶民，则可依法避开贵族迫害，这就有利于社会安定团结。子产《刑书》铸鼎公布后，反响极大，不仅国内，就是"国际"知名贤达叔向，也愤然致信子产，责其铸刑鼎，说："始吾有虞（希望）于子，今则已矣。……肸（叔向）闻之，国将亡，必多制，其此之谓乎！"信的开头与结尾相呼应，犹如世界末日降临一般，表示其绝望与哀叹，简直是一封感情沉重的绝交书。信中又说："昔日先王议事以制，不为刑辟，惧民之有争心也。犹不可禁，故闲（防）之以义，纠之以政，行之以信，奉之以仁，制为禄位以劝其从，严断刑罚以威其淫。惧其末也，故诲之以忠，耸之以行，教之以务，使之以和，临之以敬，莅之以强，断之以刚。犹求圣哲之上，明察之官，忠信之长，慈惠之师，民于是乎可任使也，而不生祸乱。民知有辟，则不忌于上，并有争心，以征于书，而侥幸以成之，弗可为矣。夏有乱政而作《禹刑》，商有乱政而作《汤刑》，周有乱政而作《九刑》，三辟之兴，皆叔世（衰乱之世）也。今吾子相郑国，作封洫，立谤政，制参（三）辟，铸刑书，将以靖民，不亦难乎？《诗》曰：'仪式刑文王之德，日靖四方。'又曰：'仪刑文王，万邦作孚。'如是，何辟之有？民知争端矣，将弃礼而征于书。锥刀之末，将尽争之。乱狱滋丰，贿赂并行，终子之世，郑其败乎！"叔向是子产知友，但子产不为所动，复其信曰："若吾子之惠，侨不才，不能及子孙，吾以救世也，既不承命，敢忘大惠！"答复不亢不卑，婉拒其谏，态度坚定，其修辞艺术，颇耐嚼味。叔向所强调的"仪刑（型）文王"，提倡道德感化的人治，并以之代替律法，这是乌托邦的幻想产物。三代圣哲，并非无法，而是受上古文明限制，法制多漏洞而不健全，这就有必要加强法律建设，这并不是否定道德的需要。法制与道德，相辅以行，双管齐下，才能适应新时代的需要。古时如此，于今亦然。对豪族强宗的特权者，纯用道德说教，岂能令其放弃特权而不侵害百姓利益！劝之以圣德，威之以刑法，恩威并施，才能保证社会的安定和谐。而且，古时"刑不上大夫"，是由贵族"议事以制"而自为刑辟，那是按人治之好恶来主观判刑定罪，暗箱操作，对人民来说，岂有公平公理的存在？有鉴于此，子产改革律法，并把《刑书》铸鼎刊布，正是一个创举，是走向法制的初始一步。如叔向所说：

"民知有辟，则不忌于上，并有争心，以征于书。"叔向这批评，从反面见出了人民对法律的需求，这不是乱政，而是赋予下层人民以某种权利而"不忌于上"，不必再害怕在上者的随心刑法了。因此，"铸刑鼎"是开发民智、维护百姓权益的善举，也就是子产所说的"救世"，即使改革受阻失败，因此万劫不复而无法顾及子孙后代，也不后悔自责。子产回信，辞虽委婉，但态度坚定，不屈不挠。子产铸刑鼎事，震荡了中华大地，影响及千秋万代。中国法制一贯不健全，法制改革，何其急迫，至今仍有借鉴价值。当然，这只是其"救世"的精神实质，而不是那时过境迁的旧律条。

子产"作丘赋"拒绝子宽批评，铸刑鼎婉拒叔向谏言，那么子产是否一旦上台，脸阔就变，拒谏饰非，刚愎自用的人呢？非也。子产公开宣称，礼制应从民生实际出发，改革目的是"救世"利民，因此其态度是"苟利社稷，生死以之"。子产死后，子大叔继之为政，曾引先大夫子产之言答赵简子问礼曰："夫礼，天之经也，地之义也，民之行也。"子大叔接着又发挥说，天地不言，"民则实之"，人民就是天地的代表。人有喜怒哀乐，因而民生疾苦的现实实际，就是礼制规定的根据，从而保证"民之所以生也"（《左传》昭公二十五年）。这一解释，基本符合了子产的想法。一切国家上层建筑的改革，必须从"民之行也""民之所以生也"的实际出发。因此，子产对于广大国民的舆论监督，是很重视的，子产不毁乡校的故事，就是典型。《左传》襄公三十一年载：

> 郑人游于乡校，以论执政。然明谓子产："毁乡校，何如？"子产曰："何为？夫人朝夕退而游焉，以议执政之善否。民所善者，吾则行之；其所恶者，吾则改之。是吾师也，若之何毁之？我闻忠善以损怨，不闻作威以防怨。岂不遽止？然犹防川，大决所犯，伤人必多，吾不克救也。不如小决使道（导），不如吾闻而药之也。"然明曰："蔑（然明名蔑）也，今而后知吾子之信可事也。小人实不才。若果行此，其郑国实赖之，岂唯二三臣？"

　　然明是郑大夫，子产曾向他问为政，他有"视民如子"之言，说明是个开明之士。连他也提议毁乡校，可见国民议论政治善否之激烈。所谓乡校，既是学生接受教育的机关，同时又是乡郊国民休闲交游的场所。子产态度与然明相反，认为应该以民为师，他认为人民的舆论监督，是保证改革走上健康道路的保证。应允许人民说话，并保护他们的发言权、监督权。他曾说"民不可逆"，即老百姓也有私心杂念，意见不一定都正确，但执政只要出于公心，听听又何妨？"其所善者，吾则行之；其所恶者，吾则改之"，作为一种参考与提醒，不是很好么？执政的目的不是独夫民贼的专制独裁，而是为国为民谋福祉。因此，国民议论执政善否，是改革的参考和行动指南。倾听民意，让国民说出心里话，改革才会因为获得人民的支持而走向成功。防民之口，甚于防川，应当疏导，而不是堵塞与压制。"大决所犯，伤人必多"，国家还有救吗？比喻生动，思深意远，令人开悟。后来，孔子对子产的这番议论，评价极高，说："以是观之，人谓子产不仁，吾不信也。"传统保守势力诋毁子产的种种谰言，在孔子的赞颂声中，被无形消解了。有关子产不毁乡校的故事，历代文选都作为经典名篇收录。今天大、中学语文教材，仍作名篇阅读，可见其历史影响的深远。作为后世改革的参考借鉴，仍然具有一定的意义。

　　当然，子产改革的正确决策，也与其不迷信命鬼神的科学思想有关。如郑大夫裨灶观天象，断言宋、卫、陈、郑将发生大的火灾，要求子产全面祭禳祈免。但子产拒绝，明白指出："天道远，人道迩，非所及也，何以知之？灶焉知天道？是亦多言矣，岂不复火"。事载《左传》昭公十八年。当时巫风弥漫，科学尚不发达，能说出"天道远，人道迩"这样讲究现实而比较接近科学的话，实属不易。科学思考助其正确抉择，对改革事业是一股有益的助力。

　　子产执政二十余年，少有败笔，是《左传》作者心目中的理想人物，其政绩可圈可点之处甚多而难以尽述。从管理才能及领导艺术方面看，也很突出。《左传》昭公十八年载，当时郑国发生大火：

火作，子产辞晋公子、公孙于东门。使司寇出新客（即新近来聘的外国使节），禁旧客勿出于宫。使子宽、子上巡视屏摄（指祭祀的庙宇），至于大宫（祖庙）。使公孙登徙大龟。使祝史徙主祏（庙主石函）于周庙，告于先君。使府人、库人各儆其事。商成公儆司官，出旧宫人，暨诸火所不及。司马、司寇列居火道，行火煣（意即组织现场救灾，扑灭建筑大火）。城下之人，伍列登城。明日，使野司寇各保其征。郊人助祝史除于国北，禳火于玄冥（水神）、回禄（火神），祈于四鄘（城）。书焚室而宽其征，与之材。三日哭，国不市。使行人告于诸侯。

这比其青少年时治盗成熟多了，把国家救灾大事，处理得步骤井然，纹丝不乱，更重要的是，其救灾重点，以人为本，不仅保护财产，尤重在人的生命安全。不论是国外贵宾，或是低贱宫人，无不先行安置于安全之地。大火过后，又立刻"书焚室而宽其征，与之材"，即马上登记受灾家庭，减免其赋税，并发放建材，助其重建新居，想民之所想，急人之所急，显现出以民为本的救灾思想。如此施政，当然会得到人民的拥护。而且，火灾发生时，子产一方面命城下之人"伍列登城"，对内防止乘乱抢掠盗窃，保障人民生命财产；对外则"授兵登埤"，警惕大国乘乱偷袭，保证国家的安全。当时子大叔担心晋国的反应，但子产回答说："吾闻之，小国忘守则危，况有火灾乎？国之不可小，有备故也。"这就是有备无患，内外安全。于此可见子产的远见卓识，思虑周密，处事果断而不拖泥带水，其心胸气魄何如哉！反之，当时陈国、许国同样火灾，但是"陈不救火，许不吊灾"，事前没做准备，事后不救灾，这怎么不引起人民的愤恨呢？因此，当时"君子是以知陈、许之先亡也"。两相比较，郑与陈、许在抗灾救灾的事情上形成了强烈的对比。子产从政，以民为本，有了国民做后盾，其推行改革少有败笔，不亦宜乎！

四、一生光彩作小结

子产除青少年受教育时期外，终生在政治生活中跌打滚爬。政治之于政治家，犹如文学之于诗人，音乐之于音乐家一样。宋代诗人陆游，临终还写了《示儿》诗，传之不朽。而奥地利音乐大师莫扎特的生命，就在那鲜活跳跃的音符，犹如体内的热血沸腾，一旦离开了心爱的音乐，就失去了莫扎特的人生光彩。作为政治家，政治就是子产的生命辉煌。如果按照现代写作市场的需要，写子产传，就应该写其婚姻、家庭或三角恋爱才够味儿，政治家也是人，和普通人一样有着七情六欲的诱惑。但《左传》没写这一方面，史料阙失，后人难以想象。这是不是《左传》的遗憾呢？其实不然。因为《左传》是史书而非小说，史书体例所限，任务明确，它只能写人物之荦荦大者，突出其本质特点，一心写其心爱的政治生活，来编织子产人生的华丽乐章。

或称政治是丑恶的。检视历代帝王将相衮衮诸公的所作所为，此话不无道理，但并非全然正确。人类走出蛮荒原始而步入文明社会以后，有国家就有政治，作为上层建筑，政治是历史之必然，有它存在的一定合理性。任何事物都是一分为二的矛盾存在，如伦理道德分善恶，文学艺术别美丑，政治上也有是与非、进步与反动、仁义与暴虐的分别。子产是个杰出的政治家，坚持前者而否定后者，并且做得很出色。政治成了子产生命最富光彩的一章，舍弃政治，哪还有历史上的子产？回顾子产一生，其贡献主要如下。

首先，子产的根本政治理念是为了"救世"目标，为国为民而牺牲奉献，是其理想。然明所称"视民如子"的话，令其激动不已而终生躬行实践。今天看来，"视民如子"似乎有点居高临下的恩赐意识，但不要忘记子产生活在早于我们两千五六百年的历史时代。在一个大贵族领主可以随意践踏民意的专制社会中，具有"视民如子"的品格，确是站在时代的前列。

其次，子产的谦虚退让，公忠体国而少有私心，具有高尚的政治品格，也是一大优点。他出于公族后代，是世家大族国氏的代表，为官从政是其必然。子产弱冠以后，就自然踏上了仕途。但与一般的贵族子弟不同，他从政有坚强的政治信念作支撑，"为政"目的不是为个人的升官发财，或一己家族小利益，而是为国为民的奉献。如前所述，他率兵破陈，功绩显赫而受六邑封赏之时，他诚恳退让，最后朝廷一定要他收下，他就退一步辞六受三，而不过泰过甚。

如果他是政治野心家，还会这样推掉到手的土地与人口，而抛掉自我扩张势力的大好时机吗？他锐意郑国改革，叔向斥其"终子之世，郑其败乎"，但子产以"吾以救世"作答，即使因此不能顾及子孙在所不惜。怎么能为了保住一家一姓的子孙后代利益就不改革了呢？子产的改革，出于公心，合乎正义，受到了包括子皮、子大叔等世家大族的支持，这也是当时郑国国民的普遍认识。如果子产执政是为自己的专制独裁政治扫清道路，还会有舆人颂美的真心表达吗？子皮授子产政，正是代表国家对于子产公忠体国而无私心的信任。

第三，子产天资聪颖，从小受到良好的教育与培养，并且养成了不随便附和潮流而善于独立思考的良好习惯。当郑伐蔡胜利而狂欢时，"童子"之言，成不和谐音调，见其思虑深远，后来事实的发展，一一果如所料。当子产走上政坛后，仍然喜欢追根溯源问个为什么，保持了独立思考的良好习惯。教育之于人生何其重要，童蒙教育能不慎乎？又据《左传》襄公二十六载，楚袭麇，俘虏了郑国大夫印堇父和皇颉。楚为联秦抗晋，把郑囚"献于秦"。当时郑人"取货于印氏以请之"，希望秦国予以释放，并由子大叔草拟外交文件。但子产认为这样直露的金钱赎买，秦人一定不满意，人肯定不会放。他建议修改外交辞令，改称曰："拜君之勤郑国，微君之惠，楚师其犹在敝邑之城下。"从借助秦人帮助出发，给秦戴顶施惠郑国的高帽子而享有美名。同一外事交涉，一是赤裸裸的直接出钱换人，一是望秦施惠释放，效果不大相同。后来秦释放郑人，主要不为财币，而是子产言辞恳切，摸清了秦人心理。如果子产不善思考，而依照一般外交套路办事，能完成救人的任务吗？《左传》同年又载："许灵公如楚，请伐郑，曰：'师不兴，孤不归矣！'八月，卒于楚。楚子曰：'不伐郑，何以求诸侯？'冬十月，楚子伐郑。郑人将御之。子产曰：'晋、楚将平，诸侯将和，楚王是故昧于一来。不如使逞而归，乃易成也。夫小人之性，衅于勇，啬于祸，以足其性而求名焉者，非国家之利也，若何从之？'子展说，不御寇。"当楚军来袭之时，群情激奋，都主张"御寇"——也就是与楚军进行正面决战。他们没有想到楚、郑二军强弱悬殊，正面出击，无异于以卵击石，自取灭亡。即使不亡，也必然损失惨重，这

"非国家之利"。子产不附会大家想法，而进行独立思考，他分析国内外形势，认为"晋楚将平，诸侯将和"，这是大形势，楚王只是因许灵公请，碍于情面，不得不出兵伐郑，以图令名来号召诸侯，楚并不想真正发动一场大规模的战争，而只是想教训一下郑国就够了。一旦摸清楚国心理，子产主张稍作退让，让楚军小胜而退。于是郑军按子产的设想，固守待变而不出城作正面决战。果然，楚军渡过洧水，攻打师之城门，俘获九人，小胜后即撤军回楚。郑因小损而获大安。子产善于独立思考，想人之所未想，言人之所未言，深思熟虑，非常人能及。经常寻找为什么的答案，是子产成为优秀政治家的一个有利条件。

第四，春秋时代，继齐国管仲之后，子产是杰出改革家的先行者。其改革经过了深思熟虑，反复实践，他认为只要是方向正确，一定坚持到底，终生无悔，而绝不中途而废。不论来自何方的嘲讽打击，他都会顶住压力而毅然前行。对保守派的批评，他以"何恤于人言"作答。改革目的如前所述，这没有错，为什么一有困难就要低头退缩呢？这一胆识和勇气，为后进改革家树立了榜样。

第五，子产改革的胆识与勇气不是盲目的，而是来自于对形势的正确分析和科学判断。子产受过良好教育，学识渊博，上自天文地理，下至人事纷争，无不洞悉心胸。他具有"天命远，人道迩"的科学思想，不受鬼神迷信污染。这就接近了当时科学发展的前沿。有了科学的意识，才能加强管理，提高领导艺术，判断是非善否，进行科学决策，这样才能不错或少错，从而保证改革的顺利进行而立于不败之地。

第六，子产虽然贵为执政，掌握了郑国大权，但却能眼光向下，主动争取民众的舆论监督，这一古代朴素的民主精神是难能可贵的。北宋的王安石改革，大方向正确，但他却固执己见，听不进不同意见，因而被人称为"拗相公"，结果是被自己所提拔的一批新党野心家所包围蒙蔽，最后甚至是忘恩负义反戈一击而致命，导致了神宗朝熙宁变法的失败。他与子产一样有"何恤于人言"的主张，但贯彻中却有曲有直、有正有歪。子产改革所依靠的不是君主个人的支持，而是广大民众的舆论监督，不论人言的是非善否，开放言论是其法宝。王安石则不然，他只依靠那高高在上的神宗皇帝个人的支持，没有发动群众，没有组织强有力的干部队伍，就贸贸然强制推行新法，并且一听到不同意见就恼火，贬官流放无所不施，立予镇压。就是苏轼这样的率真正直的天才，根据实情提出批评意见，指出新法的某些弊端，新党立刻给予无情镇压，致使苏轼几乎终身流放死于道途。如此不恤人言，不给人以发言的机会和权利，这不是改革者追求真理应有的态度。这与子产以民为师，人民议论执政没什么不好的态度正好相反。子产所说："民所善也，吾则行之；其所恶者，吾则改之，是吾师也"。这就是真正的改革家尊重民意，自觉争取舆论监督的表现，改革因获广大民众的支持，基础坚实而顺利开展。而王安石却仅依靠皇帝个人的帮助，缺少民众的基础，改革一旦遭到巨大压力，岂能不败？子产的成功，与王安石的悲剧，两相对照，历史提示非常深刻，值得后人深省。须知，子产时代早于王安石有一千五六百年，其思想之先进性，可见一斑。

最后，子产受齐国贤相管仲的影响，具重商思想，因而一贯信守与商人的盟约，有力地推动了郑国社会的发展。据《左传》昭公十六年载：

> 晋韩起聘于郑……宣子（即韩起）有环，有一在郑商。宣子谒诸郑伯，子产弗与，曰："非官府之守器也，寡君不知"。子大叔、子羽谓子产曰："韩子亦无几求，晋国亦未可贰。晋国、韩子，不可偷（轻慢）也。若属有谗人交斗其间，鬼神而助之，以兴其凶怒，悔之何及？吾子何爱于一环，其以取憎于大国也，盍求而与之？"子产曰："吾非偷晋而有贰心，将终事之，是以弗与，忠信故也。侨闻君子非无贿之难，立而无令名之患。夫大国之人，令于小国，而皆获其求，将何以给之？一共（供）一否，为罪滋大。大国之求，无礼以斥之，何餍之有？吾且为鄙邑，则失位矣（按：意谓郑将变为大国边城，失去了自己国家地位）。若韩子奉命以使，而求玉焉，贪淫甚矣，独非罪乎？出一玉以起二罪，吾又失位，韩子成贪，将焉用之？且吾以玉贾罪，不亦锐乎？"韩子买诸贾人，既成贾矣，商人曰："必告君大夫（指国君和执政）。"韩子请诸子产曰："日起请夫环，执政弗义，弗敢复也。今买诸商人，商人曰，必以

闻。敢以为请。"子产对曰:"昔我先君桓公,与商人皆出自周,庸次比耦,以艾杀此地(指整治土地),斩之蓬高藜藋(割除野草),而共处之。世有盟誓,以相信也,曰:'尔无我叛,我毋强贾,毋或匄(乞求)夺。尔有利市宝贿,我勿与知。'恃此质誓,故能相保,以至于今。今吾子以好来辱,而谓敝邑强夺商人,是教敝邑背盟誓也,毋乃不可乎!吾子得玉而失诸侯,必不为也。若大国令,而共(供)无艺(限度),郑,鄙邑也,亦弗为也。侨若献玉,不知所成,敢私布之。"韩子辞玉,曰:"起不敏,敢求玉以徼二罪?敢辞之。"

郑处中原南北之冲,东西枢纽,四通八达之地,商业一贯非常发达,成为发展郑国政治、经济的一股重要力量。郑与齐国都是工商发达之地。因此郑在桓公时代,就与商人集团有盟誓,"尔无我叛,吾毋强贾",更不允许强夺"利市宝贿"以与工商争利益。这是郑国优良传统。社会的发展,免不了工商的参与活动。大概玉环如古董般名贵,一只在韩起处,一只在郑贾处。因此韩起乘出差郑国机会,明示郑国赂之,以使玉环成双完璧而归。这纯是私心,原是小事一件。但子产却偏是不准,并提到国家关系上的高度说事。晋贪贿则小国何堪?韩子可能因得环而失去小国的信任。而且,郑与商人有盟约在先,尊重并保护商人,怎可为一己之私而破坏国家盟约呢?因而二次拒绝了韩起的要求,所言恳切,有理、有利、有节,以此说服了大国使者,韩起感动而道歉。商人虽然社会地位低下,但现实生活中少不了他们,其工商流通促进了市场的需求与社会经济生活的发展。正因为郑国重商而保护其利益,所以激发了郑商的爱国热情,有利于郑国的和谐安定。如《左传》僖公三十三年(前 627 年)载,秦国大军准备偷袭郑国,在滑地与郑商人弦高相遇,出于爱国,弦高一面派人通知郑国防备,一面自己冒充郑国使者,赴秦营犒师。秦军统帅以为郑人有备,撤军灭滑而还,正因为有爱国商人的正义之举,郑国又一次获救。因此,后来子产坚守尊重商人的盟誓,发扬优良传统,原是改革家应有的态度。怎能为讨好某个大国使者,就破坏盟誓,而强迫商人就范呢?这样做就是自毁长城,岂能获得商人对改革的支持与帮助呢？子产思虑深远如此。

《左传》中子产故事很多，不胜枚举，难以尽述。范文澜《中国通史》称子产是春秋纵横家和法家的创始者，但法家专制严酷，而子产却能爱人而"视民如子"，尊重民意，开放言论，这是儒家仁义思想之先行。子产的思想遗产是多方面的，而不局限于一家一派。最后，综其一生，政治是其当行本色，改革使他走向了人生的辉煌。

附录

《左传》春秋五霸传叙

春秋晚期越王勾践迁都琅邪平议

　　春秋末年，日月迭代，吴越替兴。据《左传》载，鲁定公十四年（前496 年），吴、越樵李战役，越王勾践伤吴王阖闾致死。"（阖闾子夫差）使人立于庭，敬出入，必谓己曰：'夫差，而（尔）忘越王之杀而父乎？'则应曰：'唯，不敢忘！'三年，乃报越。"[①] 越勾践三年，吴越又有夫椒大战，据《史记·越王勾践世家》，吴王"悉发精兵击越，败之夫椒。越王乃以余兵五千人保栖于会稽。吴王追而围之"[②]。面对数万装备精良、训练有素的优势吴军，勾践无奈，降而议和，以存越国一线生机。勾践夫妻躬身入吴为奴，养马扫厕，无所不为，备受凌辱。三年后因重贿吴国君臣而获释归国。于是越王勾践重新做人，卧薪尝胆，兢兢业业，越国经过十年生聚、十年教训，一心以报仇复国为志。在范蠡、文种、计然等大批贤臣的辅助下，经过了二十余年的艰苦努力和耐心等待，越国终于由弱转强，于勾践二十四年（前473年）十一月，一举灭吴，兼并吴境。《左传》哀公二十二年有"越灭吴"的记载。但勾践并不以此为满足，他雄心勃勃，借胜吴之威，挥师北伐，争霸中原。正因为北伐争霸之需，这才有了勾践迁都琅邪（按：今属山东省胶南县）问题的产生。但是越国迁都琅邪的历史真相，虽经古今史家学者的不断探觅，却至今仍然成谜。因数千年的时间冲刷，历史尘垢堙埋，真相日渐模糊而一时难以厘清。因此，学术探讨应从现实出发，排纷解难，剥茧抽丝，

---

① 李梦生：《左传译注》，上海古籍出版社，1998 年，第 1277 页。
② 司马迁：《史记》，中华书局，1975 年，第 1740 页。

力争一步步地接近历史的真相。

有关勾践迁都琅邪问题，综观古今之论，大致有三种倾向：

一、坚持勾践迁都琅邪，实有其事。其主要理由如下：一是古代典籍有所记载，如《越绝书》《吴越春秋》《竹书纪年》《汉书·地理志》《水经注》等，均有明确记述，言有所据；二是越灭吴后，即迁都琅邪，主要是北上争霸中原的需要，建新都于琅邪，有利于越国力量在中原大地的全面展开，如果仍都远在南方数千里之遥的会稽，一旦中原有事，难以及时调度、指挥，平时也不便于政令、军令的施行；三是为了就近掠夺中原诸侯国的贡献和财富，为越国争霸增强其经济和政治实力。持以上意见者，近今学者主要有杨宽《战国史》（上海人民出版社，1998年）、蒙文通《越史丛考》（人民出版社，1983年）、钱穆《越徙琅邪考》（《先秦诸子系年》，中华书局，1985年。按：宾四先生考证具体地点有异）、孟文镛《越国史稿》（中国社会科学出版社，2010年）、钱林书《越国迁都琅邪析》（《历史地理研究》第1辑，复旦大学出版社，1986年）等。

二、提出质疑并否定迁都琅邪事实的存在。如陈可畏《越国都琅邪质疑》（《中国史研究》，1983年第1期。）、刘金荣《越都琅邪辨》（绍兴文理学院学报（哲学社会科学），2006年第5期）等。

三、持调和折中之论。如林华东《越国迁都琅邪辨》，一方面既肯定勾践迁都于琅邪（按：即今山东胶南县琅邪山西北十里夏河故城），一方面又断言"夏河城僻处海滨，局促一隅，非霸王基业。而城周仅有八里，规模小，周围一带越国史迹和遗物毕竟不多"①，故只能称为越国陪都或是带有军事性质的屯兵城堡。

上述三种矛盾对立的认识，虽然历史真相只有一个，但它们却都有一定的根据，各有其合法存在的理由。比如迁都说所根据的《越绝书》《吴越春秋》及《竹书纪年》等，都是东汉前的典籍，若没有充分的证据（如考古文

---

① 林华东：《越国迁都琅邪辨》，中央民族学院学报，1989年第1期，第15页。

物或文献新发现）和坚强的理由，是难以随便推翻的。而否定迁都论者，如陈可畏《越国都琅邪质疑》据《史记·田敬仲完世家》记载："齐国之政皆归田常。田常于是尽诛鲍、晏、监止及公族之强者，而割齐自安平（按：今山东省青州市西北）以东至琅邪，自为封邑。"① 说明了琅邪一直在齐手里。因此，也就不存在越王勾践从夫差那里继承琅邪的问题。陈氏持论有故，也有一定道理。司马迁是个严肃的史家，又曾周游天下，具体考察祖国河山，对历史地理很有研究，其言必有所据，岂可随便否定？这就提醒人们不要盲从。至于调和折中论者，表面看似和稀泥，实则其思维颇为新鲜，富有创意。历史漫长，过程复杂，变化万千，原有设想尚未实现，却已被无情现实所否定，因此而改弦易辙，也属可能。也就是说，林氏假设勾践为争霸中原方便指挥，原想迁都于琅邪，但现实变化太快，击碎其梦想，不能不变更计划，退还原点，琅邪只作前进的军事基地或屯兵城堡。所论也有其合理的内核。

但上述三说，又各有偏颇之处，故难以定论。

比如持调和折中论的林华东先生，称引《墨子·非攻中》曰："东方有莒之国者，其为国甚小，间于大国之间，不敬事于天，大国亦弗之从而爱利。是从东者越人来削其壤地，西者齐人兼而有之。计莒之所以亡于齐越之间者，以是攻战也。"根据其中"东者越人来削其壤地"一语，认为可证琅邪确为越有，所论似有武断之嫌。越人进军今山东并占领琅邪，可能性是存在的，但这只是一种开疆拓土的行动，与越人建都于琅邪完全是性质不同的两码事。又，林先生曾参观胶南县博物馆，发现所藏兵器若干，其中有"显属越式兵器"者，因此从考古文物角度称曰："有充分的证据可以认定：夏河故城就是越王勾践迁都琅邪的都城所在"②，立论夸张。越人进驻夏河故城，因而有其生活遗存，出土若干越式兵器，实属正常；但这与都城中武器库的大量遗存，是两码事，与勾践正式建都琅邪的大手笔、大工程，显然不可等同而论，其

① 司马迁：《史记》，中华书局，1885 年。
② 林华东：《越国迁都琅邪辨》，中央民族学院学报，1989 年第 1 期，第 15 页。

推论难以成立。

而持否定论的陈可畏先生，其立论在琅邪历史上一贯属齐邑，因是齐之境土，越人根本无法建都。但是，如果从不同的时间历史存在思考，从历史地理的流动变迁而言，立论并非严密。攻防进退，常有之事。琅邪（按：指今山东胶南市琅玡地区）春秋时原属莒国，战国时属齐。我们不能因琅邪后来属齐，就断言春秋末年的琅邪也一定属齐而未曾被越人攻占。齐国何时兼并莒国之琅邪的呢？史上缺载，陈先生并未详加论证，因此所论在逻辑上不严密，经不起仔细推敲。而且，越灭吴而并其土境，可以兵出于今江苏连云港一带地区，北上夺取距离不远的琅邪，并非绝无可能。退一步说，即使当时琅邪属齐邑，勾践加以武力攻占，并加经营，并非没有机会。在历史上，对战略要地，反复争夺拉锯，今天属甲，明日属乙，常有之事。以琅邪为齐邑而越无建都之理，论证语焉不详，理由并不充分。

至于建都琅邪之说，疏漏更多而难以定谳：

首先，文献不足征。所持论者，所据大多是东汉后文献，而在先秦及西汉前，典籍无可靠记载，是其致命弱点。如春秋三传和《国语》《战国策》等先秦典籍，《史记》等前汉著作，堪称经典，但皆无越人迁都琅邪的记载。如《左传》曾记载鲁哀公二十二年十一月"越灭吴"的兴亡大事，但并无勾践北上建新都于琅邪的任何说法。在历史上，一个新兴大国的崛起，兴盛及迁都，都是头等大事，史家不予记载，是不近情理的。同样，专写春秋之言说议论和礼制历史的《国语》，其中写有《越语》专篇，同样不见勾践迁都琅邪的任何蛛丝马迹。这就不免令人生疑。而西汉时司马迁《史记》，写有《越王勾践世家》，篇幅甚长，写到勾践灭吴后，挥师北上，与齐晋诸侯会盟徐州，并致贡于周，获天子赐胙（按：祭肉）封伯（按：即正式承认勾践的霸主地位），但并无一句一字，说到勾践迁都琅邪之事。须知，作为史官，司马迁曾入皇宫图书馆广泛阅读和笔录，大国迁都必有大事发生，先秦典籍应有所记述，司马迁怎会读到后而加以遗漏呢？这只能说明，先秦史家及其著作，并不存在越王勾践迁都琅邪之说。而且，司马迁为写《史记》作准备，曾亲自到过琅邪地区访问，当时琅邪的地方耆宿贤达，也无人对他提起勾践迁都琅邪之说。这就更令人生疑。司马迁一心为修史作准备，他撰《越王勾践世家》，并不知史上有越人迁都琅邪之说。连史学大家司马迁都不知道的事，后人又哪来可靠的迁都信息呢？当然，持迁都琅邪论者，大多会称引班固《汉书·地理志》于"琅邪县"下自注曰："越王勾践曾治此，起馆台，（有）四时祠。"① 作为班固认为勾践迁都之证。东汉班固，与司马迁同为严肃史学大家，其言必有所据。其实，这是错误理解了班固的话。班固只说勾践曾"治此"琅邪，曾在当地建若干台馆。所称"治此"，只说明越人曾占据并统治过琅邪地区，班固何尝说过勾践迁都于琅邪呢？其"起馆台"可能只是为了一时休憩游赏之需，这与建设新都的浩大工程，有本质的不同。建新都是大手笔大制作，是政治、经济、军事、文化的需要，除了连绵数十里的庞大城墙敌楼之外，城内的公私府第和殿堂楼阁，储藏国家财富的金库粮库，存放千万马匹车辆的园囿马厩，士、农、工、商和百姓经济贸易所需的市场街道设施，特别是政府各部门的行政管理系统，城外的交通道路建设，如驿站快邮及行旅安置之馆舍等等的配套设施，无一不是庞大工程，皆非几日几月可了，没有三五年的专注经营，很难完成新都的建设工程。如果建设工程草率马虎，则上至贵族长官，下至士民兵卒，甚至是百工商贾，都会民怨沸腾，这又将如何能保障行政指挥中心和军事指挥中心正常高效的运转呢？另外，班固《汉书·地理志》还明确写到琅邪属齐境。当然，《汉书》写于东汉初年，班固并未清楚交代山东琅邪在春秋战国至秦汉的历史归属问题，但这清楚表明班固认为琅邪属齐，最多只是短暂被越占领统治。如果勾践真正迁都琅邪并建都达二百四十年之久，则琅邪在春秋战国之际显属越土，班固能不知道而竟称为齐邑吗？因此，班固《汉书·地理志》之注，不能作为勾践迁都琅邪的证据。如果真如《越绝书》《吴越春秋》所言，勾践迁都琅邪，那么当时越与楚、齐、晋并称四大国，大国都会，该是车水马龙，人流

---

① 班固：《汉书》，中华书局，1983 年，第 1586 页。

熙攘，非常繁华。但实际不然。秦始皇东游琅邪山，因感琅邪荒僻，于是下令迁黔首三万户实之，于是琅邪才日渐增添了人气生机。琅邪荒僻如此，人烟稀少，越要建都，就必须一切从头开始，所耗费的心血精力与财富，所调动的人力与物力，勾践承受得了吗？北伐争霸后，勾践没三五年即去世，他来得及完成这一浩大工程与事业吗①？还有，越国迁都琅邪，从春秋末跨进了战国时代，竟达二百四十年之久，司马迁和班固等大史家，竟然从未知晓并提起，这难道是合理的吗？

不过，还有今本《竹书纪年》记载了周贞定王元年癸酉，"于越徙都琅邪"之事。周贞定王元年，即越王勾践二十九年（前468年）。言之凿凿，该是可靠证据吧。其实，稍加思考，同样发现问题。《竹书纪年》是西晋时在汲县战国魏墓中被发掘出来的，它是一部古代编年体史书，出于战国人之手，当然有其史料价值。但不幸的是，此书于宋时亡佚。清末民初王国维有《古本竹书纪年辑校》，只是辑佚整理之本。而今本《竹书纪年》二卷，王国维作《今本竹书纪年疏证》已证其伪托之作。持勾践迁都琅邪者，据后人伪书作证，这可靠吗？我想，今本《竹书纪年》的信息，可能还是源自《越绝书》和《吴越春秋》，只是迁都时间推迟四年而已，实质并无不同，可称是异流而同源。这虽是推测，但操斧伐柯，取则不远矣！

持迁都琅邪说者，最有力的证据，当然是《越绝书》和《吴越春秋》的有关记载。《越绝书·记地传》曰："允常子勾践，大霸称王，徙琅邪，都也。"②《吴越春秋·勾践伐吴外传》曰："越王既已诛忠臣，霸于关东，徙都琅邪，起观台，周七里，以望东海。"③上述两书明确记述了勾践迁都琅邪事。

---

① 如宋金南北对峙时代，金主完颜亮决心政治中心南移，迁都于旧燕京——金称中都，派左丞相张浩等增广燕京旧有城池宫室，"役民夫八十万，军匠四十万"（《揽辔录》），从天德三年（1151年）至贞元元年（1153年），历时二年多，才告竣工。这是扩建，而非新建，仍然如此兴师动众，费工费时。试想，勾践若迁新都于琅邪，在今鲁东濒海的贫瘠丘陵地带，一切从新开始，其浩大工程，民伕、工匠、金钱、粮秣、建材，又将出自何处呢？仅上百万的民伕军匠一项，就非当时越国所能承受。

② 李步嘉：《越绝书校释》，2013年，中华书局，第222页。

③ 张觉：《吴越春秋译注》，上海三联书店，2013年，第330页。

《越绝书》未署作者，但学者研究，多以为出于东汉袁康、吴平之手；所谓子贡所作，是好古者编造伪托。唐初刘知几《史通·因习》篇早已斥其"伪书"。而中唐杜佑《通典·州郡》部亦称曰："诡诞之言，必后人所加，若《古周书》《吴越春秋》《越绝书》诸纬书之流是矣，……皆不足为据。"① 刘知几和杜佑，都是古代学术大师，他们断言《越绝书》和《吴越春秋》如汉代纬书之诡诞不经，所言大多"不足为据"。而宋陈振孙《直斋书录解题》卷五《杂史类》称："《越绝书》十六卷无撰人名氏，相传以为子贡作，非也。其书杂记吴、越事，下及秦、汉，直至建武二十八年。盖战国后人所为，而汉人又附益之耳。"陈氏态度明确，断言《越绝书》为战国后及汉人"附益"之辞，可信度低。勾践建都琅邪，大事也，左丘明、司马迁、班固等大史家，一无所知，而东汉后的袁康、赵晔等，却言之凿凿，其信息来源又未公布，这可信吗？以此致人质疑，亦在料中。

至于《吴越春秋》，相传作者为东汉赵晔，其所描绘，类似古代小说家言，内容真假参半，并非全然信史。如其中《勾践伐吴外传》，记载勾践迁都琅邪后下求贤令而见孔子事，曰

> 居无几，射求贤士。孔子闻之，从弟子奉先王雅琴礼乐奏于越。越王乃披唐夷之甲，带步光之剑，杖屈卢之矛，出死士以三百人为阵关下。孔子有顷到，越王曰："唯唯，夫子何以教之？"孔子曰："丘能述五帝三王之道，故奏雅琴以献之大王。"越王喟然叹曰："越性诡而愚，水行山处，以船为车，以楫为马，往若飘然，去则难从，悦兵敢死，越之常也。夫子何说而欲教之？"孔子不答，因辞而去。②

描绘活灵活现，实在绝无此事。勾践迁都琅邪，据《吴越春秋》在勾践二十五年，也即鲁哀公二十三年（前472年）。而据《春秋》哀公十六年经

---

① 杜佑：《通典》，岳麓书社，1995年，第2391页。
② 张觉：《吴越春秋译注》，上海三联书店，2013年，第330页。

载："夏四月己丑，孔丘卒。"[1] 也就是说，孔子卒于公元前479年。孔子在勾践迁都琅邪前七年早已死了。而据今本《竹书纪年》越迁都琅邪在勾践二十九年（前468年），这时孔子已逝世十一年。孔子岂能死后复生而前往越都琅邪见越王勾践呢？其虚妄杜撰如此，当然疏漏很多。此事直接或间接证明了勾践迁都琅邪之说的不可信。

另外，如《山海经·海内东经》曰："琅邪台，在渤海间，琅邪之东。"[2]《山海经》并未称越迁都于琅邪。倒是后来郭璞明确注曰："今琅邪在海边，有山礁峣特起，状如高台，此即琅邪台也。琅邪者，越王勾践入霸中国之所都。"[3] 郭璞是两晋间人，他发表个人见解，当然可以，但是却不能代表《山海经》作者的意见。又北魏郦道元《水经·潍水注》曰："琅邪，山名也，越王勾践之故国也。勾践并吴，欲霸中国，徙都琅邪。"[4] 郭、郦二氏持论明确，似有其故，但并未说明信息来源，更未曾加以论证。勾践迁都琅邪的信息，不见于西汉以前文献记载，最早见于东汉年间的《越绝书》和《吴越春秋》。但上述二书，虽是有关吴、越地区历史、地理、文化、风俗以及军事、政治的方志类专书，但其性质，我们前有分析，似乎不可盲目信从。《越绝书》和《吴越春秋》可能因其记载奇人异事而吸引了郭、郦二位嗜奇博学之士，而郭、郦又在其著述中误导后来读者。论其信息之误，可能还是异流而同源。我们不能因郭郦二位学者的成就，就盲目信他们的每一句。他们的意见，只能作为一家之言作参考，岂可当作信史对待？

其次，时间不允许。从时间推算，勾践欲建新都于琅邪，时间非常紧迫。建都，大事也。但勾践北伐，纵横中原，到底是先打仗，先作中原诸国的政治外交压服工作呢？还是先以建都为重点呢？回答当然是前者，政治、外交、军事是当时越国争霸中原的重中之重。勾践不可能另分许多心思和力量来迁

---

① 李梦生：《左传译注》，上海古籍出版社，1998年，第1364页。
② 袁珂：《山海经校注》，上海古籍出版社，1991年，第331页。
③ 袁珂：《山海经校注》，上海古籍出版社，1991年，第331页。
④ 郦道元：《水经注》，四库精要本（卷二六），上海古籍出版社，1993年，第405页。

新都城。迁新都非一朝一夕之功可了，非把国力集中于斯不可。因此，必须先争霸，再建新都；所谓一边争霸打仗，一边大力建设新都城，对越之国力来说，困难重重而难以实现。即使越有此国力建设新都，但时间也不允许其拖泥带水地缓慢进行。中原诸国并不服帖作为南蛮鸩舌之人的越国来领导华夏诸国，当时华夷之辨是传统思想，越如无强大军力国力，中原诸国岂能轻易听话？更不要说齐、晋、秦、楚诸大国了。勾践一边要专心迁都，一方面眼睛又要紧盯中原诸国的动作和反应，他能顾得上吗？退一步说，即使越有力量一时占领琅邪，但琅邪僻处今山东东南的滨海之区，并没有现成的建筑基础和人口基础可加承继运作，一切建设都得从头开始。琅邪夺自齐邑，紧挨齐境，齐大国也，若其不服，兴兵前来报复，没有城墙堡垒，又将如何保卫新都琅邪呢？但修城筑堡，岂是几日几月可了？非拖几年时间不可。勾践又将如何打仗去争霸中原呢？越军一时驻扎琅邪，与真正建立新都，完全是性质不同的两码事。时间不允许勾践东张西望。据《吴越春秋》，越迁都琅邪是在勾践二十五年（前472年），明显不可信。越为灭吴，调动全国大军，紧紧围困吴国三年，于勾践二十四年十一月，方才完成灭吴复仇大计。三年紧张的战争刚一结束，毫无休整，第二年立即全国开拔，迁于遥距数千里路的新都琅邪，这合情理吗？灭吴之战虽然结束，但广大的吴国境土仍然到处有不满和反抗，吴国王族子弟、贵族子弟、官僚子弟，岂会甘心丧失利益而一无所有？他们必然此起彼伏，伺机死灰复燃。如果不加以坚决整顿和镇压，则将混乱不堪，勾践又将如何兼并吴国土境而拥有吴国财富和国力呢？越灭吴后，勾践不久即挥师北上，一方面是争霸中原之需，另一方面是进军两淮江北地区，镇抚和收拾广大吴境，以消弭其有形和无形的反抗。当时吴土远达淮北地区（今安徽皖北、江苏苏北），地方数千里，吴都虽破，但各地另有地方势力地方武装盘踞，不逐一清理镇压收买，行吗？今天科技昌明，一个电讯，立即到达千万里遥的边鄙；但古代不行，仅靠人、马传递，消息常常迟到。越灭吴后，要全面兼有吴国土境，非常困难，国内外的敌对势力，岂会坐等越人宰割？这就让勾践很花心思精力了。而且，北方与吴多有战争的大国齐、晋，与越同处南方的西面强楚，岂能坐失吴亡的良机而毫无动静和反应呢？即使是宋、鲁、卫等中小国家，也会乘吴之危而准备收复被吴侵吞的土田，而不会坐等越人的恩赐。越在灭吴之后，急待处理的内政外交难题很多，非三五年难以平稳，岂有在灭吴第二年立即迁都琅邪之理？而今本《竹书纪年》，勾践迁都琅邪是在二十九年，距灭吴也不过四年有余。迁都是大事，是要事，但是并非急事，非要即刻完成不可。把都城从今浙江的绍兴（古称会稽），迁到今天山东的琅邪，南北遥遥，相隔数千里路，越之主力实际上必须转移到北方的新都琅邪，越在南方，必然实力空虚，这样实际上就是不自觉地放弃了会稽故都及江浙一带地区，因为与越同处江南的强楚也正在虎窥江南，楚国岂会放弃这一千载难逢的大好机会？沿长江顺流而下，也不过是十天、半个月的事；而处于琅邪的勾践要救江南，陆路江淮易被楚国拦腰截断，海路则因大风和潮流等关系，时日漫长，非几个月无法到达会稽救援。一旦故国故都故乡故土有失，越人岂不人心惶惶而军心动摇？勾践又将如何争霸打仗呢？以丧失坚实会稽旧都这老根据地为代价，去换取在北方新占领区琅邪新建前途未卜之都，勾践与越人会发傻到犯这样的战略性错误吗？新建一个宏伟都城来与勾践霸业相匹配，并非三五年可了事，如从勾践二十九年迁建新都算起，到三十二年勾践逝世，只有不到三年时间，他根本来不及建设和经营新都，明显是时间不允许。建新都是个浩大工程，周遭几十里长的厚实城墙（包括内城、外城），美轮美奂的宫殿苑囿，行政系统的百官府邸，便于指挥和后勤供应的交通道路，便于商贸行旅及搜集信息情报的驿站驿递和快邮等等，到处都需要大量的人力、物力、财力、国力，在越国最北的边鄙之地琅邪建新都，大量的劳力、兵力、粮食布匹等物资又从哪儿来呢？如果暴力征调当地民众服劳役苦役，掠夺当地人民财产，一来琅邪地区人口稀少，并非富庶之区，能解决多少问题呢？二来残暴掠夺压榨，易于引起当地人民的反抗。昔年吴王阖闾率吴军攻入楚国郢都，就因放纵官兵奸淫烧杀，引发楚人反抗，终于保护了逃亡中的楚昭王，并击败了盛极一时的精锐吴军。前车之鉴，历历在目，相信勾践也记忆犹新。因此，勾践为了争霸中原，急于处理内政、外交及诸多军事急务，岂肯花费偌大心血精力，去办理并非急需立办不可的迁都琅邪之事。

第三，空间的阻隔，新（琅邪）、旧（会稽）二都难以联络互救。空间的隔阂与地理的遥远，舍旧建新，迁都琅邪，也有许多不合理和难以克服的障碍。会稽与琅邪，一南一北，河山相隔数千里，气候、地貌、民风、民俗、民族性格和民族精神，都大不相同。直到魏晋时，北人称南人为蛮夷，南人称北人为伧鬼，相互歧视，人心人性难以默契配合。以此上推，春秋时传统精神严华夷之辨，当然南北之人分歧敌对之事更尖锐。如越国真欲建新都于琅邪，则必须倾全国之力来建设，人力、物力、军力，都必须大规模北调。如前所述，旧都会稽就会实力空虚，江南地区的统治就会出现疲软无力状态。这样，新都尚未建成，而旧都及广大江南地区则危乎殆哉！昔日楚军水师曾顺流伐吴，兵锋直达今天芜湖而逼近南京。现在吴土虽化为越境，但同样随时处于楚国威胁之下。如果江南老巢有失，后院起火，则建都于北方的勾践，顾此失彼，想救都来不及。昔日吴王夫差黄池之会，称霸中原而盛极一时，但勾践一方面派范蠡率水师沿海北上拦截吴军的江淮归路，一方面亲率越军主力偷袭吴都姑苏，夫差后院失火，急急回师南下"灭火"，但火已成燎原之势，没过几年，吴被越国灭亡。吴国都城这一老根据地一动摇，吴虽在外称雄称霸能不亡吗？这正是勾践自己干的拿手好戏，他岂会健忘到重蹈夫差覆辙的程度吗？在吴灭后，楚、越已从盟友关系，化为竞争和敌对的关系，楚、越同处南方，政治利益是根本，楚国当然也不会对越客气礼让的，只要一有机会，该出手时就出手。越王勾践当国数十年，忍辱负重，经验老到，当然明白这些道理。因此从空间地理角度看，很难想象他会为建新都于北方琅邪而弃其旧都会稽的安全。会稽安否，涉及整个江南地区的安危，这是越国的生命根本，岂可丢失遗弃？在勾践北上争霸的晚年宝贵的几年时间里，相信勾践不致糊涂到舍旧建新而自找苦吃。

再从政略及战略上考虑，如果勾践真是迁都琅邪，由于新旧都之间，沿途绵亘数千里，如一字长蛇，很容易被拦腰截断归路。勾践昔日，正是这样算计吴王夫差的。据《国语·吴语》记载，吴王夫差北伐中原，与晋争盟主于黄池，曰："吴王夫差既杀申胥（按：即伍子胥），不稔于岁，乃起师北征。阙为流沟，通于商、鲁之间。北属之沂，西属之济，以会晋公午于黄池。于是越王勾践乃命范蠡、舌庸率师沿海溯淮，以绝吴路，败王子友于姑熊夷。越王勾践乃率中军溯江以袭吴，入其郛，焚其姑苏，徙其大舟。"① 这一破袭战发生于周敬王三十八年，也即勾践十五年（前 482 年）。此战役虽未灭吴，但吴已元气大伤，终于十年不到即被越鲸吞而亡。据今人童书业先生《春秋左传研究》考据，吴王夫差为北上争霸之需，曾迁都于一水之隔的江北之邗（按：在扬州附近）。姑苏与邗，江南江北，相距非遥，远非越之会稽与琅邪河山阻隔而遥不可及可比。夫差新都邗，吴军主力北上争霸，旧都姑苏留守力量薄弱，因此被勾践偷袭而摇吴国本，当时吴军主力南撤之路，又于江淮间被越军水师拦截归路而陷于苦战，一时手足无措。这一经验教训，勾践岂会忘记？吴王夫差仅迁都于一水之隔的对岸之邗，守卫姑苏的实力大为削弱，安全大受影响；现在勾践若建新都于数千里遥而人地生疏的北方海隅僻壤琅邪，就必须全力经营，岂有余力再来照顾实力早已空虚的会稽？而且，新、旧都相距数千里，一线排开，很容易被楚军从江淮地区拦腰斩断，令越新旧都首尾不能相顾，则越军主力必将有去无归而呜呼危哉！迁都琅邪，实犯兵家之大忌，作战一生而经验丰富的勾践，岂会出此昏招而"自杀"？可谓绝无此理。

《史记·越王勾践世家》曰："勾践已平吴，乃以兵北渡淮，与齐、晋诸侯会于徐州，致贡于周。周元王使人赐勾践胙，命为伯。勾践已去，渡淮南，以淮上地与楚，归吴所侵宋地于宋，与鲁泗东百里。当是时，越兵横行于江淮东，诸侯毕贺，号称霸王。"② 《吴越春秋·勾践伐吴外传》所载，本乎《史记》，"已平吴"作"已灭吴"，渡淮南作"去还江南"，文字小异，而内

---

① 董立章：《国语译注辨析》，暨南大学出版社，1993 年，第 726 页。
② 司马迁：《史记》，中华书局，1975 年，第 1746 页。

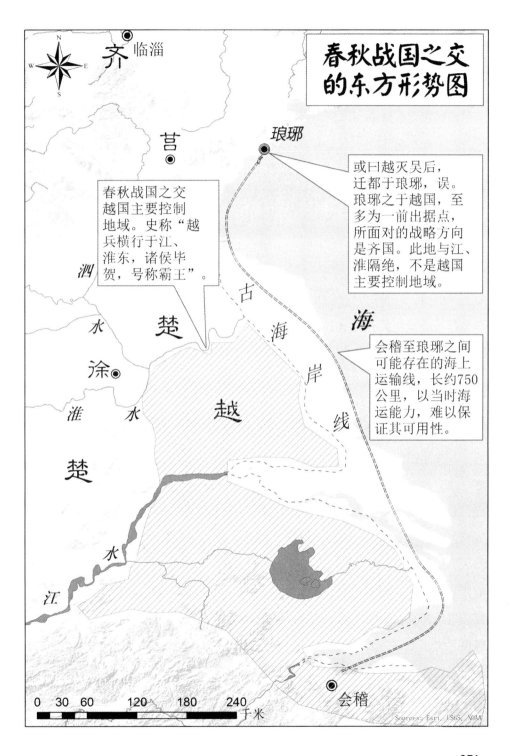

春秋战国之交
的东方形势图

春秋战国之交
越国主要控制
地域。史称"越
兵横行于江、
淮东，诸侯毕
贺，号称霸王"

或曰越灭吴后，
迁都于琅邪，误。
琅邪之于越国，至
多为一前出据点，
所面对的战略方向
是齐国。此地与江、
淮隔绝，不是越国
主要控制地域。

会稽至琅邪之间
可能存在的海上
运输线，长约750
公里，以当时海
运能力，难以保
证其可用性。

齐 临淄

莒

琅邪

泗 水

楚

涂

水

淮

楚

越

古 海 岸 线

海

江 水

水

0 30 60   120   180   240 千米

会稽

Sources: Esri, USGS, NOAA

容相似。这一记载说明了勾践北伐而徐州会盟后，争到了春秋霸主地位，目的已经达到，在处理与各国关系后，引兵渡淮而回归江南，并未都琅邪而一直留在北方中原。

当时作为春秋霸主至少必须具备以下两个条件：一是实力雄厚，兵强马壮，武力足以威慑天下；一是至少表面上要打出尊王旗号，以行仁施义号召诸侯而令人心服，这才能树起一代霸主的高大形象。按：春秋前期的霸主如齐桓公、晋文公，祭起的是"尊王攘夷"大旗，而自楚庄王称霸后，如吴王夫差、越王勾践，因吴、越与楚，同处南方被中原诸侯讥为南蛮之人，而吴越与楚也常以蛮夷自居，拒行中国礼法。以此楚与吴、越称霸只提尊王口号，以取周天子正式封赠为"伯"（即霸主），至于"攘夷"之称，则置之不顾。勾践的同时，晋国因其六大世卿世族的内部矛盾斗争，无暇于外；齐因公族势力已被陈（田）氏家族压制。为争国家政权敌对势力彼此恶斗，直到陈成子（田常）弑简公而立平公，专齐国政，齐始有心外向争于诸侯；楚则因郢都破而备受打击，昭王逃亡，惠王继位后正在恢复中；秦又远在西陲，鞭长莫及；此时天下混乱，又出现相对势力真空的时代，而越之风云际会，恰在此时，一举灭吴而崛起，中原诸侯及强国秦楚，也只能暂时把霸主之号，拱手让与越王勾践了。勾践称霸，不仅因越之强，更因适逢其会；而一旦秦、晋、齐、楚缓过神来，越国霸位，立刻不保。故勾践于临终前遗言太子曰："吾自禹之后，承允常之德，蒙天灵之佑，神祇之福，从穷越之地，籍楚之前锋，以摧吴王之干戈，跨江涉淮，从晋、齐之地（按：指与齐、晋徐州会盟），功德巍巍，自致于斯，其不可诚乎？夫霸者之后，难以久立，其慎之哉！"① 这说明了勾践头脑清醒，具有很强的危机感，明白子孙难以维持其霸权。以此断言，越国之霸，只在勾践晚年的五六年间，时间不长。勾践一死，继位之太子与夷，又很快病死，国家大丧连连，加以继位子孙虽有野心，但却缺乏勾践的雄才大略和声势威权，更因贤人或亡或散，政治腐败，因此越

---

① 张觉：《吴越春秋译注》，上海三联书店，2013 年，第335 页。

国霸权，一代而终，也很正常。在一代不如一代的情况下，越国又岂有雄厚国力去完成建都琅邪的庞大工程呢？

另，勾践作为春秋一代霸主，又必须博取仁义美誉，以便收服人心，这是政治需要。他进军中原后，据说曾把昔日吴国侵占的土地，归还原来的失土之国。如《史记·越王勾践世家》所称，"以淮上地与楚，归吴所侵宋地于宋，与鲁泗东方百里"。《吴越春秋》所载，同于《史记》。这可能有部分的事实。但对于争霸来说，开疆拓土，扩大实力，何乐而不为呢？勾践为什么要割让用多少将士鲜血换来的土地呢？有学者认为这是政治大于军事，他以此行仁施义来获取中原诸侯的拥戴和支持。其实不然，政治家的算计，是围绕利益来思考的。比如说，归还鲁、宋之地，面积不大，对越国实力的增减，不会有多大影响，归还之后，可以博取仁义美名，争取鲁、宋的政治支持，这是政略眼光，利大于弊。昔日吴王夫差北伐，伍子胥谏曰："越在腹心，今得志于齐，犹石田，无所用。"[1] 所称石田，即无所用之地。吴即使能一时侵占中原之地，但又无法长期驻军，一旦主力撤退，则鞭长莫及，又将如何统治或管理呢？昔日吴国如此，后之越国亦然。但勾践比夫差聪明，他明白这一道理，因此而把吴侵宋侵鲁的"石田"归还鲁、宋，既无损越之利益，同时又获霸主仁义令名，一石二鸟，何乐而不为呢？归还原不属越的小块土田，只具象征性，而并无什么太大的实际意义。这正是勾践思考深刻而高出夫差的地方。

至于"以淮上地与楚"，则只是勾践自欺欺人的漂亮话，从战略上讲，对越则有违情理。淮上之地，并非一丘一垄，而是广袤数百近千里的境土，而且是越国争霸中原所必经的战略要地，勾践作为春秋的末代霸王，岂有礼让之理？假设勾践迁都于今之山东琅邪，一旦江淮地区被楚军拦腰截断，致使越人南北不能相救，则越将被分割包围，丧失其江南老根据地而坐困北方琅邪这一个"孤岛"围城了。这不是犯了兵家大忌吗？以勾践的雄才大略，岂能铸此大错呢？实际上在与楚的关系上，勾践有其不得已处，"以淮上地与

---

① 司马迁：《史记》，中华书局，1975 年，第 1472 页。

楚"，则是被迫之举，而非心甘情愿。吴国强盛而进攻楚、越之时，楚越自然成了相互支援的盟国，以便牵制强敌；但在越灭吴后，楚越又因同处南方而化友为敌，岂有随便奉送战略要地以资敌的道理？据《史记·楚世家》记载，实际上"是时越已灭吴而不能正江、淮北；楚东侵，广地至泗上"。楚军占领江淮以北地区，正在勾践去世前后。另据《韩非子·说林下》曰："越已胜吴，又索卒于荆（楚）而攻晋。左史倚相谓荆王曰：'夫越破吴，豪士死，锐卒尽，大甲伤。今又索卒以攻晋，示我不病也，不如起师与分吴。'荆王曰：'善。'因起师而从越。越王怒，将击之，大夫种曰：'不可。吾豪士尽，大甲伤，我与战必不剋，不如赂之。乃割露山之阴五百里以赂之。'"① 于此可见，淮上之地实是楚军主动出击与越"分吴"时抢占的，楚乘吴越相争而两败俱伤之时，对昔日盟友越国显出了咄咄逼人的进攻态势，勾践一时不便与争，故顺水推舟，美其名曰"以淮上地与楚"。名是赠送，实则出于无奈。而楚一旦占领广大淮上战略要地，越迁都琅邪还有什么意义呢？果真都琅邪，越之南北新旧之都，二地又将如何沟通联络呢？这就给勾践迁都琅邪，制造了许多难以逾越的障碍。

不过有人可能说，陆路不通，可走海上的水路。勾践不是说过越人"以船为车，以楫为马"，熟谙水性，因此，从会稽出杭州湾，可北上直航琅邪，有何不可呢？钱林书先生《越国迁都琅邪析》即持此论。孟文镛先生《越国史稿》也称"勾践迁都琅邪，所去路线主要是海路，这可以充分发挥越人的优势。越人以擅长舟楫著称海内"②。但是，当时越人擅航海，只是比较内陆人而言，是相对的，从航海科学技术的发展而言，春秋时越人受时代限制，其航海的技术手段非常有限。阅读中国交通史料，知道春秋时尚未发明风帆与船舵，遑论航海的定向定位仪器罗盘！当时木船的动力，主要来自于大海的潮流，一旦刮起台风飓风，或吹七八级大风，则狂风巨浪将吞没海船，航

---

① 陈奇猷：《韩非子集释》，上海人民出版社，1974年，第472页。
② 孟文镛：《越国史稿》，中国社会科学出版社，2010年，第278页。

海非时日可定，是九死一生之事。要依靠无帆无舵的木船木筏，从会稽出发，穿越风急浪高的东海、黄海，是极其艰难的事。虽然春秋时也有吴、越水师北航袭齐的记载，但那是冒险的个例，而非固定航线的开辟。我曾从日本大阪，乘万吨巨轮西返上海，途经离海岸线并不遥远的黑水洋一带，常掀三米以上的巨浪，万吨轮颠簸震荡，船上旅客大多头晕目眩，呕吐狼藉，无法进食而只能卧床不起了。这就不难想象，唐僧鉴真大师几次渡日，经历台风巨浪，最后一次才有幸登陆与中国一衣带水的日本，其间，九死一生之险情难以一一诉说。后来元蒙战舰远征日本，是被台风海浪吞没，日本才侥幸逃过了一场亡国之灾。科学逐渐发达进步的后代，航海尚且如此艰难，更何况是春秋时代那无帆无舵的木船木筏呢？越人要想迁都琅邪就必须从会稽启运大量人员物资、甚至是建筑材料，三百艘大船，八千名"死士"——军队中最勇猛的敢死队员，所运载的数量极为庞大。如果一次起运，一旦海上出事，越国岂非全军覆没了吗？还有什么资本力量去争霸中原呢？勾践又有何能耐能够保证长途航行东海黄海数千里而风平浪静呢？若分批起运，却须靠天吃饭不知又要等待几月、几年，而迁都工程却紧急而难以拖拉等待。估计，勾践不敢冒此风险。这样，海路虽通，却须冒险而难以救急，南北新旧二都，仍然是障碍存在而沟通困难。

第四，从外交及人事关系上思考，勾践若真迁都琅邪，同样存在许多难以逾越的障碍。一是勾践晚年，强盛一时，势压中原小国，如《国语·吴语下》曰："越灭吴，上征上国（按：指中原诸侯国），宋、郑、鲁、卫、陈、蔡执玉之君皆入朝。夫唯能下其群臣，以集其谋故也。"[①] 当时，越国诸贤，除范蠡离去外，文种、计然、皋如、后庸诸贤尚未星散，北伐时有诸贤辅助策划，故勾践能成功登顶称霸。而在诛文种后，功臣寒心，纷纷疏离，全靠勾践的独裁独断，如此排斥贤良，正是勾践死后丢掉霸业的关键。因为人心涣散，贤良离心，越之实力削弱，霸业渐消，这样迁都琅邪就失去了原有争

---

① 董立章：《国语译注辨析》，暨南大学出版社，1993年，第744页。

霸的价值和意义。而且，勾践所率越军，主力无非越人，越人思故乡，习惯于南方的生活，又岂能心甘情愿地去为勾践一人而长期困守北方不归呢？迁都琅邪，广大的越国吏民及将士，必然出现水土不服的生理毛病，更严重的是出现思乡恋故的心理障碍，这人的因素，也将大大地削弱越国实力。一旦广大吏民将士心理防线崩溃，任你琅邪新都城墙再高再坚固，也挡不住人心崩溃的内在冲击，越国岂非危乎殆哉！

而从列国外交角度看，中原二三流诸侯国如宋、卫、鲁、陈等，因实力不济，不能不与越周旋。但内心深处，视越为蛮而不服。据《左传》哀公二十七年（前468年）记载，越派后庸赴鲁调解宋、邾边界土田之争，并与鲁在平阳结盟，"（季）康子病之"，即为之不快。季康子是鲁国执政之卿，说明鲁服于越是违心的勉强之举。越与鲁为盟国，曾助鲁抗齐，又归还吴侵土地百里，但鲁内心仍是不服。一旦形势有变，中原诸侯又有谁甘当越的马前卒呢？更不用说秦、晋、齐、楚四大国了。如果越真在琅邪建都，则对中原诸国的安全构成了直接的威胁，四大国会视而不见而不加抗争吗？特别是齐，当时的琅邪是卿相陈成子（田常）封邑，《史记》有明确记载。勾践从齐人手里抢来建都，则琅邪与齐山水接壤。古人云："卧榻之旁，岂容他人鼾睡哉！"① 强齐岂能忍受越国建都琅邪！与勾践同时专齐国政的陈成子（田常），并非庸辈，他敢于弑简公而立平公，自己为相专政，其能量岂可小觑？据《史记·田敬仲完世家》于齐平公五年曰："齐国之政皆归田常。田常于是尽诛鲍、晏、监止及公族之强者，而割齐自安平以东至琅邪，自为封邑。"② 齐平公五年（前476年），也即越王勾践二十一年。这说明在越灭吴前，琅邪属齐。而过三年后，越灭吴，是否有能力从齐相田常手中夺取琅邪并建立新都呢？实在值得怀疑。田常是春秋末年在齐升起一颗政治明星，以精明强悍著称。如《左传》哀公二十七年载曰："晋荀瑶帅师伐郑，次于桐丘。郑驷弘请

---

① 岳珂：《桯史》，上海古籍出版社，1991年，第410页。
② 司马迁：《史记》，中华书局，1975年，第1884页。

救于齐。齐师将兴，陈成子属孤子，三日朝（按：分三天接见慰抚阵亡遗孤）。设乘车两马，系五邑（按：通"橐"，口袋）焉。召颜涿聚之子晋，曰：'隰之役，而父死焉。以国之多难，未女恤也。今君命女以是邑也，服车而朝，毋废前劳。'乃救郑。及留舒，违谷七里，谷人不知。及濮，雨，不涉。子思（按：郑子产之子国参）曰：'大国在敝邑之宇下，是以告急。今师不行，恐无及也。'成子衣制（按：雨衣），杖戈，立于阪上，马不出者，助之鞭之。知伯（按：即荀瑶）闻之，乃还，曰：'我卜伐郑，不卜敌齐。'"当人告诉陈成子，齐"将为轻车千乘以厌（按：压迫）齐师之门"而歼齐师，成子应曰："寡君命恒曰：'无及寡，无畏众。'虽过千乘，敢辟（避）之乎？将以子之命告寡君。"① 陈成子名恒，即田常也。他是个刚毅果敢有作为有担当的政治家、军事家，很会收拾人心，从而获得士民的支持。勾践与田常，都是一代枭雄，二虎相争，必有一伤。但史上未见越与齐国为争琅邪而进行生死之战的事情发生。这也是间接地说明了勾践迁都琅邪为虚妄之事。

第五，若越真迁都琅邪达二百四十年（或近百年）之久，建新都是一个宏伟工程，必有大量的历史文化遗迹存在于地上地下。但在科学昌明的今天，考古并未有什么新发现来证实越迁都琅邪之事的存在，大规模的城墙遗址在何处？许多宫殿苑囿在何方？大型仓库和居民街道又在哪里？勾践及其后继君王的壮观陵墓何处寻觅？现实的回答是：不知道。周遭八里的夏河故城，实在太小，只是小县的规模，岂能与大国都会城墙相比？总之，缺乏可靠的文献记载，又没有大量的考古文物作支撑，越迁都琅邪之说，大可怀疑。

综上所述，勾践迁都三说中，以迁都琅邪之说漏洞最多，其可能性微乎其微。但《越绝书》和《吴越春秋》又言之凿凿，也不能说全然空穴来风。很可能，勾践北征曾一度占领过琅邪，并以之为前进的指挥部或军事基地，以供部队休整补给之用。因勾践在一段时间里人在琅邪，也就代表了越国在琅邪，中原诸侯国要与越国打交道，曾就近到琅邪晋见办事，这就导致了勾

---

① 李梦生：《左传译注》，上海古籍出版社，1998年，第1396页。

践都琅邪的说法产生。另一种可能是，勾践为争霸中原之需，便于就近管理指挥和调度一切，曾动过迁都琅邪的念想。但一来他晚年没几年就去世，根本来不及经营如此浩大工程，其子孙又因国之大丧连连，难以进行；加以强楚占领江淮地区，拦腰截断越之南北交通要道，再要坚持迁都琅邪，将可能产生有去无归的严重后果，因而迁都琅邪美梦，被无情现实所击碎。

但否定论者只破不立，没有对勾践具体行踪详加考论，说明他晚年在什么地方施行其指挥和统治的，这就为迁都说留下了可钻的空子。

三说之中，比较而言，调和折中论似乎自相矛盾，但却留下了可以探讨和继续加以拓展的空间。

以上意见并非成熟，抛砖引玉，望方家不吝赐教。

《左传》盟誓及其他
——先秦"诚信"观述论

一、诚信问题，是一个具有强烈现实借鉴意义的问题

当前现实，诚信危机严重阻碍了社会的发展，影响了每个人的生活，这就令人期盼中华传统美德之一的诚信精神的回归。其实，古代同样存在诚信危机，其发展过程中矛盾复杂，但古人自有其一套处理的理论观念和应对方法。如孔子、孟子所代表的儒家，就提出了较为系统的诚信观以教育人们。而孔、孟的这一思想理论，又是广泛学习他们以前文化成果的结晶。如《周易》六十四卦，孔子平生读《易》是"韦编三绝"，非常熟悉。《周易》卦爻辞中，就大量提出了"孚"的问题。孚者，诚也，信也。诚孚，也就是诚信。六十四卦中的《中孚》卦，讲的就是人们要以诚信来感天动地以改造人类的哲理思考。而《左传》一书，虽然成书在孔子身后，但它所记载的许多故事和言论，却大多发生于孔子以前，为孔子所熟悉。因此，《左传》有关诚信问题的记载，当然也是孔孟所学习借鉴的，受其启发，从而产生了自己的新观念，企望以此来缓解当时社会的诚信危机。后儒特别是宋明理学家提出了正心诚意的理论，正是集成孔孟又加以哲学升华。如要细致讲来，就要涉及整个思想史、哲学史了，这非一个多小时的报告所能完成。因此，我们集中讲诚信观念在其肇源时期的认识和理解。实际上，不管是诸子百家、儒、道、

佛家，万变不离其宗，其思想都可在先秦阶段找到自己的影子。

二、《周易》中的《中孚》卦与诚孚问题

据《尔雅》，信与诚、孚可以互训，基本意义相似，但又各有偏重。信者，事之真实可靠见诸外；诚者，诚信之心聚于内。二者略有心内、物外之别。至于孚，近于诚，是心中之诚信。孚字，从文字学看，从爪从子，如鸟以爪抱子于巢中，一心饲养孩子，其真心仁爱，出自心中至诚，岂有他哉！但在具体运用中，信、诚、孚三者可以互用而不悖。

《周易》六十四卦中，第六十一卦是《中孚》卦（䷼）。朱熹《朱子语类》卷七三说："中孚是诚信之义。"因此，《中孚》卦象征心中有诚信。天地有其节信，如草木生长，春生夏长，秋收冬藏。草木有信，气候有节，何况人呢？春华秋实，酷暑严霜，自然规律就是节信，该来就降临，该归时就退场。人及其社会，同于自然，也应有其节信。如《吕氏春秋·离俗览·贵信》篇所说："天地之大，四时之化，而又不能不信成物，又况乎人事？君臣不信，则百姓诽谤，社稷不宁。"又如杨万里强调人应立诚为本，曰："中有诚者外必孚，孚之为言，此感于彼，彼信于此之谓也。是故中孚所发，上行之则顺，下信之则说（悦）。"（见杨万里《诚斋易传·中孚》）他从卦象、卦体中的上下卦义来解释。下卦兑（☱）为泽为说（悦），上卦巽（☴）为风为顺，风行水上，风水相荡，水体虚，风入而动之，比喻人心谦虚而物能入而感动之。上下真诚感动互应，自然促使社会和谐共生。

卦辞曰："豚鱼吉，利涉大川，利贞。"程颐释曰："豚躁鱼冥，物之难感者也。孚信能感于豚鱼，则无不至矣。"连豚鱼都能感动，更何况是皆有恻隐之心的人呢！当然这里是比喻象征。卦形中间二阴，代表中虚之象，虚无所主，能纳万物，中有至诚，万民信赖，上下一心，故可"利涉大川"，和舟同济而渡过险难，达到成功彼岸。在上者治国为民，出于至诚之心，在下信赖上级，认为可信可靠，因此全力合作，这也出于至诚之心。上下真心，以诚

信为本，又有什么困难险阻不能战胜的呢？此其"利涉大川"也。但卦辞最后有"利贞"之戒，即利于坚守正义，这是为什么呢？

明来知德《周易集注》曰："利贞者，利于心也。若盗贼相约，男女之私，岂不彼此有孚？然非天理之正矣，故利贞。"韩愈《柳子厚墓志铭》曾形象地描绘了世俗小人的信誓旦旦曰："今夫平居里巷相慕悦，酒食游戏相徵逐，诩诩强笑语以相取下，握手出肺肝相示，指天日涕泣，誓生死不相背负，真若可信；一旦临小利害，仅如毛发比，反眼若不相识，落陷阱不引手救，反挤之又下石者，皆是也。此宜禽兽夷狄所不忍为，而其人自视以为得计。闻子厚之风，亦可以少愧矣。"可见小人之信誓旦旦，反而暴露其虚伪欺诈的真面目。故中孚之信，必以正义为基础。这从正、反两方面阐述了《周易》的诚信观。

《周易》第九卦《小畜》（䷈），其九五爻辞曰："九五，有孚挛如，富以其邻。"九五阳刚居中位正，处于尊位，但在小有积蓄之时，并不以其尊贵，独享胜利果实。相反，以其诚心，带动大家一心一意共创小康，共奔富贵之路。挛，手牵手，大家相牵之手，是出于内心的诚孚，此"有孚"之谓也。这是从正面谈诚信至孚的巨大作用；同时，又从反面提醒人们要有防范诚信危机的意识，彼此心"孚"于内，大家牵手才能朝同一个方向前进。一旦牵手不发于至诚，则在前进路上，可能各走不同方向而寸步难行。"其邻"，象征着众多的国人，只有获得大家真心的拥护和支持，共奔富贵的愿望才能实现。所以，"富以其邻"有二义：一是九五爻象征领导者，或先富起来的人，并不独享成果，而是内心真诚希望能带动大家共奔富贵之路，此所谓一人富不如家家富也；二是创造"富贵"的事业，一定要获得"其邻"的支持和帮助，彼此至诚互动，才能达到成功。

三、《左传》盟誓所反映的诚信观

盟誓是古代散文的一种特殊文体。春秋时代是一个以血缘为纽带的宗法社会，可说是人神共处，祭祀祖宗鬼神属国之大事。因此，对着祖宗鬼神诅咒发誓订立盟约是极其严肃的事，容不得半点虚伪，内心的虔诚互信极为重要。但后来这一文化传统逐渐遭到破坏。因此，祝盟誓文之类，也随之变化，主其事者是否真正出于内心的虔诚至信之心呢？值得思考。因此，《左传》中的祝盟誓词，读时也就有必要从多方面思考。刘勰《文心雕龙》中专设《祝盟》之体，开篇即曰："天地定位，祀遍群神……六宗既禋，三望咸秩，甘雨和风，是生黍稷，兆民所仰，美报兴焉！牺盛惟馨，本于明德，祝史陈信，资乎文辞。"可见上古时代祝誓盟文的"文辞"，在"明德"的基础上，其核心在于祭祀者、创作者的内心诚信。作为誓文写作，刘勰也提出要求，曰："凡群言发华，而降神务实，修辞立诚，在于无愧。"而对于那背盟叛誓者虚伪之文，提出批判，曰："故知信不由衷，盟无益也。""夫盟之大体，必序危机，奖忠孝，共存亡，戮心力，祈幽灵以取鉴，指九天以为正，感激以立诚，切至以敷辞，此其所同也。然非辞之难，处辞为难。后之君子，宜存殷鉴。忠信可矣，无恃神焉。"刘勰所论，可用以考察《左传》盟誓之辞及其与诚信观念的关系。现从具体事例开始考察。

1. 因周郑交恶而质，故君子论信

> 郑武公、庄公为平王卿士。王贰于虢，郑伯怨王，王曰："无之。"故周郑交质。王子狐（按：平王子）为质于郑，郑公子忽（按：郑世子）为质于周。王崩，周人将畀虢公政。四月，郑祭足帅师取温之麦。秋，又取成周之禾。周郑交恶。君子曰："信不由中，质无益也。明恕而行，要之以礼，虽无有质，谁能间之？苟有明信，涧溪沼沚之毛，苹蘩蕴藻之菜，筐筥锜釜之器，潢污行潦之水，可荐于鬼神，可羞于王公，而况君子结二国之信，行之以礼，又焉用质？《风》有《采蘩》《采苹》，《雅》有《行苇》《泂酌》，昭忠信也。"
>
> ——《左传》隐公三年

按：交质是为了使双方感到对方可信可靠。但周平王与郑庄公，作为两国最高领导人，却各心怀鬼胎，何诚信之可言？为报复周王的打击，郑割周麦以怼，这是以恶对恶，何来至诚的善意？故引发君子的批判。交质誓约，不在乎外表隆重的形式，而在于内心的一片至诚。有诚信之心，则再平凡常见之物，都可以上荐鬼神祖宗以盟信。诚信在内而不在外。

2. 季梁谏随侯勿战而论忠信

> 季梁曰："所谓道，忠于民而信于神也。上思利民，忠也；祝史正辞，信也。……夫民，神之主也。是以圣王先成民，而后致力于神。……今民各有心，而鬼神乏主，君虽独丰，其何福之有？"

> ——《左传》桓公六年

按：当时楚伐随，用诈以强示弱，以便引诱随师追击。随侯认为自己祭神丰厚，牺牲肥硕，当得神人保佑，准备追击楚师。但楚计被季梁识破，故谏止之。并说了前面的一段话。"道"是当时的最高哲学、政治观念，"所谓道，忠于民而信于神"，而民又是神之主。这已把前人的天命观，逐渐回归于人的理性思考，注重实际。对鬼神的盟誓，应注重民心向背，实际重点在忠信于民，应做便民利民的善事，而且这是出于自己的内心至诚，这样的君主，为民信赖，才能获得人民支持拥护。这话已具有若干民本意识，启人深思。后来虢公属下的史嚚也说："吾闻之，国将兴，听于民；将亡，听于神。神，聪明正直而一者也。依人而行。"（见《左传》庄公三十二年，前662年）祝神之誓，最重要的是取信于民。

3. 晋文公围原退兵示信

> 冬，晋侯围原，命三日之粮。原不降，命去之。谍出，曰："原将降矣。"军吏曰："请待之。"公曰："信，国之宝也，民之所庇也，得原失信，何以庇之？所亡滋多。"退一舍而原降。

> ——《左传》僖公二十五年

按：晋侯，指春秋五霸之一的晋文公。当时周襄王因其弟王子带之难，

383

避居郑国氾地，派人告于诸侯。晋辞秦师而救驾有功，周襄王为此而赏赐晋以南阳之地，其中包括阳樊、温、原、欑茅之田。其实，温、原等十二邑原是苏氏采邑，并非周实控之地。所以赐晋温、原诸地，实际是空头支票，要靠晋军夺取，故晋文公有围原之师。但在进军前，带三日粮，并约定三日取原，不降则退。晋文公在原人将降未降之际的三日限期到时，宣布守信退兵，并讲了"信"的重要性，信是庇护人民的国宝，如果因取原而失信于民，那将得不偿失。两者衡其轻重，坚决选择退兵。因晋有信，不仅晋军、晋民得益，就是原地人民，也信晋诚，所以同时降晋，而甘为晋民。晋文公因守信而获益大矣！晋之称霸，原因很多，与楚国相较，晋之思想观念大多坚持诚信待人，也是重要原因之一。

4. 管仲谏齐桓公信守盟约，从而诸侯信任，天下归心。

> 狄人伐邢。管敬仲言于齐侯曰："戎狄豺狼，不可厌也。诸夏亲昵，不可弃也。宴安鸩毒，不可怀也。《诗》云：'岂不怀归，畏此简书。'简书，同恶相恤之谓也。请救邢以从简书。"齐人救邢。

——《左传》闵公元年

按：当时狄人强大，入侵中原，灭邢亡卫，震撼东周王室，曾不一瞬。因此管仲相桓公后，劝齐桓公高举尊王攘夷大旗，以便号召中原诸侯，抵抗外侮。简书，就是盟誓之书。所称引《诗》句，出于《小雅·出车》，反映了抵御外侮战争的艰险辛劳，其第四章曰："昔我往矣，黍稷方华；今我来思，雨雪载涂。王事多难，不遑启居。岂不怀归？畏此简书。"出征的将士难道不想回家安享生活吗？但是与邻邦的盟约不敢忘呦！诗人道出了将士们信守盟誓的高贵品质。管仲引经据典来说动了齐桓公带头遵守屡次盟约，救卫、救邢，令亡国重建新生。获得中原诸侯的信任，以此天下归心，称霸中原。

有时，齐桓公头脑发昏，想要背盟夺郑，被管仲有关礼与信的言论，纠正了错误。如僖公七年（前653年），郑大子华奉君命与齐会盟，但郑大子华背君命而以利引诱齐桓公背盟，企图杀郑泄氏、孔氏、子人氏三族，助自己抢班夺权。桓公从利出发,想要答应,被管仲坚决劝阻,曰:"君以礼与信属诸侯,而以奸终之,无乃不可乎?子父不奸之谓礼,守命共时之谓信。违此二者,奸莫大焉。"对于郑国,只要绥之以德,威之以力,自然顺服;反之,"若总其罪人以临之,郑有辞矣,何惧?且夫合诸侯以崇德也,会而列奸,何以示后嗣?夫诸侯之会,其德刑礼义,无国不记。记奸之位,君盟替矣。"一席话,义正辞严,令齐桓公大汗淋漓,幡然悔悟。齐国以其信守盟约而维护了诸侯盟主的地位。

还有一次,《左传》庄公十三年(前681年)冬,传载:"公(鲁庄公)会齐侯(桓公),盟于柯。"仅一句话,平平写来。实际上柯盟之会惊心动魄,双方剑拔弩张,几乎动武败盟。大概因《左传》作者左丘明系鲁人,参考鲁史而作,故对鲁曹沫(一作曹刿)劫盟成功一事,讳而不言。据《公羊传》及《史记·刺客列传》载,齐鲁会盟时,鲁将曹子暗持武器劫齐桓公,要求归还齐侵鲁的汶阳之田。在危及生命的情况下,管仲劝齐桓公按所索答应退还鲁地,因为这原本就是武力侵占的结果。盟后,"桓公怒,欲倍其约。管仲曰:'不可。夫贪小利以自快,弃信于诸侯,失天下之援,不如与之。'"桓公欲杀曹子,管仲止之,曰:'夫劫许之而倍信,一小快耳,而弃信于诸侯,失天下之援,不可。'"尽归鲁国三战所失之地。自此而桓公之信著天下,自柯盟始。这样坚守信诺,齐桓公虽然吃了小亏,但最终收获了大的利益。

5. 强楚败盟失信于诸侯

> 楚将北师。子囊曰:"新与晋盟而背之,无乃不可乎?"子反曰:"敌利则进,何盟之有?"申叔时老矣,在申,闻之,曰:"子反必不免。信以守礼,礼以庇身,信礼之亡,欲免得乎?"楚子侵郑,及暴隧,遂侵卫,及首止。郑子罕侵楚,取新石。栾武子欲报楚,韩献子曰:"无庸,使重其罪,民将叛之。无民,孰战?"

> ——《左传》成公十五年

按:由于诸侯国之间关系的变化,晋楚二强国相互制约。这时,宋国华元与晋楚两国关系良好，因此奔走晋楚及列国之间，建议会盟弭兵。以此，在成公十二年："宋华元克合晋、楚之成，夏五月，晋士燮会楚公子罢、许偃。癸亥，盟于宋西门之外，曰：'凡晋、楚无相加戎，好恶同之，同恤菑危，备救凶患。若有害楚，则晋伐之；在晋，楚亦如之。交贽往来，道路无壅，谋其不协，而讨不庭。有渝此盟，明神殛之，俾队其师，无克胙国。'"载书誓约庄重肃穆，对败盟者，明神将有严厉惩罚，令其丧师亡国。但楚子反大概是无神论者，无视暗室欺心之诛，决心败盟，背信破坏和平，唯利是图。后来，楚国穷兵黩武，终失诸侯之心而差点被吴国所亡。故有后来伍子胥率吴兵入郢、申包胥哭秦庭乞师救楚故事的发生。败盟背信，岂是小事？不守信用的政治家，照样受到了"天"的无情惩罚。又，襄公二十七年，晋楚会盟，楚军裹甲欲争先歃，伯州犁大宰请释甲。子木曰："晋、楚无信久矣，事利而已。苟得志焉，焉用有信？"与前子反同一论调。伯州犁批之，认为："信亡，何以及三？"

6. 晋范宣子慎重对待会盟载书

与楚的败盟狂妄相比较，晋国则多持慎重立场。如《左传》襄公十一年（前562年）载：

> 秋七月，同盟于亳。范宣子曰："不慎，必失诸侯。诸侯道敝而无成，能无贰乎？"乃盟，载书曰："凡我同盟，毋蕴年，毋壅利，毋保奸，毋留慝，救灾患，恤祸乱，同好恶，奖王室。或间兹命，司慎司盟，名山名川，群神群祀，先王先公，七姓十二国之祖，明神殛之，俾失其民，队命亡氏，踣其国家。"

按：晋主盟的载书，较为全面、平和，照顾到各诸侯国的利益，包括恤祸乱、救灾患等和平的人道行动，大小之国，都应相互帮助以脱困境。这实际是在政治上的"有孚其邻"之意，各国诚心，以保安全并共同发展。但要真正实践载书诺言，却也并非易事。诸多二三流诸侯国，经常欺负三四流的诸侯国，比比皆是。如鲁为二流的千乘之国，受欺于大国之齐，但它反过来又欺负杞、邾等小国,视之为己附庸。种种彼此尔虞我诈之事,告到盟主晋国那儿,但大多难以公平处置。如鲁昭公元年(前541年),鲁季武子伐莒取郓,莒人告于会。楚告于晋曰:"寻盟未退,而鲁伐莒,渎齐盟,请戮其使。"而晋则告楚释鲁使。晋、楚二盟主,意见不一。但相对于强硬之楚,晋较温和,盟誓的遵行有一定的可信度。以此,晋悼公恢复晋国霸业,就非偶然。

7. 鲁季文子批评大国盟主二三其德

八年春,晋侯使韩穿来言汶阳之田,归之于齐。季文子伐之,私焉,曰:"大国制义以为盟主,是以诸侯怀德畏讨,无有贰心。谓汶阳之田,敝邑之旧也,而用师于齐,使归诸敝邑。今有二命曰:'归诸齐。'信以行义,义以成命,小国所望而怀也。信不可知,义无所立,四方诸侯,其谁不解体?《诗》曰:'女也不爽,士贰其行。士也罔极,二三其德。'七年之中,一与一夺,二三孰甚焉!士之二三,犹丧妃耦,而况霸主?霸主将德是以,而二三之,其何以长有诸侯乎?《诗》曰:'犹之未远,是用大简(一作谏)。'行父惧晋之不远犹而失诸侯也,是以敢私言之。"

——《左传》成公八年

按:汶阳之田,在今山东省泰安市汶水北边,当时处于齐鲁交界边境,原属于鲁。但齐大国而欺鲁,多次发动边境战争予以占领。齐桓公时,曾因其执行管仲亲鲁睦邻外交,把所侵占汶阳之田归还鲁国。但齐桓公死后,齐鲁再次冲突,齐重夺汶阳之田。后来,鲁成公二年(前589年),晋率诸侯联军与齐在鞍大战,齐顷公败,被迫将汶阳之田重新归还鲁国。但是后来,晋取齐赂,又畏齐大国抗命,在利的驱使下,又逼鲁把汶阳之田交给齐国。数年之间,反复无定,说明晋之国格人格,诚信有亏。季文子的批评,一针见血,长此以往,无信之盟,诸侯还会参加吗?诸侯贰心,后来,晋之失霸,也在料中。

8. 郑国会盟约誓左右为难

《左传》襄公九年（前 564 年）载：

> 十一月己亥，同盟于戏，郑服也。将盟，郑六卿公子騑、公子发、公子嘉、公孙辄、公孙虿、公孙舍之及其大夫、门子皆从郑伯。晋士庄子为载书，曰："自今日既盟之后，郑国而不唯晋命是听，而或有异志者，有如此盟。"公子騑趋进曰："天祸郑国，使介居二大国之间。大国不加德音而乱以要之，使其鬼神不获歆其禋祀，其民人不获享其土利，夫妇辛苦垫隘，无所厎告。自今日既盟之后，郑国而不唯有礼与强可以庇民者是从，而敢有异志者，亦如之。"荀偃曰："改载书。"公孙舍之曰："昭大神，要言焉。若可改也，大国亦可叛也。"知武子谓献子曰："我实不德，而要人以盟，岂礼也哉！非礼，何以主盟？姑盟而退，修德息师而来，终必获郑，何必今日？我之不德，民将弃我，岂唯郑？若能休和，远人将至，何恃于郑？"乃盟而还。

按：春秋时郑属二三流诸侯国，地处今河南中部，国都新郑，在溱、洧、黄诸水交汇处，地处南北要冲，扼中原之咽喉，战略地位重要，是兵家必争之地。当时已形成了晋、楚二强南北争霸的大格局。晋欲控制中原并南下征楚，必经郑国；楚要北上争夺中原，也必先服郑国。当时晋楚皆为兵车五千乘以上的强国，郑兵不足千乘，又将如何力抗两强的万乘之师呢？只有通过会盟、谈判，在夹缝中求生存。处理稍有不慎，即有亡国危险，令人民受尽灾难。因此，郑国外交，并不像宋国坚定站在晋国一边，而是运用了晋来服晋、楚来服楚的立场，逆来顺受，方法灵活。晋士庄子起草会盟载书，要求郑唯晋是依，这无疑等于把郑置于死地之上，一旦楚来而晋救不及，又将奈何？故晋之载书是强人所难的霸权誓约。郑国虽小，却毫不示弱，在自己的载书上诚实地说明，只能在"既盟之后，郑国而不唯有礼与强可以庇民者是从，而敢有异志者，亦如之。"这反映郑国人民内心的真实愿望。虽然语辞强硬，但却诚信在心而合乎礼义，以此说服了晋人收回了霸道载书。因此，盟誓载书本身，也有因时适变以合正义的问题。而不能只是强权是依。郑公子騑所写载书，既出于郑人内在至诚，同时折服了晋人而见其生存智慧。（按：在场合需要时敢于坦露内在诚实之志，也是一种智慧。）又如《左传》宣公十五年，解扬《答楚子请背信辞》，换一角度言之，背信即大信，必须透过现象见其精神本质。

9. 郑国与商贾之人建立盟约

《左传》昭公十六年（前526年）载，韩宣子使郑，求一玉环，郑卿子产予以拒绝：

> 子产曰："昔我先君桓公，与商人皆出自周。庸次比耦，以艾杀此地，斩之蓬蒿藜藋而共处之。世有盟誓，以相信也。曰：'尔无我叛，我无强贾，毋或匄夺。尔有利市宝贿，我勿与知。'恃此质誓，故能相保，以至于今。今吾子以好来辱，而谓敝邑强夺商人，是教敝邑背盟誓也，毋乃不可乎？吾子得玉而失诸侯，必不为也。若大国令而共无艺，郑，鄙邑也，亦弗为也。侨若献玉，不知所成，敢私布之。"韩子辞玉曰：'起不敏，敢求玉以徼二罪？敢辞之。'"

按：郑桓公是郑的始封之祖，西周末，他就主动发展工商贸易活动，并且与商贾之人订立盟誓，国家与商人共同信守，皆出自内心至诚。这一盟誓已实行了一百多年，长期坚持，实际是无形的法律保障和道德约束，发挥了巨大的作用与影响。郑商人多爱郑国者以此。如鲁僖公三十三年，秦军将悄然袭郑，郑国不知，实处潜在的亡国危急阴影中。正巧秦军过滑，被郑国商人弦高遇见，弦高大吃一惊，急中生智，假扮郑使，以乘韦先、牛十二犒师，曰："寡君闻吾子将步师出于敝邑，敢犒从者，不腆敝邑，为从者之淹，居则具一日之积，行则备一夕之卫。"且使遽告于郑。商人爱国，终于无形化解了亡郑的一次重大危机。因为郑之商贾爱国，出自百年以来坚守盟誓的至诚之心，内心的诚信，化为救国的智慧。而卫国商人就没这么运气了。郑卫相近，故《诗》有"郑卫之音"之称。但在卫懿公时，财富养鹤而乘轩，对商贾则关卡林立，严苛征税，毫无信用，商人不满，故狄军伐卫而国人不救。后来，卫国有所行动，必须严防敌对的工商之人。故王孙贾对卫灵公说："苟卫国有难，工商未尝不为患。"（《左传》定公八年，即前502年）这叫卫国之人如何诚心爱国呢？其反抗是正常的。

与郑相似，较重视工商者，还有晋国、齐国。晋文公时，认为人民相信国家而可用的标志之一，是"民易资者不求丰，明征其辞"（《左传》僖公二十七年）。所称"易资者"，即进行商品交易的商贾。"不求丰"者，即商业交易不能盲目追求暴利，才有利于稳定市场而便利人民生活。所谓"明征其辞"，实即明码标价，说话算数。这里强调的是做生意以诚信为本，故言重然诺而不二价，可说是童叟无欺，而杜绝虚诈。这与今天的情况大异其趣，面对古代诚信晋商，能无愧乎！至于齐国，自太公以来，素有"通商工之业，便渔盐之利"的优良传统，故发展迅速。齐桓公时，管仲改革，开通关卡便流通，建立驿站便贸易。管仲强调"是故非诚贾不得食于贾，非诚工不得食于工"，以诚信道德标准考察工商之人。于此可见，齐国经济发展壮大，与工商重诚信不无关系。

还有一事值得一提。《左传》成公三年（前588年）载：

> 荀罃之在楚也（按：时为楚囚），郑贾人有将置诸囊中以出。既谋之，未行，而楚人归之。贾人如晋，知罃善视之，如实出己。贾人曰："吾无其功，敢有其实乎？吾小人，不可以厚诬君子。"遂适齐。

按：与前述弦高破财救郑事一样，郑商人多有爱的诚心，此"郑贾"亦然。郑夹晋楚之间，巧加周旋，实出于不得已。但郑人内心实更近于周姓之晋。故此有郑贾赴楚救晋君子之事。荀罃，又称知武子、知罃、智伯，他是晋卿荀首之子，一生智勇双全，忠义信著。自鲁襄公二年以后，韩厥已老，实际由荀罃执晋政。襄公一十四年，任晋中军帅，主持晋国军政大事。但郑贾救荀罃时，罃尚年轻，并无重名。所以，郑贾救之，纯然出于同情至诚之心，并无图报之意。此前的鲁宣公十二年（前597年），晋在邲之战中，被楚庄王打得大败，荀罃被楚俘虏。对于一个晋因，郑贾能预知他日后会执政晋国吗？这一故事，就充分说明了荀罃知恩图报的诚心感激，又知郑贾见义救人的一片至诚之意，纯真天然。两人都具有诚信的崇高人格，而不挟带任何私利。这也与今大异。诚信是一种崇高的人格修养，如不加培养，就可能会被势利所破坏。

10. 卫庄公及大子因浑良夫专权，数以三罪杀之。

《左传》襄公十七年（前 478 年）载：

> 卫侯为虎幄于藉圃，成，求令名者，而与之始食焉。大子请使良夫。良夫乘衷甸两牡，紫衣狐裘，至，袒裘，不释剑而食。大子使牵以退，数之以三罪而杀之。

按：浑良夫原是卫卿孔悝的家奴，体貌健壮美貌，与主母私通。当时卫大子蒯聩找到他，要他想法劫孔悝让自己登上国君宝座。蒯聩（即后之卫庄公）与良夫言：“苟使我入获国，服冕乘轩，三死无与。”与之盟（见《左传》哀公十五年）。卫庄公登基后，浑良夫得势，卫大子恶之，因劫庄公而强与之盟：“且请杀良夫。”公曰：“其盟免三死。”曰：“请三之后，有罪杀之。”公曰：“诺哉！”（见《左传》哀公十六年）因浑良夫想把庄公子出从逃亡地召回以获其宝器，引发大子不满，以此设计杀之。“乘衷甸两牡”的卿车，一罪；越制穿紫衣狐裘，二罪；敞开狐裘面君，三罪；不解佩剑，四罪。三盟免死之后，第四罪是立即牵下杀之。杀人一气呵成，如行云流水般流畅。可见盟誓是否诚信，还要看强者话语霸权是如何行使其解释权的。

《左传》的故事给我们启示：

第一，诚信是一种君子人格，涉及个人的道德修养，同时又涉及国格人格，所以晋文公说“信，国之宝也”。如郑贾人救晋荀罃，双方都是自觉自愿地真诚相待，绝不掺杂一毫私心杂念，如此至诚可信，就是一种崇高人格修养。

第二，盟誓是为了彼此可以信赖，败盟取利，后果严重。楚之无信，引起诸侯反叛，其失天下心，也在情理之中。天下得失，与诚信相关。

第三，古人认为，盟誓是对祖宗神明发誓，必须出于至诚，全力维护。诚信可沟通天人之间，故人应无欺暗室，头上三尺有神明在监督我们实践之。这就可能把诚信提到天道、地道和人道的高度来思考。

第四，商人因国家盟约誓词的可靠与坚持，爱国之心油然而生，双方至诚互动，不求暴利，"明征其辞"，买卖不欺童叟，这与《周易》的"有孚挛如，富与其邻"道理相似，互利共赢，安定人民生活，造成和谐环境而彼此信赖。

第五，关于诚信的解释，必须根据实际，灵活运用，贯彻本质。又当根据敌我对象而有针对性解释。如郑盟书即是。而对强者霸权的解释，则应警惕戒绝。

四、《论语》中孔子的诚信观

《左传》因是史书，故其诚信观多牵涉国家政治，而孔子作为开私学风气之先的圣贤学人，则多有关个人修养人格的论述，可说各有偏重。

首先，孔子严肃指出，"人而无信，不知其可也。"（《论语·为政》）。对个人如此，对国家亦然。《论语·颜渊》："子贡问政，子曰：'足食，足兵，民信之矣。'子贡曰：'必不得已而去，于斯三者何先？'曰：'去兵。'子贡曰：'必不得已而去，于斯二者何先？'曰：'去食。'自古皆有死，民无信不立。'"从物质到精神层面进行分析，孔子更重视精神道德方面的诚信。如果人民对国家政府缺乏信心，认为不可信赖，那么国家就无法安定和谐，根本站不起来，这与亡国差不多。要求人民诚信可靠，那么在上的统治者就应先教育自己，带头守信，建立诚信的道德观，如果领导人不诚信耍权术，又如何让百姓守诚信而相信政府呢？这一点古今皆然。因此，《论语·子路》篇载孔子曰："上好礼，则民莫敢不敬；上好义，则民莫敢不服；上好信，则民莫敢不用情。"虽然说话是从维护统治者立场出发，但上行下效，在上者用自己的诚信，获得了百姓认可信赖，这是要求统治者不虚妄，对人民要有真诚的关爱。如果在上者无信，则上下隔膜不通，国家政治就会产生信任危机。其破解的关键在于"上好信"，以真诚的关爱来争取民众的支持和拥护，则任何困难在万众一心的人民面前，自然可以克服。因此，《论语·述而》曰："子以四教：文行忠信。"他教育学生，除了历史文献的阅读，注重生活实践的考验，对人的忠义关爱之外，"信"是其教育的重要内容。在人与人的关系当中，注重保持实诚的道德要求。不论是劳心者或劳人者，都应重"信"。他认为"信"是"五仁"之一。《论语·阳货》指出，恭、宽、信、敏、惠为五仁，"能行五仁者，天下为仁矣"。"信"在"五仁"中地位重要，"信则人任焉"，人有诚信，易于沟通，自然就会获得别人的信任与支持，则事业可望成功。后来，他的学生子夏加以补充说："君子信而后劳其民；未信，则以为厉己也。信而后谏；未信，则以为谤己也。"（《论语·子张》）于此可见，上下的信任沟通，对于齐家治国，是很重要的。而从个人道德修养来看，孔子又说："好信不好学，其蔽也贼。"（《论语·阳货》）所谓"贼"，因不学无术，不辨真假，过分老实而上当受骗，以至于为此贼害了自己或耽误了别人。这就进一步指出了"信"在生活中的复杂性。所以孔子说"狂而不直，侗而不愿，悾悾而不信，吾不知之矣。"（《论语·泰伯》）信而好学，深入思考才能不被虚妄做样的虚情假信蒙蔽了眼睛。孔子曾说："不逆诈，不亿不信，抑亦先觉者，是贤乎！"（《论语·宪问》）不预先怀疑别人有诈，也不去随便猜测别人态度是否老实，但凭其学问修养，却能及早发现，这就是贤人的本领了。孔子这话，意在提醒人们注意"信"与"妄"的矛盾对立及其复杂性，要通过深入的学习思考，观察与实践来提高自己的诚信修养。所以孔子说："十室之邑，必有忠信如丘者焉，不如丘之好学也。"（《论语·公冶长》）后来，孔子的弟子的学生曾子又进一步拓展到内在的修心，曰："吾日三省吾身，为人谋而不忠乎？与朋友交而不信乎？传不习乎？"加强了信诚内在修养的培养。这就从"为人"，发展为"为己"的心学了。后来孟子开辟的正是后儒的正心诚意这条路。

五、《孟子》中的诚信观

孔、孟主忠信，一直把忠与信相联系，忠于他人，必须让别人能够相信自己；只有相信君子、相信朋友，才能忠于君子和朋友。对于国家君主，更必行于忠信。不忠他人，能让别人信赖吗？一个无法信赖的人，又如何能叫人忠于他呢？因此，诚信的问题既牵涉到国家政治关系社会群体，这是"为人"的层面。但要"为人"，必先"为己"，自己没修养好，又怎能忠于国家而服务于社会呢？因此，"为人"层面又必须回归于"为己"层面。这一方面，孔孟都在提倡，但孟子的开拓发展更多，更全面。这就把诚信问题，逐渐提到内省的角度处理，着重于从人的内在诚意的心学之道，来讨论诚信与天道、地道的关系。"为己"并不简单。如能彻底解决有关诚信"为己"的问题，那么与"为人"的辩证统一，自然迎刃而解。

1. 诚信是一种的道德修养和君子人格，是自觉修行，而不是故意摆显表现，做给别人看的

《孟子·尽心下》："孟子曰：'尧舜，性者也；汤武，反之也。动容周旋中礼者，盛德之至也；哭死而哀，非为生者也；经德不回，非以干禄也；言语必信，非以正行也（按：不是做给别人看自己行为端正）。君子行法，以俟命而已矣（按：即君子依法而行，只是遵从生命激情需要的内在修省而自然焕发，而非矫情做作的表演）。'"

这里提倡自觉发自内心的信诚以待人待己。不求人誉，而社会终誉之，这就是从"为己"而通向了"为人"之路。故《孟子·梁惠王》上曰："王如施仁政于民，省刑罚，薄税敛，深耕易耨；壮者以暇日修其孝悌忠信，入以事其父兄，出以事其长上，可使制梃以挞秦楚之坚甲利兵矣。"于此可见，"为己"内省与"为人"的社会功用并不矛盾，是可以相互协调统一的。因此，"朋友有信"就成为重要的人伦信条。朋友间是否信诚，是社会进步与否的一个重要标尺。这与尔虞我诈的异化现象正相反。

但是，有人以为内省修养功夫，是白吃饭，没什么实际用处。但孟子不这么看。他说："君子居是国也，其君用之，则安富尊荣；其子弟从之，则孝悌忠信。'不素餐兮'，孰大于是？"（《孟子·尽心》上）为君所用，出则兼济天下，这是"为人"；穷居陋巷，则独善其身，"为己"修身养性，一心教育好子弟学生，让他们信赖自己，以"孝悌忠信"的道德修养，来培育好学生，这同样是在为社会作贡献。试想，一个道德修养好而可信赖的学生，一旦参与社会工作或活动，他们会去干偷鸡摸狗或是尔虞我诈之类伤天害理的坏事吗？不干坏事，就是做好事，就是对社会作贡献，这不就有利于社会安定和谐和发展吗？这当然就是最大的"不素餐兮"——不耕而食的君子，就是一种特殊的贡献。这就回答了学生公孙丑的问题："《诗》曰'不素餐兮'，君子不耕而食，何也？"孟子的回答，不一定符合《魏风·伐檀》的本意，但作为一个思想家，他的阐释巧妙而合理，这是从思想修养的大处，来思考君子诚信的精神本质。这是对诚信道德修养思想境界的升华。

2. 诚信的人格修养，最终升华，回归于万物皆备于我的天道

《孟子》中有几段话，把这一精神表达得酣畅淋漓。《离娄上》曰：

> 居下位而不获于上，民不可得而治也。获于上有道：不信于友，弗获于上矣。信于友有道：事亲弗悦，弗信于友矣。悦亲有道：反身不诚，不悦于亲矣。诚身有道：不明乎善，不诚其身矣。是故，诚者，天之道也；思诚者，人之道也。至诚而不动者，未之有也；不诚，未有能动者也。

按：内存诚心，是个关键。至诚为的是至善，如果不明白什么是善，那么诚心诚意为的是什么呢？因此，至诚的本质是归于至善。所以，诚心诚意是合乎自然天道的，追求至诚是合乎人道的。至诚是人内在本性的一种自然焕发的光彩。自己有至诚，就能感动大家；自己缺乏至诚，本身就不相信它，又怎能去感动别人呢？孟子通过人性之善，沟通了诚与天道、人道的自然通道。

但是，世俗之人常是通过"人爵"富贵来追求"天爵"的仁义忠信，孟子对此很不满，他批评说：

> 有天爵者，有人爵者。仁义忠信，乐善不倦，此天爵也；公卿大夫，
> 此人爵也。古之人修其天爵，而人爵从之。今之人修其天爵，以要人爵，
> 既得人爵，而弃其天爵，则惑之甚者也，终亦必亡而已矣。
>
> ——《孟子·告子上》

他认为这是颠倒了天爵与人爵的根本关系，世俗之人修习"仁义忠信"，只是表面文章，并非出自内心至诚，只是做给人看"以要人爵"，一旦目的达到，高官任做，富贵尽享，还需要"天爵"这块敲门砖做什么呢？因此坚决抛弃而没商量。孟子认为，这不仅违背了人性，而且与天道自然根本相反。这一批判符合历史实际，对后人具有一定的启发。

最后，孟子又把诚信观念回归到最高哲学之道的层面来思考。《孟子·尽心上》曰："孟子曰：'万物皆备于我矣。反身而诚，乐莫大焉；强恕而行，求仁莫近焉。'"只要人们能够"反身而诚"——即追求诚信是出自内心的自觉，符合天性，那么就能求仁得仁，求善得善，无往而不还。这就是发自内心的至乐。个人如此，别人如此，社会如此，大家真心诚意地相互帮助，彼此友爱，上下沟通，那么无论是治国或者齐家，还有什么困难险阻不可克服超越呢？人主观能动性的潜在能量是巨大的。这就是"万物皆备于我"，人因其内心至诚而合天道。这样，诚信就超越了个人道德的修养功夫，上升到"万物皆备于我"的最高哲学之道层面来思考了。因此，当人问孟子"何谓善，何谓信"的问题时，孟子回答说："可欲之谓善，有诸己之谓信。充实之谓美，充实而有光辉之谓大，大而化之之谓圣，圣而不可知之之谓神。"（《孟子·尽心下》）诚信充实于内，通过内省修炼，焕发其人性光辉，甚至达于神与圣的境界，诚信之义，美乎，伟哉！

3. 貌似忠诚，利口乱信，乃德之贼

现在诚信的人格追求，似乎已成一种流行与时髦。这就有真假诚信之

辨了。

万子曾问孟子:"一乡皆称原(愿)人焉,无所往而不为原人,孔子以为德之贼,何哉?"孟子回答说:"非之无举也,刺之无刺也,同乎流俗,合乎污世,居之似忠信,行之似廉洁,众皆悦之,自以为是,而不可与人尧舜之道,故曰'德之贼'也。孔子曰:'恶似而非者:恶莠,恐其乱苗也;恶佞,恐其乱义也;恶利口,恐其乱信也……恶乡原,恐其乱德也。'君子反经(按:返回正常)而已矣。经正,则庶民兴;庶民兴,斯无邪慝矣。"(《孟子·尽心》下)孔孟为什么痛斥乡愿呢?孔子在《论语·阳货》篇中所称"乡愿,德之贼",对于乡愿之人,孟子形象地描绘:"何以是嘐嘐也?言不顾行,行不顾言,则曰:古之人,古之人。行何为踽踽凉凉?生斯世也,为斯世也,善斯可矣。阉然媚于世也者,是乡原也。"(同上)为了媚俗取得世人相信,于是"言不顾行,行不顾言",把虚伪说成是诚信来欺世盗名,而不分是非者,貌似老实,实际更具欺骗性,所以必须加以拆穿,斥之为"德之贼"。在"诚信"观念发展的漫长过程中,沟沟坎坎,真真假假,情况复杂,什么骗人把戏都有。面对这种复杂局面,又该如何对付呢?孔子在回答子贡之问时,认为"言必信,行必果",也会有严重后果的。如暗杀集团或强盗内部,也有其信约,能"言必信,行必果"吗?所以孔子称不分是非而行其言信者为"硁硁然小人哉"(《论语·子路》)。硁硁者,浅见固执而不分是非之谓也。因此,并不是所有信约都应严格遵行。孟子就充分顾及情况的复杂性。首先,他认为君子可欺之以方,但从根本上说,骗人的把戏终究会拆穿的,所以真正的君子诚信之道,应予以坚持。如《孟子·万章上》曰:"昔者有馈生鱼于郑子产,子产使校人畜之池。校人烹之,反命曰:'始舍之,圉圉焉,少则洋洋焉,悠然而逝。'子产曰:'得其所哉!得其所哉!'校人出曰:'孰谓子产智……'故君子可欺之以方,难罔以非其道……故诚信而喜之,奚伪焉?"子产对鱼的放生,是真心"诚信而喜之",虽受欺于小人,但《左传》及《孟子》载此故事,说明校人的把戏只是得意于一时,最后还是被揭露,载入史册,此为千秋之辱,其得失何如哉!

对于虚伪"诚信",孟子自有对应良方,他针锋相对干脆说:"大人者,言不必信,行不必果,惟义所在。"(《孟子·离娄下》)这真是一鸣惊人之言,但其思想之深刻辩证,却完全合乎实际。这不是主张不说真话的欺骗,时间在流逝,情况在变化,昔日之言或所订计划,有时跟不上形势发展,这时如果照原来盟信执行,可能出大错而害己害人。如后世北宋与西夏战争,宋军原本准备伏击敌人,但必须请示朝廷才能执行,古时没有电讯设备,只能依靠快马驿递,几千公里,费时费日,等朝廷批准的命令送达,敌人早已转移消失,宋军不明就里,依然照计划执行,表面对朝廷"忠信",实际相反,岂有不败?所以,言必信,行必果,也惟义在。义者,行而宜之谓之义。按实际办事,分清是非来执行,这才是大忠大信。于此可见,诚信观念,也有正伪之辨。《周易本义通释》曰:"信或失正,则如盗贼相群,男女相私,士夫死党,小人出肝胆相视,而遂背之,其为孚也,人为之伪,非天理之正。"所以,《周易·中孚》卦辞有"利贞"——利于坚守正义之戒。如果"有孚不终,乃乱乃萃"(《周易·萃》卦初六爻辞),那就走向了中孚诚信的反面了。

后儒对于诚信观念的理解,大多本于孔孟,特别是《孟子》。从《四书》中的《大学》《中庸》,到宋明理学家的"正心诚意"之学,皆然。只是后出转精,特别是宋明心学,更是自成体系,对中国传统文化精神影响很大。《重订黄氏学》引曾国藩语:"人必中虚不着一物(按:即毫无私欲杂念功利之心),而后能真实无妄。盖'实'者,不欺之谓也。人之所以欺人,所以自欺者,以心中别着私物也。不欺者,心无私着。是故,天下之至诚,天下之至虚者也。灵明无着,物来顺应,是之谓虚,是之谓诚而已矣。"这是后代理学家的理解与总结。也可资参考借鉴。

《左传》春秋贵族精神评述

现在人们常说,要培养一代贵族,需要几代人的努力。现代人所称之"贵族",实际已成文明进化的代名词。而春秋正是一个成批培养贵族和"生产"贵族的时代。

春秋是个天翻地覆的动荡年代。当时周朝礼制开始动摇,一方面破坏礼制之事屡见不鲜;但另一方面,传统思维的历史惯性,又使周礼一息尚存,并且仍具一定的影响力。如:《左传》闵公元年(前661年),鲁有庆父之乱,齐桓公派大夫仲孙湫来"省难"——即了解和慰问,返齐后汇报。齐桓公想乘鲁难而扩大地盘,问曰:"鲁可取乎?"仲孙湫对曰:"不可,犹秉周礼。周礼,所以本也。臣闻之,国将亡,本必先颠,而后枝叶从之。鲁不弃周礼,未可动也。君其务宁鲁难而亲之。亲有礼,因重固,间携贰,覆昏乱,霸王之器也。"(以下引称鲁公某年之引文,如不另注出处,则皆见于《左传》)齐桓公因此而改弦更张,改行亲鲁之策,与鲁化敌为友,而鲁国也自愿跟随齐国鞍前马后,齐桓公终于成为春秋首位霸主。实际上,当时诸侯国对周礼的态度,或倨或恭,或遵或违,大多依据所在国家利益来考量,视实际情况而变化不定。但总的来说,春秋贵族精神,在传统周礼的熏陶下,仍然得以延续并影响后世。时至今日,仍有一定的借鉴意义。

春秋贵族,上至天子诸侯,下至公卿大夫,年轻时都必须接受周礼所规定的六艺的全面教育。《周礼》卷四《地官·司徒·保氏》曰:"保氏掌谏王恶,而养国子以道,乃教六艺:一曰五礼、二曰六乐、三曰五射、四曰五驭、五曰六书、六曰九数。"(见《四部丛刊》影印明本)年轻的春秋贵族,同样必须接受礼、乐、射、驭、书、数等六艺教育，从有关的礼乐制度习俗，到驾车射箭的军事体育，甚至要考究勾股定理的数学运筹，和断文识字的小学六书（按：据郑玄注，六书指象形、会意、转注、处事、假借、谐声），无不包括在六艺之中。于此可见其教育之全面，可谓文武兼备，以适应迅速发展变化的大动荡年代的多方面需求。由此而萌生的春秋贵族精神，就广泛涉及社会、制度、历史等意识形态的方方面面。贵族精神之中，有优劣之分，美丑之别，我们应取批判继承的历史态度。但在这里，我们仅就其在历史上曾促进了中华民族优秀传统精神发展的积极方面言之。现略加概括为以下几个方面，以期引起人们的反思与借鉴。

一、为国家社稷，国君常亲上战场，带头征战

这在战国以后很少见，特别是秦汉以后，皇帝高高在上而神秘莫测，哪有放弃安全而涉险战场之理？但在春秋，却是常见的现象。春秋君主是国家社稷的象征，对国家人民负有直接的责任。为了国家、民族（包括部族、氏族）的生存与发展，具有正能量的君主，必须有勇于负责的献身精神，虽涉险难而在所不顾。当时"国之大事，在祀与戎"（见《左传》成公十三年），为国家利益而战，是君主的重要职责。因此，春秋时代国君亲涉战场，甘冒矢石，带头冲锋，屡见不鲜。如春秋五霸开篇中的齐桓公、第二位霸主晋文公，都曾多次亲历战场艰险苦难。如齐桓公高举尊王攘夷大旗而征山戎，远赴北方广漠。转战数千里，差点迷途无归，历尽艰难而高凯旋歌，岂易事哉！又如晋文公，《左传》成公十三年（前578年）载有《吕相绝秦》的经典名文，曰："（晋）文公躬擐甲胄，跋履山川，逾越险阻，征东之诸侯。"吕相所述晋文亲征之事，合乎历史事实。鲁僖公二十八年（前632年）发生了晋楚城濮之战，这是一场大战苦战，晋文公亲率七百乘战车驰骋沙场。现再举数例为证。

一般印象，鲁国礼仪之邦，谦谦君子，鲁君多文少武，似不善战，实不

尽然。如庄公十年(前684年),齐侵鲁,战于长勺,鲁庄公在曹刿辅助下亲上战场,"遂逐齐师"。不久,又抵御宋、齐联军,鲁将公子偃作先锋发起攻击,"公从之,大败宋师于乘丘。齐师乃还";"乘丘之役,公以金仆姑(箭名)射南宫长万,公右歂孙生搏之(按:活捉)"。南宫长万是宋国猛将,以大力士著称。鲁庄公与南宫长万发生了遭遇战,近身搏杀,车毂交错,可见战斗之激烈紧张。鲁庄公用胜利保卫了鲁国的安全。庄公十一年(前683年)宋师又来伐,"公御之,宋师未陈而薄之,败诸鄑",再次取得抗宋的胜利。但胜利的天平并非永远倾向于鲁。如庄公九年(前685年),鲁庄公为纳公子纠而与齐师战,"我师败绩,公丧戎路(君主战车),传乘而归。"失却战车,而只能乘驿站马车逃命,可见形势之危而差点被俘,但这次失败并未影响鲁庄公的战斗意志,因此才有后来抗齐抗宋的胜利。

又如僖公十五年(前645年)的秦、晋韩原之战,秦晋二国的君主都亲历战场对阵搏杀。当时晋惠公因秦穆公的大力救助,返晋为君。但秦惠公很快背信违盟,忘恩负义而以秦为敌。晋饥时,秦救灾;而秦饥时,晋不仅不恤慰救灾,而且想乘人之危而伐秦。因此引发了秦国上下的义愤,终于爆发了韩原之役。当时秦穆公和晋惠公,皆亲上战场。传载晋军"梁由靡御韩简,虢射为右,辂秦伯,将止(俘虏)之。郑以救公(指晋惠公)误之,遂失秦伯"。于此可见当时战场态势,秦穆公非常危险。但据《吕氏春秋》,当秦穆公处境危殆之时,昔食穆公良马而被赦罪赐酒的三百"野人"——即盗马的乡鄙百姓,为感恩而组成敢死队,反复冲杀,终于救穆公脱险。至于晋惠公,同样亲上战场,但他却没有穆公那样幸运。这不是天上鬼神之意,而是人祸,是晋惠公那根本乖悖人性的罪恶,使其众叛亲离所致,是咎由自取又能怪谁呢?大战前夕,晋大夫韩简曾严厉批评惠公,"出因其资,入用其宠,饥食其粟,三施而无报",同时还出动大军伐饥之秦。惠公不仅不去救灾,而且还在饥肠辘辘的秦人背后插一刀,如此忘恩负义,弄得天怒人怨,岂能不败?天道苍苍,疏而不漏。结果,"晋戎马还泞而止,……秦获晋侯以归",晋惠公化为秦的阶下囚,该当如此。秦晋韩原之战,得道多助,失道寡助,说明了战争正义的重要性。当然，秦穆公征战一生，也曾打过败仗，幸运女神也有失顾的时候。僖公三十三年（前627年），秦因贪心，穆公派大军偷越晋境，千里奔袭郑国，结果被晋军设围伏击于殽山，"匹马只轮而无反者"，秦军悉数尽歼，三帅被俘，后趁机逃回秦国。当时，秦朝野上下，皆欲杀三帅以谢国人。但秦穆公下罪己诏，勇于负责，坚持起用败军之帅孟明视，秣马厉兵，誓报国耻。终于在三年后的文公三年（前624年），"秦伯伐晋，济河焚舟，取王官，及郊。晋人不出，遂自茅津济，封殽尸而还。遂霸西戎"。秦穆公成为春秋五霸之一，并非偶然，这与其为国献身而一往无前的战斗精神密切相关。

至于南方楚国，虽被中原姬周诸国讥为蛮夷之邦，实际上楚与中原诸国，交流频繁，所受礼乐影响颇深。如楚庄王虽生于"南蛮鴃舌"之邦，但其议论动称周礼、诗、书，《左传》多记其经典之言。如发生于鲁宣公十二年（前597年）夏六月的晋楚邲之战，是役楚军大胜，晋则溃不成军，宵夜济河而遁，中、下军争舟，"舟中之指可掬也"，其惨可以想象。在打败了霸主晋国之后，楚庄王终于实现了自己的霸主之梦。在这场战役的前后，庄王亲赴战场指挥厮杀，是楚国三军总司令，而令尹（相当于中原诸国的卿相）孙叔敖则是前线总指挥。庄王的战略和安排，具体通过孙叔敖而得以实现。战前，楚有意媾和罢战，以和为首要选项。但被晋粗暴拒绝，并进一步挑衅。这时，楚庄王决心一战，他以雄厚实力做后盾，抓住了晋军内部将帅不和的漏洞，坚决反击过去：

> ……晋将赵旃夜至于楚军，席于军门之外，使其徒入之。楚子（庄王）为乘广三十乘，分为左右。右广鸡鸣而驾，日中而说（脱）；左则受之，日入而说。许偃御右广，养由基为右。彭名御左广，屈荡为右。乙卯，王乘左广以逐赵旃。赵旃弃车而走林，屈荡搏之，得其甲裳。晋人惧二子之怒楚师也，使轾车（重型屯兵战车）逆之。潘党望其尘，使骋而告曰："晋师至矣。"楚人亦惧王之入晋军也，遂出陈。孙叔曰："进

之。宁我薄人，无人薄我。《诗》云：'元戎十乘，以先启行。'先人也。《军志》曰：'先人有夺人之心。薄之也。'"遂疾进师，车驰卒奔，乘晋军。桓子（荀林父）不知所为，鼓于军中曰："先济者有赏。"中军、下军争舟，舟中之指可掬也。

　　楚庄王亲率亲兵卫队，追逐强敌，以激扬士气。在庄王实际行动鼓舞下，楚军士气高涨，"车驰卒奔"四字，言简意赅，写活了战场的紧张气氛。楚军以一战而胜。这一胜仗并非偶然，而是楚庄王数十年经营的结果。晋下军佐栾书在战前的战略讨论会上，就直截了当地指出了当时楚之不可胜，应该争取和平解决，他说："楚自克庸以来，其君无日不讨国人而训之于民生之不易，祸至之无日，戒惧之不可以怠。在军，无日不讨军实，而申儆之于胜之不可保，纣之百克，而卒无后。训以若敖、蚡冒，筚路蓝缕，以启山林。箴之曰：'民生在勤，勤则不匮。'不可谓骄。先大夫子犯（狐偃）有言曰：'师直为壮，曲为老。'我则不德，而徼怨于楚，我曲楚直，不可谓老。其君之戎，分为二广，广有一卒（按：一卒为三十辆战车），卒偏之两。右广初驾，数及日中；左则受之，以至于昏。内官序当其夜，以待不虞，不可谓无备。"从敌方将领的眼中来认识楚庄王，当更公正和客观，就可以明白楚庄王一战摧强敌而登霸主之位，实非侥幸。他亲上战场冲锋陷阵，并非只是匹夫之勇，相反，楚庄王指挥战争，早有深思熟虑的计划，并从其长期的战争实践中，总结出一套闪光的军事思想，其理论思考直到今日仍具一定的前瞻性而给人以有益启迪。邲之战后，萧国杀害楚之卿大夫，庄王围萧。其时令正当冬天，楚处南方温暖之地，军装绵薄，"是人多寒"。于是，"王巡三军，拊而勉之。三军之士，皆如挟纩。遂傅于萧。"亡之。庄王明白战士的心理，亲自慰勉激励，终于克服苦难而征服敌人。邲之战时，晋败而伤亡惨重，人或建议收晋尸以为"京观"，筑成晋军尸山，以向敌示威，并恐吓中立者。但楚庄王予以否决，并从政略、战略的方方面面，引经据典而条分缕析，道出了一套先进的军事理论。他说："夫文，止戈为武。武王克商。作《颂》曰：

'载戢干戈，载櫜弓矢。我求懿德，肆于时夏，允王保之。'又作《武》，其卒章曰'耆定尔功'。其三曰：'铺时绎思，我徂求定。'其六曰：'绥万邦，屡丰年。'夫武，禁暴、戢兵、保大、定功、安民、和众、丰财者也。故使子孙无忘其章。今我使二国暴骨，暴矣；观兵以威诸侯，兵不戢矣。暴而不戢，安能保大？犹有晋在，焉得定功？所违民欲犹多，民何安焉？无德而强争诸侯，何以和众？利人之几，而安人之乱，以为己荣，何以丰财？武有七德，我无一焉，何以示子孙？其为先君宫，告成事而已。武非吾功也。古者明王伐不敬，取其鲸鲵而封之，以为大戮，于是乎有京观，以惩淫慝。今罪无所，而民皆尽忠以死君命，又可以为京观乎？"

楚庄王的战争论，即在今日，也属先进之列。首先，他拒绝了收晋尸以为"京观"的馊主意，理由是晋楚二军之牺牲者，"皆尽忠以死君命"，都是为国牺牲，为维护各自的国家利益而战，并非大奸大恶，他们为国尽忠，行合礼义道德，怎么可以侮辱这些英灵呢？收晋尸以为"京观"之事，残忍有违人性，应予制止。其次，"止戈为武"的战争论，说明军事行动是为了以暴制暴。当然，一个国家如果没有强大的军事实力作为后盾，那么就会在兼并成风的春秋无义战中成为鱼肉牺牲，那可不行。反之，一味依靠强大的军事暴力来残民灭国，同样乖背正义轨道，绝不可取。战争是以战止战。最后消灭战争而维护和平，这是"止戈为武"的最高理想和终极目标。因此，在残酷的战争中"禁暴"的同时，应作出"戢兵"的努力。"暴而不戢，安能保大？"一味穷兵黩武而强化国家军事机器，用来残害人民，终有一天会走向反面而被正义所消灭。第三，强调"保大"——保证国安的长期稳定强大，的确必须具有强大的军事实力。但"保大"的目的又是什么呢？也就是说，以军事来强大国家的同时，必须牢记"安民、和众、丰财"的终极理想。战争只是手段，"止戈为武"，以暴禁暴正是为了确保人民在不见战争硝烟的和平环境中，安心地生活，并且要为民众的"丰财"——即发展经济以富裕生活，创造条件把军事战争与和平经济的发展密切联系，以求改善民生为念，行军打仗时仍处处不忘百姓的安宁与国家的富庶，其思深意远，是何等的思想境界！今日世界多有军国主义战争狂人，读古人言论能不愧乎！因此，从战争实践到理论思考来全面衡量，楚庄王亲历战场，其意义非同一般。

受父亲熏陶，庄王子共王，同样勇于牺牲，驰骋疆场，而为国征战。鲁成公十六年（前575年），晋、楚又发生鄢陵之战：

> 六月，晋、楚遇于鄢陵。范文子不欲战。郤至曰："韩之战，惠公不振旅；箕之役，先轸不反命；邲之师，荀伯不复从；皆晋之耻也！子亦见先君事矣。今我辟楚，又益耻也。"文子曰："吾先君之亟战也，有故。秦、狄、楚皆强，不尽力，子孙将弱。今三强服矣，敌，楚而已。惟圣人能外内无患。自非圣人，外宁必有内忧。盍释楚以为外惧乎？"甲午晦，楚晨压晋军而陈。军吏患之。范匄趋进，曰："塞井夷灶，陈于军中，而疏行首。晋楚唯天所授，何患焉？"文子执戈逐之，曰："国之存亡，天也，童子何知焉？"栾书曰："楚师轻窕，固垒而待之，三日必退。退而击之，必获胜焉。"郤至曰："楚有六间，不可失也：其二卿相恶，王卒以旧；郑陈而不整；蛮军而不陈；陈不违晦；在陈而嚣。合而加嚣，各顾其后，莫有斗心，旧不必良，以犯天忌，我必克之。"楚子登巢车，以望晋军。子重使大宰伯州犁待于王后。王曰："骋而左右，何也？"曰："召军吏也。""皆聚于中军矣。"曰："合谋也。""张幕矣。"曰："虔卜于先君也。""彻幕矣。"曰："将发命也。""甚嚣，且尘上矣。"曰："将塞井夷灶而为行也。""皆乘矣，左右执兵而下矣。"曰："听誓也。战乎？"曰："未可知也。""乘而左右皆下矣。"曰："战祷也。"伯州犁以公卒告王。苗贲皇在晋侯之侧，亦以王卒告。皆曰："国士在，且厚，不可当也。"苗贲皇言于晋侯曰："楚之良，在其中军王族而已。请分良以击其左右，而三军萃于王卒，必大败之。"公筮之，史曰："吉。其卦遇《复》，曰：'南国蹙，射其元王，中厥目。'国蹙、王伤，不败何待？"公从之。
>
> 有淖（泥坑）于前，乃皆左右相违于淖。步毅御晋厉公，栾鍼为右。

彭名御楚共王，潘党为右。石首御郑成公，唐苟为右。栾、范以其族夹公行，陷于淖。栾书将载晋侯，鍼曰："书退！国有大任，焉得专之？且侵官，冒也；失官，慢也；离局，奸也。有三罪焉，不可犯也。"乃掀公以出于淖。

癸巳，潘尪之党与养由基蹲甲而射之，彻七札焉。以示王，曰："君有二臣如此，何忧于战？"王怒曰："大辱国。诘朝，尔射，死艺。"吕锜梦射月，中之，退入于泥。占之，曰："姬姓，日也。异姓，月也，必楚王也。射而中之，退入于泥，亦必死矣。"及战，射共王，中目。王召养由基，与之两矢，使射吕锜，中项，伏弢。以一矢覆命。

郤至三遇楚子之卒，见楚子，必下，免胄而趋风。楚子使工尹襄问之以弓，曰："方事之殷也，有韎韦之跗注，君子也。识见不穀而趋，无乃伤乎？"郤至见客，免胄承命，曰："君之外臣至，从寡君之戎事，以君之灵，间蒙甲胄，不敢拜命。敢告不宁，君命之辱，为事之故，敢肃使者。"三肃使者而退。

晋韩厥从郑伯，其御杜溷罗曰："速从之！其御屡顾，不在马，可及也。"韩厥曰："不可以再辱国君。"乃止。郤至从郑伯，其右茀翰胡曰："谍辂之，余从之乘而俘以下。"郤至曰："伤国君有刑。"亦止。石首（按：郑成公御）曰："卫懿公唯不去其旗，是以败于荧。"乃内旌于弢中。唐苟（按：郑成公右）谓石首曰："子在君侧，败者壹大。我不如子，子以君免，我请止。"乃死。

在这里，《左传》把战场驰逐征战之貌，描绘得活灵活现，既有近身的生死搏杀，如吕锜射而楚共王伤目，养由基一箭射死吕锜以复仇；又有战场上彬彬有礼而温文尔雅的动人场面，如郤至遇楚王"必下，免胄而趋风"，对楚共王表示了恭敬和尊重。韩厥、郤至有机会活捉郑成公，但他们一个认为"不可以再辱国君"，一个说"伤国君有刑"，同样对一国之君表示了自己的尊重，因此放了郑成公一马。而郑成公的车右唐苟，则把生的机会留给了驾驭战车的石首，自己留下死战，以便救国君突围。这种种特殊现象，后人很难理解消化，在秦汉后也属罕见，这都是当时春秋贵族所受周礼六艺教育的一种文明表现，在一定程度上表现了春秋的贵族精神。

又如齐国的顷公，虽非优秀之君，但却颇富鲜明个性，在战场上曾有出色的表现。如鲁成公二年（前589年）。"齐侯（顷公）伐我北鄙，围龙。顷公之嬖人卢蒲就魁门焉，龙人因之。齐侯曰：'勿杀！吾与而盟，无入而封。'弗听，杀而膊诸城上。齐侯亲鼓，士陵城，三日，取龙，遂南侵及巢丘。"龙人杀俘之残酷，激怒了齐顷公，为了给牺牲的战士复仇，顷公"亲鼓"以激励士气，结果是战士振奋，争先陵城，三日破龙。而在同年六月的齐、晋鞌之战中，顷公同样在战场上有生动的表现。当时齐、晋二国大军，"师陈于鞌"。齐顷公战车，邴夏御，逢丑父右。战事发生在癸酉之晨。齐顷公战前自信满满，对全军战士曰："余姑灭此而朝食。"等打败了敌人再回来吃早饭，可谓豪气冲天。于是马不介甲，下令冲锋，飞驰冲阵，一马当先。但晋军训练有素，现实残酷，双方主帅一样迭遭险难，晋帅郤克重伤，"流血及屦，未绝鼓音"。齐顷公战车因马缰被树所绊，车停不前，被晋军追及，差点被俘。因此齐军败绩，顷公好不容易才冲出重重包围圈而脱险。但这时他却发现了车右逢丑父失陷敌围。于是已出险重生的齐顷公，毫不犹豫地下令调转马头，重新冲入敌阵重围以救战友。据《左传》记载，他是"三入三出。每出，齐师以帅退。入于狄卒，狄卒皆抽戈楯冒之。以入于卫师，卫师免之。遂自徐关入"。原来，在战争中，车右逢丑父见形势危急，就和顷公交换位置，被晋将韩厥误为齐顷公而被俘，逢丑父派顷公华泉取水，顷公以此脱险而还。这是实实在在以生命结成的战斗情谊。论等级地位，逢丑父不过是车右——一名侍卫顷公的普通将士；但顷公一旦发现战友失陷，在自己九死一生脱围获生之后，毅然不顾自己的生命安全，三次重新冲入敌围。战场上刀光血影，戈矛横飞，流矢如注，随时都有生命的危险，但齐顷公奋然不顾，反复冲杀，三进三出，场面极其壮观，足见其勇猛气概。其大无畏的牺牲精神栩栩如生，令人血脉贲张而热血沸腾。这是用生命鲜血换来的战斗情谊。历史上的齐顷公并非一代明君，但是他三次冒死救战友事，却见其人性闪光可爱的一面。当然，齐顷公能三次冲围而安全脱险，也正可见晋国联军中的贵族精神。比如逢丑父被俘后，晋帅郤克将杀之，逢丑父呼曰："自今无有代君任患者，有一于此，将为戮乎？"郤克听后，立即赦免了逢丑父，曰："人不难以死免其君，我戮之不祥，赦之以劝事君者。"而齐顷公能够三次突围而生还，也与他救车右热切之心真正感动了敌人。当他冲进卫军中时，"卫师免之"，不去故意伤害齐国之君。当他冲入狄军时，狄军"皆抽戈楯冒之"，戈矛后撤而以盾牌保护齐顷公的战车安全出围。春秋之时，连狄戎部族也受中原礼乐文明影响，具贵族精神，主动去保护为救助战友而舍生忘死的齐顷公。这才能真正理解，为什么齐顷公三进三出而能安然无恙的道理。这一故事，在战国以后就不大可能出现了。

春秋君主亲历战场带头冲锋陷阵为国献身的精神，上行下效，影响很大。如鲁昭公二十六年（前516年）齐鲁炊鼻之战，鲁将林雍因羞为颜鸣车右，跳下战车，失陷敌围而被齐将苑何忌所俘，受割耳断脚之刑。为救战友，颜鸣不计前嫌，三次冲入齐阵，大喊道："林雍乘！"大叫林雍来乘车突围，此《诗》所称"兄弟阋于墙，外御其侮"之谓也。颜鸣三次调转战车马头，冲击敌围，一心只想救战友，而不顾及自己的生命安全。其贵族精神与齐顷公如出一辙，同样值得尊敬。

又如鲁宣公十四年（前595年）：

> 楚子（庄王）使申舟聘于齐，曰："无假道于宋。"亦使公子冯聘于晋，不假道于郑。申舟以孟诸之役恶宋，曰："郑昭宋聋，晋使不害，我则必死。"王曰："杀女，我伐之。"见犀（按：申舟子，以之托王）而行。及宋，宋人止之，华元曰："过我而不假道，鄙我也。鄙我，亡也。杀其使者必伐我，伐我亦亡也。亡一也。"乃杀之。秋九月，楚子围宋。

申舟死讯传来，为了给臣下报仇雪恨，楚庄王袖子一甩，奋然前行，连鞋子也来不及穿，剑不及佩，车不及乘，就要赶到祖庙而立即起兵伐宋。申舟是人，更是楚之贤能之臣，臣下之血不能白流。于此可见，楚庄王对人的重视和在战场上君主救臣下同样是人的意识觉醒的一个具体表现。

又如鲁定公九年（前501年）秋："齐侯伐晋夷仪。敝无存之父将室之，辞，以与其弟，曰：'此役也不死，反，必娶于高、国。'先登，求自门出，死于雷下。"出征前夕，敝无存早存报国的牺牲精神，因此把结婚美事让给了弟弟，自己在战场奋不顾身，薄城先登，终于献出了年轻的生命。这一动人事迹，大大激励了齐军士气。齐景公亲历战场公开宣布曰："得敝无存者，以五家免。"乃得其尸，"公三襚之（即三次给尸体穿衣），与之尸轩与直盖（按：皆贵族殉葬品）而先归之。坐引者，以师哭之，亲推之三"。对于并非贵族出身而为国牺牲的普通战士，给予了近乎国葬的最高礼仪，其祭吊英灵正是为了安慰生者，能不令人感动？这也是表现了对人意识的觉醒。

二、君主痛下罪己诏，勇于改过自新，以图发展

在专制社会中，最高一人能自揭疮疤，下罪己诏，在秦汉以后的封建社会中，可谓凤毛麟角，极其罕见。但在春秋时代，却屡见不鲜。为了国家社稷的生存与发展，当时君主常能自认错误，勇于担当负责，而非文过饰非，嫁祸于人，以伪装自己的神圣光环。

春秋五霸中，能下罪己诏而认错自责者不乏其人。如春秋第一霸齐桓公，即位不久，与其执政卿相管仲有一段推心置腹的精彩对话，见《管子·小匡》篇：

> 公（齐桓公）曰："寡人不幸有大邪三，其犹尚可以为国乎？"对曰："臣未得闻。"公曰："寡人不幸而好田（田猎），晦夜而至禽侧（禽兽栖息繁殖之地），田莫不见禽而后反。诸侯使者无所致，百官有司无所复。"对曰："恶则恶矣，然非其急者也。"公曰："寡人不幸而好酒，日夜相继，诸侯使者无所致、百官有司无所复。"对曰："恶则恶矣，然非

其急者也。"公曰："寡人有污行，不幸而好色，而姑姊有不嫁者。"对曰："恶则恶矣，然非其急者也。"公作色曰："此三者且可，则恶有不可者矣？"对曰："人君唯优与不敏为不可，优则亡众，不敏不及事。"公曰："善。"

一国之君，高如神明，令臣民仰视而莫测其高深，唯有诚惶诚恐礼拜而已。所谓"优"，即优于众人的圣贤，高于臣民而永远正确，以此自然远离民众而失去了广大臣民的支持和爱戴。以己为"优"就必然脱离群众，这是一种人性的根本缺陷，岂能为君？至于"不敏"——临事推诿而优柔寡断，必失时机，同样会犯致命的错误。管仲认为幸亏齐桓公还没有沾染"优"与"不敏"的致命恶习。至于齐桓公自揭伤疤疮疤的好田、好酒、好色这三大恶习，当然也是人性的缺憾和弱点，恶则恶矣，但并非根本致命，只要能纠错改过，仍可大有作为。而"优"，据影宋本《管子》作"偃"（见岳麓书社诸子集成本清戴望《管子校正》，偃训"隐"，"言人君自隐其情，使不可知，则人不附之，故曰：偃则亡众也。"）其义训与"优"小异而大同，高高在上而自神其秘，同样远离民众。但齐桓公则反之。他在臣下面前自揭其人性疮疤，公开承认自己好田、好酒、好色的诸般缺陷，误政误国，颇不光彩。这就打破了人们对于高居庙堂之上君主偶像的崇拜。君主也是人，凡人谁能无缺点不犯错？这就自然拉近了君主与民众的距离。治国理民而不失其众，就有可能打通成功之门。这从另一个方面说明了齐桓公内心的坦诚，有勇气把自己内在的隐私和缺失全盘托出，以便臣下谏言而改过迁善。在历史上，敢于公开"罪己"的君主又能有几？即使是大唐贞观天子李世民，也难得如此坦诚的公开暴露自己的过失，甚至是罪恶。因此，由于唐太宗及史官的隐瞒欺骗，有关玄武门之变，杀亲兄弟并逼父让位的历史真相，至今仍然晦而不明。唐太宗晚年，魏征忠谏，他曾咬牙切齿地强忍，这说明其内心曾存阴暗的一面而不肯公开暴露。千古明君唐太宗尚且如此，而春秋时代的齐桓公却敢于公开认错而不遮遮掩掩，这合乎普通人性而更加可爱。齐桓公能成其霸业,与其能走下高高的神坛,敢于"罪己"认错,改过自新而得众,直接相关。管子曾分析齐桓公说:"吾君惕,其智诲(悔)"(《管子·大匡》)所称"悔"即幡然醒悟而改过自新之意。这是继承了《周易·乾卦》上九"亢龙有悔"爻辞的传统精神。乾龙可以一飞冲天,但若得意忘形而激上不止,超越本身能力所限,就会很快摔得粉身碎骨而后悔莫及了。反之,高飞亢龙,知悔掉头而安全返航,则将来仍可大展宏图。齐桓公即位之初,不断犯错而多有败笔,但很快总结经验教训,知悔改错而获正确发展。在管仲等贤人集团的帮忙和监督下,君臣长期磨合,促其改革事业走向了新生,而成就了一代霸业的辉煌。性格有弱点,做事曾犯错,并非致命;可怕的是文过饰非,罪责诿下,自为圣贤而唯我独尊,这才是人君走向生命反面的致命伤。如宋襄公,多次坚拒大司马子鱼忠谏,文过饰非,歪理一堆,满口仁义道德,却以鄫国君主为牺牲以祭淫神,这是不把人当人而当作畜生看,岂合人性天道?结果是在宋楚泓之战中,三军溃败而门官(卫队)尽歼,自己也伤重,不久即丧,其仁其义又何在哉?死不认错纠非,而一贯常有理以压下,虽顾了一时颜面,但却很快身死而霸业消散,其教训极其深刻。

又如春秋五霸之一的秦穆公,他曾坚拒贤臣蹇叔忠谏,派兵千里袭郑,结果犯了大错,在逾晋境时,被晋狄联军在殽山设伏袭击,秦军"匹马只轮无返者",尽数全歼,三帅孟明视、西乞术、白乙丙被俘。如此惨败,秦国震惊。当孟明等三帅逃归后,国人要求杀之告慰阵亡英灵以谢天下。但秦穆公拒绝了这一保持圣明以维护颜面的建议,他认为殽战之败,是自己贪心而造成的战略决策错误,拒蹇叔谏,更是错上加错,罪责应由自己负责。据《左传》僖公三十二年(前627年)曰:"秦伯(穆公)素服郊次,乡(向)师而哭曰:'孤违蹇叔,以辱二三子,孤之罪也。'不替(废、杀)孟明,曰:'孤之过也,大夫何罪?且吾不以一眚掩大德。'"穆公当众再三强调是"孤之罪也",又称引用《诗》"贪人败类"之言以自责自罪,曰:"是贪故也,孤之谓也。孤实贪以祸夫子,夫子何罪?"(见《左传》文公元年)仍然坚持重用败军之将孟明视,而秦国以强。文公三年(前624年):"秦伯伐晋,济

411

河焚舟，取王官，及郊。晋人不出。遂自茅津济，封殽尸而还，遂霸西戎，用孟明视也。君子以知秦穆公之为君也，举人之周也，与人之壹也。”终于报了霸主国晋的一箭之仇，开创秦国独霸西戎的大局，并获周天子的正式封赐。《史记·秦本纪》载，穆公三十七年，秦“伐戎王，益国十二，开地千里，遂霸西戎。天子使召公过贺穆公以金鼓”。秦穆公改过自新，终成其春秋霸业，何其伟哉？但这一切都与其下罪己诏而改过迁善直接相关。其“罪己诏”，已载入经典《尚书》中的《秦誓》曰：“誓于军曰：‘嗟士卒！听无哗，余誓告汝。古之人谋黄髪番番（皤皤），则无所过。’以申思不用蹇叔、百里傒之谋，故作此誓，令后世以记余过。君子闻之，皆为垂涕，曰：‘嗟乎！秦缪公之与人周也，卒得孟明之庆。’”

再说“南蛮”之楚。鲁桓公十三年（前699年），楚武王派莫敖（楚卿之一，地位仅次于令尹）屈瑕伐罗。军发，斗伯比送行，见屈瑕趾高气扬，谏王。武王夫人邓曼也指出：“莫敖狃于蒲骚之役，将自用也。必小罗。君若不镇抚，其不设备乎？”料伐罗必败。于是，武王派使者追之而“不及”。楚师及鄢，“乱次以济，遂无次，且不设备”，骄兵悍将，军纪散乱，终于大败。“莫敖缢于荒谷，群帅囚于冶父以听刑。楚子曰：‘孤之罪也。’”楚武王全都赦免之，而自己勇于负责。这是自己作为最高统帅，用人不当，纠正不力，造成了国家的严重损失。他没有一味诛责前线将士，更没嫁祸于人，而是公开坦承“孤之罪也”，悔过自新，重上正轨。在楚国的历史发展中，楚武王也有其积极贡献，勇于认错自责，也是其成功的原因之一。同时，他身边有一个贤内助——聪秀睿智的夫人邓曼，时常提醒劝谏，指出不足与缺点，帮他及时改正，也有关系。如果最高统治者身边尽是阿谀逢迎之徒，充耳歌颂之音，又哪会想到自己的不足呢？比如最高明的汽车司机，也需要不时打方向盘，才能纠偏走上正轨一样。时而偏离正轨而犯错是可能的，就是圣贤也不能免。但如错不纠偏，则会一错再错，终于陷入无救之路。如是独裁专制，什么话也听不进，自以为圣明，永远正确，这恰恰是最致命的大错特错，终于走上了不归之路。历史教训多多，能不惧乎！

又如楚共王，他是春秋霸主楚庄王之子，但他继位后东征西讨，在鲁成公十六年（前575年）的晋、楚鄢陵战役中失败，没能保住楚国的霸业。当时战场态势，令尹子反醉酒，楚军失去前线指挥难以应敌的情况下，共王下令撤退。对于失败，楚共王没有推诿责下以自谓圣明。

> 楚师还，及瑕，王使谓子反曰："先大夫（子玉）之覆师徒者，君不在。子无以为过，不穀之罪也。"子反再拜稽首曰："君赐臣死，死且不朽。臣之卒实奔，臣之罪也。"子重使谓子反曰："初陨师徒者，而亦闻之矣！盍图之？"对曰："虽微先大夫有之，大夫命侧，侧敢不义？侧亡君师，敢忘其死。"王使止之，弗及而卒。

当时令尹子反，是前线总指挥，而楚共王在军，是楚军总司令。因此，共王没有推卸自己的责任，而明确是自己的罪过，他救令尹子反不及，但原其初心，"不穀之罪也"之言，光明磊落，并没有把罪责推给子反及广大的楚国将士。这种自我批评的反省态度，确是难能可贵。楚共王律己严而待人宽的精神，因此而获得了广大臣民的支持和拥护。他临死时，仍然自罪自责，认真检讨，态度真挚，精神可嘉。

鲁襄公十三年（前560年）载：

> 楚子（共王）疾，告大夫曰："不穀不德，少主社稷，生十年而丧先君，未及习师保之教训，而应受多福。是以不德，而亡师于鄢，以辱社稷，为大夫忧，其弘多矣。若以大夫之灵，获保首领以没于地，唯是春秋窀穸之事，所以从先君于祢庙者，请为'灵'若'厉'。大夫择焉！"莫对。及五命乃许。秋，楚共王卒。子囊谋谥。大夫曰："君有命矣。"子囊曰："君命以共，若之何毁之？赫赫楚国，而君临之，抚有蛮夷，奄征南海，以属诸夏，而知其过，可不谓共乎？请谥之'共'。"

大夫从之。共王临死之言哀以善，应是其日夜思虑的内心真实，他到死也不忘自己"亡师于鄢"的罪过，给国家带来重大损失，既有辱先人，也为社稷忧。为此自罪自责，反省极其深刻，为示负责以报国家，他要求自己死后谥号为"灵"或"厉"以附祖庙。灵、厉在当时属于指责君行无道的恶谥。但子囊等楚大夫，透过现象看本质，从共王的自罪自责中看到了他的英明和正确，所以违君遗嘱谥号为"共"，并获得了朝廷上下的支持。"共"有二义，一是共者恭也，恭敬处事待人，合乎周礼；一是共同之义。与人共事而恭敬诚乎，出自内心，故获国人大众的一致支持，事业有成，岂非美谥？在这里可看到春秋时人对君主自罪是持肯定称扬的态度。

君主自罪反省自新精神，延续到春秋晚期而不辍。如晋悼公向臣下魏绛悔过谢罪的故事，就很生动。鲁襄公三年（前570年）：

> 晋侯（悼公）之弟扬干乱行于曲梁，（司马）魏绛戮其仆。晋侯怒，谓羊舌赤曰："合诸侯以为荣也，扬干为戮，何辱如之？必杀魏绛，无失也！"对曰："绛无贰志，事君不辟难，有罪不逃刑，其将来辞，何辱命焉？"言终，魏绛至，授仆人（按：此指朝中传递书奏的官吏）书，将伏剑。士鲂、张老止之。公读其书曰："日君乏使，使臣斯司马。臣闻师众以顺为武，军事有死无犯为敬。君合诸侯，臣敢不敬？君师不武，执事不敬，罪莫大焉。臣惧其死，以及扬干，无所逃罪。不能致训，至于用钺。臣之罪重，敢有不从，以怒君心，请归死于司寇。"公跣而出，曰："寡人之言，亲爱也。吾子之讨，军礼也。寡人有弟，弗能教训，使干大命，寡人之过也。子无重寡人之过，敢以为请。"晋侯以魏绛为能以刑佐民矣，反役，与之礼食，使佐新军。张老为中军司马，士富为候奄。

晋悼公不失为一代明君，能改过迁善，重用贤臣魏绛。原本悼公怕魏绛逃走，故有"必杀魏绛，无失也"的狠话，在气头上冲口而出；但魏绛不仅不逃，而且为忠于司马职守而甘伏斧钺，"将伏剑"，即自杀以抵辱君之刑。刑前不忘上书进谏，一片公忠体国之心，明如日月，令悼公大为感动而加重用。魏绛确是贤才。襄公九年（前564年）载曰："晋侯归，谋所以息民。魏绛请施舍，输积聚以贷。自公以下，苟有积者，尽出之。国无滞积，亦无困人。公无禁利，亦无贪民。祈以币更，宾以特牲，器用不作，车服从给。行之期年，国乃有节。三驾而楚不能与争。"于是悼公推动改革而复称霸中原，其改过迁善的谦恭之心，具向心力，因此得众，而举国腾跃，能不复霸乎！

事实雄辩说明，君主能够实事求是地认错罪己，改过自新，就能转败为胜而不失明君之分；反之，文过饰非，拒谏责下，表面上维持了君主颜面，实际则走向了反面，转胜为败，最终导致国家败丧的人生悲剧。历史的教训何其深刻，能不惧而戒之乎！

三、臣下极谏君失，尽忠于国，虽牺牲生命而不顾

古代君主专制，君言即法。臣下谏君之过，若忤上意，犹如将虎须批逆鳞，动辄得咎，甚至有生命之忧。但为国家社稷的利益，在所不顾。这就需要勇气、胆识与精神。

如鲁庄公十年（前684年），齐伐鲁，战于长勺。齐强鲁弱，鲁国危急。这时，曹刿挺身而出，终于战胜了强敌，保卫了鲁国安全。曹刿原是鲁国在野的乡鄙之士，而非卿大夫，在朝并无一官半职。他主动请见鲁庄公，议论批评朝政。《左传》记载：

> 十年春，齐师伐我。公将战。曹刿请见。其乡人曰："肉食者谋之，又何间焉？"刿曰："肉食者鄙，未能远谋。"乃入见。问："何以战？"公曰："衣食所安，弗敢专也，必以分人。"对曰："小惠未徧，民弗从也。"公曰："牺牲玉帛，弗敢加也，必以信。"对曰："小信未孚，神弗福也。"公曰："小大之狱，虽不能察，必以情。"对曰："忠之属也。可以一战。战则请从。"公与之乘，战于长勺。

在曹刿的参谋、指导下，弱势鲁军"一鼓作气"击败了强大齐军。这一故事已成千古传颂的经典战例。为了对国家安全负责，曹刿尖锐指出了"肉食者鄙，未能远谋"，这一严厉批评，矛头直指以鲁庄公为首的鲁国贵族。当

时朝廷当权官员，可以分配到祖庙祭肉，所以称为肉食者。而贵族公卿大夫多"鄙"（鄙陋浅识），在于他们饱食终日而对国家毫无责任心，这怎有远见卓识来研究敌我战胜敌人呢？此所谓"未能远谋也"。如果因当权者之鄙陋致国家社稷倾覆，覆巢之下，岂有完卵？国人将一并遭受到巨大灾难。这时，为了国家，曹刿终于打破了贵族偏见，站了出来。"肉食者鄙"之言，讽谏尖锐而忠义可见。接着，曹刿又当面批评了庄公的小恩小惠，不足取信于民，人民不一心拥护支持，又如何能战胜强敌呢？但当他知道庄公处理狱讼之事，能够实事求是根据实际来公正判案，而不一味偏祖当权贵族时，他认为这是对国人忠诚，尽力为民办事，就凭这一点就可以获得人民支持而可以一战。曹刿与鲁庄公的问答实是曹刿在拷问君主，其谏言真诚而知无不言，态度极严厉又关心。庄公接受其忠谏，和他同乘战车奔上战场，终于取得了胜利。在这里不仅曹刿精神尽见，受谏的鲁庄公也是形象生动可爱，颇通人性，有悲有喜，有优有劣，是真正的人。不像后世的封建帝王，高高在上而神秘莫测，自为圣贤，如泥胎偶像，岂有人的生气？

又如南方楚国，鲁庄公十九年（前675年）载：

> （巴人伐楚）楚子御之，大败于津。还，鬻拳弗纳。遂伐黄，败黄师于碏陵。还，及湫，有疾。夏六月庚申卒，鬻拳葬诸夕室，亦自杀也，而葬于经皇。初，鬻拳强谏楚子，楚子弗从，临之以兵，惧而从之。鬻拳曰："吾惧君以兵，罪莫大焉。"遂自刖也。楚人以为大阍，谓之大伯，使其后掌之。君子曰："鬻拳可谓爱君矣，谏以自纳于刑，刑犹不忘纳君于善。"

君主是国家的象征。楚文王打了个败仗，不思振作而溃逃，尔后楚国又将如何生存发展呢？因此，守城大阍鬻拳尽忠极谏，甚至以暴力强谏，"临之以兵"，用武器来批判君主，逼其振奋回师再战，大长楚军士气，一战胜敌，从而化解了君主错误所造成的国家灾难。在君主专制的时代，兵临君身，后果严重。后来事实虽然证明了鬻拳强谏的正确，但从当时礼制来看，鬻拳还是以"自刖""自杀"的自罪方式来报答君王，以示对国家礼法制度的尊重。

"纳君于善"的忠谏,使楚国重获发展壮大的生机,对国家大大有利;但鬻拳对于个人的生死,则全然置之度外。壮哉,鬻拳君子也!

强谏君主,虽出乎忠于国家,但实有性命之忧或皮肉之苦。因此同样净谏,人或针对具体的人和事,形式多样,而各尽其智,只要能劝醒君主,猜谜比喻无所不可。春秋中晚期,如晋之师旷,齐之晏婴,皆智慧百出而谏净人主,收到了一定的效果。楚国也有其例。如伍举等,曾巧用猜覆之谜谏醒年轻的楚庄王,令其发愤图强,以争楚国霸业。据《史记·楚世家》记载:

> 庄王即位三年,不出号令,日夜为乐,令国中曰:"有敢谏者死无赦!"伍举入谏。庄王左抱郑姬,右抱越女,坐钟鼓之间。伍举曰:"愿有进隐。"曰:"有鸟在于阜,三年不蜚(飞)不鸣,是何鸟也?"庄王曰:"三年不蜚,蜚将冲天;三年不鸣,鸣将惊人。举退矣,吾知之矣。"居数月,淫益甚。大夫苏从乃入谏。王曰:"若不闻令乎?"对曰:"杀身以明君,臣之愿也。"于是乃罢淫乐,听政,所诛者数百人,所进者数百人,任伍举、苏从以政,国人大说(悦)。是岁灭庸。六年,伐宋,获五百乘。

秦汉诸子如《吕氏春秋》卷一八《重言》,刘向《新序·杂事》所记,文字偶有异同,但精神内容大致不差。可见故事传闻之广,具一定的历史真实性。伍举为伍参之子,伍奢之父、员之祖。在《左传》《国语》中多次出现。伍氏在楚是强宗之族。当时庄王初立,因其年轻而缺乏历练,国政操在二位师傅(父穆王傅及己傅)手中,怀抱未开,抑郁失志,因而自甘沉沦而溺于酒色,并下"敢谏者死无赦"的严酷命令。但年轻的伍举以"隐"(谜语)巧谏,苏从则直白地准备牺牲以谏。二人谏净形式虽异,但目标一致,都为楚之复兴及其霸业做出了自己的贡献。

又如秦国,穆公决定发兵侵逾晋境以袭郑,蹇叔、百里奚等曾以忠谏,虽痛哭流涕而穆公不顾,致有秦、晋殽山战役的惨败。鲁僖公三十二年(前628年)记载:

（秦将）杞子自郑使告于秦曰："郑人使我掌其北门之管，若潜师以来，国可得也。"穆公访诸蹇叔。蹇叔曰："劳师以袭远，非所闻也。师劳力竭，远主备之，无乃不可乎？师之所为，郑必知之。勤而无所，必有悖心。且行千里，其谁不知？"公辞焉。召孟明、西乞、白乙使出师于东门之外。蹇叔哭之曰："孟子！吾见师之出而不见其入也！"公使谓之曰："尔何知！中寿，尔墓之木拱矣！"蹇叔之子与师，哭而送之，曰："晋人御师必于崤，崤有二陵焉。其南陵，夏后皋之墓也；其北陵，文王之所辟风雨也，必死是间，余收尔骨焉！"秦师遂东。

当时秦穆公利令智昏，贪婪蔽心，下一臭棋。但他自信满满，坚拒谏讽，骂蹇叔的话非常刻薄，所称"中寿，尔墓木拱矣"，实际是骂他何不早死。君主的咒骂并没有封住忠臣的嘴巴，蹇叔明确预料晋军必在崤山设伏袭击，指出了秦军覆灭的危机，后来战事发展果然不出所料。穆公拒谏，给秦国造成了丧师辱国的严重后果。

春秋之时，尽忠极谏，为国献身者，不乏其例。不仅是言辞文章，更有以实际行动来加以实践者。如鲁襄公二十五年载，齐执政之卿崔杼因齐庄公与其妻私通而弑君，立景公而己相之，专齐国政，生杀予夺。鲁襄公二十五年（前548年）记载："大史书曰：'崔杼弑其君。'崔子杀之。其弟嗣书而死者，二人。其弟又书，乃舍之。南史氏闻大史尽死，执简以往。闻既书矣，乃还。"为国家社稷，太史将弑君国贼丑恶罪行载入国史，以为历史鉴戒。齐大史兄弟，连死三人，连杀人者崔杼都为之心惊肉跳。但南史氏仍顽强执简以往，前仆后继，其献身国家的忠义气概，直薄云天。

四、忠谏为国，非为君主一人，因此而否定愚忠以死

当时有识之士，也开始认识到，当君主是为国家社稷而死之时，则臣为君死，为国献身；但若君主因其私昵甚或暴行被杀，并非代表国家社稷，则

臣下不必尽其愚忠而死。如上述鲁襄公二十五年所载,齐国崔杼弑庄公事:

> 晏子立于崔氏之门外。其人曰:"死乎?"曰:"独吾君也乎哉,吾死也?"曰:"行乎?"曰:"吾罪也乎哉,吾亡也?"曰:"归乎?"曰:"君死,安归?君民者,岂以陵民?社稷是主。臣君者,岂为其口实?社稷是养。故君为社稷死,则死之;为社稷亡,则亡之。若为己死,而为己亡,非其私昵,谁敢任之?且人有君而弑之,吾焉得死之?而焉得亡之?将庸何归?"门启而入,枕尸股而哭。兴,三踊而出。人谓崔子:"必杀之。"崔子曰:"民之望也,舍之得民。"

在历史上,晏子是著名的贤能之臣,以智慧巧于谏诤著名。齐庄公遇弑,因其死于私人丑行,而非为国而献身,如晏子所说:"君民者,岂以陵民乎?"臣下应视国君是否代表国家、为民而死来决定自己的态度。君主如不忠于国家和人民,那臣民又何必为暴君小丑尽其愚忠而死呢?在古代的专制社会中,晏子之言,振聋发聩,给人以有益启迪。

晏婴像

又如僻处东海之滨的吴国。鲁昭公二十七年(前515年),吴公子光派刺客专诸弑王僚,自立为吴王,是为阖闾。这是历史上著名故事,曾改编为小说、戏曲而流传于世,如京剧中的《刺王僚》即是。事后,其叔父季札出使归来,他并没有为王僚尽忠而死。鲁昭公二十七年(前515年)载:"季子至,曰:'苟先君无废祀,民人无废主,社稷有奉,乃吾君也。吾敢谁怨乎?哀死事生,以待天命。非我生乱,立者从之,先人之道也。'复命,哭僚墓,复位而待。"季札原为王位继承人,但他一味谦退让位,是春秋一代贤臣。他知道王僚贪婪强暴，内外不安，所以他不为僚尽愚忠以死，而是看吴国社稷和人民是否能够安定团结。阖闾能征善战，又有贤臣伍子胥（员）及其所荐兵家孙子（武）等的辅佐，加以阖闾又能呵护臣属百姓，受国人爱戴，这对吴国发展有利。因此，季札否定了为死君愚忠的想法而"复位以待"，支持和拥护新君阖闾更好地开展工作。看来，他和齐国晏子观念相似，具一定的时代先进性。

五、敬天保民，神以民为主，从天落地，"神"逐渐转化为民意的象征。

《左传》有"国之大事，在祀与戎"之说，战争在兼并成风的时代，关系到国家存亡，当然是大事。而祭祀祖宗鬼神在以血缘为纽带的宗法社会中，代代相传，同样是维护国家社稷生息发展的大事，能否分食祖庙祭肉，涉及宗族的地位和影响，当然也不可让人。这就决定了祖宗鬼神必然受人祭献和敬畏。但在春秋时期，因周礼所受的冲击，人们的天道鬼神观念也在进步中，日渐从高高的天上，降落到现实的人间，逐渐转化为民意的化身。现略举数例为证。

鲁庄公三十二年（前662年）载：

> 秋七月，有神降于莘。惠王问诸内史过曰："是何故也？"对曰："国之将兴，明神降之，监其德也。将亡，神又降之，观其恶也。故有得神以兴，亦有以亡。虞、夏、商、周皆有之。"王曰："若之何？"对曰："以其物享焉。其至之日，亦其物也。"王从之。内史过往，闻虢请命，反曰："虢必亡矣，虐而听于神。"神居莘六月，虢公使祝应、宗区、史嚚享焉。神赐之土田。史嚚曰："虢其亡乎。吾闻之，国将兴，听于民；将亡，听于神。神，聪明正直而壹者也，依人而行。虢多凉德，其何土之能得？"

周时太史，与神巫同属高级文化之士。内史过与史嚚都是周之史官，记载史实、敬享祖宗、解释神意，都在其职责范围。因此，他们表面必须恭敬鬼神；但其内心深处，已把高深莫测的昊天上帝和祖宗鬼神，悄悄地拉向了现实的人间世界。天子是上天鬼神之子，借助于鬼神观念的当代阐释，史官们利用神灵就有可能制约最高天子和诸侯，减少唯朕一人的最高统治者的胡作妄行。祖宗鬼神既聪明又正直，"依人而行"，维护人民的利益。这就透过了神性的帷幕，揭开了人的意识的日渐觉醒的行程。敬神的终极目标在于保民之利。

天命鬼神的神秘逐渐褪色，而现实人生的重要性日渐回归。当时人们对占卜卦筮活动，虽然重视，但却已有自己的新阐释。如鲁桓公十一年（前701年）载：

> 楚屈瑕将盟贰、轸。郧人军于蒲骚，将与随、绞、州、蓼伐楚师。莫敖患之。斗廉曰："郧人军其郊，必不诫，且日虞四邑之至也。君次于郊郢，以御四邑。我以锐师宵加于郧，郧有虞心而恃其城，莫有斗志。若败郧师，四邑必离。"莫敖曰："盍请济师于王？"对曰："师克在和，不在众。商、周之不敌，君之所闻也。成军以出，又何济焉？"莫敖曰："卜之。"对曰："卜以决疑，不疑何卜？"遂败郧师于蒲骚，卒盟而还。

斗廉所称"不疑何卜"之言，正是由天命向人的现实理性的回归。后来，在鲁襄公八年（前565年），郑国因夹在晋、楚争霸的环境中，生存极为艰难，国人对于或从楚或待晋的问题，争论激烈。当时，执政之卿子驷曰："《周诗》有之曰：'俟河之清，人寿几何？兆云询多，职竞作罗。'谋之多族，民之多违，事滋无成。民急矣，姑从楚以纾吾民。晋师至，吾又从之。敬共币帛，以待来者，小国之道也。牺牲玉帛，待于二竟，以待强者而庇民焉。寇不为害，民不罢病，不亦可乎？"其中《周诗》不见于今本《诗经》，当为逸诗。当人们欲卜以决国之大事时，子驷引诗反驳，认为占卜乞求上天决疑，次数多如牛毛，这只是给人自己编织罗网而已。所以，应靠人之自救，而非鬼神赐福。这与斗廉"不疑何卜"的现实精神，一脉相承。

又如鲁桓公六年（前706年）记载贤臣季梁忠谏随侯：

曰："所谓道，忠于民而信于神也。上思利民，忠也；祝史正辞，信也。今民馁而君逞欲，祝史矫举以祭，臣不知其可也。"公曰："吾牲牷肥腯，粢盛丰备，何则不信？"对曰："夫民，神之主也。是以圣王先成民，而后致力于神。故奉牲以告曰：'博硕肥腯。'谓民力之普存也，谓其畜之硕大蕃滋也，谓其不疾瘯蠡也，谓其备腯咸有也。奉盛以告曰：'洁粢丰盛。'谓其三时不害而民和年丰也。奉酒醴以告曰：'嘉栗旨酒。'谓其上下皆有嘉德而无违心也。所谓馨香，无谗慝也。故务其三时，修其五教，亲其九族，以致其禋祀。于是乎民和而神降之福，故动则有成。今民各有心，而鬼神乏主，君虽独丰，其何福之有？君姑修政而亲兄弟之国，庶免于难。"

随侯只想到自己祭神时"牲牷肥腯，粢盛丰备"，必可获得上天鬼神的保佑而永葆安宁。经季梁批评，知道了鬼神是以民为主，现在"民馁而君逞欲"，老百姓没饭吃，又岂会为君而战呢？人民生活水深火热，你祭祀牺牲再丰盛，又有何用？重神而弃民，国家岂能不亡？这让随侯暂时警醒，于是改弦易辙而修政于民，暂时逃过了一劫。但后来听谗言而弃贤，背叛民人，终致亡国，此随侯自作孽故也。

又如鲁僖公五年（前655年）记载：

晋侯（献公）复假道于虞以伐虢。宫之奇谏曰："虢，虞之表也。虢亡，虞必从之。晋不可启，寇不可翫。一之谓甚，其可再乎？谚所谓'辅车相依，唇亡齿寒'者，其虞、虢之谓也。"公曰："晋，吾宗也，岂害我哉？"对曰："大伯、虞仲，大王之昭也。大伯不从，是以不嗣。虢仲、虢叔，王季之穆也，为文王卿士，勋在王室，藏于盟府。……亲以宠逼，犹尚害之，况以国乎？"公曰："吾享祀丰絜，神必据我。"对曰："臣闻之，鬼神非人实亲，惟德是依。故周书曰：'皇天无亲，惟德

是辅。'又曰：'黍稷非馨，明德惟馨。'又曰：'民不易物，惟德繁物。'
如是，则非德，民不和，神不享矣。神所冯依，将在德矣。若晋取虞，
而明德以荐馨香，神其吐之乎？"弗听，许晋使。宫之奇以其族行，曰：
"虞不腊矣。在此行也，晋不更举矣。"……冬，十二月丙子朔，晋灭虢，
虢公丑奔京师。师还，馆于虞，遂袭虞，灭之，执虞公。及其大夫井伯，
从媵秦穆姬。而修虞祀，且归其职贡于王。故书曰："晋人执虞公。"罪
虞公，言易也。

宫之奇忠谏，不幸而言中。宫之奇称鬼神"惟德是依"，所谓德，即有德
政于国而民受惠，故下称"非德，民不和，神不享矣"。此所谓神，实是民意
的化身。

宋襄公的事例则从反面说明了问题。在鲁僖公十六年（前644年），宋襄
公因天坠陨石及六鹢退飞过宋都，向内史兴问灾祥吉凶何在？内史兴退而告
人曰："君失问。是阴阳之事，非吉凶所在也。吉凶由人。"也就是说，灾异
变动，是阴阳自然之事，是客观现象，与附会天人感应的天命不应混为一谈。
他进一步提出了"吉凶由人"的论断，显现了一定的人文精神光彩。宋襄公
因争霸失败而命丧者，原因很多，但迷信天命而妄称鬼神，为表祭祀的丰厚
以媚神，甚至用人殉作牺牲来祭祀淫神，因此缺德之行而失去人民的支持，
也是重要原因之一。鲁僖公十九年（前641年）记载："夏，宋公（襄公）
使邾文公用鄫子于次睢之社，欲以属东夷。司马子鱼曰：'古者六畜不相为
用，小事不用大牲，而况敢用人乎？祭祀以为人也。民，神之主也。用人，
其谁飨之？齐桓公存三亡国以属诸侯，义士犹曰薄德，今一会而虐二国之君，
又用诸淫昏之鬼，将以求霸，不亦难乎？得死为幸。'"子鱼是宋襄公同父异
母兄弟，忠谏不听，他把襄公用活人作牺牲的残酷无道，违反人性，一针见
血地加以揭示。鄫子不仅是活人，还是一国之君。仅仅因盟会来迟了一步，
就被宋襄公化为牺牲。于此可见平日高唱礼法仁义之道的宋襄公，眼中只有
天命鬼神，缺少的就是人性，以此争霸，乏人支持，岂能无败？相反，司马

子鱼提出了"民，神之主也"的重大命题，在天人关系的探索中，明显是一种人的观念的进步。

又鲁文公十三年记载：

> 邾文公卜迁于绎，史曰："利于民，而不利于君。"邾子曰："苟利于民，孤之利也！天生民而树之君，以利之也。民既利矣，孤必与焉。"左右曰："命可长也，君何弗为？"邾子曰："命在养民。死之短长，时也。民苟利也，迁也，吉莫如之！"遂迁于绎。五月，邾文公卒。君子曰："知命。"

在天人关系、君民关系中，邾文公高瞻远瞩而有自己的正确选择。君主代表国家社稷，为民而设，君主与人民的利益应是一致的，苟利于民，虽不利于君而妨其性命，应该放手去做而"吉莫如之"。个人生命之短长，在所不计。邾文公"苟利于民，孤之利也"的思想观念，在当时超越时辈而具先进性，可称具有一定的人文精神和民本思想的萌芽。这给后世的中华儿女，提供了可资学习借鉴的榜样。如不久后郑国子产推行改革，作丘赋、铸刑书以利民，但引起了传统保守势力的反对和批判，以致"国人谤之"。但子产坚持了利国利民的改革，依然前行而不顾。他斩钉截铁地说："苟利社稷，生死以之。"其言铮然有骨，掷地作金石声。事见鲁昭公十六年。子产又曾称"天道远，人道迩"，事见鲁昭公十八年。在天人关系中，作为执政正卿，他并非不敬畏天命，但其重点却安放在"人"字之上。又如两千多年后的清朝道光年间，钦差大臣林则徐因禁烟事，在鸦片战争失败后，被流放新疆伊犁时，作《赴戍登程口占示家人》诗曰："苟利国家生死以，岂因祸福避趋之？"正见古代士大夫对国家和人民的情怀。与春秋时邾文公相对照，继承与发展的痕迹宛然可见。

又如鲁哀公六年（前489年）记载：

> 是岁也，有云如众赤鸟，夹日以飞，三日。楚子问诸周大史。周大

> 史曰："其当王身乎。若禜之，可移于令尹、司马。"王曰："除腹心之
> 疾，而置诸股肱，何益？不穀不有大过，天其夭诸？有罪受罚，又焉移
> 之？"遂弗禜。昭王有疾，卜曰："河神为祟。"王弗祭，大夫请祭诸郊。
> 王曰："三代命祀，祭不越望，江汉沮漳，楚之望也，祸福之至，不是过
> 乎，不穀虽不德，河非所获罪也。"遂不祭。孔子曰："楚昭王知大道矣，
> 其不失国也宜哉。夏书曰：'维彼陶唐，率彼天常，在此冀方，今失厥
> 道，乱其纪纲，乃灭而亡。'又曰：'允出兹在兹，由己率常，可矣。'"

楚昭王的思想，近于子产的"天道远，人道迩"的认识。他坚决不祭河
神以延己寿命，更不想把灾难嫁祸于别人。令尹、司马是国家栋梁，自己的
左膀右臂，怎么可以祈神伤害他们呢？周大史劝他禳祭延寿以嫁祸于人，他
严词拒绝。自己想活，但又怎么可以要求别人放弃生的希望来为自己祈寿呢？
这说明了楚昭王尊重他人的人文意识，显现了有关人的意识的觉醒，所以孔
子赞颂他是"知大道"的君子。总之，"天道远，人道迩"，春秋贵族有关天
人关系、君民关系的认识，日渐促使鬼神天命转化为民意的化身，可见其人
的意识的正在觉醒中。这一思想观念，影响了千秋万代，构成了中华民族的
优良传统。

六、恤民救灾的人文关系

春秋霸主，代周天子令诸侯。但霸主不仅力能压众而武功奇高，而且必
须以德服人，而文治有成。鲁僖公元年（前659年）记载："夏，邢迁于夷
仪，诸侯城之，救患也。凡侯伯救患、分灾、讨罪，礼也。"记述了霸主齐桓
公的事业。恤民以救灾，合乎周礼，也是诸侯分内之事。救灾恤民，已成为
一种表现了一定人文关怀的春秋贵族精神。

鲁庄公十一年（前683年）记载：

> 宋为乘丘之役故侵我。公御之，宋师未陈而薄之，败诸鄌。凡师，

敌未陈曰败某师，皆陈曰战，大崩曰败绩，得儁曰克，覆而败之曰取某师，京师败曰王师败绩于某。秋，宋大水。公使吊焉，曰："天作淫雨，害于粢盛，若之何不吊？"对曰："孤实不敬，天降之灾，又以为君忧，拜命之辱。"臧文仲曰："宋其兴乎。禹、汤罪己，其兴也悖焉；桀、纣罪人，其亡也忽焉。且列国有凶称孤，礼也。言惧而名礼，其庶乎。"既而闻之曰公子御说之辞也。臧孙达曰："是宜为君，有恤民之心。"

当时宋闵公当国，公子御说是他的弟弟，后来果然接位，是为宋桓公。当时鲁宋正处敌对状态，但恤民救灾之心，则二国共有。如果因敌国天灾流行时乘机侵伐，是不道德，古人认为会受天谴人怨而自取其咎。如晋惠公想乘秦饥荒而伐之，即为反面的典型事例。

原来，晋有献公宠姬骊姬之乱，太子申生死之，诸公子流亡。献公死后，依靠秦助，公子夷吾捷足先登，归晋即位，是为晋惠公。但晋惠公为人，贪婪酷虐，忘恩负义，很快与秦穆公翻脸为敌，即后来郑烛之武所称："朝济而夕设版焉。"鲁僖公十三年（前 647 年）载曰："冬，晋荐饥，使乞籴于秦。秦伯谓子桑：'与诸乎？'对曰：'重施而报，君将何求？重施而不报，其民必携，携而讨焉，无众必败。'谓百里：'与诸乎？'对曰：'天灾流行，国家代有，救灾恤邻，道也。行道有福。'丕郑之子豹在秦，请伐晋。秦伯曰：'其君是恶，其民何罪？'秦于是乎输粟于晋，自雍及绛相继，命之曰泛舟之役。"秦不因晋惠公忘恩负义而伐饥之晋。相反，穆公所称"其君是恶，其民何罪"之言，深明大义，坚持救济晋国饥民。当时运粮船队相继，人称"泛舟之役"，场面蔚为壮观。但明年（鲁僖公十四年）："冬，秦饥，使乞籴于晋，晋人弗与。庆郑曰：'背施无亲，幸灾不仁，贪爱不祥，怒邻不义。四德皆失，何以守国？'虢射曰：'皮之不存，毛将安傅？'庆郑曰：'弃信背邻，患孰恤之？无信患作，失援必毙，是则然矣。'虢射曰：'无损于怨而厚于寇，不如勿与。'庆郑曰：'背施幸灾，民所弃也。近犹仇之，况怨敌乎？'弗听。退曰：'君其悔是哉！'"晋惠公因秦饥而闭籴，与秦穆公之救晋饥，形成了鲜明的反差。因此，就在鲁僖公十五年，爆发了秦晋韩原之战。晋军大败，惠公成为秦俘而自取其辱。晋惠公败，原因很多，违仁义而乖诚信，拒绝恤民救灾而大失民心，诸侯不齿，失道寡助，是重要原因。韩之战时间不短，但不见中原诸姬姓兄弟之国出一兵一卒以救之。晋惠公因其倒行逆施而成孤家寡人，岂能不败？反之，在战场上，秦穆公也曾陷于困境中，但却有三百"野人"——即最低层次的百姓，自愿组成了敢死队，反复冲杀，终于救穆公脱困。为什么这三百野人如此拼命？因为昔日穆公曾对他们有恩。三百野人曾偷食穆公善马，穆公赦罪赐酒，故日夜思恩图报。此所谓得道者多助也。从秦穆公和晋惠公二人的正反之例看到，恤民救灾是当时的贵族精神，违反共识而伐灾之国，天人共怒。反之，救灾恤民共渡难关，则有利于国人团结，上下一心，何险难而不可逾！在打败了晋惠公后，鲁僖公十五年载："是岁，晋又饥，秦伯又饩之粟，曰：'吾怨其君，而矜其民。'"并不把晋君之恶让人民负责，仍然继续救晋灾荒，其恤民之心，是真诚动人的。于此可见，在春秋贵族有识者的心目中，人，特别是民，地位渐高，分量渐重，正可见其人文关怀精神。这是时代进步的表现，而晋惠公不救灾而伐秦饥的倒行逆施，晋大夫韩简就引《诗》中的《十月之交》"下民之孽，匪降自天。噂沓背憎，职竞由人"，予以批判。天灾可救，而人灾难防。晋惠公自作孽而大败，咎由自取，也在情理之中。

七、去恶从善，惠民恤众，逐渐成为衡量礼治德义的一把标尺

春秋大动荡，社会和大自然一样，时有"高岸为谷，深谷为陵"（《诗经·十月》）的历史巨变。因此，春秋贵族多有"社稷无常奉，君臣无常位，自古已然"的卓识（见《左传》昭公二十三年）。如鲁之昭、定、哀三公失政于三桓，姜齐之国失政于陈（田）氏，皆是其例。以此，君主如何才能保持国家社稷，贵族如何才能维护自己的地位，值得考虑，成败关键就看其如

何对待善恶及对于人民利益的态度。如鲁隐公六年（前717年）记载："君子曰：'善不可失，恶不可长，其陈桓公之谓乎！长恶不悛，从自及也。虽欲救之，其将能乎？《商书》曰：恶之易也，如火之燎于原，不可乡迩，其犹可扑灭？'周任有言曰：'为国家者，见恶如农夫之务去草焉，芟夷蕴崇之，绝其本根，勿使能殖，则善者信矣。'"所称善恶观念，虽受当时礼治制约，但更重要的是看其德义的实践，主要是检讨对于人特别是对民的态度，也就是得民心者得天下，失民心者失天下，这一贵族观念日趋发展成熟。

如春秋晚期，姜齐之国逐渐为"外来户"陈（田）氏所夺，即是显例。鲁昭公二十六年（前516年）记载了晏子对秦景公问。当时"齐有彗星，齐侯禳之"。晏子谏，认为乞助于天命鬼神，"无益也，只去诬焉。天道不谄，不贰其命，若之何禳之"？关键还在于对待人民的德义如何。"君无违德，方国将至，何患于慧？"反之，"其德回乱，民从流亡，祝史之为，无能补也。"当时齐君失政，民归陈氏，是正常的，因为陈氏力争民心归附，"陈氏虽无大德，而有施于人，豆区釜钟之数，其取之公也薄，其施之人也厚。公厚敛焉，陈氏厚施焉，人归之矣"。在收租税时，陈氏家族是小斗进，而放贷救赈时，则大斗出，这与齐景公的大斗进小斗出形成了鲜明对比。民心归陈，则姜齐将失国，这是必然的，等待的只是时机的降临。姜齐不国，是由于君主不能去恶从善以体恤民情之故。所以晏子指出："先王所禀于天地，以为其民也。"是善是恶，主要看其对人民的态度。晏婴这一思想认识，早在二十三年前的鲁昭公三年（前539年）就对晋贤臣叔向说过：

（晏子使晋）叔向从之宴，相与语。叔向曰："其何如？"晏子曰："此季世也，吾弗知。其为陈氏矣。公弃其民，而归于陈氏。旧四量：豆、区、釜、钟。四升为豆，各自其四，以登于釜，釜十则钟。陈氏三量皆登一焉，钟乃大矣。以家量贷，而以公量收之。山木如市，弗加于山；鱼盐蜃蛤，弗加于海。民三其力，二人于公，而衣食其一。公聚朽蠹，而三老冻馁。国之诸市，屦踊贵。民人痛疾，而或燠休之，其爱之如父母，而归之如流水。欲无获民，将焉辟之？"

贵族之善恶成败，与其对人民的态度紧密联系。如叔向回答晏子所说："民闻公命，如逃之寇仇"，为恶之君，必然灭亡；反之，积善之家，人民归之如流水，又必然得国。晏子、叔向之言，很有启发，值得后世反思借鉴。

不仅中原贵族有此先进认识，南方楚国亦有其例。如鲁昭公二十三年（前513年）记载，楚大夫沈尹戍对令尹囊瓦曰："昔梁伯沟其公宫而民溃（按：事见鲁僖公十九年）。民弃其上，不亡何待？"因此，国家要复生而振兴，去恶从善，兴民之利，是其关键。

八、公而忘私，嫉恶如仇而大义灭亲，以维护国家利益和礼法尊严

春秋宗法社会，血亲关系是其纽带，因此，春秋贵族对于家族姓氏利益，是很重视的。但在家国利益产生矛盾冲突时，有识之士，常以国家及人民利益为重，而不惜毁私以纾国难，如楚国贤臣令尹子文之所为。早在鲁隐公四年（前719年），卫国有一典型事例："是年春，卫州吁弑桓公而立"，于是卫国大乱。州吁是卫庄公庶子，桓公异母兄弟。其为人贪婪残暴，野心极大，最终导致众叛亲离而亡。当时鲁隐公曾问众仲（鲁大夫）曰："卫州吁其成乎？"对曰："臣闻以德和民，不闻以乱；以乱，犹治丝而棼之也。夫州吁，阻兵而安忍。阻兵无众，安忍无亲，众叛亲离，难以济矣。夫兵犹火也，弗戢，将自焚也。夫州吁弑其君，而虐用其民，于是乎不务令德，而欲以乱成，必不免矣。"其所分析，客观而精准，不出其所料，传载：

> 州吁未能和其民，厚问定君于石子（石碏），石子曰："王觐为可。"
> 曰："何以得觐？"曰："陈桓公方有宠于王，陈卫方睦。若朝陈使请，必
> 可得也。"厚从州吁如陈。石碏使告于陈曰："卫国褊小，老夫耄矣，无
> 能为也。此二人者，实弑寡君，敢即图之。"陈人执之，而请涖于卫。九

月，卫人使右宰丑，涖杀州吁于濮。石碏使其宰獳羊肩，涖杀石厚于陈。君子曰："石碏，纯臣也，恶州吁而厚与焉。大义灭亲，其是之谓乎？"

石子，指石碏，卫国卿士。厚，其子也。石厚为人精明强干，对于石碏家族的发展前途，应说是个希望。但遗憾的是，厚之为人，奸佞而贪权，成为州吁弑君夺国的腹心干将，已成为卫国叛徒。石碏既痛惜儿子，哪个父亲不爱自己的亲骨肉呢？但石碏作为卫国卿士，他更爱国家社稷，平叛诛子，是其职责所在。他舍儿为国，虽内心滴血，眼中流泪，但仍坚持由自己派家宰杀死了石厚，坚持了尽忠国家的道德底线。从而结束了卫国的动乱，为卫国的再生和发展创造了机会。石碏的"大义灭亲"，上升到一个全新思想境界，后人加以继承发展，成为中华民族精神的又一优良传统。古代君子称颂石碏为"纯臣"，所谓纯正是心胸坦荡如水晶般透明通亮。老臣具赤子之心，对国家无限忠诚，即在今日，亦觉其可亲可爱，值得学习借鉴。

如石碏"大义灭亲"者，春秋时并非个别。如晋贤臣叔向，也有出色的表现，从而获得了孔子的称颂。鲁昭公十四年（前528年）记载：

晋邢侯与雍子争鄐田，久而无成。士景伯如楚，叔鱼摄理，韩宣子命断旧狱，罪在雍子。雍子纳其女于叔鱼，叔鱼蔽罪邢侯。邢侯怒，杀叔鱼与雍子于朝。宣子问其罪于叔向。叔向曰："三人同罪，施生戮死可也。雍子自知其罪，而赂以买直，鲋也鬻狱，刑侯专杀，其罪一也。己恶而掠美为昏，贪以败官为墨，杀人不忌为贼。《夏书》曰："昏、墨、贼，杀。皋陶之刑也。请从之。"乃施邢侯而尸雍子与叔鱼于市。仲尼曰："叔向，古之遗直也。治国制刑，不隐于亲，三数叔鱼之恶，不为末减。曰义也夫，可谓直矣。平丘之会，数其贿也，以宽卫国，晋不为暴。归鲁季孙，称其诈也，以宽鲁国，晋不为虐。邢侯之狱，言其贪也，以正刑书，晋不为颇。三言而除三恶，加三利，杀亲益荣，犹义也夫！"

故事中的人物，皆非等闲。邢侯原是楚国申公巫臣之子，巫臣投晋后为晋霸业立有功劳。故晋赐其子于邢，称邢侯。雍子原是楚大夫，被害离楚投晋，晋与之鄐，以为谋主。彭城之役，晋楚遭遇于靡角之谷，晋军将遁，"雍子发命于军，曰：'归老幼，反孤疾，二人役，归一人，简兵搜乘，秣马蓐食，师陈焚次，明日将战。'行归者而逸楚囚，楚师宵溃。晋降彭城而归诸宋，以鱼石归。楚失东夷，子辛死之，则雍子之为也"。可见雍子在晋立有大功。至于叔鱼，即叔向之弟羊舌鲋，是羊舌氏家族中的重要人物，在晋国世卿世族的家族政治中，颇见分量。因此，执政之卿韩宣子才会让他代替士景伯而摄理刑法之官，办此大案。但叔鱼本性，大异乃兄叔向。叔向贤明而廉洁自律，叔鱼则弄权而贪墨不止。龙生九子，各有不同，信然。春秋晚晋，"政在家门，民无所依"。叔向所出的羊舌氏家族，也在急遽衰落，叔向曾向晏子披露曰："肸之宗十一族，唯羊舌氏而已。肸又无子。"复兴羊舌氏家族，应寄厚望于弟叔鱼这颗政治明星。但叔鱼偏是不争气，贪赃枉法，敛财好色，因雍子纳女于己，就不分是非曲直，颠倒黑白而判雍子胜诉，邢侯有罪。以此，邢侯失性暴怒而公然杀之于朝。叔鱼之死，咎由自取，但叔向认为惩罚不够。韩宣子问政，叔向公而忘私，一依事实和律法，而不以宗族利益及亲疏来断量，绝无包庇亲人之嫌。他建议公开戮叔鱼以尸诸市，以为贪墨者戒。这合于国家利益，表明晋国律法公正而不偏颇；但对羊舌氏家族的发展，却是个沉重的打击。因为如果叔鱼不戮尸示众，则为冤死，对其后人的发展有利。是叔向亲自掐灭了羊舌氏宗族的希望，以维护国家与律法的尊严。其实，叔向对叔鱼罪恶的揭露和批判，仅《左传》就有三。所以孔子对叔向"大义灭亲"的公心大加赞扬，犹如古代的正直之士，"三言而除三恶，加三利"，对国家大有助益，所以说是"杀亲益荣，犹义也夫"！

九、尊贤让贤蔚然成风，贤人政治推动社会改革，成为一种先进的时代共识

"得士者昌，失士者亡"。在古代，举贤授能的贤人政治，是国家发展成

败的重要因素。大国如齐桓公用管仲，晋文公用狐偃、赵衰、先轸，秦穆公之用蹇叔、百里奚，楚庄王之用孙叔敖，吴王阖闾之用伍子胥、孙武，小国如郑国之用子产，事实俱在，不胜枚举。

如齐桓公，重用以管仲为首的贤人政治集团，齐国以霸，桓公终于成功登顶，成为春秋五霸的第一人。管仲原辅佐公子纠，与公子小白（齐桓公名）争君位，并在战场上亲射小白一箭，中钩，小白佯死，逃过一劫，应是齐桓公的政敌。齐桓公甫一即位，即有杀管仲以报仇之心。但其师傅鲍叔牙谏，要成齐之霸业，必用管仲，提倡贤人政治，推行改革。于是桓公重用管仲为执政卿相，君明臣贤，言听计从，配合默契，终成大业。故《国语·齐语》称桓公之霸，"唯能用管夷吾、宁戚、隰朋、宾胥无、鲍叔牙之属而伯功立"。桓公原想用师傅鲍叔牙执政，但鲍叔让贤，力推管仲，曰："若必治国家者，则非臣之所能也；若必治国家者，则其管夷吾乎。臣之所不若夷吾者五：宽惠柔民，弗若也；治国家不失其柄，弗若也；忠信可结于百姓，弗若也；制礼义可法于四方，弗若也；执枹鼓立于军门，使百姓皆加勇焉，弗若也。"（《国语·齐语》）鲍叔牙于桓公，关系最为亲近，是直接把他推上君位的师傅和功臣，桓公想任为卿相以执国政，但鲍叔从国家发展角度考虑，不恋权位，坚决让贤。管仲也从国家利益角度考虑，自信力能胜任，因此欣然接受桓公之命而执齐政。齐桓公曾问管仲，曰："何如而害霸?"管仲对曰："不能知人，害霸也；知而不用，害霸也；用而不能任，害霸也；任而不能信，害霸也；既信而又使小人参之，害霸也。"（见《旧唐书》卷九七《魏征传》称引）知人善任、举贤授能，确是一门大学问。桓公与管仲，配合默契，故当时齐国贤人涌现。管仲当政后，虽总览大局，但同时广泛举贤授能而拒绝大权独揽。《管子·大匡》篇记载：

（桓公）问管仲曰："何行?"管仲曰："隰朋聪明捷给，可令为东国，宾胥无坚强以良，可以为西土。卫国之教，危傅以利。公子开方之为人也，慧以给，不能久而乐始，可游于卫。鲁邑之教，好迩而训于礼。

> 季友之为人也，恭以精，博于粮，多小信，可游于鲁。楚国之教，巧文以利，不好立大义，而好立小信。蒙孙博于教而文巧于辞，不好立大义而好结小信，可游于楚。小侯既服，大侯既附，夫如是，则始可以施政矣。"君曰："诺。"……五年诸侯附。

在处理与诸侯国的外交关系上，桓公与管仲，因材施用，而非自以为是地专断独行。当时齐国尊贤让贤蔚然成风，群策群力，以赴国事，故霸业以成，并非偶然。

又如晋文公治下的晋国。晋文公继齐桓公之后，成为春秋霸主，也与晋国尊贤让贤成风而不屑于争权夺利有关。鲁僖公二十七年（前633年），晋楚城濮之战，晋中军帅因故一再易人，其用人标准以贤而无论亲疏。有关中军帅的人选，文公一再征求大家意见。按晋制，军政合一，中军帅不仅是三军统帅，而且是晋执政国政之卿，位居六卿之首，其地位和权力何其重要。中军帅必需文武兼备，上马率军作战，下马安邦治国，在朝廷中具礼仪道德威望，而让群臣心折信服。这样考虑问题，才能超越具体的战术，而从战略，甚或是国家政略方面去作全面综合思考，以夺取全局的胜利。战争不仅是军事，同时关系文治，因此，中军帅之选，牵涉到国家成败。晋文公身边有几种人：一是以狐偃、赵衰为首的智囊高参，曾随从他在外流亡十九年，最为忠心可靠，犹如腹心股肱，关系最为亲近；一是其血亲关系的公族子弟、亲属故旧；一是曾在他流亡时留国为之经营活动者。以上三种人与文公关系较为亲近。最后是朝中群臣，因不是以上三种人，关系自然较为疏远。因此，如按照传统习惯，中军帅人选，晋文公应在前三种人中挑选，如狐偃诸人，希望较大。但晋文公却打破常规而接受了赵衰荐贤建议，曰："郤縠可。臣亟闻其言矣，说礼乐而敦《诗》《书》，义之府也。礼、乐，德之则也；德、义，利之本也。《夏书》曰：'赋纳以言，明试以功，车服以庸。'君其试之。"经过朝廷慎重考虑，以赵衰荐而任命郤縠为中军帅。照一般常理，狐偃、赵衰诸贤从亡腹心，应是文公心目中首选。但赵衰等让贤之心，既诚又切，让他感动。为国家计，选人以贤不以亲，后来渐成晋国之风。郤縠不是文公身边亲近的三种人，而且晋郤氏宗族中如郤芮、郤称，是晋惠公智囊谋主，是其死党，当然是文公的政敌了。鲁僖公二十四年（前 638 年）载，"吕、郤畏逼，将焚公宫而弑晋侯"，事败被杀。于此可见，郤氏宗族多有晋文公的反对势力。但文公用郤縠为中军帅而不疑，其为国家而举贤授能，大是不易。赵衰让贤之心，也诚挚可敬。后来，郤縠因身体原因病故，于是晋文公不得不临阵换帅。又再次破格提拔了关系较为疏远的先轸为中军帅。鲁僖公二十七年载："冬，楚子及诸侯围宋，宋公孙固如晋告急。先轸曰：'报施救患，取威定霸，于是乎在矣。'狐偃曰：'楚始得曹而新昏于卫，若伐曹、卫，楚必救之，则齐、宋免矣。'于是乎搜于被庐，作三军。谋元帅。……及使郤縠将中军，郤溱佐之；使狐偃将上军，让于狐毛，而佐之；命赵衰为卿，让于栾枝、先轸。使栾枝将下军，先轸佐之。"于此可见，晋国尊贤让贤，蔚然成风，狐偃、赵衰等文公的腹心股肱，有出色的表演。晋文公霸业，与此直接有关。

十、勇于议论国是，广泛听取批评，对下层民众的讥讽，抱宽容理解的态度

如郑国执政子产，看准弊政，施行大胆改革，"作丘赋"（按：指经济及军赋改革）、"铸刑书"（按：礼法改革），当时士人多有讥评，甚至引发了"国人谤之"的风潮，曰："其父死于路，己为虿尾，以令于国，国将若之何？"当时浑罕痛心疾首，曰："国氏其先亡乎？"子产父公子国，故子产家族以国为氏。晋之贤臣叔向也致信批评他，说："民知争端矣，将弃礼而征于书。"一律以公布的法律为准，则贵族的脸面无光。但子产仍坚持改革的大方向，复信叔向曰："吾以救世也。"（事见《左传》昭公四年）但他对来自上下各方的批评议论，是抱着开放宽容的态度，即使认为对方批评有误，同样以商量的姿态来加以讨论。讨论一充分，事实就更清楚。鲁襄公三十一年

（前542年）记载：

> 郑人游于乡校，以论执政，然明谓子产曰："毁乡校，何如？"子产曰："何为？夫人朝夕退而游焉，以议执政之善否。其所善者，吾则行之；其所恶者，吾则改之。是吾师也，若之何毁之？我闻忠善以损怨，不闻作威以防怨。岂不遽止，然犹防川，大决所犯，伤人必多，吾不克救也；不如小决使道；不如吾闻而药之也。"然明曰："蔑也！今而后知吾子之信可事也，小人实不才。若果行此，其郑国实赖之，岂唯二三臣？"仲尼闻是语也，曰："以是观之，人谓子产不仁，吾不信也。"

然明，郑贤臣，曾回答子产问政，认为在上者应"视民如子"，是个对人民较有同情心的开明之士。连他也提议毁乡校以息谤，可见当时郑国人批评国政之激烈程度。乡校既是国子接受教育的机构，又是国民工作之余交游休闲的场所，怎么可以随便关掉呢？子产态度与然明相反，提倡以民为师，让人说话，起舆论监督作用，以促进改革事业走上健康之路。当然，百姓议论时有私心，并非全然正确，但只要执政出于公心，听听又何妨呢？改革的目标不是自己专权，而是为民谋福祉。因此，国民议论执政善否，是民众参加改革的实际行动，应是改革的参考或指南。倾听民意，让人说出心里话，改革才会因人民的支持而走向成功。"大决所犯，伤人必多"，一心要压制民意，堵人之口，一旦决堤，国家还有救吗？子产的譬喻，生动而形象，可谓思深意远，令人开悟，而惠溉后世子孙。鲁襄公三十年，"子产为政……使都鄙有章，上下有服，田有封洫，庐井有伍。大人之忠俭者，从而与之；泰侈者，因而毙之。从政一年，舆人诵之曰：'取我衣冠而褚之，取我田畴而伍之。孰杀子产，吾其与之！'及三年，又诵之曰：'我有子弟，子产诲之。我有田畴，子产殖之。子产而死，谁其嗣之？'"对于子产的改革，民众开始不理解，诅咒他死了才好。但三年后尝到了改革的甜头，于是化咒怨为讴歌。如果子产死了又有谁来带领我们继续前进呢？思念之情，溢于言表。

十一、君死不伐丧，乘人之危是不文明的，甚或是野蛮的表现

这种现象在后代极为少见，而在春秋时不乏其例。如《春秋》经鲁襄公十九年（前551年）载曰："秋七月辛卯，齐侯环卒。晋士匄帅师侵齐，至谷，闻齐侯卒，乃还。"《左传》襄公十八年亦称，齐伐鲁北鄙，晋救鲁击齐："晋侯伐齐，将济河。献子以朱丝系玉二瑴而祷曰：'齐环怙恃其险，负其众庶，弃好背盟，陵虐神主，曾臣彪将率诸侯以讨焉，其官臣偃实先后之，苟捷有功，无作神羞，官臣偃无敢复济。唯尔有神裁之！'沉玉而济。"可见当时晋伐齐的战役声势颇大，晋齐二国之君，皆亲赴沙场。晋军为攻齐做了充分的准备，其中军统帅荀偃，誓言不胜无归以示决心。明年，荀偃因病卒于军中，死时眼睛不闭，人们误会他因关心儿子荀吴而然，但眼仍张着，还是栾书猜中他的心事，曰："其为未卒事于齐故也乎！"于是眼闭受含。以此，晋全军将士誓师曰："主苟终，所不嗣事于齐者，有如河！"决心不获全胜，誓不罢休。正当战争顺利进展，齐军溃败，齐灵公卒。如在战国以后，国丧群龙无首，正可乘其危隙而大举进攻，可获完胜。但春秋时观念不同，晋闻齐灵公丧而退兵，以便让齐治丧而重整国政。不乘人之危，《春秋》经大书一笔，《左传》也颂为"礼也"，认为合乎周礼的文明精神。

但在南方，吴楚因所受中原文化影响不同，因此对君死不伐丧的态度有异。春秋时楚有心争霸中原，因此与中原诸国交流频繁，所受中原周礼文明的影响也较深；吴则反之，"开化"较晚，中原文明的影响甚微，因此对伐丧事认识不同。据鲁昭公二十七年（前515年）记载，楚平王熊居于去年卒，昭王立。"吴子（王僚）欲因楚丧而伐之，使公子掩余、公子烛庸帅师围潜"，楚军奋起反击，"吴师不能还"。吴伐楚平王丧，是不文明的表现，为君子所不齿。此时吴公子光乘机派刺客专诸弑王僚，光即吴王位，是为阖闾。当时，楚贤臣郤宛劝令尹子常无伐吴君之丧，曰："乘乱不祥。"于是"楚师

闻吴乱而还"。楚之胜兵，因吴王僚丧而撤围，以便吴国整治内乱而立新君。楚与中原诸姬国，同奉不伐丧的原则，展现了周礼文明的贵族精神。而吴则反之。鲁襄公十三年（前 560 年）楚共王卒，"吴侵楚，养由基奔命，子庚以师继之。养叔曰：'吴乘我丧，谓我不能师也，必易我而不戒。子为三覆以待我，我请诱之。'子庚从之。战于庸浦，大败吴师，获公子党。君子以吴为不吊。《诗》曰：'不吊昊天，乱靡有定。'"不吊，不善也，即无礼而野蛮，可憎恶也。当时形势，晋楚争霸，故楚联秦以制晋，而晋则合吴以制楚。因此，吴为盟主晋的同盟国。当时吴向晋告败以求援。一般情况下，晋会帮吴抗楚。但这次不然。晋范宣子主政，对吴伐楚共王丧而兵败，不仅不同情慰问，反而痛斥。鲁襄公十四年春，"吴告败于晋。会于向，为吴谋楚故也。范宣子数吴之不德也，以退吴人。执莒公子务娄，以其通楚使也。""不德"者，没道德不文明之谓也。于此可见，晋对吴伐楚君之丧是抱反对、否定的立场。不乘人之危以伐君丧，已成春秋贵族的潜规则，在一定程度上表现了周礼的文明精神。

十二、立身行事，坚持诚信观念

诚信危机，从个人到国家社会的发展都会受到严重的影响。因此，在对祖宗鬼神的盟誓，在国与国、人与人之间关系的盟交中，是否诚信于中，是一个道德底线。如果肆意践踏这一道德底线而背盟违信，古人认为会造成天谴人怒、众叛亲离的严重后果。如春秋初的鲁隐公三年（前 720 年），周郑交恶，于是君臣交质，"王子狐为质于郑，郑公子忽为质于周"，以便取得互相信任。但实际是周郑各怀鬼胎，岂有诚信？后来甚至发展到双方战场搏杀。这一背信事件，引起有识之士的批判。《左传》引君子曰："信不由中，质无益也。明恕而行，要之以礼，虽无有质，谁能间之？苟有明信，涧、溪、沼、沚之毛，苹、蘩、蕰藻之菜，筐、筥、锜、釜之器，潢污、行潦之水，可荐于鬼神，可羞于王公，而况君子结二国之信，行之以礼，又焉用质？《风》有

《采蘩》《采苹》，《雅》有《行苇》《泂酌》，昭忠信也。"这代表了春秋贵族先进者的一种通识。

鲁僖公二十五年（前635年）："冬，晋侯（文公）围原，命三日之粮。原不降，命去之。谍出，曰：'原将降矣。'军吏曰：'请待之。'公曰：'信，国之宝也，民之所庇也，得原失信，何以庇之？所亡滋多。'退一舍而原降。"在进军前，晋文公命带三日粮，约定三日取原，不降则退。在原将降未降之际，三日限期已到，文公宣布守信退兵，并说明守信的重要性。诚信是保护人民的国宝，若因取原而失信于民，那将得不偿失。文公撤兵，晋人守信，原人信服而归晋，晋国获益。晋后来称霸，原因很多，坚守诚信待人，当也是重要原因之一。

而对违信背盟者，有识者则痛加批判。如鲁成公十五年（前576年）载："楚将北师。子囊曰'新与晋盟而背之，无乃不可乎？'子反曰：'敌利则进，何盟之有？'申叔时老矣，在申，闻之，曰：'子反必不免。信以守礼，礼以庇身，信礼之亡，欲免得乎？'"也就是说，背盟伐信，使重其罪而民人叛之，不败待何？

历史事实，给人以经验教训。后来孔子总结说："人而无信不知其可也。"（《论语·为政》）又曰："自古皆有死，民无信不立。"可见诚信之心，是立人、立国的道德基础。背盟违约而不讲信用，则人民对于政府，必然产生信任危机，失信于民，就失去了人民的支持拥护，又如何立国呢？古人之论，后人借鉴。刘勰《文心雕龙》继承发挥曰："牺盛惟馨，本于明德，祝史陈信，资乎文辞。"（《文心雕龙·祝盟》）明德，即求内心的诚信。又曰："凡群言发华，而降神务实，修辞立诚，在于无愧。"于此可见，春秋贵族诚信精神的影响，在数千年的发展中，已经成为中华民族精神的又一优良传统。春秋诚信问题，我另有专文《〈左传〉盟誓及其他——先秦"诚信观"述论》，可参阅，此不赘述。